流通経済大学付属柏高等学校

〈収録内容〉

2024年度 ……………… 前期1月17日（数・英・国）
前期1月18日（数・英・国）

2023年度 ……………… 前期1月17日（数・英・国）
前期1月18日（数・英・国）

2022年度 ……………… 前期1月17日（数・英・国）
前期1月18日（数・英・国）

2021年度 ……………… 前期1月17日（数・英・
前期1月18日（数・

DL 2020年度 ……………… 前期1月1
前期1月

便利なDLコンテンツは右のQRコードから ⇒

解答用紙　過去年度　リスニング

※データのダウンロードは2025年3月末日まで。
※データへのアクセスには、右記のパスワードの入力が必要となります。 ⇒ 582054

〈合格最低点〉

	総合進学／Ⅰ類				特別進学／Ⅲ類			
	第1志望		併願		第1志望		併願	
	1月17日	1月18日	1月17日	1月18日	1月17日	1月18日	1月17日	1月18日
2024年度	非公表	180点	212点	194点	非公表	213点	226点	225点
2023年度	非公表	177点	208点	190点	非公表	212点	224点	222点
2022年度	202点	175点	213点	191点	非公表	211点	222点	220点
2021年度	非公表	170点	188点	192点	217点	209点	217点	220点
2020年度	183点	178点	192点	195点	非公表	211点	220点	222点

本書の特長

実戦力がつく入試過去問題集

- 問題 …………… 実際の入試問題を見やすく再編集。
- 解答用紙 …… 実戦対応仕様で収録。
- 解答解説 …… 詳しくわかりやすい解説には、難易度の目安がわかる「基本・重要・やや難」の分類マークつき（下記参照）。各科末尾には合格へと導く「ワンポイントアドバイス」を配置。採点に便利な配点つき。

入試に役立つ分類マーク

基本 確実な得点源！
受験生の 90%以上が正解できるような基礎的、かつ平易な問題。
何度もくり返して学習し、ケアレスミスも防げるようにしておこう。

重要 受験生なら何としても正解したい！
入試では典型的な問題で、長年にわたり、多くの学校でよく出題される問題。
各単元の内容理解を深めるのにも役立てよう。

やや難 これが解ければ合格に近づく！
受験生にとっては、かなり手ごたえのある問題。
合格者の正解率が低い場合もあるので、あきらめずにじっくりと取り組んでみよう。

合格への対策、実力錬成のための内容が充実

- 各科目の出題傾向の分析、合否を分けた問題の確認で、入試対策を強化！
- その他、学校紹介、過去問の効果的な使い方など、学習意欲を高める要素が満載！

解答用紙ダウンロード	解答用紙はプリントアウトしてご利用いただけます。弊社ＨＰの商品詳細ページよりダウンロードしてください。トビラのＱＲコードからアクセス可。
リスニング音声ダウンロード	英語のリスニング問題については、弊社オリジナル作成により音声を再現。弊社ＨＰの商品詳細ページで配信対応しております。トビラのＱＲコードからアクセス可。
UD FONT	見やすく読みまちがえにくいユニバーサルデザインフォントを採用しています。

流通経済大学付属柏高等学校

独自のメソッドと万全の支援体制
82,818㎡の広大なキャンパスと最新施設・設備
豊かな教養と確かな品性を育てる教育力

URL	https://www.ryukei.ed.jp

■普通科
生徒数　1157名
〒277-0872
千葉県柏市十余二1-20
☎04-7131-5611
東武野田線江戸川台駅よりスクールバス8分（路線バス10分）
つくばエクスプレス柏の葉キャンパス駅よりスクールバス8分（路線バス10分）

プロフィール

コース別教育で個性を開花させる

1985年に創立された、明るく活気あふれる学校だ。生徒、保護者の視点に立った様々なプログラムや充実した施設が用意され、総合進学・スポーツ進学・特別進学のコース別教育で、一人ひとりの個性を開花させ、国際社会に適応する教養人の育成を目指している。2023年４月、流通経済大学付属柏中学校開校。

環境

マルチメディアなど効率的な学習設備

１号館・２号館全教室に冷暖房を完備。語学教育に重点を置いているだけあって、マルチメディア教室や視聴覚教室など学習環境が充実している。全面人工芝のラグビー場とサッカー場、センター120m両翼93mの野球専用グラウンド、第１・２体育館、おしゃれな244席のカフェテリア、２つの180席の自習室などの教育施設も完備している。宿泊研修所、ウォシュレットのトイレなど、生徒が使用する身近な施設も整備され、落ち着いた環境の中で個性や実力を育むことができる。

図書・メディア棟が完成。図書館蔵書50,000冊、電子書籍10,000冊。バーチャル留学ルーム、１F理科教室完備。

カリキュラム

独自の6日制の中できめ細かな進路指導

３学期制を採用し、各自の進路に合わせた柔軟な学習コースを用意。独自の６日制の導入により、土曜日の講座に幅広い選択肢を持たせ、学習、研究、クラブ活動など各コースにおける多様なニーズに対応している。

クラスは、総合進学コース・スポーツ進学コース・特別進学コースの3コースがある。**総合進学コース**は、多様な学部への進学に対応できる幅広いカリキュラムが魅力。土曜選択では１年次から第２外国語（ドイツ語・フランス語・中国語）の授業や英会話講座、共通テスト対策講座が設けられるなど、外国語教育には特に力を入れており、また受験に対応した選択科目も文系理系問わず幅広く配置されている。**スポーツ進学コース**はスポーツを通してさらに飛躍したいと考える生徒のための大学進学コースで、スポーツに加え学力の伸長にも努める。**特別進学コース**は医・歯・獣医・薬学部を含めた国公立大学・最難関私立大学への進学を目標とするコースで、１年次は国語・英語・数学の３教科に重点を置いた徹底的な基礎固めを行い、１・２年次は毎日７時限の授業や毎朝15分の５教科テスト、土曜日の有名予備校講師による特別受験講座、長期休暇中の進学講習や勉強合宿などで実戦力を磨いている。

学校生活

制服でも個性発揮 スポーツは本格的

冬服は、男女ともエンブレム入りの濃紺のブレザーに、男子はスラックス３本、女子はスカート３枚の中から自由にコーディネイトできる。夏服は、ボタンダウンシャツやポロシャツが加わり、セーターやベストなども選べる。

文化系・運動系合わせて32ものクラブがある。全国大会優勝のサッカー部や全国大会常連のラグビー部・チアリーディング部をはじめ、文化部でも放送部の全国大会出場や書道部の文部科学大臣賞受賞など、多くのクラブが高いレベルで活躍している。

リベラルでスマートな流経生

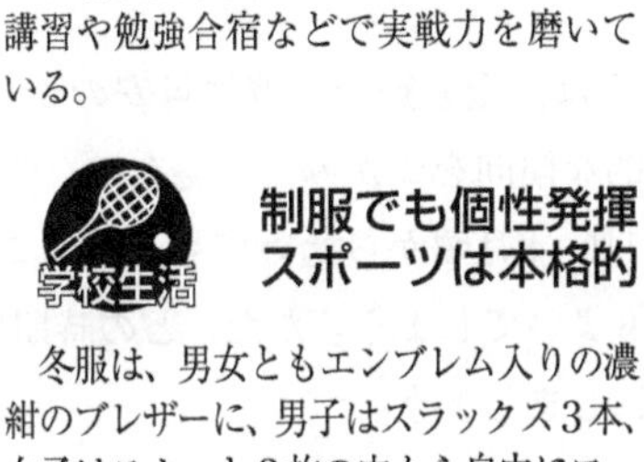

流経大柏3大応援（野球・ラグビー・サッカー）

進路

3コース設置後 約8割が4年制大学へ

流通経済大学へは、希望者の大半の生徒が推薦入学でき、卒業生の30%近くが進学している。また、東京、東北、お茶の水女子、筑波、大阪、千葉、東京農工、早稲田、慶應、立教、明治、中央、法政東京理科、芝浦工業などの他大学への進学者も多く、卒業生の８割以上の生徒が４年制大学に進学している。

国際化

第2外国語を先取り 国際的視野を養う

英検は生徒全員が受検することになっており、また毎月行われる英語テストで実力養成を図っている。その他、第２外国語の先取り学習や、外国人による英会話の講座、海外語学研修、英語スピーチコンテストなど、語学教育に力を入れ、国際人の育成を目指している。

2025年度入試要項

試験日	1/17・18（前期）　2/15（後期）
試験科目	国・数・英（総合進学・特別進学） 基礎学力〈国・数・英〉（スポーツ進学）
募集定員	総合進学211名 特別進学60名 スポーツ進学70名

過去問の効果的な使い方

① **はじめに**　入学試験対策に的を絞った学習をする場合に効果的に活用したいのが「過去問」です。なぜならば，志望校別の出題傾向や出題構成，出題数などを知ることによって学習計画が立てやすくなるからです。入学試験に合格するという目的を達成するためには，各教科ともに「何を」「いつまでに」やるかを決めて計画的に学習することが必要です。目標を定めて効率よく学習を進めるために過去問を大いに活用してください。また，塾に通われていたり，家庭教師のもとで学習されていたりする場合は，それぞれのカリキュラムによって，どの段階で，どのように過去問を活用するのかが異なるので，その先生方の指示にしたがって「過去問」を活用してください。

② **目的**　過去問学習の目的は，言うまでもなく，志望校に合格することです。どのような分野の問題が出題されているか，どのレベルか，出題の数は多めか，といった概要をまず把握し，それを基に学習計画を立ててください。また，近年の出題傾向を把握することによって，入学試験に対する自分なりの感触をつかむこともできます。

過去問に取り組むことで，実際の試験をイメージすることもできます。制限時間内にどの程度までできるか，今の段階でどのくらいの得点を得られるかということも確かめられます。それによって必要な学習量も見えてきますし，過去問に取り組む体験は試験当日の緊張を和らげることにも役立つでしょう。

③ **開始時期**　過去問への取り組みは，全分野の学習に目安のつく時期，つまり，9月以降に始めるのが一般的です。しかし，全体的な傾向をつかみたい場合や，学習進度が早くて，夏前におおよその学習を終えている場合には，7月，8月頃から始めてもかまいません。もちろん，受験間際に模擬テストのつもりでやってみるのもよいでしょう。ただ，どの時期に行うにせよ，取り組むときには，集中的に徹底して取り組むようにしましょう。

④ **活用法**　各年度の入試問題を全問マスターしようと思う必要はありません。できる限り多くの問題にあたって自信をつけることは必要ですが，重要なのは，志望校に合格するためには，どの問題が解けなければいけないのかを知ることです。問題を制限時間内にやってみる。解答で答え合わせをしてみる。間違えたりできなかったりしたところについては，解説をじっくり読んでみる。そうすることによって，本校の入試問題に取り組むことが今の自分にとって適当かどうかが，はっきりします。出題傾向を研究し，合否のポイントとなる重要な部分を見極めて，入学試験に必要な力を効率よく身につけてください。

数学

各都道府県の公立高校の入学試験問題は，中学数学のすべての分野から幅広く出題されます。内容的にも，基本的・典型的なものから思考力・応用力を必要とするものまでバランスよく構成されています。私立・国立高校では，中学数学のすべての分野から出題されることには変わりはありませんが，出題形式，難易度などに差があり，また，年度によっての出題分野の偏りもあります。公立高校を含め，ほとんどの学校で，前半は広い範囲からの基本的な小問群，後半はあるテーマに沿っての数問の小問を集めた大問という形での出題となっています。

まずは，単年度の問題を制限時間内にやってみてください。その後で，解答の答え合わせ，解説での研究に時間をかけて取り組んでください。前半の小問群，後半の大問の一部を合わせて50%以上の正解が得られそうなら多年度のものにも順次挑戦してみるとよいでしょう。

英語

英語の志望校対策としては，まず志望校の出題形式をしっかり把握しておくことが重要です。英語の問題は，大きく分けて，リスニング，発音・アクセント，文法，読解，英作文の5種類に分けられます。リスニング問題の有無(出題されるならば，どのような形式で出題されるか)，発音・アクセント問題の形式，文法問題の形式(語句補充，語句整序，正誤問題など)，英作文の有無(出題されるならば，和文英訳か，条件作文か，自由作文か) など，細かく具体的につかみましょう。読解問題では，物語文，エッセイ，論理的な文章，会話文などのジャンルのほかに，文章の長さも知っておきましょう。また，読解問題でも，文法を問う問題が多いか，内容を問う問題が多く出題されるか，といった傾向をおさえておくことも重要です。志望校で出題される問題の形式に慣れておけば，本番ですんなり問題に対応することができますし，読解問題で出題される文章の内容や量をつかんでおけば，読解問題対策の勉強として，どのような読解問題を多くこなせばよいかの指針になります。

最後に，英語の入試問題では，なんと言っても読解問題でどれだけ得点できるかが最大のポイントとなります。初めて見る長い文章をすらすらと読み解くのはたいへんなことですが，そのような力を身につけるには，リスニングも含めて，総合的に英語に慣れていくことが必要です。「急がば回れ」ということわざの通り，志望校対策を進める一方で，英語という言語の基本的な学習を地道に続けることも忘れないでください。

国語

国語は，出題文の種類，解答形式をまず確認しましょう。論理的な文章と文学的な文章のどちらが中心となっているか，あるいは，どちらも同じ比重で出題されているか，韻文(和歌・短歌・俳句・詩・漢詩)は出題されているか，独立問題として古文の出題はあるか，といった，文章の種類を確認し，学習の方向性を決めましょう。また，解答形式は，記号選択のみか，記述解答はどの程度あるか，記述は書き抜き程度か，要約や説明はあるか，といった点を確認し，記述力重視の傾向にある場合は，文章力に磨きをかけることを意識するとよいでしょう。さらに，知識問題はどの程度出題されているか，語句(ことわざ・慣用句など)，文法，文学史など，特に出題頻度の高い分野はないか，といったことを確認しましょう。出題頻度の高い分野については，集中的に学習することが必要です。読解問題の出題傾向については，脱語補充問題が多い，書き抜きで解答する言い換えの問題が多い，自分の言葉で説明する問題が多い，選択肢がよく練られている，といった傾向を把握したうえで，これらを意識して取り組むと解答力を高めることができます。「漢字」「語句・文法」「文学史」「現代文の読解問題」「古文」「韻文」と，出題ジャンルを分類して取り組むとよいでしょう。毎年出題されているジャンルがあるとわかった場合は，必ず正解できる力をつけられるよう意識して取り組み，得点力を高めましょう。

数学

出題傾向の分析と 合格への対策

●出題傾向と内容

1月17日・18日ともに例年通り大問6題，小問数は22問位で，1つの小問で複数解答を問うものもある。

出題内容は，[1]は数の計算，平方根の計算，因数分解，方程式，関数，規則性などの小問群，[2]は統計，方程式の応用問題，角度，[3]は確率，[4]は平面図形の計量問題，[5]は図形と関数・グラフの融合問題，[6]は規則性，図形とグラフの融合問題であった。

解答形式は両日ともすべてマークシート方式である。また日程による問題の難易度の差はほとんどなく，標準的な内容がまんべんなく出題されている。

✓学習のポイント

過去問をしっかり解いて，出題範囲と出題レベルを実感することが大切。その上で，教科書内容の把握と問題練習を行おう。

●2025年度の予想と対策

来年度も，全体的な出題傾向に大きな変化はなく，中学数学の全範囲からの出題となるだろう。過去問題の類題が多く出題され，特に確率，図形と関数・グラフの融合問題などでその傾向が強い。

また，最後の大問は，読解力を必要とする問題になっている。よって，数年分の過去問題を何度も解き，出てきた解法をしっかり把握した上で，さらに徹底的に類題を解くことが，最も有効な対策といえる。難しすぎる問題に時間を費やすよりも，きちんと基本事項を身につけた上で，標準レベルの問題集などを利用して応用力と対応力を養う方がよいだろう。

▼年度別出題内容分類表 ……

※1日目をA，2日目をBとする。

出題内容			2020年	2021年	2022年	2023年	2024年
数と式		数の性質		AB			
		数・式の計算	AB	AB	AB	AB	AB
		因数分解	B	AB		AB	AB
		平方根	AB	AB	AB	AB	AB
方程式・不等式		一次方程式	AB	AB	AB	AB	AB
		二次方程式	AB	AB	AB	AB	AB
		不等式					
		方程式・不等式の応用	AB	AB	AB		AB
関数		一次関数	AB	A	AB	AB	AB
		二乗に比例する関数	AB	AB	AB	AB	AB
		比例関数					AB
		関数とグラフ	AB	AB	AB	AB	AB
		グラフの作成					
図形	平面図形	角度	AB	AB	AB	AB	AB
		合同・相似	B	A	B	B	AB
		三平方の定理		A	B	A	A
		円の性質	AB	AB	B	AB	AB
	空間図形	合同・相似		B			
		三平方の定理	AB	B	A		
		切断					
	計量	長さ	AB	AB	AB	AB	AB
		面積	AB	B	AB	AB	AB
		体積	A	B	A	B	
	証明					B	
	作図						
	動点				B	A	
統計		場合の数	B	AB	AB		AB
		確率	AB	AB	AB	AB	AB
		統計・標本調査	AB	A	AB	AB	AB
融合問題		図形と関数・グラフ	AB	AB	AB	AB	AB
		図形と確率				A	
		関数・グラフと確率	A				
		その他					
その他			AB	B	A	A	A

流通経済大学付属柏高等学校

英語

出題傾向の分析と 合格への対策

●出題傾向と内容

本年度は両日程とも，放送問題，長文読解問題2題(うち1題は総合問題形式)，語句選択問題，語句整序問題，資料読解問題の大問計6題が出題された。さまざまな要素をバランスよく取り入れた問題構成になっている。

長文読解問題は2題とも，平易ではあるが長めの英文で，読むスピードが必要である。設問は空欄補充や内容吟味，代名詞の内容や語句解釈を問うものである。文法問題は概して標準レベルを超えないが，文法事項に関する幅広い知識が要求される。

資料読解問題は，チャットやメール文の内容を把握する基本レベルの問題になっている。

✔学習のポイント

メモを取りながら英文を聞こう。
英語長文の速読速解を心がけよう。
文法・構文の基本を確実におさえよう。

●2025年度の予想と対策

来年度も，総合的な力が試される出題が予想されるので，幅広い学習を心がけたい。

読解問題の対策としては，やや長めの標準～応用レベルの英文を多読し，速読速解の力を養うことが有効である。代名詞の内容を問う問題が両日程とも多いことから，代名詞の内容を確認しながら読む練習も必ずしておきたい。

文法問題の対策としては，標準レベルの問題集を1冊，何度もくりかえして基本事項を完全にマスターしておこう。特に重要構文は正確に覚えることが必要である。

放送問題対策としては，メモを取りながら英文を聞く練習をつんでおこう。

▼年度別出題内容分類表 ……

※1日目をA，2日目をBとする。

	出題内容	2020年	2021年	2022年	2023年	2024年
話し方・聞き方	単語の発音					
	アクセント					
	くぎり・強勢・抑揚					
	聞き取り・書き取り	AB	AB	AB	AB	
語い	単語・熟語・慣用句	AB	AB	AB	AB	AB
	同意語・反意語					
	同音異義語					
読解	英文和訳(記述・選択)					
	内容吟味	AB	AB	AB	AB	AB
	要旨把握					
	語句解釈	AB	AB	A	AB	A
	語句補充・選択	AB	AB	AB	AB	AB
	段落・文整序				B	B
	指示語	AB	AB	AB	AB	AB
	会話文					AB
文法・作文	和文英訳					
	語句補充・選択	AB	AB	AB	AB	AB
	語句整序	AB	AB	AB	AB	AB
	正誤問題					
	言い換え・書き換え					
	英問英答	AB	AB	AB	AB	AB
	自由・条件英作文					
文法事項	間接疑問文	B	A	A	A	B
	進行形			A		AB
	助動詞	AB	AB	AB		
	付加疑問文					
	感嘆文					
	不定詞	AB	AB	AB	AB	AB
	分詞・動名詞	AB	AB	A	AB	A
	比較	AB	A	AB	AB	
	受動態		B	AB	AB	
	現在完了	B		B	B	B
	前置詞	AB	AB	AB	AB	
	接続詞	AB	A	AB		AB
	関係代名詞	AB	AB	AB	AB	AB

国語

出題傾向の分析と 合格への対策

●出題傾向と内容

本年度も，1月17日・18日ともに漢字の問題が1題，知識問題が1題，論理的文章と文学的文章の読解問題がそれぞれ1題ずつ，古文の読解問題1題の計5題という大問構成であった。

論説文の読解問題は，文脈把握や内容を読み取る設問が中心となっている。

小説の読解問題は，情景・心情理解，文脈把握が主に問われている。

古文は，17日・18日ともに『伊勢物語』と関連した和歌からの出題で，いずれも短文ではあるが，内容理解や口語訳など正確な理解が求められている。

解答はすべてマークシート方式が採用されている。

学習のポイント

知識分野の対策をぬかりなく行うと同時に，語彙力を強化しよう！
選択肢の吟味にも強くなろう！

●2025年度の予想と対策

国語の基本的な力，総合的な力を見るという出題傾向は，今後も続くと思われる。

論説文では，接続語や指示語，文の構造に注意しながら，文脈を正しく理解できるように努める。

小説では，情景を把握し，人物の言葉や動作から心情とその理由を考えていくようにするとよい。有名な和歌や俳句にも，意識してふれておきたい。

古文や漢文の学習もしておく。古文は語句や文法などの基本的知識を身につけた上で，簡単な問題集を用いて，大意をつかむ練習をしておきたい。

漢字，文法，熟語，慣用句，文学史などの基礎知識の整理も怠らないようにしよう。

▼年度別出題内容分類表 ••••••

※1日目をA，2日目をBとする。

出題内容			2020年	2021年	2022年	2023年	2024年
内容の分類	読解	主題・表題		A			
		大意・要旨	AB	A	B	B	AB
		情景・心情	AB	AB	AB	AB	AB
		内容吟味	AB	AB	AB	AB	AB
		文脈把握	AB	AB	AB	AB	AB
		段落・文章構成	A	A			
		指示語の問題	B	AB	AB	AB	
		接続語の問題	B		A		
		脱文・脱語補充	A	AB	AB	B	AB
	漢字・語句	漢字の読み書き	AB	AB	AB	AB	AB
		筆順・画数・部首					
		語句の意味	B	A	A	A	AB
		同義語・対義語	A	B	B		
		熟語	AB	A	A	A	AB
		ことわざ・慣用句	AB	B	B	B	
	表現	短文作成					
		作文(自由・課題)					
		その他					
	文法	文と文節	B	AB			AB
		品詞・用法		AB	B	A	AB
		仮名遣い		A			A
		敬語・その他	A	B		B	AB
	古文の口語訳		A	B	A		AB
	表現技法		AB	B		B	
	文学史		AB	A	AB	AB	A
問題文の種類	散文	論説文・説明文	AB	AB	AB	AB	AB
		記録文・報告文					
		小説・物語・伝記	AB	AB	AB	AB	AB
		随筆・紀行・日記					
	韻文	詩					
		和歌(短歌)	B				AB
		俳句・川柳					
	古文		AB	AB	AB	AB	AB
	漢文・漢詩		B	B		B	

流通経済大学付属柏高等学校

2024年度 合否の鍵はこの問題だ!!

（1月17日）

数学 5

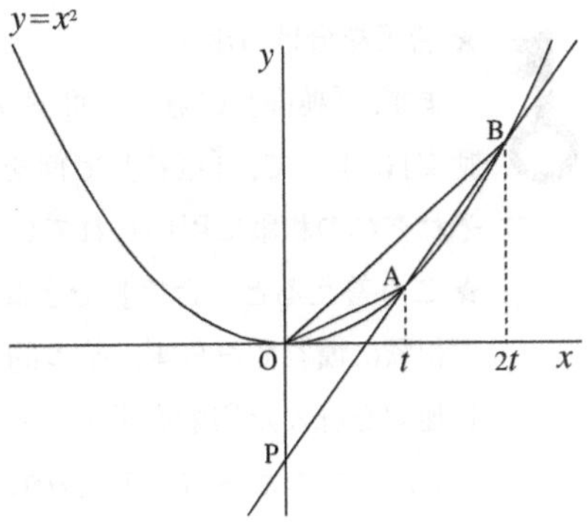

(1)　A(t, t^2)，B($2t$, $4t^2$)　　仮定から，$\dfrac{4t^2-t^2}{2t-t}=6$，$\dfrac{3t^2}{t}=6$，$t=2$　　A(2, 4)　　直線ABの傾きは6だから，直線ABの式を$y=6x+b$として点Aの座標を代入すると，$4=6\times2+b$，$b=-8$　　よって，直線ABの式は，$y=6x-8$

(2)　△OAPと△OBPの共通な辺OPを底辺とすると，面積の比は高さの比と等しくなるから，△OAP：△OBP＝t：$2t$＝1：2　　したがって，△OAB：△OBP＝(△OBP－△OAP)：△OBP＝(2－1)：2＝<u>1</u>：<u>2</u>

(3)　<u>解法1</u>　直線ABの方程式を$y=ax-36$として点A，Bの座標を代入すると，$t^2=at-36$…①，$4t^2=2at-36$…②　①から，$a=\dfrac{t^2+36}{t}$，②から，$a=\dfrac{4t^2+36}{2t}=\dfrac{2t^2+18}{t}$　　よって，$\dfrac{t^2+36}{t}=\dfrac{2t^2+18}{t}$，$t^2+36=2t^2+18$，$t^2=18$，$t>0$から，$t=\sqrt{18}=\underline{3\sqrt{2}}$

<u>解法2</u>　直線OBの式は，$\dfrac{4t^2}{2t}=2t$より，$y=2tx$　　よって，C(t, $2t^2$)　　AC＝$2t^2-t^2=t^2$　　点Aは(☆)よりBPの中点であり，AC//OPから，中点連結の定理より，AC＝$\dfrac{OP}{2}=\dfrac{36}{2}=\underline{18}$　　したがって，$t^2=18$，$t>0$から，$t=\sqrt{18}=\underline{3\sqrt{2}}$　　△OAB＝$\dfrac{1}{2}$△OBP＝$\dfrac{1}{2}\times\dfrac{1}{2}\times36\times2\times3\sqrt{2}=54\sqrt{2}$

◎図形と関数・グラフの融合問題は例年出題されているので，座標，直線の方程式，グラフ上の図形の面積の求め方などしっかり把握しておこう。

英語 2

読解問題で確実に得点できるようにすることが，合格への近道である。その中でも，2の長文読解問題は非常に長い文章なので，正確に読み取る必要がある。また，2は物語文で読みやすいが，慣れていないと時間がかかってしまうので，長文読解の方法をきちんと身につけておきたい。以下の点に注意をしながら長文読解に取り組もう。

①設問に目を通し，下線部や空欄に関する問い以外の問題には事前に目を通しておく。

②[注]に目を通し，どのような内容か把握する。

③日本語で書かれた選択肢には目を通し，どのような内容か把握する。

④段落ごとに読み進める。読み進める際には，きちんと日本語訳をしながら内容を理解する。

⑤その段落に問題となる部分があれば，その場で読んで解く。

以上のように読み進めれば，すばやく問題を処理できるだろう。また，英文を読むときには，頭の中で英文を音読するのではなく，きちんと日本語に訳しながら読むことが大切である。そのためには，教科書に出てくる例文はぜひ暗唱できるまで繰り返したい。そして，問題集や過去問を用いて数多くの問題に触れて，練習を積むことが大切である。

国語 五 問6

★ 合否を分けるポイント

まず,「趣向」の意味を推察することから始めよう。Ⅰの古文とⅡの和歌の意味をとらえ,さらに〔会話文〕によって,「桜花」で何を表現しようとしたのか理解できるかどうかが合否を分けることになる。それぞれの和歌に用いられている語句に注目して,情景を思い浮かべてみよう。

★ こう答えると「合格」できない!

和歌に慣れておらず,基本的な和歌の形式や表現方法,さらに古語の意味の理解が十分でないと,同じ趣向を詠んだ和歌を選ぶことができず,「合格」できない。和歌に限らず,基本的な古語の意味を確認し,ふだんから古文を読み慣れておくことで,和歌が提示されても対応できるようになる。

★ これで「合格」!

「趣向」は,趣を感じさせるための工夫という意味で用いられている。Ⅰの「桜花今日こそ……」の和歌は,桜の花はすぐに散ってしまうので頼りにならないという趣向で詠んでいることを確認した上で,順に選択肢を見ていこう。アは桜の花よ,散るなら散ってしまえばいい,散らずにいても故郷の人が見に来ることはないのだから,イは昔の都となってしまった奈良の都であるが,今でも昔のままの色で桜は咲いていることだよ,ウははかない世にも似ているのだろうか桜の花は,もうすぐ咲くと見ているうちにすぐに散ってしまった,エは見渡すと柳の緑と桜の淡紅を混ぜ合わせたなんとも美しい都の春の錦だったのだなあ,オは桜の花が咲いたらしい山の間に白雲のように見えている,という意味だ。Ⅰの桜の花の和歌と同じ趣向で詠んでいるのは,はかない世と桜の花を重ねているウだと判断すれば,「合格」だ!すべての語句の意味がわからなくとも,前後のつながりから意味を推察することが大切だ。

2024年度

★★★★★★★★★★★★★★★★★★★★★★★

入　試　問　題

2024年度
流通経済大学付属柏高等学校入試問題（１月17日）

【数　学】（50分）＜満点：100点＞

【注意】 1　解答が分数の形で求められているときは，約分した形で答えること。

2　解答が比の形で求められているときは，最も簡単な整数の比で答えること。

3　問題の図は略図である。

全問とも $\boxed{}$ の中に当てはまる数字を求めなさい。

$\boxed{1}$　次の問いに答えなさい。

(1)　$\frac{1}{2}+\frac{3}{2}\times\left(-\frac{9}{4}\right)$ を計算すると，$-\dfrac{\boxed{\text{アイ}}}{\boxed{\text{ウ}}}$ である。

(2)　１次方程式 $3x+5-\frac{2x-3}{3}=0$ を解くと，$x=-\dfrac{\boxed{\text{エオ}}}{\boxed{\text{カ}}}$ である。

(3)　$\left(\frac{5}{\sqrt{6}}-\sqrt{24}\right)\times 6$ を計算すると，$-\boxed{\text{キ}}\sqrt{\boxed{\text{ク}}}$ である。

(4)　$2xy^2-18x$ を因数分解すると $\boxed{\text{ケ}}x(y+\boxed{\text{コ}})(y-\boxed{\text{サ}})$ である。

(5)　$xy-3x-y+3$ を因数分解すると $(x-\boxed{\text{シ}})(y-\boxed{\text{ス}})$ である。

(6)　60を素因数分解すると $\boxed{\text{セ}}^{\boxed{\text{ソ}}}\times\boxed{\text{タ}}\times 5$ である。
また，60にできるだけ小さい自然数 a をかけて，ある自然数の平方になるようにしたい。
このとき，$a=\boxed{\text{チツ}}$ である。

(7)　連立方程式 $\begin{cases} 3x-4y=19 \\ \frac{2}{3}x+y=\frac{4}{9} \end{cases}$ を解くと，$x=\dfrac{\boxed{\text{テト}}}{\boxed{\text{ナ}}}$，$y=-\boxed{\text{ニ}}$ である。

(8)　２次方程式 $x^2-8x+13=0$ を解くと，$x=\boxed{\text{ヌ}}\pm\sqrt{\boxed{\text{ネ}}}$ である。

(9)　図のように，平面上にマッチ棒を並べて正方形をつくっていく。
正方形を100個つくるのにマッチ棒は少なくとも $\boxed{\text{ノハヒ}}$ 本必要である

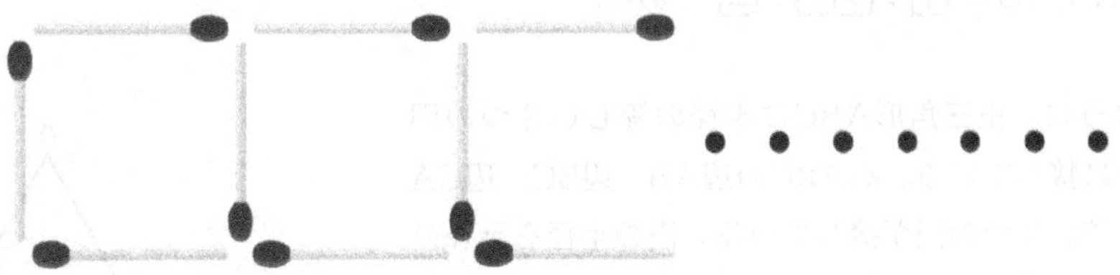

$\boxed{2}$　次の問いに答えなさい。

(1)　次のデータは10人の生徒に行った10点満点の数学の小テストの結果である。

1，4，7，10，9，3，4，6，4，7（単位：点）

中央値は $\boxed{\text{ア}}$（点），第１四分位数は $\boxed{\text{イ}}$（点），第３四分位数は $\boxed{\text{ウ}}$（点），
最頻値は $\boxed{\text{エ}}$（点），平均点は $\boxed{\text{オ}}.\boxed{\text{カ}}$（点），四分位範囲は $\boxed{\text{キ}}$（点）である。

⑵　５％の食塩水100ｇから x ｇの食塩水を取り出し，残った食塩水に x ｇの水を入れてよくかき混ぜたところ濃度が３％になった。このとき，$x=$ [クケ] である。

3　次の問いに答えなさい。

⑴　４人の生徒Ａ，Ｂ，Ｃ，Ｄが一列に並ぶとき，ＡとＢが隣り合わない並び方は全部で [アイ] 通りである。

⑵　袋Ａには赤球２個と青球３個が，袋Ｂには赤球１個と青球２個がそれぞれ入っている。袋Ａと袋Ｂからそれぞれ１個ずつ球を取り出すとき，同じ色の球である確率は

$\dfrac{[ウ]}{[エオ]}$ であり，お互いが異なる色の球である確率は $\dfrac{[カ]}{[キク]}$ である。

4　次の問いに答えなさい。

⑴　図のように，円Ｏに△ABCが内接しており，∠BAC＝40°であるとき，∠ x を求めると [アイ]°である。

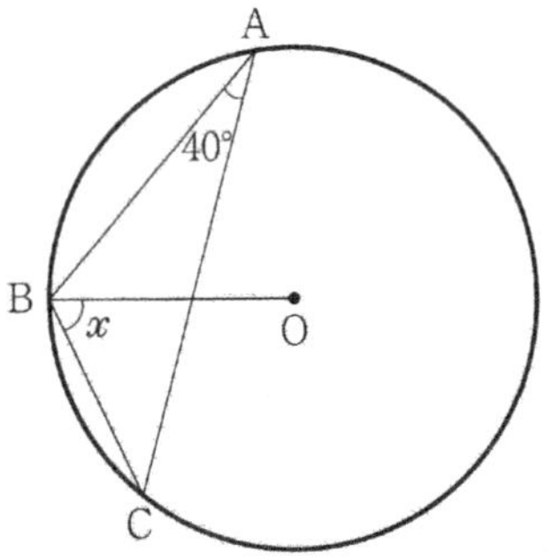

⑵　図のように，平行四辺形ＡＢＣＤの辺BC，辺CD上にそれぞれ点Ｅ，点Ｆがあり，BE：EC＝１：２，CF：FD＝３：１である。対角線BDと直線AE，直線AFの交点をそれぞれM，Nとするとき，

BM：MD＝ [ウ]：[エ]，

BN：ND＝ [オ]：[カ] であるから

BM：MN：ND＝ [キ]：[クケ]：[コ] である。

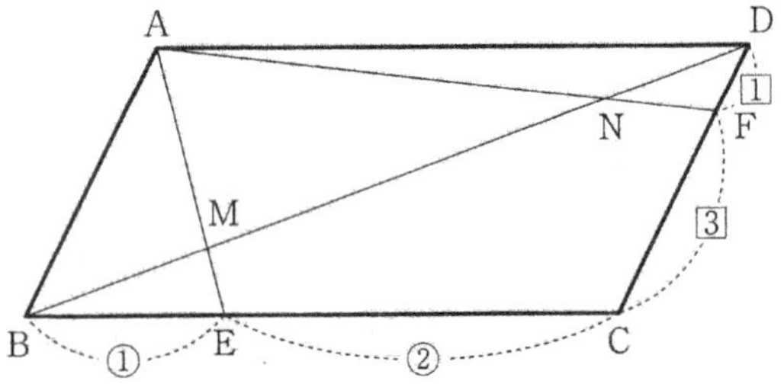

⑶　図のように，正三角形ABCに半径の等しい３つの円がたがいに接している。△ABCの辺AB，辺BC，辺CAにはそれぞれ２つの円が接している。円の半径を r（㎝）とするとき，正三角形ABCの１辺の長さは

[サ]（$\sqrt{[シ]}$＋[ス]）r（㎝）である。

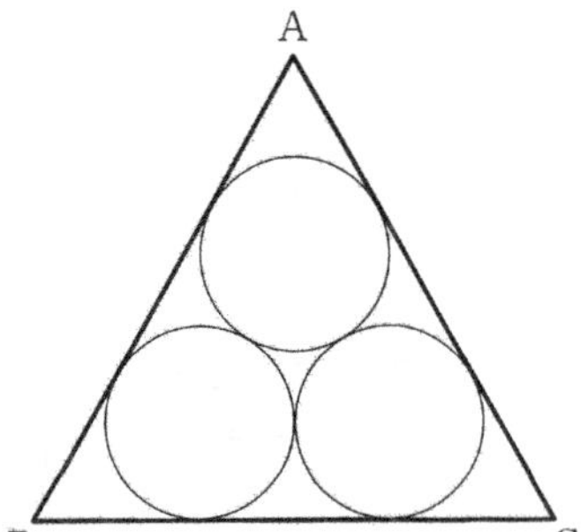

5 図のように，関数$y=x^2$のグラフ上に2点A，Bがあり，それぞれのx座標はt，$2t$である。

ただし，$t>0$である。直線ABとy軸との交点をPとする。

このとき，次の問いに答えなさい。

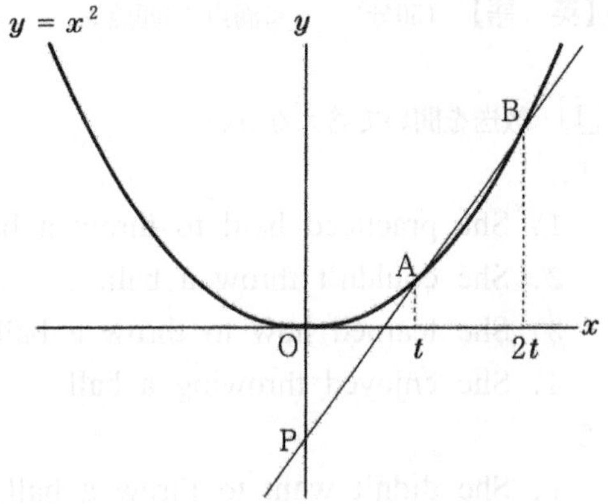

(1) 関数$y=x^2$について，xの値がtから$2t$まで増加するときの変化の割合が6であったとき，$t=$ $\boxed{\text{ア}}$ であり，直線ABの方程式は$y=$ $\boxed{\text{イ}}\,x-\boxed{\text{ウ}}$ となる。

(2) △OAPと△OBPの面積比はtの値によらずつねに $\boxed{\text{エ}}$ ： $\boxed{\text{オ}}$ である。

したがって，

△OABと△OBPの面積比はtの値によらずつねに $\boxed{\text{カ}}$ ： $\boxed{\text{キ}}$ である。…（☆）

(3) 点Pのy座標が-36となるとき，次の2つの解法によりtの値を求めてみよう。

解法1

直線ABの方程式を$y=ax-36$とおくと，直線ABが点Aを通るから

$t^2=at-36$…①とおける。また，直線ABは点Bも通るので

$4t^2=\boxed{\text{ク}}\,at-36$ …②とおける。①と②からaを消去することによってtの値を求めると，

$t=\boxed{\text{ケ}}\sqrt{\boxed{\text{コ}}}$ となる。

解法2

直線OB上のx座標がtである点をCとすると，OP＝36であることと下線部（☆）より

AC＝ $\boxed{\text{サシ}}$ であることが分かる。

したがって$t=\boxed{\text{ケ}}\sqrt{\boxed{\text{コ}}}$ となる。

このとき，△OABの面積は $\boxed{\text{スセ}}\sqrt{\boxed{\text{ソ}}}$ である。

6 表のように自然数が規則的に並んでいる。

x列目，y行目にある自然数を$<x,\ y>$で表す。

例えば，$<3,\ 2>=8$である。

(1) $<5,\ 3>=$ $\boxed{\text{アイ}}$ である。

(2) $<n,\ 1>$を，nを用いて表すと，

$<n,\ 1>=n^{\boxed{\text{ウ}}}$であるから，

$<\boxed{\text{エオ}},\ 1>=6561$である。

また，$<\boxed{\text{カキ}},\ \boxed{\text{ク}}>=2024$である。

(3) $<n.\ n>$を，nを用いて表すと，

$<n,\ n>=n^{\boxed{\text{カ}}}-n+\boxed{\text{コ}}$ である。

また，$<\boxed{\text{サシ}},\ \boxed{\text{スセ}}>=271$である。

	1列目↓	2列目↓	3列目↓	4列目↓	
1行目→	1	4	9	16	………
2行目→	2	3	8	15	
3行目→	5	6	7	14	
4行目→	10	11	12	13	
	⋮				⋱

【英　語】（50分）　＜満点：100点＞　※リスニングテストの音声は弊社HPにアクセスの上，音声データをダウンロードしてご利用ください。

1　放送を聞いて答えなさい。

１．

１．She practiced hard to throw a ball.
２．She couldn't throw a ball.
３．She learned how to throw a ball soon.
４．She enjoyed throwing a ball.

２．

１．She didn't want to throw a ball.
２．She threw a ball forward.
３．She threw a ball behind herself.
４．She threw a ball far away.

３．

１．A lot of skill is.
２．A lot of practice is.
３．Having fun is.
４．Throwing far away is.

****

４．

１．A little boy did.
２．Her mother did.
３．Her shadow did.
４．The shadow of the tree.

５．

１．Because it was a hot day.
２．Because she was at the lake.
３．Because she was running around in the sun.
４．Because she found her mother under the tree.

2　次の英文を読んで後の問いに答えなさい。（＊印の語は（注）を参考にすること）

One day a *postman came to my village. The postman brought me a letter from my son, Saul. "Is your name Adam?" the postman asked. "Yes," I said. "I've got a letter for you." The postman read the *envelope: "Adam of the village of Minta." "A letter for me. Who is it from?" I asked. The postman looked at the envelope again. "From Saul," he said. He gave me the letter and walked away.

"Martha, Martha," I called to my wife. "Come here. We have a letter from our son, Saul." Martha came out and looked at the letter. ① She was excited but also worried. "A letter from Saul," she said. "Is he *alive and well? I'm going to (1) the school teacher. He can read the letter."

There was no school fifty years ago. So I cannot read or write. I live in a small village. The only work is farming. My only son, Saul, left the village two years ago and my three daughters are married. Saul is making a lot of money in a foreign country.

Martha and the school teacher came back. A lot of other people came. Everyone wanted to hear my letter. The school teacher opened the envelope and read the letter.

> 20 Taylor Street, London E.19. England. 16 March
>
> Dear Father,
>
> I am living in London. I have a job in a *factory.
> The work is very hard.
> I often work at night. But ②the pay is good.
> I am well and I live with people from my country.
> I am sending you 100 *pounds in this letter.
> This is for you and my mother.
> Love to you and mother. Saul

"One hundred pounds!" I said to the school teacher. "You're wrong. It's a mistake." "No," the school teacher said. "I'm not wrong. It's not a mistake. Here is the money." And he gave me a piece (2) paper. "What is this?" I asked. "A *money order," the school teacher said. "Go to Darpur. Take this money order to the Post Office in Darpur. The money order is *worth one hundred pounds. The Post Office *official will give you the money."

"One hundred pounds!" I said again. Everyone laughed and said, "Adam, you are a rich man. You can buy many things for your farm and for your house." "And I can buy some good food and drink in Darpur. I am going to give a party for you all," I told my friends. Martha said, "Saul is a good son." That evening, the village people talked about the money order and my money. Martha and I also talked about the money. We needed many things for the farm.

The next morning, I got up very early. ③It was dark and everyone was asleep. But I was going to Darpur. I washed and dressed carefully. I put (3) my best clothes and I carried my best stick. I put the money order carefully in my pocket and I said goodbye to Martha. I walked ten miles to the main road. I sat down at the main road and ate my breakfast. I waited for the bus. I waited for two hours. Then the bus came and I got on.

It is a long way to Darpur. The bus takes three hours. I arrived in Darpur and walked to the Post Office immediately. I do not often go to Darpur. I only know the market, and one shop. This is the shop of Rick. I buy things for my farm from Rick.

There (4) a lot of people in the Post Office. I asked about money orders. A man showed me the *queue. There was a long line of people and I waited at the back.

Finally, it was my turn; I was at the front of the queue. But the official did not serve me. "Excuse me," I said. "It's my turn. I'm next."

"You are next? Old man, I'm very busy," the official said. "Look at my papers. Look at all these people. I am very busy. And you must wait."

So, I waited. Finally, the official looked at me. "What do you want?" he asked. I gave him my money order. "This is my money order for one hundred pounds," I replied. The official held out his hand. "*Identity Card," he said. "Excuse me. I don't understand," I replied. "Your Identity Card," the official said again. "Give me your Identity Card."

"What is an Identity Card?" I asked. "I can't give you any money for this money order. First, I must see your Identity Card. Your Identity Card gives your name and your address. Your Identity Card *describes you. There is a photograph of you in your Identity Card. I don't know you. Who are you?" The official was a little angry.

But I was also angry. "Who am I?" I said. "Everyone knows me. I am Adam of the village of Minta. I haven't got an Identity Card and I don't need an Identity Card."

"Old man, I'm very busy and you're very stupid," the official said. "Who are you? Where is Minta?" "Give me my money. Give me my one hundred pounds," I said. The official looked angry and said, "Show me your Identity Card. I don't know you." ④ <u>The official gave back my money order and he turned away.</u>

"Where can I (5) an Identity Card?" I asked the official. He did not speak to me. He did not answer. "Go to the *Ministry of the Interior," a man said. He was standing in the queue. And he told me the way.

（注） postman：郵便配達員　envelope：封筒　alive：生きている　factory：工場
pound：ポンド　money order：郵便為替　worth：～の価値がある　official：職員
queue：列，待ち行列　Identity Card：身分証明書　describe：～の情報を示す
Ministry of the Interior：内務省

問１ （ ）内に入るものをそれぞれ選びなさい。

（１）：１ find　２ finding　３ finds　４ found

（２）：１ on　２ of　３ among　４ during

（3）：1　on　2　of　3　among　4　during

（4）：1　is　2　was　3　were　4　has

（5）：1　buy　2　buying　3　buys　4　bought

問2　下線部①を指すものとして最も適切なものを下の選択肢から1つ選びなさい。

1．Martha.　2．Saul's daughter.　3．An old teacher.　4．The official.

問3　下線部②の英文中の意味として最も適切なものを下の選択肢から1つ選びなさい

1．郵便配達　2．深夜労働　3．注意　4．給料

問4　下線部③と同じ意味の it を下の選択肢から1つ選びなさい。

1．Do you have the concert ticket?　Show it to me.

2．It's getting cloudy.

3．It was too late to change the plan.

4．It is difficult to learn a new language.

問5　Darpur について最も適切なものを選択肢から1つ選びなさい。

1．アダムが頻繁に訪れる場所　2．アダムが昔から行きたかった場所

3．アダムの家からとても離れた場所　4．バスでは辿り着けない場所

問6　下線部④の理由として最も適切なものを下の選択肢から1つ選びなさい。

1．アダムが郵便為替を隠し職員を怒らせたから。　2．アダムが職員の名前を間違えたから。

3．アダムが身分証明書を持っていなかったから。　4．職員がアダムを知らなかったから。

問7　本文の内容として正しくないものを下の選択肢から1つ選びなさい。

1．アダムの息子から，手紙が村に届いた。

2．アダムは手紙に100ポンドの郵便為替を同封し，息子に郵送した。

3．アダムは郵便為替を現金にするために郵便局へ行った。

4．アダムは郵便為替を現金にすぐ交換することができなかった。

問8　次の英文の下線部に入るものとして最も適切なものを1つ選びなさい。

1．Adam couldn't read the letter from Saul because ______________.

1．he didn't like the language Saul used in the letter

2．he couldn't find his glasses and couldn't see the words

3．he didn't learn to read or write at school

4．he didn't want to read the letter himself and gave it to his wife

2．With the money sent by Saul, Adam wanted ______________.

1．to buy things for his farm and house

2．to save the money for the future

3．to send the money back to Saul

4．to give the money to the village

3．In the letter from Saul, ______________.

1．he studied to be a doctor in London

2．he played at a school in London

3．he made a lot of money in a factory in London

4．he worked very hard at a restaurant in London

3 次の英文を読んで，後の問いに対する答えとして最も適切なものを選びなさい。
（＊印の語は(注)を参考にすること）

A million years ago, there were a lot more *species of animal than there are now. Of course, some species *disappear naturally, but today they are disappearing faster than before.

Animals *are in danger from natural accidents; some animals die because of small changes in the weather. But animals are also in danger from our *behavior. We cannot protect animals or people from accidents or changing weather, but we can think about our behavior and change that.

We put new buildings on *empty land and do not think about animals. We make new roads; we move rivers; we take away trees.

Sometimes we take animals from their natural home to a different country. In this new home, other animals do not know the newcomer and are not afraid of it. Black rats went by ship from Asia to the Galapagos Islands and killed many different species of bird. Some of those birds lived only in the Galapagos, but they disappeared after the rats came.

Some visitors to new places take pictures of animals, but other visitors *hunt and kill them. They do not kill the animals for food, but because they like hunting.

In many countries people can also make a lot of money from animals. Elephants die because people want *ivory. Rhinoceroses die because people want to buy their horns. Many bigger animals are in danger because their *coats are beautiful and some people would like to have them to put in their houses, or to wear.

*Pollution of our land, seas, rivers and sky is *getting worse and worse. We are making our world a much dirtier place, so many animals cannot live in it. Pollution is bad for all of us. It is killing animals. *Sooner or later it is going to kill people too.

The number of people in the world is getting bigger all the time. More people in bigger cities take more land and make more pollution. So we are taking the natural homes of animals very fast. Where can they go? In the end, the answer is often *nowhere ... and the animals die.

Animals disappeared before there were people; that is true. But after the first people went to America from Asia 11,000 years ago, 73% of the big animals in North America and 80% in South America disappeared. 90% of big Australian animals disappeared after people moved there from Asia. In *Mediterranean countries there were once small elephants, but they disappeared too. Did people kill them all? Perhaps not — we do not know. But they did not help them to live.

Later about five hundred years ago, Europeans visited places all over the world for the first time. The European visitors changed these places in many ways and they did kill a lot of the animals; we know that.

Today, people in richer countries want to buy more and more interesting things. Animals in danger are more interesting because there are not many of them. So hunters can get rich. They can kill elephants, rhinoceroses and other animals for money.

Hunting, pollution, and disappearing natural *homelands; all of these are dangers to animals. More species disappeared in the last ten years than in the last fifty, and more disappeared in the last fifty years than the last three hundred. After one species disappears, other species die too. The *extinct species was important to them — perhaps for food, perhaps because it protected them.

Remember the famous dodo, a large quiet bird. It lived on the island of Mauritius. It did not fly, but it was not in danger from other animals, so it was not afraid.

Nobody wanted to eat dodo meat because it was not very good to eat. But people visiting Mauritius from other countries killed dodos, and by about 1680 the last dodo was dead. This happened a long time ago, but we cannot forget the dodo — and we are never going to see a dodo *alive again.

To most people, bigger land animals are more interesting than very small animals or birds. We see these animals on television and we visit them in zoos. We take pictures of them, often because they are beautiful. But many of them are in danger in their natural homes.

（注） species：種　disappear：消える　be in danger：危険にさらされている　behavior：行動
empty：何もない　hunt：～を狩る　ivory：象牙（ぞうげ）　coat：毛皮　pollution：汚染
get worse and worse：悪化している　sooner or later：遅かれ早かれ　nowhere：どこにもない
Mediterranean：地中海地域の　homeland：故郷，原生地　extinct：絶滅した
alive：生きている

１．What is one of the problems for animals today?
　１．They are influenced by natural accidents and weather changes.
　２．They are all moving to different countries.
　３．They are all getting sick from a new animal.
　４．They are building new homes in different areas.

２．Why are black rats dangerous to different species of bird on the Galapagos Islands?
　１．They ate the birds' eggs.
　２．They taught the birds bad habits.
　３．They brought diseases from Asia.
　４．They killed many different species of bird.

3．Where did small elephants once live before they disappeared?
1．North America.　　2．Africa.
3．Mediterranean countries.　　4．Australia.

4．Who killed many animals around five hundred years ago?
1．European visitors.　　2．Asian visitors.
3．Australian natives.　　4．North American natives.

5．Why are elephants killed by people?
1．For getting their meat.
2．For getting their bones.
3．For getting their skin.
4．For getting their ivory.

6．How are animals influenced by pollution?
1．It makes them stronger.
2．It makes their lives harder.
3．It helps them to find new homes.
4．It increases their population.

7．When did people first move to America from Asia?
1．5,000 years ago.　　2．8,000 years ago.
3．11,000 years ago.　　4．15,000 years ago.

8．Why can't we see a dodo again?
1．Because it has changed into another bird.
2．Because the last one has moved to another place.
3．Because the last one died around 1680.
4．Because it is running away from humans.

4　次の英文の（　）内に入れるのに最も適した語句を，後の語群からそれぞれ選びなさい。

1．The concert was (　　) good that I decided to go see it again.
1 as　　2 so　　3 at　　4 more

2．She (　　) breakfast when the phone rang.
1 was making　　2 make　　3 made　　4 makes

3．This is the smartphone (　　) I lost at the party last night.
1 how　　2 which　　3 whose　　4 who

4．Once (　　) a time, there were so many people living in the village.
1 step　　2 for　　3 since　　4 upon

5．I'm really looking forward to (　　) the movie on TV.
1 watched　　2 watches　　3 watch　　4 watching

6．I usually (　　) to school by bus.
1 go　　2 am going　　3 have gone　　4 goes

5 日本文を参考にして正しい英文になるように（ ）内の語を並べかえ，（ ）内で３番目と６番目に来るものをそれぞれ選びなさい。
（文頭に来る語も小文字で書かれています）

1．子供たちがどんなスポーツをするべきか，教えてください。
Please（ 1 children 2 kind 3 play 4 me 5 tell 6 of 7 sports 8 should 9 what ）.

2．寒い季節には，学校の近くの小さな店で熱いコーヒーを飲むのをいつも楽しんでいます。
In the cold season, I always（ 1 a 2 coffee 3 drinking 4 enjoy 5 hot 6 in 7 near 8 small 9 shop ）our school.

3．子どもたちはその時私が何を言ったかを，理解しようとしていた。
Children（ 1 at 2 I 3 said 4 that 5 tried 6 to 7 understand 8 what ）time.

4．明日までにこれらの英文をチェックしていただきたいのですが。
I（ 1 by 2 check 3 English 4 like 5 sentences 6 to 7 these 8 would 9 you ）tomorrow.

5．彼が去年書いたその本は，多くの若者にとても人気があります。
The book（ 1 he 2 is 3 last 4 many 5 popular 6 very 7 with 8 wrote 9 year ）young people.

6．私の両親は，私がそのコンテストに参加することを喜んでいます。
My（ 1 are 2 glad 3 in 4 I'll 5 the 6 take 7 parents 8 part 9 that ）contest.

6 次の英文を読んで後の問いに答えなさい。（＊印の語は（注）を参考にすること）

Emily: Daniel, did you finish making the *slides of our presentation?
Daniel: Making the slides?
Emily: Yes. We're going to give a presentation about SDGs in this Friday's class, and we decided that your role was making the slides. Did you forget that?
Daniel: I'm sorry. I forgot that. I didn't begin making them.
Emily: Oh, my goodness. We have to give a presentation the day after tomorrow.
Daniel: Don't worry, Emily. We still have time. How many slides do I have to make?
Emily: We have to make 10 slides. One of them is the title..., I'm sorry, we need one more slide of the *sources.
Daniel: OK, thank you. By the way, what are SDGs?
Emily: You don't know anything! I will make the slides!

（注） slide：スライド　source：情報源，出典

1．When are Emily and Daniel talking?

1．On Monday.　2．On Tuesday.　3．On Wednesday.　4．On Thursday.

2．How many slides do they have to make?

1．Nine.　2．Ten.　3．Eleven.　4．Twelve.

*Shipping Information

Two days after we received the order, the thing you bought will be *shipped by *regular post. **Delivery time for addresses in Melbourne is three days after the shipping day.** **Delivery time for addresses in other areas of Victoria and in New South Wales is four days after the shipping day.** All other *domestic orders may take from five to seven days to arrive after they have been shipped.

For orders costing $100 or less, the regular shipping cost is $10. For orders costing more than $100, the regular shipping cost is 10% of the product cost. You can get most products quickly if you pay $20 *additionally.

（注） shipping：発送　ship：～を発送する　regular post：通常便　domestic：国内の
additionally：追加で

3．If an order is received on Monday, when will it arrive in New South Wales?

1．On Thursday.　2．On Friday.　3．On Saturday.　4．On Sunday.

4．How much is the regular shipping cost for the $50 goods?

1．$5.　2．$10.　3．$15.　4．$20.

5．How much is the regular shipping cost for $200 goods?

1．$5.　2．$10.　3．$15.　4．$20.

ウ　多くの人から愛されるもの
エ　女性のように美しいもの
オ　すぐに散るはかないもの

問４　空欄Ｃに入るものとして最も適切なものを次の中から選び、記号で答えなさい（解答番号は４）。
ア　桜はすぐに散ってしまうものだと言われているが、それは桜をよく観察していない人の言い分だ
イ　桜がはかなく散ってしまっても私は悲しくありません。人の心が移り変わってしまう悲しさに比べれば
ウ　桜は風が吹く間もなく散ってしまいます。それは、人の心が変わってしまうのと同じようなものだ
エ　桜でさえ風が吹かなければ散らないのに、人の心は風が吹く間もなく変わってしまうものだ
オ　桜がなぜすぐに散ってしまうのでしょうか。すぐに移り変わるものは人の心だけで良いのに

問５　二重傍線部「紀貫之」が著したものとして適切なものを次の中から一つ選び、記号で答えなさい　（解答番号は５）。
ア　土佐日記　イ　方丈記　ウ　伊勢物語　エ　徒然草
オ　源氏物語

問６　１の「桜花今日こそ…」と同じ趣向で桜を詠んだ和歌を次の中から一つ選び、記号で答えなさい（解答番号は６）。
ア　桜花散らば散らなむ散らずとてふるさと人の来てもみなくに
イ　故里《ふるさと》となりにし奈良の都にも色はかはらず花は咲きけり
ウ　うつせみの世にも似たるか花ざくら咲くと見しまにかつ散りにけり
エ　見渡せば柳桜をこきまぜて都ぞ春の錦なりける
オ　桜花咲きにけらしなあしひきの山の峡《かひ》より見ゆる白雲

【会話文】

この会話文は、Ⅰ・Ⅱを読んだ生徒と教師が交わしたものである。

教師　Ⅰの話は『伊勢物語』といって、「在原業平《ありわらなりひら》」という男が主人公だと言われている作品で、在原業平の恋愛を中心とした歌物語です。
　Ⅰの話も在原業平と思われる人物と、ある女（＝つれなき人）とのやり取りが描かれていますね。それを踏まえて、主語を追っていきましょう。

生徒　傍線部ａ「思ひ」の主語は［１］、傍線部ｂ「思ひ」の主語は［２］、傍線部ｃ「いへりける」の主語は［３］、傍線部ｄ「うれしく」の主語は［４］ということですか。

教師　その通りです。また「桜花今日こそ…」の和歌は、「桜の花が今日はこんなに美しく咲いているとしても、明日の夜にはどうなっているかわかりません」という意味です。この和歌を踏まえると、傍線部ｅで男は何を「疑わしく」思っていたのかが分かりますね。

生徒　［Ａ］のだと思います。

教師　よく読めていますね。和歌において桜は［Ｂ］だと詠まれることが多く、女の気持ちと重ねた和歌になっています。その一方で、紀貫之は桜について、Ⅱのように、桜は［Ｂ］だとは思わないというような対照的な和歌を詠んでいます。Ⅱの和歌はどのような解釈になるかわかりますか？

生徒　対照的ということは、「［Ｃ］」という解釈になると思います。

教師　よく分かりましたね。同じ事物でも人によって捉え方が違うというのも、和歌解釈の面白さかもしれませんね。

問１　空欄１～４に入る組み合わせとして最も適切なものを次の中から選び、記号で答えなさい（解答番号は１）。

ア　１―男　２―女　３―女　４―男
イ　１―男　２―女　３―男　４―女
ウ　１―男　２―女　３―男　４―男
エ　１―女　２―男　３―女　４―女
オ　１―女　２―男　３―男　４―女

問２　空欄Ａに入るものとして最も適切なものを次の中から選び、記号で答えなさい（解答番号は２）。

ア　今は、あなたに会えることを嬉しく思っているが、明日になってもその喜びが続くか疑わしい
イ　今は、私のことを好きでいてくれているが、明日になっても好きでいてくれるか疑わしい
ウ　今は、明日逢う気でいてくれているが、明日になってもその気持ちが続いているか疑わしい
エ　今は、あなたに逢いたいと思っているが、明日になっても同じ気持ちでいられるか疑わしい
オ　今は、この先も逢い続けたいと思ってくれているが、明日になってもそう思ってくれるか疑わしい

問３　空欄Ｂに共通して入るものとして最も適切なものを次の中から選び、記号で答えなさい（解答番号は３）。

ア　なかなか咲いてくれないもの
イ　散るからこそ素晴らしいもの

イ　最後のひとすくいは甘いもの好きだった誠さんに捧げたい気持ちだったから。

ウ　これを食べ終えた時がみちかちゃんとのお別れの時であるとわかっていたから。

エ　これを食べ終えることは引っ越し作業の再開を促すように思われたから。

オ　みちかちゃんの入れる紅茶の美味しさをいつまでも味わっていたいと思ったから。

問7　傍線部g「それはいかにも頼りなげな裏切りだった」での「頼りなげな裏切り」とはどのようなことか。最も適切なものを次の中から選び、記号で答えなさい（解答番号は7）。

ア　何でも話せる間柄だと思っていた「私」にも本当のことを話さずに別れ、新しい場所での一歩を踏み出そうとしていること。

イ　みちかちゃんは「私」の知らぬ間に誠さんとは別の男の人とも付き合っていて、彼との新しい生活を心待ちにしていること。

ウ　三重の実家近くの湧き水の話までして遊びに来てと言っておきながら、実際には「私」を呼ぶつもりなどないということ。

エ　三重の実家の親にはふるさとに帰ると嘘を伝えておきながら、別の場所で新しい自分だけの生活を始めようとしていること。

オ　「私」にたくさんの誠さんの思い出話をしておきながら、彼のことを忘れて新しい場所での生活を始めようとしていること。

問8　傍線部h「きっとみちかちゃんは携帯の番号さえも変えてしまうのだろう」とあるが、ここでの「私」についての説明として最も適切なものを次の中から選び、記号で答えなさい（解答番号は8）。

ア　「私」に三重の実家に戻るという嘘を言って、新しい場所に行くのは御両親とも連絡を取らなくなることだろうと感じた。

イ　みちかちゃんはここでの人間関係を断ち切って、「私」が知らない新しい場所での生活を始めようとしていると感じた。

ウ　表面上は親友として接しているが、心の中でみちかちゃんは「私」にもう連絡してほしくないと思っていると気づいた。

エ　みちかちゃんは新しい場所で人との深い関りは持たずに、今までの思い出を胸に自分だけの生活を送ろうとすると思った。

オ　携帯電話も繋がらないような田舎の土地で、みちかちゃんは気持ちを新たに生活をやり直したいと考えていると思った。

五

次のⅠ・Ⅱと、〔会話文〕を読んで、後の各問いに答えなさい。

Ⅰ　むかし、つれなき人をいかでと《なんとかして手に入れたいと》a思ひわたりければ、あはれとや《ああかわいそうなものだ》b思ひけむ、「さらば《それならば》、あす、ものごしにても《物をへだててお逢いしましょう》」とcいへりける《と言ったので》を、かぎりなく《この上なく》dうれしく、またeうたがはしかりければ《しかし、疑わしくもあったので》、おもしろかりける桜につけて、

桜花今日こそかくもにほふともあな頼みがた明日の夜のこと

といふ心ばへもあるべし。

（『伊勢物語』による）

Ⅱ　桜花とく散りぬともおもほえず人の心ぞ風も吹きあへぬ　紀貫之

（『古今和歌集』による）

番号は2）。

ア　誠さんが死んだことがいまだに信じられず呆然とした思いの中で葬儀に参列していたから。

イ　誠さんのお母さんの悲痛な姿にいたたまれなくなって近くに居ることが出来なかったから。

ウ　誠さんが死んだという事実を受け入れられずに葬儀さえも他人事のように感じていたから。

エ　誠さんと結婚式をしていなかったので正式な夫婦ではなく遠慮すべき立場だと思ったから。

オ　誠さんの葬儀で泣き顔を見せるといつも泣き虫だった誠さんに笑われるように思ったから。

問3　本文中の c に入る最も適切なものを次の中から選び、記号で答えなさい（解答番号は3）。

ア　涙雨でも降ったほうがいい

イ　暑くはない曇りのほうがいい

ウ　少しは雨が降ったほうがいい

エ　晴れやかな天気のほうがいい

オ　寂しい気持ちが薄らいでいい

問4　傍線部d「優しく『ばかなやつ』と言った」時の「みちかちゃん」の気持ちの説明として、最も適切なものを次の中から選び、記号で答えなさい（解答番号は4）。

ア　男のくせに死んでもなお泣き虫がなおらない誠さんに呆れながらも愛情を感じている。

イ　死んでも夢に出てくるほど自分を心配しているので誠さんのやさしさを改めて感じている。

ウ　泣き虫のくせに夢で自分を泣かせる誠さんに一言言いながらもいとおしく感じている。

エ　自分を残して死んでしまった誠さんを恨みながらもいとおしい思いを捨て切れずにいる。

オ　自分の言葉を真に受けて子供のように泣きやもうとした誠さんの姿にいとおしさを感じている。

問5　傍線部e「立ち上がって片付いたところだけ掃除機をかけた」のはなぜか。最も適切なものを次の中から選び、記号で答えなさい（解答番号は5）。

ア　誠さんはすでに死んでしまっていておいしい水を持ってきても喜ぶはずもないことに気づいたから。

イ　話題をすぐに亡くなった誠さんのことに結びつけようとする自分のあつかましい態度に気づいたから。

ウ　もうすぐ引っ越し屋が来る時刻なので無駄話はしていられないと気づいて作業に専念しようとしたから。

エ　本当は行く気などないのにみちかちゃんの実家の湧き水の話をしていた自分に気づき我に返ったから。

オ　亡くなった誠さんの墓参りをみちかちゃんに現実のものとして再認識させ悲しませると気づいたから。

問6　傍線部f「最後のひとすくいを残して喋った」のはなぜか。最も適切なものを次の中から選び、記号で答えなさい（解答番号は6）。

ア　業者が荷物の積み出しを終えたので心置きなく話に興じることができたから。

がなくなった部屋ではやけに声が響いた。ババロアが生ぬるくなったら美味しくないと判っていても、私にみちかちゃんを引き止める権利はないんだと知っていても、いつまでもそうしていたかった。「名残惜しいね」「でも、行かなくちゃね」みちかちゃんは、茶色っぽい目で私に笑いかけた。それで、私達は同時にスプーンを舐めて、立ち上がった。

ポットに残ったお茶の葉を捨てた。カップとポットとスプーンとやかんを洗って、みちかちゃんはきちんと拭いてから一つだけ残してあった段ボールに入れた。それから、車とってくるから、と言って部屋を出た。まだガムテープで封をしていない段ボールを何気なく覗くとそれはカーテンの箱だった。さっき仕舞った食器の他に、タオルと、新しい雑巾とトイレットペーパーが一巻入っていた。はっとして箱のフタを閉じた。みちかちゃんは実家には帰らない。車の音がして、みちかちゃんが上がって来たので私は何も言わずに新しい暮らしの最初の段ボール箱を持って部屋を出た。みちかちゃんはゴミ袋を持って玄関から部屋を振り返った。みちかちゃんが管理人にカギを返しに行っている間に、私はマンションの前に停まっているワゴン車の大きな荷室に段ボールを積んだ。gそれはいかにも頼りなげな裏切りだった。エンジンはかけっぱなしで、カーステレオからは、昔流行ったフランキー・ジェット・シティの『小さな恋のメロディ』が流れていた。こんなやるせない曲を聴きながら、みちかちゃんは私の知らないどこかへ行こうとしている。みちかちゃんが戻ってきて、「ほんとうにありがと」と言った。

「後ろ、閉めちゃうよ」「うん」「これ、なんて車?」「フォードのトーラスワゴン、あいつの趣味だったの。私はもっと小さい車が良かったんだけど」「みちかちゃんって運転、得意なの?」「田舎者だもの、あっちは車社会だよ。私、あいつより上手かったかも」そう言ってみちかちゃんは笑いながら車に乗った。そしてすぐに窓を下げて言った。「典ちゃん、連絡するからね、絶対遊びに来てね」「うん。美味しい水、一緒に飲もうね」手を振って、青いワゴン車が遠ざかるのを見送りながら、hきっとみちかちゃんは携帯の番号さえも変えてしまうのだろうと思った。

（絲山秋子『ベル・エポック』による）

※ ベル・エポック――本来は「良き時代」の意味のフランス語。ここでは洋菓子屋の店名。

※ SE――システム・エンジニア。

※ 大字――市町村内の区画名称の一種。

問1 傍線部a「言わなければよかったかなと思った」のはなぜか。最も適切なものを次の中から選び、記号で答えなさい（解答番号は1）。

ア わざわざみちかちゃんが迎えに来てくれたのに気の利かない挨拶をしたことに気づいたから。

イ 葬儀の日のことなので誠さんが死んだことをみちかちゃんに思い出させると気づいたから。

ウ みちかちゃんと疎遠になっていて会ってないことを再確認する言葉だと気づいたから。

エ 誠さんが死んでまだ日が浅いことをみちかちゃんに感じさせることになると気づいたから。

オ 引っ越しの手伝いに来たのに誠さんとの昔話につながる言葉を切り出したと気づいたから。

問2 傍線部b「一番後ろで、遠い親戚のような顔をして」だったのはなぜか。最も適切なものを次の中から選び、記号で答えなさい（解答いの仕事に取りかかる。私は服をハンガーケースに揃えて入れ、みちかちゃんは洋菓子の包みだけが入った冷蔵庫の中を固く絞った台布巾で拭いた。「カーテンはどうする？」「あ。こっちの段ボールに入れて」掃除機でざっと埃を吸って、ベランダでぱたぱたやってからたたんで、みちかちゃんが新しく組み立てた段ボールに入れた。

みちかちゃんの実家は三重県の桑名市とは聞いていたけれど、あまり詳しいことは知らなかった。方言も全然出なかった。「三重ってどんなとこなの」「三重ってとこはないのよ」みちかちゃんは壁からカレンダーを外してゴミ袋に捨てた。（中略）「名古屋までだったらすぐって感じだけど、三重っていうと遠い感じがするなあ」「東京の人からしたらそうだよね。でも、遊びにきてね。あのね」あのね、と言うとき、みちかちゃんは小さな声になった。「なによ」「秘密の場所教えてあげるから」校庭の隅っこにいる小学生みたいに二人でくすくす笑った。「なによ、秘密って」「何があるってわけじゃないのよ。私ね、お水を一杯飲むためだけにそこに行くの」「湧き水とか？」「そう。誰も知らないとこだよ。三重と滋賀の県境を越えたとこなの。すごい峠なんだ」みちかちゃんは少し目をつぶって、その場所を思いだしているようだった。「水って、どんなとこに湧いてるの？」「崖から水が滴ってるの。アルミのカップが鎖で吊るしてあるからそれにお水を溜めて、ゆっくり飲むの」「お腹壊さない？」「すっごい、美味しいんだよ」「そこだけなの？水が湧いてるの」「多分、他にもそういう場所あるんだろうけど、私はそこしか知らないの」「秘密の場所かあ、いいなあ」そうは言ったけれど、そんな湧き水が飲めるような田舎に暮らすみちかちゃんの姿を思い浮かべることは出来なかった。「東京にはそんな場所ないでしょ」「五日市とか奥多摩ならわかんないけど、行ったことないし」「ポリタン持ってきてる人もいる。あ、そうだ」「ん？」「今度、お墓参りに東京に来るときあそこの水、持ってこよう」それからみちかちゃんは急に目をうるませて、「そんなの、いつだかわかんないけど」と言った。「いつでも大丈夫だよ」誠さんはきっと美味しい水、喜ぶよ、と言ったらみちかちゃんを本格的に泣かせてしまいそうで、e立ち上がって片付いたところだけ掃除機をかけた。

二時五十分に引越屋さんは二人で来て、鮮やか！　と手をたたきたくなるほど手際よく荷物を積み出していった。段ボールはたちまち消え失せ、テレビも冷蔵庫もテーブルも椅子も手品のように梱包されて運び出されて行った。みちかちゃんは「あっ」と叫んで下にばたばた降りていって、「ベル・エポック」の包みを運び出された冷蔵庫の中から取り返して来た。ぐずぐず荷造りしていたのが嘘みたいだった。（中略）「さあ、食べよう」みちかちゃんは丁寧に紅茶を淹れる。私が淹れるといつも薄いか渋いかになってしまうのだけれど、みちかちゃんの淹れるアールグレイは香りも味もいい。角砂糖を一個ずつ紅茶に入れて、何もない部屋のフローリングに向かい合ってあぐらをかいた。みちかちゃんは、洋菓子の箱を開けた。ドライアイスの小さなかけらとババロアが二つ入っていた。「ここの店のババロアが美味しいの。珍しいでしょ」そう言えば誠さんは甘いものが好きだった。私か遊びに来たときにはみんなでおはぎを食べたのを思いだした。誠さんが言いだして三人でUNOをやった。誠さんは言いだしっぺのくせに弱くて、たくさんカードを引いて本気で口惜しがっていた。いつまでも、f最後のひとすくいを残して喋った。物だよ」と耳打ちした。それから後もみちかちゃんはここで同じ部屋に住んで、保育園で働き続けていたが、三月のきりのいいところで辞めて、田舎に帰ると言うのだった。桜が開ききってしまうような陽気だった。残酷なくらいいい天気だった。引越には不便だけれど［　c　］と思った。なんでみちかちゃんが追われるように去っていかなければならないのか、東京育ちの私には都落ちのようにしか思えなかった。私とみちかちゃんは池袋の英会話スクールで知り合った。すぐに仲良くなって、一緒にオーストラリアにも行った。私は※ＳＥをしていてみちかちゃんとは異業種だったが、そんなことは全然問題じゃなかった。女友達というのはいつだってオトコの話ばかりだ。そのうち、みちかちゃんが同僚の紹介で誠さんに出会って、誠さんの話をするようになった。私は次々当たって砕ける片思いの話ばかりした。

　駅前にはくすんだ時計屋や処方せん薬局があるだけで、バスも通っていない。このあたりは風渡野《ふっとの》という※大字で、本当にちょっと前までは名前の通り何もなかったらしいよ、とみちかちゃんは言った。大きなスーパーと反対の方へ狭い道を進み三叉路を右にまっすぐ行くと小さな電器屋の向かいに「プランタン風渡野」がある。私も何度か遊びに来たことがあった。けれど二階の一番奥のドアを開けると、もうそこはみちかちゃんの部屋とは思えなかった。たくさんの段ボールが雑然と積んであって、箱の側面には、みちかちゃんの字で「本・アルバム」、「マット・スリッパ」などと書かれていた。床に掃除機や雑巾やゴミ袋が出ていて、もはや生活感はどこにもなかった。ところどころにみちかちゃんの好きなセサミストリートのマペットの柄のタオルがはみ出していたり、知っている服が散らばっているだけだった。「ごめんね、まだこんな状態なのよ」「二人でやったらすぐ片付くよ。引越屋さん何時なの？」「三時」「余裕余裕。私、食器やろうか？」やっぱり他人に触られたくないものもあるだろうから、鍋とか食器が一番無難だと思った。「これ使って」台所の調理台の上には不織布で出来た三角コーナー用のごみ取り袋の束が置いてあった。どうするの、と聞くと、食器包むのに一番いいんだよ、とみちかちゃんは言った。さっと入れて重ねていくだけでいいの。かさ張らないし、絶対割れないよ。それに、後でまた使えるでしょ。私の考えた名案。今まで一度も失敗したことないんだよ。空いたとこだけ新聞紙かタオル詰めてね。言われた通りに皿やコップを包んで段ボールに入れながら、みちかちゃんが実家に帰ってこの段ボールを開けるのはいつだろう、と思った。また誰かと出会って、一緒に暮らすときかな。久しぶりにこの箱を開けたら懐かしさと悲しさがむうっとこみあげるんじゃないだろうか。

「泣くんだよ、あいつ」ふいにみちかちゃんが言った。「えっ？」「夜だけどね。夜、寝る前になると、まこっちゃんが泣いてるの」「つらいね」「つらくはないよ。ここに響くだけ」みちかちゃんは鳩尾《みぞおち》のあたりを押さえた。「きっとだんだん、いなくなるんだと思う」何と言ったらいいのか、判らなかった。「誠さんてほんとに、泣いたりした？」「すっごい泣き虫だったよ」「うっそ」誠さんが泣くところなんて、少年野球チームが優勝したときの嬉し泣きくらいしか想像がつかない。「それは外面。映画とかでも泣くし、本読んでも泣くし、喧嘩してもいつもあっちが泣くの。泣く男となんか結婚したくないって言うと、一生懸命泣きやもうとするんだけど、でも泣くの」みちかちゃんは呟くように、d優しく「ばかなやつ」と言った。間が悪くなって手が止まって、それからまたお互

オ　バーチャルな世界での急激な変化に、本来の自分を忘れるのではないかと不安になる。

問７　傍線部ｇ「ぼんやりとした、まだ見ぬ『楽しさ』」とはどのようなことか。その説明として最も適切なものを次の中から選び、記号で答えなさい（解答番号は７）。

ア　思考錯誤しながら正しい方法を見つけ、何かをなしえた後にこれまでの経験を振り返ること。

イ　理想の自分に到達するため迷いながら実践を重ね、自分の成長に対する期待を持つこと。

ウ　自分の成長をすぐに実感できなくても、実践の中で何をすべきかが見えてくること。

エ　希望の自分に近づくため必要なことを実行する中で、本来の自分の姿を取り戻すこと。

オ　他者に認識される自分に近づこうとすることで、自分の目指す姿が明確になること。

問８　傍線部ｈ「かなりの割合の人が、気づかないまま過ごしている」とあるが、なぜだと考えられるか。その説明として最も適切なものを次の中から選び記号で答えなさい（解答番号は８）。

ア　バーチャルな世界の自分と現実の自分との違いを楽しむことが、ゲームの面白みであると言えるから。

イ　生まれた時からバーチャルな世界に囲まれている若者は、本来の自分を考えることを思いつかないから。

ウ　現実とバーチャルな世界との区別があいまいになり、二つの世界での自分の違いを意識しにくいから。

エ　日常生活でバーチャルな世界に入る機会が多くなり、肉体の感覚が以前に比べて希薄になっているから。

オ　用意されたシステムに自分をインプットすることが普通となり、経験による成長を求めない人が多くなったから。

四　次の文章を読み、後の各問いに答えなさい。

大宮で東武野田線に乗り換えて、七里駅で降りた。改札を出てみちかちゃんを探すと、切符売り場の横にふっくらした身体を所在なげに寄り添わせていたが、やがて私に気がついて照れ臭そうに手をあげた。誠さんから貰った指輪をしていた。「ごめんね、あれ以来になっちゃって」と言ってから、ａ言わなければよかったかなと思ったが、みちかちゃんは気にする風もなく左手に提げた洋菓子屋の袋をちょっと持ち上げるようにして、「これ、あとで一緒に食べようね」と言った。袋にはちょっと崩した字で※ベル・エポックという店名がプリントされていた。「この辺のお店？」私はあたりを見回した。「うん、あっちのスーパーの方なんだ」「がんばんなきゃ」「ありがとね。来てくれて」半年前、みちかちゃんは婚約者の誠さんを亡くした。誠さんは少年野球の監督をするほど元気な人だったのに、会社帰りに代々水駅のベンチに座ったまま心筋梗塞で亡くなった。挙式は六月の予定だった。三十四歳の突然の死は誰もが信じられなくて、お葬式の時、お母さんがいつまでも誠さんの名前を呼び続けるのも無理はなかった。みちかちゃんはｂ一番後ろで、遠い親戚のような顔をして静かにうつむいていた。ゆったりとした喪服姿に、生まれつきの品の良さがあった。私がみちかちゃんの手をぎゅっと握ると、きゅきゅと握り返してきて、「昨日の晩、いっぱい泣いたから大丈夫問３　傍線部ｃ「面倒な手順」とあるが、その具体例として最も適切なものを次の中から選び、記号で答えなさい（解答番号は３）。

ア　料理教室に月四回通って調理のコツを教わり、おもてなし料理のレパートリーを増やす。

イ　アニメに登場する場所を巡り、キャラクターの看板前で撮った写真をＳＮＳに投稿する。

ウ　釣具店に行って持ちやすさや機能などから竿を決め、海釣りでその使いやすさを試す。

エ　絶景スポット巡りを売りにする撮影ツアーに参加し、ベストショットを狙う。

オ　インターネットのグルメサイトを調べ、カフェ部門で評価の高い順に店を回る。

問４　傍線部ｄ「錯覚」とあるが、その説明として最も適切なものを次の中から選び、記号で答えなさい。（解答番号は４）。

ア　仮想世界での経験を現実の自分を成長させるものだと捉えてしまうこと。

イ　企業が作ったブームを誰もが楽しめるものだと捉えてしまうこと。

ウ　他人に用意された楽しさを趣味本来の楽しさだと捉えてしまうこと。

エ　意図的に流された情報を自らの意志で探した情報と捉えてしまうこと。

オ　他者から認識される自分を本来の自分だと捉えてしまうこと。

問５　傍線部ｅ「実は、実社会における他者が認識する（と想像できる）『自分』も、明らかに幻想」とあるが、この表現で筆者が言いたいのはどのようなことか。その説明として最も適切なものを次の中から選び、記号で答えなさい。（解答番号は５）。

ア　相手がどのような人間か間違いなく捉えることはできないということ。

イ　人間関係は誤解が生じやすく相手を正しく理解することは難しいということ。

ウ　用意されたシステムの中にいることで本来の自分が分からなくなるということ。

エ　人は相手に自分の理想像に近い姿で認識されていると期待しがちだということ。

オ　バーチャルな世界における自分を本来の自分だと錯覚しやすいということ。

問６　傍線部ｆ「『自分を見失う』感覚に囚われる」とあるが、その説明として最も適切なものを次の中から選び、記号で答えなさい。（解答番号は６）。

ア　バーチャルな世界に固執し、現実世界に戻れなくなるのではないかと怖くなる。

イ　現実に戻った時に、バーチャルの自分と現実の自分との大きな違いに戸惑う。

ウ　バーチャルから現実に戻った時に、自分が求めていた理想が分からなくなる。

エ　現実に戻った時に、バーチャルな世界と現実の世界との差を感じ絶望する。

はなっていない。

　こうして現実に立ち返ったとき、f「自分を見失う」感覚に囚われるだろう。それは、その仮想の体験のために消費された自分の時間に対して、自分がどう変化したのか、どれだけ成長したのか、という実感の希薄さがもたらすものだ。

　人生というものは、時間が限られている。生きている時間は、そんなに長大ではない。誰でも知っていることである。人生70年ならば、月にすれば840カ月、日にすれば、僅か2万5000日である。寝ていても、気を失っていても時間は過ぎる。既に、もう何分の一かは終わっている。残りはどれだけだろう。そもそも、いつ死ぬかもわからない。そういう「残り時間」を意識したとき、自分はどれだけの人間になれるのか、どこへ到達できるのか、何をなしえるのか、どんな楽しみを味わうことができるだろうか、と考える。そして、そのgぼんやりとした、まだ見ぬ「楽しさ」はどれくらいだろうか。その期待値を高めるために、自分は何をすべきか。はたして今、その楽しみに向かって自分は進んでいるのだろうか。

　※他者から見た「自分」と本来の「自分」のギャップが、悩みの種だと書いた。また、このギャップは、物理的な制約によってそれほど大きくはならない、とも書いた。ところが、バーチャルなシステムに補助された他者向けの自分は、そのシステムの中では本来の「自分」と同一視できるし、しかも、現実の「自分」とのギャップの大きさに物理的な制約を受けにくい。この飛躍がそもそもゲームの面白さでもある。しかし、それだけに、それを「自分」だと感じていたところから、大きくギャップのある現実の「自分」への帰還は、急降下ともいえるものになるだろう。受け止め方が悪ければ、ショックは絶大だ。

　現代は、自分を見失いやすい環境というよりも、見失っても生きていける社会といえるかもしれない。早めに気づけない、とことん見失うまで気づかせてくれない、そういう環境にあるのが、今の若者だろう。hかなりの割合の人が、気づかないまま過ごしている。むしろ感覚が鋭敏な人が、気づいてしまい悩むことになる。

「自分」を見失えば、やはり探したくなるだろう。自分はどこにあるのか、という不安が生じるからだ。そういう言葉を現に聞いたことがある。

（森博嗣『自分探しと楽しさについて』による）

※　他者から見た「自分」と…書いた――筆者はこの本文の前に、「他者に見られたい『自分』と本来の『自分』のギャップは、大多数の人が悩むテーマである」と述べている。また、「他者から見た自分像は、自分の能力から大きく離れない位置にしか成り立たない」とも指摘している。

問１　傍線部ａ「サポートしようとしている」とあるが、その「サポート」の内容として最も適切なものを次の中から選び、記号で答えなさい（解答番号は１）。

ア　利用者それぞれの目標に応じた楽しみ方を提供する。
イ　利用者が活動中に自分の変化を感じる瞬間を提供する。
ウ　利用者が自分の求める到達点を決める機会を提供する。
エ　利用者にリアルな体験とバーチャルな体験を提供する。
オ　利用者が手軽に楽しい気持ちを味わう環境を提供する。

問２　空欄ｂに入る語として最も適切なものを次の中から選び、記号で答えなさい（解答番号は２）。

ア　普遍　　イ　画一　　ウ　無機　　エ　安定　　オ　絶対

な成長の過程、いわば[c]面倒な手順を飛び越えて、いきなり楽しい部分を疑似体験できるような環境が用意されている。もちろん「お膳立て」である。商売として、誰かが用意したものだ。しかし、そんなものばかりが溢れている社会に育てば、それが「自分が求めているもの」だと錯覚できるだろう。疑似の中にずっといれば、それはもう現実になる。夢の中では夢だと気づかない道理だ。趣味の入門はその種の「コース」で始めるもの、と考えるだろう。なんでも、まず「〇〇教室」なるところへ入門したり、毎週少しずつ送ってくるキットを組み立てることで、その趣味を楽しめる、と思ってしまう。

これは、けっして悪いことではない。基本的に、非常に親切だ。道のりは綺麗に舗装され、転ぶ危険も少ない。失敗しないように、保険がかけられている。ほんのちょっとの苦労で、すぐに一番楽しいところが極められる、という気持ちに誰でもなれる。それが「売り」なのだ。

当然ながら、これは「[d]錯覚」である。そう錯覚させるのが商売なのだから、引っかかっているといえば引っかかっている。でも、楽しめれば良いのでは？　そう、そのとおりだ。しかし、あくまでも、バーチャルなのだという自覚を持つ方が良い。ゲームと同じである。

自動車が大好きでレースをよく観にいくマニアがいたとしよう。かつてならば、車の本を読む、模型を作る、自分の車を走らせる、それを改造してみる、友達と一緒にチームを作ってレースに出る、というようなステップがあった。そういう楽しみ方があった。その道を歩むためには、情報を集め、自分で吟味し、実際に試し、失敗も重ね、あるいは危険な体験もする。そうするうちに、だんだんと自分が変化することを楽しむ。それが趣味の王道だった。

これに対して、ゲームでカーレースをすれば、バーチャルではあるけれど、かなりリアルな体験ができ、しかも一番楽しい（と想像できる）ところがいきなり味わえる。用意されたシステムの中に、自分をインプットするだけで良い。ゲームの中での技術的なことが身につき、ゲームにおける情報を手に入れ、ゲーム上の経験値がアップする。しかし、現実の自分はなにも変化がない。そのゲームに飽きたとき、「この体験は何だったのだろう？」と感じれば、僅かに成長があるかもしれないが。

バーチャルの中にいる「自分」は、そのシステムが見せてくれる「幻想」である。これは、素晴らしいことだと僕は思う。[e]実は、実社会における他者が認識する（と想像できる）「自分」も、明らかに幻想だから、ほとんど同じものだといって良いだろう。

ようするに、舞台で演じるものであり、その舞台さえ誰かに用意してもらえば、自分の希望に近い「自分」にわりと手軽に近づける。その舞台で陶酔しているうちは、とても気持ちが良い。これは「夢」だといっても、夢を見続けることができるならば、それはそれで素晴らしい「体験」といえるだろう。

ただ、である。夢を見続けるには、また特殊な才能が必要である。普通の人には、必ずその夢から覚めるときが来る。バーチャルのシステムから、現実の世界へ戻ってくるときがある。たぶん、それは肉体の存在に起因しているだろう。普通の感覚の人ならば、必ず「現実」を感じるときがある。現在のところ、まだバーチャルの技術は、現実と等しいリアリティを実現していない。また、生まれたときからバーチャルの中でずっと生活している人はまだいない。ゲームの中と外の区別がつかないような事態になれば、こんな覚醒もなくなるだろうが、今は、まだそう

ウ　僕―が―作っ―た―料理を―君―に―食べ―さ―せ―たい。

エ　僕―が―作った―料理―を―君―に―食べ―させ―たい。

オ　僕―が―作った―料理―を―君―に―食べ―させた―い。

問4　次の文の傍線部と同じ種類の敬語を後のア～オの傍線部から一つ選び、記号で答えなさい（解答番号は5）。

昨日、先生に本をいただきました。

ア　私がそちらにうかがいましょう。

イ　どうぞ中をごらんください。

ウ　父は明後日には帰ってきます。

エ　お好きな時間においでください。

オ　そんなことはなさらないでください。

問5　次の各文の傍線部の中で他のものと文法上**異なるもの**を一つ選び、記号で答えなさい（解答番号は6）。

ア　鳥が空を飛んでいった。

イ　沢の水は冷たくておいしかった。

ウ　彼女は優しくて思いやりがある。

エ　アメリカは豊かで自由な国だ。

オ　彼の話を聞いて書き写した。

問6　次のア～オの和歌の傍線部のうち、現代語の仮名遣いとは**異なる書き表し方**をしたものを一つ選び、記号で答えなさい（解答番号は7）。

ア　しのぶれど色に出でにけりわが恋はものや思ふと人の問ふまで

イ　いにしへの奈良の都の八重桜けふ九重ににほひぬるかな

ウ　八重むぐらしげれるやどのさびしきに人こそ見えね秋はきにけり

エ　あらざらむこの世のほかの思ひ出にいまひとたびの逢ふこともがな

オ　夜をこめて鳥のそら音ははかるとも世に逢坂の関はゆるさじ

三　次の文章を読み、後の各問いに答えなさい。

近頃、いろいろな商売が個人の楽しみを a サポートしようとしている。衣食住が足りて豊かになった現代では、娯楽や教育のフィールドで商品を開発するしかないからだ。趣味を持ちたいと考えているのは、今は若者だけではない。これまで働くことに自分の時間を搾り取られ、ようやく少しだけゆとりができた世代は、若いときに趣味を育てる余裕がなかった。しかも、この世代が人口に占める割合はかつてよりもずっと高い。仕事をしている間は、ある意味で楽だった。言われたとおりにしていれば間違いはなかったからだ。もちろん、それは自由ではない。しかし、働いていれば生きていけるし、他人から文句も言われない。働いて金を稼ぎ、家族サビスをする。こうしていることが普通だった。普通ならば、誰にも後ろ指をさされない。

あらゆる産業は、そういった［ b ］的な生活をする大衆を相手にしていて、個人的なものでさえ「お膳立て」をして、型にはまったコースを用意する。個々がばらばらで、そのそれぞれに対処していたら商売の効率が悪い。だから、「流行」を作り、「ブーム」を演出する。このやり方が、最近では趣味の分野にも押し寄せてきた。マニアックだと認識されていたものが、意外に馬鹿にならない数の愛好者がいることもわかってきたし、そういった少数であっても、商売として拾っていかなければならない時代になったともいえる。

こういった世の中では、情報を求め、それを自分の中に取り込むよう

【国語】〈五〇分〉〈満点：一〇〇点〉

一 次の1～5の傍線部と同じ漢字を使うものを、後のア～オの傍線部からそれぞれ一つずつ選び、記号で答えなさい（解答番号は1～5）。

1．彼の死は人々にショウゲキを与えた。
ア　苦しみをショウカして成長に繋げた。
イ　敗北のカンショウに浸っている暇はない。
ウ　五輪のショウチは簡単ではない。
エ　文化祭に向け、先生たちとのセッショウを重ねた。
オ　隣国との和平コウショウは決裂した。

2．重たい荷物をカツぐ。
ア　いざという時に責任をニナえる人。
イ　わが身の不幸をナゲいても前には進めない。
ウ　アワい期待を胸に抱く。
エ　キタえあげられた屈強な肉体。
オ　縫い糸が切れて、裾《すそ》がホコロびている。

3．彼の出すチンプなアイディアにあきれている。
ア　ここで失敗すると大きなフサイを抱えてしまう。
イ　宿題はメールにテンプして送ってください。
ウ　この地域は、気候が温暖で食料がホウフにある。
エ　恩師のフホウに接し、言葉を失う。
オ　フハイした体制を一新した。

4．彼のキソウ天外な発想に驚かされる。
ア　複雑カイキに入り組んだ難事件に立ち向かう。
イ　引退試合でイッキ当千の大活躍を見せた。
ウ　向かってくる車をキキ一髪のところで回避した。
エ　ささいなことでイッキ一憂するべきではない。
オ　彼はなんでもそつなくこなすキヨウ貧乏な人だ。

5．珍しいイベントをキカクする。
ア　転職してスキルアップをハカる。
イ　親の仇への復讐をクワダてる。
ウ　先生の書く板書に目をコらした。
エ　組織の決まりにモトづいて動くべきだ。
オ　誰もが知る一流の会社にツトめる。

二 次の各問いに答えなさい。

問1　次の熟語の組み合わせのうち、他の語と組み立てが**異なるもの**をそれぞれ一つずつ選び、記号で答えなさい（解答番号は1・2）。
1　〔ア　損得　イ　明暗　ウ　売買　エ　進退　オ　親友〕
2　〔ア　特急　イ　原爆　ウ　国連　エ　優勝　オ　選管〕

問2　次の各空欄に入る数字の合計として最も適切なものを後のア～オから選び、記号で答えなさい（解答番号は3）。
・朝三暮□　・七転□起　・二束□文　・□里霧中
ア　17　イ　19　ウ　20　エ　21　オ　23

問3　「僕が作った料理を君に食べさせたい。」という文を正しく単語に区切ったものを次から一つ選び、記号で答えなさい（解答番号は4）。
ア　僕｜が｜作っ｜た｜料理｜を｜君｜に｜良べ｜させ｜たい。
イ　僕｜が｜作っ｜た｜料理｜を｜君｜に｜食べ｜させた｜い。

MEMO

大切なことはメモしておこうネ！

2024年度

流通経済大学付属柏高等学校入試問題（１月18日）

【数　学】（50分）　＜満点：100点＞

【注意】 1　解答が分数の形で求められているときは，約分した形で答えること。

2　解答が比の形で求められているときは，最も簡単な整数の比で答えること。

3　問題の図は略図である。

全問とも [　] の中に当てはまる数字を求めなさい。

1 次の問いに答えなさい。

(1)　$-2\times\{5-(21-3)\div6\}$ を計算すると，$-$[ア] である。

(2)　$1.25\div\frac{5}{12}-0.3$ を計算すると，$\dfrac{\boxed{\text{イ}}\boxed{\text{ウ}}}{\boxed{\text{エ}}\boxed{\text{オ}}}$ である。

(3)　$\sqrt{108}\times\sqrt{54}-\sqrt{18}$ を計算すると，$\boxed{\text{カ}}\boxed{\text{キ}}\sqrt{\boxed{\text{ク}}}$ である。

(4)　連立方程式 $\begin{cases}-2x+3y=39\\7x-2y=-77\end{cases}$ を解くと，$x=-$[ケ]，$y=$ [コ] である。

(5)　関数 $y=2x^2$ において，x の変域が $-1\leqq x\leqq2$ のとき，y の変域は [サ] $\leqq y\leqq$ [シ] である。また，x が -1 から 2 まで増加するときの変化の割合は，[ス] である。

(6)　$(x-3)^2-7(x-3)-60$ を因数分解すると，$(x+$ [セ]$)(x-$ [ソ][タ]$)$ である。

(7)　方程式 $8x^2+2x-15=0$ を解くと，$x=-\dfrac{\boxed{\text{チ}}}{\boxed{\text{ツ}}}$，$\dfrac{\boxed{\text{テ}}}{\boxed{\text{ト}}}$ である。

2 次の問いに答えなさい。

(1)　21人の生徒に１問１点で100問の漢字テストを行ったところ，全員が異なる点数であった。その点数を低い順に並べたとき，第１四分位数は50点，第２四分位数は62点，四分位範囲は28点であった。また15番目の生徒と17番目の生徒の点数の差は３点であった。

このとき，50点以上の生徒は [ア][イ] 人いて，中央値は [ウ][エ] 点，第３四分位数は [オ][カ] 点である。また，16番目の生徒の点数は [キ][ク] 点である。

(2)　８％の食塩水250ｇと12％の食塩水150ｇを混ぜると [ケ]．[コ] ％の食塩水400ｇができる。

(3)　高さ４㎝，底面の半径３㎝の円すいがある。この円すいを展開したとき，側面の扇形の中心角は [サ][シ][ス]°である。

3 次の問いに答えなさい。

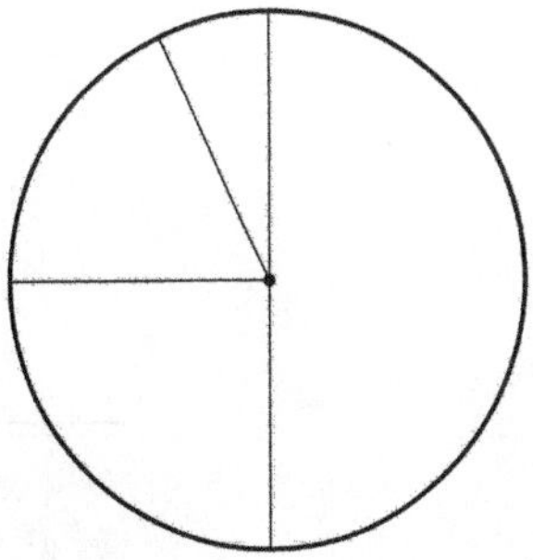

(1)　図のように円を大きさの異なる４つの部分に分け，ここに色を塗っていく。ただし，隣り合った部分には同じ色は塗らない。このとき，次の場合の色の塗り方はそれぞれ何通りあるか。

２色を使う場合は [ア] 通り，

３色を使う場合は [イウ] 通り，

４色を使う場合は [エオ] 通り。

(2)　1，2，3，4，5の数字を１つずつ書いた５枚のカード [1]，[2]，[3]，[4]，[5] がそれぞれ入った２つの袋A，Bがある。

袋A，Bから同時に１枚ずつカードを取り出すとき，取り出した２枚のカードに書いてある数の和が４の倍数になる確率は $\frac{\text{[カ]}}{\text{[キク]}}$ である。

[4]　次の問いに答えなさい。

(1)　図において，４点A，B，C，Dは円周上の点であり，直線ADと直線BCの交点をＥとする。このとき，∠CBD＝ [アイ] °，∠ABD＝ [ウエ] ° である。

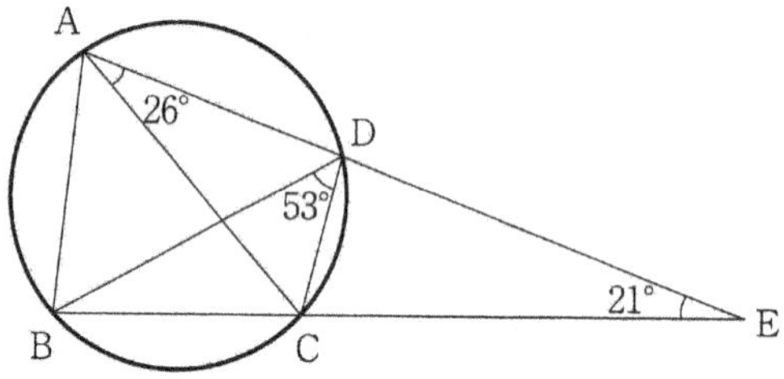

(2)　図のように△ＡＢＣがある。点Ｄは辺ＡＢ上で，AD：DB＝２：３となる点である。点Ｅは線分ＣＤの中点である。BEの延長線と辺ACの交点をＦとし，点ＤからBFと平行な直線を引き，辺ACとの交点をＧとする。

このとき，AG：GF：FC＝ [オ]：[カ]：[キ] である。

また，△ADGと△CEFの面積の比は [ク]：[ケ]，△ADGと△BECの面積の比は [コ]：[サ] となり，BE：EF＝ [シ]：[ス] となる。

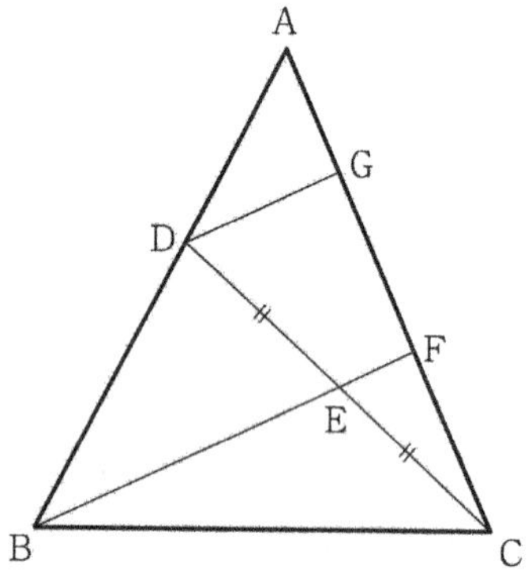

[5]　図のように傾き１の直線 ℓ が，関数 $y=ax^2$……①と２点A，Bで交わっている。点A，Bの x 座標はそれぞれ－2，6である。

このとき，次の問いに答えなさい。

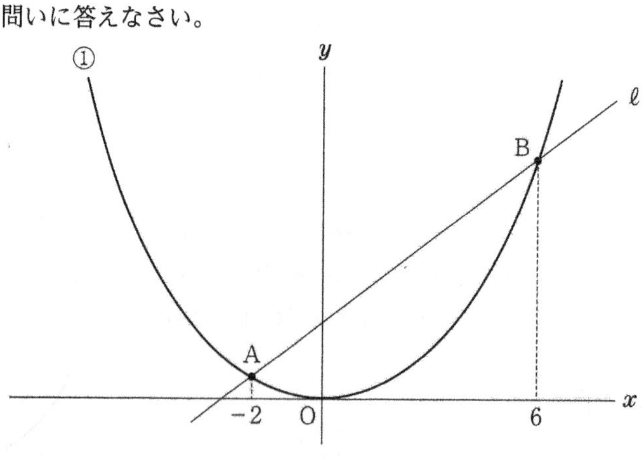

(1)　$a=\dfrac{\boxed{\text{ア}}}{\boxed{\text{イ}}}$ である。

(2)　線分AB上にAC：CB＝３：１となる点Cをとる。
点Cの座標は（ $\boxed{\text{ウ}}$, $\boxed{\text{エ}}$ ）である。

(3)　関数①上に点Dをとると△OADの面積は△OABの面積の $\dfrac{3}{4}$ となる。
この点Dの x 座標は $-\boxed{\text{オ}}\pm\sqrt{\boxed{\text{カキ}}}$ である。

6　図のように座標平面上に原点中心で半径１の円がある。この円周上を点Pが，矢印の方向に一定の速さで回転していく。点Pは最初，点（1，0）にいて１秒につき30°回転していく。このとき次の問いに答えなさい。

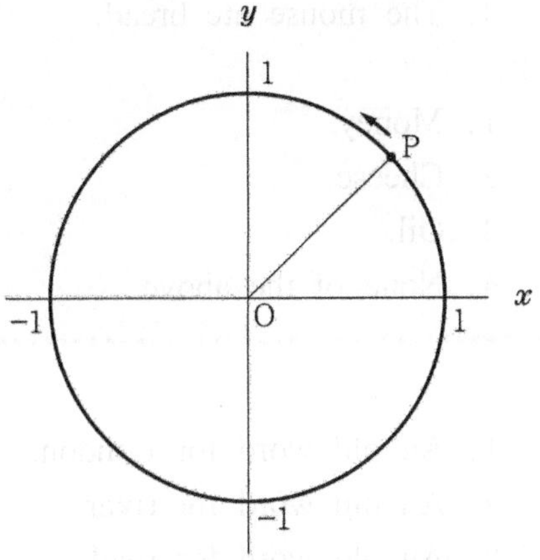

(1)　１秒後の点Pの座標は（$\dfrac{\sqrt{\boxed{\text{ア}}}}{\boxed{\text{イ}}}$, $\dfrac{\boxed{\text{ウ}}}{\boxed{\text{エ}}}$）である。

(2)　4.5秒後の点Pの座標は（$\dfrac{\sqrt{\boxed{\text{オ}}}}{\boxed{\text{カ}}}$, $\dfrac{\sqrt{\boxed{\text{キ}}}}{\boxed{\text{ク}}}$）である。

(3)　20秒後の点Pの座標は（$-\dfrac{\boxed{\text{ケ}}}{\boxed{\text{コ}}}$, $-\dfrac{\sqrt{\boxed{\text{サ}}}}{\boxed{\text{シ}}}$）である。

(4)　点Pが円周上の点（a，b）にいたとする。点（a，b）が円周上のどの点であっても，６秒後の座標は（ $\boxed{\text{ス}}$, $\boxed{\text{セ}}$ ）と表される。

$\boxed{\text{ス}}$, $\boxed{\text{セ}}$ に当てはまる解答は下の欄から選んで，番号をマークせよ。

1. a　　2. $-a$　　3. b　　4. $-b$

(5)　点Pの y 座標の動きを，横軸を時間（秒），縦軸を y 座標としグラフで表すと $\boxed{\text{ソ}}$ の形になる。
下のグラフより選んで，番号をマークせよ。

1
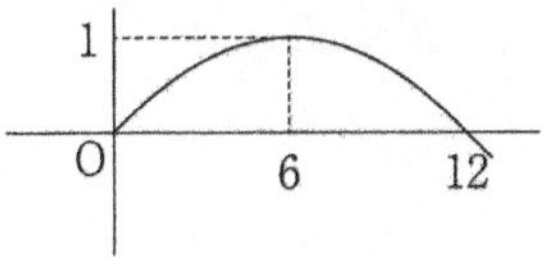

2
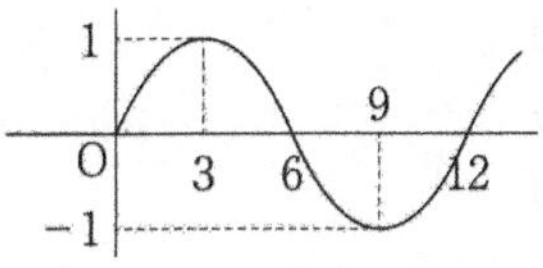

3
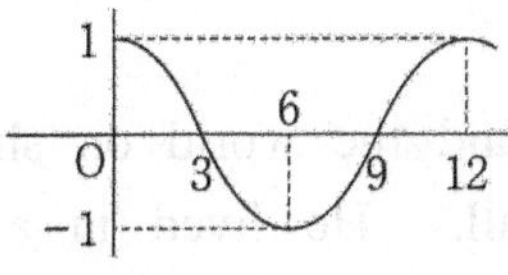

4
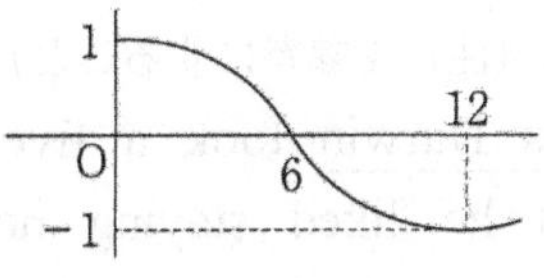

【英　語】（50分）　＜満点：100点＞　※リスニングテストの音声は弊社HPにアクセスの上，音声データをダウンロードしてご利用ください。

1　放送を聞いて答えなさい。

1．

1．She met a mouse in her house.
2．She caught a mouse in her house.
3．Her trap was broken by the mouse.
4．The mouse ate bread.

2．

1．Money.
2．Cheese.
3．Oil.
4．None of the above.

****

3．

1．An old word for London.
2．An old word for river.
3．An old word for road.
4．An old word for city.

4．

1．Some shops were in it.
2．Some people lived on it.
3．It was made of wood.
4．People in London didn't like it.

5．

1．In 622.
2．In 1700.
3．In 1209.
4．In 2009.

2　次の英文を読んで，後の問いに対する答えとして最も適切なものを選びなさい。
（＊印の語は（注）を参考にすること）

①Charles Darwin took a five-year trip around the world on ship（ 1 ）the Beagle, but he liked staying home best of all. He lived in a small English village. He raised pigeons, played with his children, and *puttered in his garden.

Although he lived a quiet life, Charles Darwin started a *revolution — a revolution of thought. People have always wondered how life on Earth began. When Charles Darwin lived, most people in Europe and America believed that God created the whole world in six days, just as it says in the Bible. But

Charles Darwin was not most people. The Beagle *voyage taught him to be a true scientist — to look closely at nature, question everything, and think in a new way about how life on Earth started. He showed how living things could naturally change, or *evolve, over a long period of time.

Was Charles Darwin a *genius? He didn't think ② so. Charles thought of (2) as simply a scientist. And like all good scientists, Charles was *curious — so curious that he was never afraid to ask hard questions — and he looked for answers (3) on the things he actually saw. Charles Darwin knew his ideas would shock people. ③ They did. Yet today scientists accept evolution as a fact. Charles Darwin is as important as ever.

Charles Darwin was born on February 12, 1809, in a small village in England. His family was rich. His father was a *respectable and successful doctor. His mother, Susanna, was a daughter of Josiah Wedgewood: he owned a famous *china factory.

The Darwin family lived in a large house. It was called "The Mount." It was near the River Severn. Charles loved his home. Even as a boy he was curious about nature. He spent hours in the family garden. Once, his father asked Charles to count the *peony blossoms in the garden. Charles counted 384 flowers! Already Charles was learning to look carefully at nature.

Charles liked climbing trees, watching birds, and (4) walks. He played and fished on the banks of the river. Best of all, Charles loved collecting. He collected stones, *pebbles, and bird eggs. When he wasn't *exploring or collecting, Charles would sleep with a book.

Charles's mother died in 1817, when he was only eight. His three older sisters and older brother *stepped in to help Charles and his little sister, Catherine. During this time in England, many boys were sent to live at school. When Charles was nine, his father sent him to Shrewsbury School.

Charles hated ④ it. He didn't like sleeping in the crowded *dormitory. He wasn't good at *memorizing. *Whenever Charles had to learn a poem, he'd forget it two days later.

Charles also missed home. He was very close with his older brother Erasmus. He was glad that his school was only a mile away. Sometimes in the evening Charles would *sneak out. Charles would run home to see his family and Spark, his dog. Then he had to run fast to get back before the school doors closed for the night. Luckily, he was a fast runner!

Charles's father hoped both his sons would find good and respectable *professions. He wanted them to become (5), like him. Erasmus was sent to *medical school in Edinburgh, Scotland. And since Charles hated Shrewsbury School so much, Dr. Darwin said to Charles, "You can go, too." He hoped that

Charles would make something of himself in Scotland. In 1825, at age sixteen, Charles began taking classes at Edinburgh University. After watching two *operations, Charles knew *medicine wasn't for him. But partly to please his father, Charles kept going to classes.

When Charles went home for the summer, he didn't tell his father how he felt about medicine. Instead of ⑤ it, he spent all his time *hunting and *riding. Finally, after his second year of medical school, Charles told his father that he didn't want to be a doctor. His father was very angry.

（注） putter：ぶらぶらする　revolution：革命　voyage：航海　evolve：進化する　genius：天才
curious：好奇心の強い　respectable：立派な　china：磁器　peony：（植物の）ボタン
pebble：小石　explore：～を探索する　step in：立ち寄る　dormitory：寮
memorizing：暗唱　whenever：～する時はいつでも　sneak out：抜け出す
profession：（専門的な）職業　medical school：医学校　operation：手術　medicine：医学
hunting：狩猟　riding：乗馬

問１　（１）～（５）に入るものを答えなさい。

（１）：	1　call	2　calling	3　called	4　have called
（２）：	1　he	2　his	3　him	4　himself
（３）：	1　base	2　basing	3　based	4　have based
（４）：	1　take	2　taking	3　took	4　taken
（５）：	1　doctors	2　teachers	3　scientists	4　musicians

問２　下線部①について，Charles Darwin の著書を選びなさい。

１．不思議の国のアリス　２．ガリバー旅行記　３．種の起源　４．星の王子さま

問３　下線部②が指している内容として最も適切なものを１つ選びなさい。

１．地球上の生物には突然進化するものがいること。
２．多くの人が航海に出て，探検をしたいと思っていること。
３．Charles Darwin が医者に向いていること。
４．Charles Darwin が天才であること。

問４　下線部③を書きかえたものとして最も適切なものを１つ選びなさい。

１．All scientists knew the ideas of Charles Darwin at that time.
２．All scientists asked Charles Darwin hard questions.
３．The ideas of Charles Darwin shocked people at that time.
４．The ideas of Charles Darwin interested all scientists at that time.

問５　下線部④が指している語句として最も適切なものを１つ選びなさい。

１．Shrewsbury School　２．a poem　３．his home　４．his dog

問６　下線部⑤が指している内容として最も適切なものを１つ選びなさい。

１．Telling his father why Charles didn't like his father.
２．Telling his father what Charles studied at Edinburgh University.
３．Telling his father why Charles didn't go to Edinburgh University.
４．Telling his father how Charles thought about medicine.

問７　次の英文の下線部に続くものとして最も適切なものをそれぞれ選びなさい。

1　There were ________ in the Darwin family.

１．three daughters and one son　２．four daughters and one son

３．three daughters and two sons　４．four daughters and two sons

2　Charles Darwin ________ when he studied at Shrewsbury School.

１．never came home

２．sometimes met his dog at home

３．could often meet his family during the day

４．often sent his mother some letters

3　Charles Darwin ________ at the age of sixteen.

１．decided to become a doctor　２．studied at Edinburgh University

３．got good at memorizing　４．did two operations

[3]　次の英文を読んで，後の問いに対する答えとして最も適切なものを選びなさい。

（＊印の語は（注）を参考にすること）

The little town of Vevey, in Switzerland, was beside Lake Geneva. Many travelers came to visit the beautiful blue lake, and so its *shore was *crowded with hotels. There were many different kinds of hotels around the lake. There were new *grand hotels which were painted white. And there were also small pensions — simple, old hotels with just a few rooms. The grand hotels had lots of rooms with big windows, and flags flew on their roofs. The pensions were smaller, with fewer rooms. However, one of the grand hotels in Vevey was very different from the others because it was old but also very comfortable. This hotel was named the Trois Couronnes.

The Trois Couronnes was very popular with Americans. Many American travelers visited Vevey in summer and a lot of them stayed there. At this time, the town was full of *fashionable young girls in beautiful dresses. At night in the hotel, you could hear the sounds of excited voices and *lively music. The voices had American *accents and an orchestra played dance music. You could almost believe that you were in America! However, the Trois Couronnes was a European hotel; you could see German waiters and, in the garden, you might meet a Russian princess, or the son of a Polish gentleman.

There was a wonderful view from the hotel. From its big windows, you could see the top of the Dent du Midi — a tall snow-covered mountain. And you could also see the towers of the Chateau de Chillon, an old castle which stood beside the lake. All these things *reminded you that you were in Switzerland, not America.

One beautiful morning in June, a young American gentleman sat in the garden of the Trois Couronnes. He was enjoying the view across the lake. His name was Frederick Winterbourne, and the day before, he arrived in Vevey from his home in Geneva. Winterbourne came to visit his aunt. She was staying in Vevey for the summer. Winterbourne was twenty-seven years old, and he lived in Geneva for many years. He had lots of money and did not have to work. Winterbourne's friends said that he spent his time studying. But they did not know what he was studying, or where! Other people said that Winterbourne was in love with an old foreign lady who lived in Geneva. They said that it was the reason he stayed in the city.

A week earlier, Winterbourne's aunt, Mrs. Costello, came to the Trois Couronnes. She asked her *nephew to visit her there. But early this morning, she sent Winterbourne a message; She was not well. She had a headache — she almost always had a headache — and she could not see him. So Winterbourne walked around the town, and then he ate his breakfast at the hotel. He was now sitting in the garden of the hotel and he was drinking coffee.

Winterbourne just finished his cup of coffee when a small boy came walking along the *path. The boy was about nine or ten years old and had a *pale face. He was wearing short *trousers, with long, red, *woolen stockings and he was carrying a long stick. As he walked, the boy pushed the stick at anything he saw — flowers, chairs, or even the *edges of the ladies' long dresses. When he came near to Winterbourne, the boy stopped. He looked at the coffee *tray on the table in front of Winterbourne.

"May I have some sugar?" he asked. He spoke English with an American accent. Winterbourne looked at the tray. There were several *lumps of sugar in a bowl.

"【　A　】," he answered. "【　B　】."

The boy put two sugar lumps in his pocket, and a third lump into his mouth.

"It's very hard," he said.

"【　C　】," said Winterbourne kindly.

（注） shore：（湖の）岸　crowded：密集している　grand：豪華な　fashionable：流行の
lively：にぎやかな　accent：アクセント　remind：～を思い出させる　nephew：甥（おい）
path：小道　pale：青白い　trousers：ズボン　woolen：羊毛の　edge：端
tray：トレー　lump：かたまり

問１　以下の質問の解答として最も適切なものを選びなさい。

１．What was NOT true of the grand hotels in Vevey?

　１．They stood beside Lake Geneva.
　２．Their windows were big.
　３．They were simple and had few rooms.
　４．Some of them were white.

2．What was true of the Trois Couronnes?
1．Not only Americans but also people in other countries stayed there.
2．The sounds of voices and music could be heard in the morning.
3．Only Americans could stay there.
4．Tourists could stay there only during summer.

3．What could be seen from the Trois Couronnes?
1．The top of the mountain in America.
2．Many towns in Switzerland.
3．The tower of the Dent du Midi.
4．The old castle near the lake.

4．Where did Frederick Winterbourne come from?
1．America.　2．Germany.　3．Vevey.　4．Geneva.

5．What was true of Frederick Winterbourne?
1．He was a rich person.
2．He was working in Switzerland.
3．He studied at university in Vevey.
4．He came to the Trois Couronnes to see the foreign lady.

6．Why didn't Winterbourne meet his aunt?
1．Because he had to study hard.
2．Because he had to go back to his hometown.
3．Because his aunt had to leave Vevey soon.
4．Because his aunt became sick.

7．How many sugar lumps did the boy take out of the bowl?
1．Two.　2．Three.　3．Four.　4．Five.

問２　【A】～【C】に入る英文を下から選びなさい。
1．**But I don't think that it's very good for little boys**
2．**Don't hurt your teeth**
3．**Yes, you may have some sugar**

4　次の英文の（　）内に入れるのに最も適した語句を，後の語群からそれぞれ選びなさい。

1．Three years have passed since our cat (　　).
1　dead　2　dies　3　was dying　4　died

2．My elder brother (　　) at the station a few minutes ago.
1　arrives　2　arrived　3　has arrived　4　is arriving

3．My mother was glad to hear (　　) my success.
1　to　2　at　3　of　4　in

4．(　　) in the class goes to school by bus.
1　A few students　2　Few students
3　Each of students　4　All students

5．Takashi looked quite (　　　).

1　happy　　2　happily　　3　happiness　　4　at happy

6．(　　　) have you lived in Kashiwa?

1　When　　2　How many　　3　How long　　4　What

5　日本文を参考にして正しい英文になるように（　）内の語を並べかえ，（　）内で3番目と6番目に来るものをそれぞれ選びなさい。

（文頭に来る語も小文字で書かれています）

1．この問題はクラスの生徒には難しすぎて理解できなかった。

This (1　understand　　2　students　　3　the class　　4　problem　　5　was　　6　difficult for　　7　to　　8　in　　9　too).

2．これが，このお店で売られている中で一番良いギターです。

This is (1　guitar　　2　the　　3　that　　4　sold　　5　in　　6　best　　7　this shop　　8　is).

3．この町で会った人々はとても親切だった。

(1　met　　2　this　　3　very　　4　we　　5　the people　　6　kind　　7　town were　　8　in).

4．駅で柏市のマップを手に入れることが出来ます。

(1　possible　　2　at　　3　to　　4　a map　　5　Kashiwa　　6　is　　7　it　　8　get　　9　of) the station.

5．来週，私の父は東京から大阪に行く予定です。

(1　Tokyo　　2　to　　3　my father　　4　Osaka　　5　next　　6　for　　7　leave　　8　going　　9　is) week.

6．私たちの犬はどこに行ってしまったと思いますか。

(1　gone　　2　think　　3　dog　　4　you　　5　our　　6　do　　7　where　　8　has)?

6　次の英文を読んで以下の問いに答えなさい。

（＊印の語は（注）を参考にすること）

Paul: Hey, John.　Have you finished preparing for the training camp of our club activity from tomorrow?

John: Yes.　Let's check the *belongings together.

Paul: All right.　I've finished preparing, too.　We have to bring training wears, shoes for practice matches, a water bottle, a ball and gloves, and so on.

John: A ball and gloves?　Why?

Paul: To play catch.

John: You'll get *scolded if you do something *irrelevant.　Mr. Harrison is so *motivated.　And we need caps to protect from the sunlight, do we?

Paul: I forgot. Thanks. That's all. I've finished packing my belongings. I'm looking forward to the three-days training camp!

John: Oh, my goodness.... What are you going to do in the training camp, Paul? You forgot a racket!!

（注） belongings：持ち物　scold：～を叱る　irrelevant：関係の無い　motivated：やる気のある

1．What club do Paul and John belong to?

1．Baseball club.　2．Swimming club.
3．Track and field club.　4．Tennis club.

2．If Paul and John are talking on Tuesday, when will the training camp finish?

1．On Wednesday.　2．On Thursday.　3．On Friday.　4．On Saturday.

TELEPHONE MEMO

To: Emily Brown
From: John Smith
Taken By: Edward Parker
Time: Monday, 5 February, 9:35 A.M.

Mr. Smith called to say he would be arriving in London this afternoon. He would like to meet you and Mr. Williams while he is in town to talk about the Milan and Rome *construction projects. He leaves for London, arrives at Paris this Wednesday morning, and works there for two days. Mr. Smith is busy because he is doing another task, so please call Maria Evans, his *administrative assistant, to set when to meet Mr. Smith. She can contact him.

（注） construction：建設　administrative assistant：管理アシスタント

3．Where does Mr. Smith want to meet Ms. Brown?

1．In London.　2．In Milan.　3．In Rome.　4．In Paris.

4．Where will Mr. Smith be on the afternoon of February 7?

1．In London.　2．In Milan.　3．In Rome.　4．In Paris.

5．What does Mr. Smith want Ms. Brown to do?

1．To call Maria Evans.
2．To stop talking about the construction projects.
3．To leave for Paris by airplane.
4．To set the time of talking with Mr. Parker.

ウ　おつまみとして橘が出されるのですか
エ　男は妻と再会できたのですか
オ　男と女は別れてしまったのですか

問４　空欄Ｃに入るものとして最も適切なものを次の中から選び、記号で答えなさい（解答番号は４）。
ア　橘の花のことを考えながら眠りにつくと、橘の香を焚きしめたあの人が夢に出てきた
イ　橘の花の香りがする場所でうたたねをすると、橘の香りがしていたあの人が夢に出てきた
ウ　橘の花が香る場所でうたたねをすると、愛し合っているあの人が夢に出てきた
エ　橘の花の香りがする場所で眠りにつくと、橘が咲く場所で共寝したあの人が夢に出てきた
オ　橘の花を考えながら眠りにつけば、昔愛していたあの人が夢に出てきてくれるだろうか

問５　空欄Ｄに入るものとして最も適切なものを次の中から選び、記号で答えなさい（解答番号は５）。
ア　過去を思い出させるもの
イ　お酒のおつまみとして出されるもの
ウ　よい香りがするもの
エ　昔の妻に執着させるもの
オ　袖に香りを焚きしめるもの

問６　Ⅰの「さつき待つ…」や、Ⅱの和歌とは**異なる趣向**で橘が詠み込まれた和歌として最も適切なものを次の中から選び、記号で答えなさい（解答番号は６）。
ア　尋ぬべき人はのきばのふるさとにそれかとかをる庭の橘
イ　時鳥《ほととぎす》花橘の香をとめて鳴くは昔の人や恋しき
ウ　今年より花咲き初《そ》むる橘のいかで昔の香ににほふらん
エ　たれかまた花橘に思ひ出でんわれも昔の人となりなば
オ　雨そそく花橘に風過ぎて山郭公《やまほととぎす》雲に鳴くなり

※ 家刀自《とじ》――家の主婦。ここでは冒頭に出てきた男の妻のこと。
※ 祇承《しぞう》の宮人――接待を行う役人。
※ 橘――果樹の名前。また、その花。果実は食用にもなる。

Ⅱ 橘のにほふあたりのうた寝は夢も昔の袖の香ぞする

皇太后大夫俊成女
（『新古今和歌集』による）

〔会話文〕

この会話文は、Ⅰ・Ⅱを読んだ生徒と教師が交わしたものである。

生徒 Ⅰの話は人物関係が複雑で、読み解くのが少し難しかったです。

教師 そうですね。あらすじを見ながら、しっかり話の内容を追っていきましょう。元の妻と再会した男は、元の妻に対して「さつき待つ…」という和歌詠みかけます。この和歌はどういう状況を詠んだ和歌でしょうか。

生徒 ［ A ］という状況を詠んだ和歌だと思います。でもなぜ、［ B ］。

教師 よく読み解けていますね。平安時代の貴族は男性も女性も衣に香を焚きしめるという風習があったのです。また、Ⅰの「さつき待つ…」という和歌を元にして、Ⅱのような和歌も詠まれました。Ⅱの和歌はどういう和歌か分かりますか。

生徒 Ⅱの和歌は少し読み解きにくいです。

教師 うーん。そうですね。テレビを点けながら眠ると、テレビの内容が夢に出てきてしまう経験はないですか?それがヒントです。

生徒 その経験あります。なるほど、それをヒントとすると、Ⅱの和歌は［ C ］というような和歌ですか。

教師 その通り。和歌の世界では「橘の香り」は［ D ］として詠まれるものとして定着していきました。

生徒 橘がただの植物という枠を越えて和歌に詠み込まれるようになったというのはとても面白いです。

問1 Ⅰの傍線部「さつき」とは何月のことを指すか。適切なものを次の中から一つ選び、記号で答えなさい（解答番号は1）。

ア 一月　イ 三月　ウ 五月　エ 七月　オ 九月

問2 空欄Aに入るものとして最も適切なものを次の中から選び、記号で答えなさい（解答番号は2）。

ア 橘の香りをかいだことで元の妻への恋心を思い出してしまい、復縁したくなった
イ 思いがけず元の妻にお酌をされたことによって、元の妻への愛情が蘇《よみがえ》ってしまった
ウ お酌をしてきた女性の袖から橘の香りがしたため、その女性が元の妻だと気づいた
エ お酒のつまみとして出された橘の香りをかいで、元の妻の袖の香りを思い出した
オ お酒のつまみとしてふさわしくない橘を出されたため、元の妻への恨みを抱いた

問3 空欄Bに入るものとして最も適切なものを次の中から選び、記号で答えなさい（解答番号は3）。

ア 袖から橘の香りがするのですか
イ 橘の香りで昔を思い出すのですか

ア　机が一番古くてみすぼらしくなっても晴子は物を欲しがらないので、買ってあげる機会を失ったこと。
イ　机の大きさは子供のように伸びないので、子供が成長するのに伴って体に合わせた机が必要になること。
ウ　子供の成長に伴って本格的に机が必要になる頃には、机は古ぼけてみすぼらしくなってしまうこと。
エ　弟たちとの相部屋の時代が長かっただけに、弟たちによって姉の晴子の机も傷つけられていたこと。
オ　晴子が机を買った頃は家庭の生活に余裕がなかったので、質の良い机を買ってあげられなかったこと。

問７　傍線部ｈ「部屋全体に或る落着きと調和がもたらされていることに初めて気が附いた」とあるがなぜか。最も適切なものを次の中から選び、記号で答えなさい（解答番号は８）。
ア　弟たちとは別の部屋を持ち、自分の好きな装飾を施していて晴子らしさがあるように感じたから。
イ　すでに机は古くなっていても、長年そこに置いてあるだけに味が出てきているように感じたから。
ウ　晴子の落ちついた人柄が、机の古さと相まって部屋の雰囲気を醸し出しているように感じたから。
エ　晴子がこの机に愛着を持っているわけがわかり、今までとは違った雰囲気があるように感じたから。
オ　晴子がこの先机を使うのも長くはないと気づいて、改めて見ると味わいがあるように感じたから。

問８　本文中の内容から読み取れる「安雄」の人物像として**適切ではないものを二つ**選び、記号で答えなさい（解答番号は９）。
ア　自己中心的　　イ　収集癖がある　　ウ　姉思い
エ　他人をうらやむ　　オ　子供っぽい　　カ　計画性に欠ける
キ　食いしん坊　　ク　だらしがない

五　次のⅠ・Ⅱと、〔会話文〕を読んで、後の各問いに答えなさい。

Ⅰ　むかし、男ありけり。宮仕へ《宮廷勤め》いそがしく、心もまめならざりけるほど《（男が）愛情をそそがなかったので妻、》の※家刀自、まめに思はむといふ人につきて、人の国へいにけり《誠実に愛そうと言ってきた別の男に従って、その人の国へ行ってしまった。》。この男、宇佐の使にていきけるに、ある国の※祇承の官人の妻にてなむあると《（元の妻は）とある国の祇承の官人の妻になっていると》聞きて《聞いて、》、「女あるじにかはらけとらせよ《妻にお酌をさせろ。》。さらずは飲まじ《そうでなければ酒は飲まないぞ。》」といひければ、かはらけとりていだしたりけるに《妻がお酌をしようとしたところ》、さかなりける橘をとりて《（男は）酒のつまみとして出された橘を手に取って》、

さつき待つ花たちばなの香をかげばむかしの人の袖の香ぞする

といひけるにぞ思ひいでて、尼になりて山に入りてぞありける。

（『伊勢物語』による）

〔あらすじ〕
昔、ある男の妻が、男から愛情を注がれなかったことを理由に、他の男（＝祇承の官人）の妻となった。男が大分の宇佐に仕事をしに行くと、元の妻が接待役として現れた。元の妻と再会を果たした男は、元の妻にお酌（＝お酒を注がせること）をさせ、和歌を詠んだ。

ウ　感情的に受け入れられないこと。
エ　どうしても合点がいかないこと。
オ　きまりが悪く困り果てること。
カ　引き合わず損なこと。
キ　思うようにならないこと。
ク　独りよがりなこと。

問２　傍線部ｃ「よけいなこと」とはどの言葉を指すか。最も適切なものを次の中から選び、記号で答えなさい（解答番号は３）。
ア　調子いいなあ。晴ちゃんは
イ　調子いいよ
ウ　いちばん沢山宿題が出たのは晴子よ
エ　ぼくらと野球やったよ
オ　なかなかえらい仕事よ

問３　傍線部ｄ「大浦夫婦はそういう固有名詞は一切抜きで」とあるがなぜか。最も適切なものを次の中から選び、記号で答えなさい（解答番号は４）。
ア　具体的に見学場所の話をすれば、旅行したいと息子たちにねだられそうな気がしたから。
イ　息子たちの手前、楽しそうに旅行の中身を話すと不満をまた口にされそうに思ったから。
ウ　夫婦にとっても子供を修学旅行に送り出すのは初めてで、少なからず緊張があったから。
エ　夫婦は旅行の中身に興味はなく、娘が無事に過ごしているかどうかだけが気になるから。
オ　夫婦は旅行の名所旧跡のことよりも、土地の美味しい食べ物のほうに興味があったから。

問４　本文中の［ｅ］に入る最も適切なものを次の中から選び、記号で答えなさい（解答番号は５）。
ア　もう一度私と遊んでほしい
イ　もう私の役目は終わりました
ウ　もう私は疲れ果てました
エ　もう私に興味はないのですか
オ　もう私を一人にしておいて下さい

問５　傍線部ｆ「それでいて、はっきり、いつもと空気が違うことが分かる」とあるが、この時の「大浦」の心情の説明として最も適切なものを次の中から選び、記号で答えなさい（解答番号は６）。
ア　弟たちとの相部屋から解放され一人だけの部屋になって、部屋の雰囲気には晴子らしさを感じた。
イ　晴子が部屋をいつもきちんと片づけているだけに、本人が不在だと全く生活感を感じなかった。
ウ　二人の息子たちと比べ普段から物静かな晴子だからこそ、大浦には本人の不在が強く意識された。
エ　普段は娘のいない部屋に入るのをはばかっていただけに、味わったことのない新鮮さがあった。
オ　本人が旅行で不在だと異質な空間のように思われるほど、娘の晴子の存在の大きさを感じた。

問６　傍線部ｇ「困ったこと」とは具体的にはどのようなことか。最も適切なものを次の中から選び、記号で答えなさい（解答番号は７）。

る。「これはやっぱり新しいのを買った方がいいな。もうだいぶ窮屈そうだ」大浦がそういうと、晴子は、「いいよ。大丈夫よ、これで」「まあ、高校へ入った時まで辛抱するか」「いいよ、いいよ。この方が貫禄があっていいよ」「貫禄はたしかにある」机の表面のいちばんよく手や腕の当るところは、とっくにニスが剥げて、木目があらわに浮び出ていた。大小無数の傷あとが、あらゆる方向に刻まれていて、ところどころに子供らしい落書きのあとが残っている。一年経って正次郎が小学校に入学した。新しい勉強机が隣の部屋に入った。それは、隣にある安雄の机よりも寸法がほんの少し大きかった。「脚を切って、縮めるか」と大浦はいったが。脚を切るのも惜しい気がする。せっかく坐りがよく出来ている机を、下手に鋸《のこぎり》で短く切って、四本の脚がうまく水平に揃わなくなっては、何もならない。二人の机の高さが同じである方がいいことは確かだが、安雄の机がほんの少し低いからといって、兄貴の面目が立たないこともあるまい。まあ、このままでやってみようということになった。ところが、正次郎の新しい机が入ってみると、晴子の机がいかにも見すぼらしく見えた。背がいちばん高くて、実際にいちばんよく勉強机を使う者が、兄弟の中でいちばん古くて、小さな机にいることになる。どうも矛盾しているように見える。しかし、最初に勉強机というものを必要とする者から順番に買って行くと、自然にこうなる。子供は年とともに背が伸びてゆくが、机は買った時のままで変わらない。g困ったことだけれども、何とも致しかたない。

　そのうちにまた一年経って、晴子は高校に入学した。大浦は細君にいった。「今度こそ机を買ってやらないといけないな」「ええ、そうしてやりましょう。あれでは、あんまりだわ」大浦は晴子にいった。「机、買うから。お祝いに」「いいよ、これで」「どうして」「大丈夫よ。何ともないんだもの」「膝がつかえないか」「つかえない。ちゃんと入る」彼が椅子に腰かけてみると、膝は机の下に入った。ぎりぎりいっぱいで入る。「なるほど」「ね、大丈夫でしょう」小学生用の勉強机というのは、どうしてこんなに融通がきくのだろう。小学校を出てから三十年も経ち、体重十八貫ある大浦が坐っても、役に立つのである。だが、いまはそんなことに感心している場合ではない。お祝いは、お祝いだ。中学まではまあ我慢するとして、高校生になってもまだ小学生の時の机に向かっていたのでは、向学心が燃え立たないかも知れない。

「お祝いは遅い方がいいというから、そのうち買うよ」大浦はそういった。ところで、それからまた一年経ち、晴子は二年生になったが、まだ机はもとのままであった。お祝いは遅い方がいいにしても、もはや時期を失した観がある。そうして、いま、修学旅行に出かけている留守の部屋で、つくづくわが子の古机を眺めていると、まわりの壁や柱に不釣り合いなどころか、いつの間にか周囲に融け込んで——というよりは、むしろこの机が目立たない様子でそこにあるために、h部屋全体に或る落着きと調和がもたらされていることに初めて気が附いた。「もうこの机を取ってしまうことは出来ない。このままの方がいいような気がする」と大浦は思うのであった。

（庄野潤三『ピアノの上』より）

問1　傍線部a「相槌を打つ」・b「割に合わない」の辞書的な意味として最も適切なものを次の中からそれぞれ選び、記号で答えなさい

（解答番号はaは1・bは2）。

ア　他人に調子を合わせうなずくこと。

イ　目立つ者が他の人から憎まれること。

晴子のこしらえたあどけない顔をした人形を真中にしてのっかっている。それも、ふだん通りであった。この縫いぐるみの虎と兎は、もう随分古くからあって、前の家にいた頃―まだ子供たちが小さかった頃には、夜、寝る時になると、取り合いが起った。兎はいちばん下の正次郎のところへ行く。だが、晴子も安雄も虎がほしくて、いつも順番のことでもめるのであった。喧嘩にならないように、細君がカレンダーに二人の頭文字を記入しておくことになったのだが、自分の番であるのにうっかり虎を持って寝るのを忘れることがあるので、誰の番だか分らなくなる。「どうしてあんなものを取り合いするんだろう」と彼は不思議に思ったものだが、聞えて来る二人の声は真剣であった。最後は細君が判定を下さなくてはならなくなり、安雄なんかは虎を取り上げられると、「ちぇっ」と叫ぶのであった。その縫いぐるみの虎は、いまは子供たちの取り合いから解放されて、本棚の上で休息している。「　e　」というように、大きな頭を横に投げ出して寝ている。

　いつも晴子が学校へ行っている時も、部屋の中はこんな風で、少しも違ってはいない。（違うのは通学鞄が床の上に置いてあることだけだ）f それでいて、はっきり、いつもと空気が違うことが分かる。（中略）目覚ましが鳴ったのに細君が夢中で止めてしまって、ぎりぎりの時刻に目を覚まして、慌てることがある。そういう日でも、晴子の部屋はきちんと片附いていた。なぜ晴子の部屋がいつも整頓されているかというと、それには理由がある。彼女は前いた家で、安雄と一緒の部屋にいてこりごりしたのであった。いくら彼女がきれいに片附けようとしても、安雄と同じ部屋にいる限り、それは不可能であった。もともとそこは勉強部屋といっても、ほかにいろんな物があった。細君の洋服箪笥もあればミシンもある。大きな籐椅子（それは坐り心地はよかったが）が二つあり、みんなのシャツや靴下なんかが入っている箪笥もあるし、まだ隅っこに何の役にも立たない大型のトランクが二個積み上げてあり、ふとん綿の包みが押し込んであるといった有様で、決して勉強部屋といえるような体裁のいいものではなかった。要するにそこで子供は勉強もするが、ほかの部屋や押入れに入り切らないものが集って来る場所になっていた。それだけでも出入りが窮屈なのに、安雄は家の中で要らなくなったものがあれば、何でも片っぱしから貰って、自分の物にしてしまう困った性質があった。それが珍しい形をした壜《びん》だとか、美しい菓子箱というのなら分るが（そういう物も無論欲しがる）、古くなったペン先やビールの蓋のようなものまで欲しがる。多ければ多いほど、よろこぶ。（中略）

　そのような「拾い屋」の安雄とひとつの部屋にいたのでは、いかに晴子が身のまわりをきちんと片附けようとしても、どうにもならなかった。そこで、どんなに狭いところでもいいから、いつか自分ひとりの部屋を貰えたら、どんなに嬉しいだろうと思うようになった。彼女のその望みは、三年前にこの家へ移った時、やっと叶えられた。釣り戸棚が部屋の半分くらいまで突き出ていて、寝台から慌てて起き上るとおでこを角にぶっつけるおそれがある。ゆったりというわけにはゆかないが、それでも入口の戸を締めてしまうと、小さな船室のような感じがしないでもない。もう誰もがらくたを持ち込む者はいないので、彼女は自分の好みのままに部屋を飾ることも片附けることも出来るのであった。

　最初、この部屋に晴子の勉強机が運び込まれた時、新しい壁や柱に対して釣り合いが取れないように見えた。なぜならこの勉強机は晴子が小学校に入学した時に買ったもので、もうすっかり古くなっていたのであとになるが、失恋によってとことん絶望した人は、さらに生きることの意味や理由を考えるようになるということ。

オ　失恋することで、男や女がどういう存在なのかを知るだけに終わる人がいる一方で、相手に対する怒りや憎しみを乗り越え、人間としての価値を取り戻す人がいるということ。

四　次の文章を読み、後の各問いに答えなさい。

（大浦家の五人は郊外の丘の上に新しく一軒家を建てて移り住んだ。以下は夫婦の会話で始まる部分である。）

「いま頃は宿屋だな。夕飯、食べてるかな」大浦は毎晩、同じことをいっている。「食べてるでしょうね」と細君が同じ返事をする。高校二年の晴子は、新学期が始まって三日か四日、学校へ行ったと思ったら、北陸へ修学旅行に出かけた。いつも五人の家族が、四人になった。安雄は数学の問題集七ページのうち、結局三ページやっただけで授業が始まってしまい、まだその上に図工の宿題があったことが分って、慌てて山から雑木を切って来て、土人のトーテムポールを彫っている間に、さっさと晴子は旅行に行ってしまった。「調子いいなあ。晴ちゃんは」と安雄がいうと、「調子いいよ」と正次郎がa相槌を打つ。自分たちだけ学校へ行っているというのが、b割に合わない気がするのだ。「でもねえ」と細君がいい聞かせる。「この夏休みでも、いちばん沢山宿題が出たのは晴子よ。安雄や正次郎とはくらべものにならないわ。でも、晴子は宿題のことなんか、ひとこともいわないでしょう。宿題やってる、という顔もしていないわ。いちばん家の用事をしてくれるのは晴子よ」「ぼくらと野球やったよ」「それは晴子が入らないと、試合が出来ないからでしょう。うちの忙しい具合を見ていて、お風呂を焚いてくれたり、買物に行ってくれたり、洗濯物にアイロンかけしてくれたりしながら、その間にあんた達の野球の仲間にもなってくれるのよ。それで、学校へは時々、園芸部の水やりと草抜きに行くでしょう。あれだって、なかなかえらい仕事よ」そういわれると、安雄と正次郎は一言もない。なるほど細君のいう通りなのだ。cよけいなことをいわなければよかった。

旅行の詳しい日程表は家にも一枚、貰っている。それを見れば、例えばいま頃は東尋坊の水族館を見学中だとか、いま頃は金沢市内にいるという風に、全部分るようになっている。ところが、d大浦夫婦はそういう固有名詞は一切抜きで、ただ、「いま頃は宿屋だな。夕飯、食べてるかな」というのであった。日程表を見なくても、それは間違いのないことであった。だから、泊る温泉が何という名前の温泉であっても、こちらにとっては変りはないわけで、無事に一日の予定を終えて、その日の宿泊地に着いてくれればよかった。それで、こちらもほっとする。

「蟹、食べてるかな」と細君がいうこともあったが、二人は北陸海岸の蟹がおいしいという話を聞いただけで、まだ食べたことはなかったのだ。

いつも大浦は仕事にかかる前に、鉛筆を何本か持って晴子の部屋へ行くのだが（彼女の机に鉛筆削りが備えつけてあるので）、不思議なもので晴子が旅行に出かけた後は、ふだんの部屋の空気と違っている。部屋に入ると、すぐに分る。ひと月も二月もいないのではない。五日間の旅行であるのに、出かけた日からもういつもの部屋のようでなくなる。「おかしなもんだな」鉛筆を挟み込んでは一本ずつ削りながら、彼は考える。部屋の中はきちんと片附いていて、本棚の上に縫いぐるみの虎と兎が、上がり、相手のことを許そうと思えるから。

エ　深い失恋をしたからこそ、新しい世界に目を向けることができ、今までにない希望や可能性に気づくことができるから。

オ　この世の全てが無意味であると絶望したからこそ、新たな世界をつくり上げようとする気力が生まれてくるから。

問４　傍線部ｄ「失恋の悲しみは過酷です」とあるが、どのようなことを指して「過酷」というのか。その説明として**誤っているもの**を次から一つ選び、記号で答えなさい（解答番号は４）。

ア　相手から怒りや憎しみを向けられること。

イ　自分が価値のない存在のように思われること。

ウ　生きていることに希望を見いだせなくなること。

エ　好きな人が自分のそばを離れていってしまうこと。

オ　どのように生きていけばいいのか分からなくなること。

問５　傍線部ｅ「秩序」の辞書的な意味の対義語として最も適切なものを次から選び、記号で答えなさい（解答番号は５）。

ア　疑惑　　イ　懸念　　ウ　変転　　エ　混沌　　オ　消沈

問６　空欄ｆにあてはまる本文中の表現として最も適切なものを次から選び、記号で答えなさい（解答番号は６）。

ア　世界の意味を教える　　イ　世界を失う

ウ　恋の可能性をつかむ　　エ　条理がない

オ　人生を知ってゆく

問７　傍線部ｇ「失恋を絶望によってではなくルサンチマンによって遇する」とはどのようにすることか。最も適切なものを次から選び、記号で答えなさい（解答番号は７）。

ア　失恋による心の傷を、相手に対して怒りや憎しみをぶつけることで癒そうとする。

イ　失恋による苦痛を、相手に対する怒りや憎しみによってごまかそうとする。

ウ　失恋してしまったとき、怒りや憎しみを抱くことで相手のことをあきらめる。

エ　失恋した原因は、自分か抱く相手に対する怒りや憎しみであると理解する。

オ　失恋した事実を、相手に対して怒りや憎しみを抱くことで忘れようとする。

問８　傍線部ｈ「失恋によってオトコを知るだけの女性と、人生を知ってゆく女性とがいる」とあるが、この表現で筆者はどのようなことが言いたいと考えられるか。その説明として最も適切なものを次から選び、記号で答えなさい（解答番号は８）。

ア　失恋することで男や女がどういう存在なのかを知ることがあるが、失恋を深く経験した人は、さらに自分の生きる意味や意義に思いをめぐらせることになるということ。

イ　失恋すると人は皆苦悩するが、その苦悩の果てに男女のあり方を知る人もいれば、世界というものが希望や可能性によって出来ていることに気づく人もいるということ。

ウ　失恋することで男女の特徴や性質を知り、次の恋愛に踏み出せる人がいる一方で、失恋してとことん絶望することで、人生が無意味なものであると悟る人もいるということ。

エ　失恋すると人は相手の不実や自分の中にあった負の感情を知るこ

けの女性と、人生を知ってゆく女性とがいる。

なるほど、名言です。

（竹田青嗣『愚か者の哲学』による）

※　エロス――ここでは「性的な愛や情熱・魅力」をいう。

※　パンドラの箱――ギリシア神話に登場する、この世のあらゆる災厄を収めた箱のこと。

※　ルサンチマン――弱者が敵わない強者に対して抱く、「憤り・怨恨・憎悪・非難・嫉妬」といった感情。

問1　傍線部ａ「『あい見ての後の心にくらぶれば、昔はものを思わざりけり』（権中納言敦忠《あつただ》）という歌がありますが」とあるが、筆者はこの和歌をひいてどのようなことが言いたいのか。その説明として最も適切なものを次から選び、記号で答えなさい（解答番号は1）。

ア　他人を愛したり、反対に相手から強く求められたりすることで、自分の生きる意味を獲得できるということ。

イ　他人から情愛を向けられることによって、この世界が愛に満ちているのだと知ることができるということ。

ウ　失恋によって、怒りや憎悪といった感情が自分のなかに存在することに初めて気づかされるということ。

エ　恋に落ちると、それまでにない感情を抱いたり、新しいものの見方をしたりするようになるということ。

オ　辛い人生をおくってきた人でも、恋によって、自分の人生を楽しもうと前向きになれるということ。

問2　傍線部ｂ「真意は分かりませんがなるほどと思えます」とあるが、筆者は「神に近くなる」の意をどのように解釈しているのか。本文全体を踏まえたうえで、その説明として最も適切なものを次から選び、記号で答えなさい（解答番号は2）。

ア　失恋によってとことん絶望し、生きる意味を失っても、時間をかけてその苦しみを乗り越えていくなかで、生きる意味をとりもどせるということ。

イ　失恋によって、人は生きる意味を失ってもがき苦しむことになるが、やがて失恋の辛さを嘆くことそのものが無意味なことであると分かるということ。

ウ　苦悩しながら生きることの意味を、人が生涯のうちに理解するのは極めて難しいが、わずかながらもその意味が分かるようになるということ。

エ　人は失恋をすることによって、相手に対して恨みや憎悪を抱くことがいかに無意味であるかを思い知り、とことん絶望することになるということ。

オ　恋をすることによって生きる意味を知り、失恋によってその意味が分からなくなるという過程を経ることで、人生の楽しさも苦しさも味わえるということ。

問3　傍線部ｃ「ある意味ではそれが『救い』なのです」とあるが、なぜか。その理由の説明として最も適切なものを次から選び、記号で答えなさい（解答番号は3）。

ア　一切の怒りと苦しみを感じ尽くしたからこそ、最後に希望だけが残り、その希望にすがって生きようと思えるから。

イ　相手に対して自分に生じたあらゆる負の感情をぶつけたからこそ、次の恋に踏み出そうとする勇気を持てるから。

ウ　とことん絶望したからこそ、生きようとする意志が少しずつ沸きすべての怒りと悲しみと苦悩を手当たり次第に投げ散らかした後に、人は、ようやくそれらすべてが無意味であることを知ります。※パンドラの箱は、一切の人間の悪や災厄を放出したあと最後に「希望」を残しますが、ひどい失恋では、一切の世界への怒りと苦しみが現われ出た後、「無意味」だけが残されるのです。でも、c ある意味ではそれが「救い」なのです。

――とことん絶望できることが人間の能力

一切は無意味である。失恋の思いは深く沈んで絶望の水底にコツンと突き当たります。ここまできてはじめて人は、もう一度生きることに向けて生の欲望の浮力を取り戻すからです。もし失恋の苦しみのあまり、人が相手や自分自身に対する恨みを持ち続けていたらどうなるか。その人はまさしく※ルサンチマンの魔の手にひっかかり、怒りや憎しみや自己嫌悪といった感情を理由にして生きてゆくことになるでしょう。

失恋には条理がないこと、どれほど恨みや憎悪が強くてもそれが無意味であるということを思い知ること、つまり、とことん絶望することは、人間としての一つの能力です。この人間的能力が、深く失恋した人間に世界の意味を教えるのです。

d 失恋の悲しみは過酷です。「あの人」を失うということだけではなく、自分の人間としての価値それ自体が否定されるように感じるからです。相手が、ほんとうに自分にとってかけがえのない存在だったとき、世界は意味の中心を失い、そのことで日常の明確な輪郭をなくします。世界の関節がはずれてバラバラになります。自分の価値も世界の意味も消え失せ、時間が進むことにさえ、それまでの自明の意味がなくなります。働いたり、気遣ったり、配慮したりすることの一切が無意味になる。「何のために」、答えてくれるものがないからです。このとき人は、昨日や今日や明日という当たり前の e 秩序が、ある何らかの生きる意味や希望によって支えられていたことに、はじめて気づくのです。

――［ f ］ことで世界の成り立ちを知る

でも、人はとことん絶望することによって、そこから少しずつ、生きようとする自分の浮力を取り戻します。それは意志を超えたもので、はじめに生理的、身体的欲求が、そして少しずつわずかなエロスを求めようとする要求が、身体や情動から惨んでくる。失恋によって、一切の可能性と意味を失って世界はこなごなに壊れます。しかし、そのバラバラになった世界の断片を拾い集め、かろうじて明日のことを思わせ、日々の些細な気遣いへと向けさせるものが、少しずつ身体のうちから浮かんでくる。時間の長い網に小さな結び目ができはじめ、それをつかんでたぐってゆく時間が再び少しずつ流れ出します。

深い失恋は、こうして、世界というものが、そのつどの希望や欲望や可能性によってその網の目の繋がりを保っていたことを人間に教えます。失恋を深く経験した人は、かりにそのことに自覚的でないとしても、生の意味と理由を理解することになるのです。その人は生のある秘密をつかみ、人間の悲しみや苦しみの内実についてある知恵をもちます。だから、失恋をまったく知らない人、それから g 失恋を絶望によってではなくルサンチマンによって遇する人は、神にほんの少し近くなるチャンスを逃していると言えるかもしれない。

誰かがこんなことも言っていました。h 失恋によってオトコを知るだ問3　次の二文の文節の数を後のア～オから一つ選び、記号で答えなさい（解答番号は5）。

メロスは激怒した。必ず、かの邪智暴虐の王を除かなければならぬと決意した。

ア　7　イ　8　ウ　9　エ　10　オ　11

問4　次の文のうち、敬語が正しく用いられているものを一つ選び、記号で答えなさい（解答番号は6）。

ア　エレベーターは故障しているので、ご使用できません。
イ　先生のお父様は、野球がお好きだそうですね。
ウ　あなたは昨日、私にそう申し上げました。
エ　母が先生にお電話なさるそうです。
オ　教授は今、自室におりますか。

問5　次の文の傍線部「ない」と同じ用法のものを後のア～オから一つ選び、記号で答えなさい。（解答番号は7）。

彼は会議には来ない。

ア　記憶がおぼつかない。　イ　そのことは記憶にない。
ウ　問題は易しくない。　エ　彼女のことは知らない。
オ　今日はそれほど寒くない。

問6　次の文の傍線部「の」と同じ用法のものを後のア～オから一つ選び、記号で答えなさい。（解答番号は8）。

あの本は私のだ。

ア　秋の夕暮れは美しい。　イ　私の好きな色は青だ。
ウ　行くの行かないのと迷う。　エ　彼の言葉に感心した。
オ　彼のなら置いておこう。

三　次の文章を読み、後の各問いに答えなさい。

――失恋することは神に近くなること

失恋とは、世界を失う経験です。生の可能性と意味が消失することで世界を失う、という独自の経験です。恋はそのはじめと終わりの時間、つまり曙光《しののめ》とたそがれどきに最も深くその本質を人に教えます。恋のこの時間は、人間の生の秘密を一瞬垣間見せる独自の時間なのです。

たとえば、ずっと不幸だった人が深い恋の可能性をつかむとき、その人は自分がこの世に生まれてきて生きているその理由を、はじめて理解するということが起こります。およそ美しいものや素敵なもの、善いものの意味がはじめてわかる、ということが生じるからです。a「あい見ての後の心にくらぶれば、昔はものを思わざりけり」（権中納言敦忠《あつただ》）という歌がありますが、恋をすると、まさしく世界が情動や※エロスや意味の世界だったことにはじめて気がつくし、その深さと味わいにはじめて驚くのです。

しかし、恋愛はもっと複雑です。失恋することは神に近くなることだ、と言った人がいます。b真意は分かりませんがなるほどと思えます。激しい失恋をすると、恋のあけがたどき以上に、世界がどういうふうに作られているかその秘密が分かります。

失恋をすると、人間は生きるよすがを失い、突然、背びれ尾びれをもがれた魚のように自在に泳ぐ力を失って、もがき苦しみます。なぜこういうことが起こったのか、その人には分からない。だからまた傷ついた小動物のように、まわりのすべてに攻撃性を向けます。男の不実や他人や世の中などへの、理由のない怒りと憎悪、嫉視、そして自己嫌悪、コンプレックス等々です。

【国　語】（五〇分）〈満点：一〇〇点〉

一　次の１～５の傍線部と同じ漢字を使うものを、後のア～オの傍線部からそれぞれ一つずつ選び、記号で答えなさい（解答番号は１～５）。

１．神社のケイダイに立ち入る。
ア　ツぎ目のない布。
イ　直線のカタムき。
ウ　給食を配膳するカカリ。
エ　雲ゆきがアヤしい。
オ　隣の家とのサカイを決める。

２．ランプをサげる。
ア　テイネイに対応する。
イ　矛盾がロテイする。
ウ　宿題をテイシュツする。
エ　水位がテイカする。
オ　テイボウに近づく。

３．ケンサツ官にあこがれる。
ア　ケンキユウに没頭する。
イ　友人をジャケンに扱う。
ウ　社会コウケンにつながる仕事。
エ　異常がないかテンケンする。
オ　ケントウをたたえ合う。

４．経験のチクセキが重要だ。
ア　彼の言葉にはガンチクがある。
イ　初出場ながらハチクの勢いで優勝した。
ウ　古くからのケンチク物。
エ　チクイチ報告する義務がある。
オ　彼の家は代々ボクチクを生業としている。

５．敵をアザムく作戦。
ア　事実とキョコウを区別する。
イ　高齢者を狙うサギ。
ウ　産地ギソウ問題。
エ　ハイシン行為を見逃さない。
オ　ギネンを晴らす。

二　次の各問いに答えなさい。

問１　次の各熟語と同じ構成の熟語として適切なものを、後のア～オから一つずつ選び、記号で答えなさい（解答番号は１～３）。
１．捕鯨　　２．出納　　３．水圧
ア　送迎　　イ　湿潤　　ウ　日没　　エ　海底　　オ　握手

問２　次の文の傍線部の意味として最も適切なものを後のア～オから一つ選び、記号で答えなさい（解答番号は４）。
筋立てがきわめて荒唐無稽だ。
ア　腹立たしいこと。
イ　理解に苦しむこと。
ウ　興味をそそること。
エ　真に迫っていること。
オ　現実味に乏しいこと。

MEMO

大切なことはメモしておこうネ！

1月17日

2024年度

解答と解説

《2024年度の配点は解答欄に掲載してあります。》

＜数学解答＞

1 (1) ア 2 イ 3 ウ 8 (2) エ 1 オ 8 カ 7
(3) キ 7 ク 6 (4) ケ 2 コ 3 サ 3 (5) シ 1 ス 3
(6) セ 2 ソ 2 タ 3 チ 1 ツ 5 (7) テ 1 ト 1 ナ 3
ニ 2 (8) ヌ 4 ネ 3 (9) ノ 3 ハ 0 ヒ 1

2 (1) ア 5 イ 4 ウ 7 エ 4 オ 5 カ 5 キ 3
(2) ク 4 ケ 0

3 (1) ア 1 イ 2 (2) ウ 8 エ 1 オ 5 カ 7 キ 1 ク 5

4 (1) ア 5 イ 0 (2) ウ 1 エ 3 オ 4 カ 1 キ 5 ク 1
ケ 1 コ 4 (3) サ 2 シ 3 ス 1

5 (1) ア 2 イ 6 ウ 8 (2) エ 1 オ 2 カ 1 キ 2
(3) ク 2 ケ 3 コ 2 サ 1 シ 8 ス 5 セ 4 ソ 2

6 (1) ア 2 イ 3 (2) ウ 2 エ 8 オ 1 カ 4 キ 5 ク 2
(3) ケ 2 コ 1 サ 1 シ 5 ス 1 セ 7

○推定配点○

1 (6) 1点，2点　他　各3点×8　**2** (1) 各2点×6　(2) 4点　**3** 各4点×3
4 (1)，(3) 各4点×2　(2) 各2点×3　**5** 各2点×8　**6** (1) 2点
(2) 2点，2点，3点　(3) 各3点×2　計100点

＜数学解説＞

基本 **1** (数の計算，1次方程式，平方根の計算，因数分解，素因数分解，連立方程式，2次方程式，規則性)

(1) $\frac{1}{2}+\frac{3}{2}\times\left(-\frac{9}{4}\right)=\frac{1}{2}-\frac{27}{8}=\frac{4}{8}-\frac{27}{8}=-\frac{23}{8}$

(2) $3x+5-\frac{2x-3}{3}=0$　両辺を3倍して，$9x+15-(2x-3)=0$，$9x+15-2x+3=0$，$7x=-18$，$x=-\frac{18}{7}$

(3) $\left(\frac{5}{\sqrt{6}}-\sqrt{24}\right)\times6=\left(\frac{5\sqrt{6}}{6}-2\sqrt{6}\right)\times6=5\sqrt{6}-12\sqrt{6}=-7\sqrt{6}$

(4) $2xy^2-18x=2x(y^2-9)=2x(y+3)(y-3)$

(5) $xy-3x-y+3=xy-y-3x+3=y(x-1)-3(x-1)=(x-1)(y-3)$

(6) $60=2^2\times3\times5$　60は$3\times5\times k^2$(kは自然数)をかけると平方数になる。よって，求めるaの値は，できるだけ小さい自然数だから，$a=3\times5\times1^2=15$

(7) $3x-4y=19\cdots①$　$\frac{2}{3}x+y=\frac{4}{9}$，両辺を9倍して，$6x+9y=4\cdots②$　②−①×2から，$17y=$

-34, $y=-2$　①に$y=-2$を代入して, $3x-4\times(-2)=19$, $3x=19-8=11$, $x=\frac{11}{3}$

(8)　$x^2-8x+13=0$　二次方程式の解の公式から, $x=\frac{-(-8)\pm\sqrt{(-8)^2-4\times1\times13}}{2\times1}=\frac{8\pm\sqrt{12}}{2}=\frac{8\pm2\sqrt{3}}{2}=4\pm\sqrt{3}$

(9)　最初の1個を作るのに4本, 2個目からは3本ずつ必要になるから, 正方形を100個作るのに必要なマッチ棒は, $4+3\times(100-1)=4+297=301$(本)

2 (統計, 方程式の応用問題)

基本 (1)　点数の低い順に並べると, 1, 3, 4, 4, 4, 6, 7, 7, 9, 10　中央値は, 低い方から数えて5番目と6番目の平均だから$\frac{4+6}{2}=5$(点), 第1四分位数は, 低い方から数えて3番目の点数だから4点, 第3四分位数は, 低い方から数えて8番目の点数だから7点, 最頻値はデータの値の中でもっとも多く現れる値だから4点, 平均点は, $\frac{1+3+4+4+4+6+7+7+9+10}{10}=\frac{55}{10}=5.5$(点), 四分位範囲は, (第3四分位数)−(第1四分位数)$=7-4=3$(点)

(2)　食塩の量は, $0.05(100-x)$　食塩水の量は, $100-x+x=100$　濃度から, $\frac{0.05(100-x)}{100}\times100=3$, $5-0.05x=3$, $0.05x=2$, $x=2\div0.05=40$

3 (場合の数, 確率)

(1)　AとBが隣り合わない並び方は, (A, C, B, D), (A, C, D, B), (A, D, B, C), (A, D, C, B), (B, C, A, D), (B, C, D, A), (B, D, A, C), (B, D, C, A), (C, A, D, B), (C, B, D, A), (D, A, C, B), (D, B, C, A)の12通り

(2)　袋Aの2個の赤球を赤1, 赤2, 3個の青球を青1, 青2, 青3とし, 袋Bの1個の赤球を赤, 2個の青球を青4, 青5とすると, 球の取り出し方は全部で, $5\times3=15$(通り)　そのうち, 同じ色の球である場合は, (赤1, 赤), (赤2, 赤), (青1, 青4), (青1, 青5), (青2, 青4), (青2, 青5), (青3, 青4), (青3, 青5)の8通り　よって, 同じ色の球である確率は, $\frac{8}{15}$　お互いが異なる色の球である確率は, $1-\frac{8}{15}=\frac{7}{15}$

4 (平面図形の計量問題—円の性質, 角度, 平行線と線分の比の定理, 三平方の定理)

(1)　補助線OCをひくと, 円周角の定理から, $\angle BOC=2\angle BAC=2\times40^\circ=80^\circ$　△OBCは二等辺三角形だから, $\angle x=(180^\circ-80^\circ)\div2=50^\circ$

(2)　平行線と線分の比の定理から, BM：MD＝BE：AD＝BE：BC＝$\underline{1：3}$　BN：ND＝AB：DF＝DC：DF＝$\underline{4：1}$　$1+3=4$, $4+1=5$から, BDを4と5の最小公倍数の20とみると, BM：MD＝1：3＝5：15, BN：ND＝4：1＝16：4　よって, BM：MN：ND＝5：(16−5)：4＝$\underline{5：11：4}$

重要 (3)　上の円の中心をO, 左下の円の中心をPとして, 点O, PからABへ垂線OH, PIをひくと, $OH=PI=r$　△OAHと△PBIは$\angle OAH=\angle PBI=30^\circ$の直角三角形だから, $AH=BI=\sqrt{3}r$　$HI=OP=2r$　よって, $AB=2\sqrt{3}r+2r=2(\sqrt{3}+1)r$(cm)

5 (図形と関数・グラフの融合問題)

基本 (1)　$A(t, t^2)$, $B(2t, 4t^2)$　仮定から, $\frac{4t^2-t^2}{2t-t}-t=6$, $\frac{3t^2}{t}=6$, $3t=6$, $t=\underline{2}$　A(2, 4)　直線ABの傾きは6だから, 直線ABの式を$y=6x+b$として点Aの座標を代入すると, $4=6\times2+b$, $b=4-12=-8$　よって, 直線ABの式は, $y=\underline{6}x-\underline{8}$

(2)　△OAPと△OBPの共通な辺OPを底辺とすると，面積の比は高さの比と等しくなるから，△OAP：△OBP=t：$2t$=1：2　したがって，△OAB：△OBP=(△OBP−△OAP)：△OBP=(2−1)：2=1：2

重要 (3)　解法1　直線ABの方程式を$y=ax-36$として点A，Bの座標を代入すると，$t^2=at-36$…①，$4t^2=2at-36$…②　①から，$a=\frac{t^2+36}{t}$，②から，$a=\frac{4t^2+36}{2t}=\frac{2t^2+18}{t}$　よって，$\frac{t^2+36}{t}=\frac{2t^2+18}{t}$，$t^2+36=2t^2+18$，$t^2=18$，$t>0$から，$t=\sqrt{18}=3\sqrt{2}$

解法2　直線OBの式は，$\frac{4t^2}{2t}=2t$より，$y=2tx$　よって，C$(t,\ 2t^2)$　AC=$2t^2-t^2=t^2$　点Aは(☆)よりBPの中点であり，AC//OPから，中点連結の定理より，AC=$\frac{OP}{2}=\frac{36}{2}=18$　したがって，$t^2=18$，$t>0$から，$t=\sqrt{18}=3\sqrt{2}$　△OAB=$\frac{1}{2}$△OBP=$\frac{1}{2}\times\frac{1}{2}\times36\times2\times3\sqrt{2}=54\sqrt{2}$

6 (規則性)

基本 (1)　5列目は上から，25，24，23，…となるから，⟨5，3⟩=23

(2)　1行目は，1，4，9，16，…=1^2，2^2，3^2，4^2，…より，n^2になっているから，⟨n，1⟩=n^2　6561=81^2から，⟨81，1⟩=6561　45^2=2025から，⟨45，1⟩=2025　2024は2025の一つ下の行にあるので，⟨45，2⟩=2024

重要 (3)　⟨n，n⟩は，1，3，7，13，…=1^2，2^2-1，3^2-2，4^2-3，…より，$n^2-(n-1)$になっているから，⟨n，n⟩=$n^2-(n-1)=n^2-n+1$　17^2=289から，⟨17，17⟩=289−17+1=273　273−271=2から，271は⟨17，17⟩より左へ2つ目のところにある。よって，⟨15，17⟩=271

★ワンポイントアドバイス★

4 (3)のように，円と直線が接している問題が出たら，まず，円の中心と接点を結んで考えよう。

＜英語解答＞

1　1 ①　2 ③　3 ③　4 ③　5 ④

2　問1 (1) ①　(2) ②　(3) ①　(4) ③　(5) ①　問2 ①　問3 ④
問4 ②　問5 ③　問6 ③　問7 ②　問8 1 ③　2 ①　3 ③

3　1 ①　2 ④　3 ③　4 ①　5 ④　6 ②　7 ③　8 ③

4　1 ②　2 ①　3 ②　4 ④　5 ④　6 ①

5　1 3番目 ⑨　6番目 ⑦　2 3番目 ⑤　6番目 ①
3 3番目 ⑦　6番目 ③　4 3番目 ⑨　6番目 ⑦
5 3番目 ③　6番目 ⑥　6 3番目 ②　6番目 ⑥

6　1 ③　2 ③　3 ④　4 ②　5 ④

○推定配点○

1・4~6　各2点×22(5各完答)　2問1　各1点×5　他　各3点×17　計100点

＜英語解説＞

1 （リスニングテスト）

Grace：Is this your ball, Emily?
Emily：Yes. It's mine. I threw it from far away. I'm very good at throwing.
Grace：Wow… May I throw your ball?
Emily：Do you want to throw my ball?
Grace：Yes.
Emily：Do you know the secret of throwing, Grace?
Grace：Yeah. It is having fun.
Emily：I can't understand. Throwing a ball is not easy. It takes skill. It takes practice. I worked very hard to learn how to throw a ball.
Grace：Look! Look! How about that? I threw the ball so far, and you cannot even see it.
Emily：I can see your ball back here. Do you know what this means?
Grace：Yes. The ball I threw went around the world!
Emily：No. The ball flew behind you and fell there, and that is not very far at all.
Grace：You are right, Emily. I did not really throw the ball very far. But I had fun!

1. What is true of Emily?
 1 She practiced hard to throw a ball.
 2 She couldn't throw a ball.
 3 She learned how to throw a ball soon.
 4 She enjoyed throwing a ball.

2. What is true of Grace?
 1 She didn't want to throw a ball.
 2 She threw a ball forward.
 3 She threw a ball behind herself.
 4 She threw a ball far away.

3. What is the most important thing for Grace?
 1 A lot of skill is.
 2 A lot of practice is.
 3 Having fun is.
 4 Throwing far away is.

It was a hot day.
Jane was at the lake with her family.
She was running around in the sun.
"Mommy! A little boy is following me! Help!", Jane shouted.
Her mom was under a tree, so Jane ran to her.
"Oh! Where did the little boy go?" Jane said.
Mom said, "Jane, it's not a boy. It's your shadow!"
Jane lay down in the shadow of a tree.
She couldn't see her shadow by the shadow of the tree.

4. Who or what followed Jane?
 1 A little boy did.

2 Her mother did.
3 Her shadow did.
4 The tree's shadow did.

5. Why did Jane run to her mother?
1 Because it was a hot day.
2 Because she was at the lake.
3 Because she was running around in the sun.
4 Because her mother was under a tree.

（全訳） グレース：これはあなたのボールですか，エミリー？
エミリー：はい，私のです。遠くから投げたの。私，投げるのが上手なの。
グレース：すごいね...私もあなたのボールを投げてもいい？
エミリー：私のボールを投げたいの？
グレース：うん。
エミリー：投げるコツを知っている？
グレース：ええ，楽しむことよ。
エミリー：わからないわ。ボールを投げるのは簡単じゃない。技術が必要だし，練習も必要。私はボール投げを上手くなるために一生懸命練習したの。
グレース：見て！どう？こんなに遠くに投げたわ，あなたには見えないでしょ？
エミリー：あなたのボール，こっちにあるわよ。これって何を意味すると思う？
グレース：ええ，私が投げたボールが地球を一周したのね！
エミリー：いいえ。ボールは後ろに飛んで，そこに落ちたの。それって全然遠くないわ。
グレース：そうね，エミリー。本当に遠くには投げられなかったわ。でも楽しかったわ！

1 「エミリーについて何が真実か」
1 彼女はボールを投げるために一生懸命練習した。
2 彼女はボールを投げることができなかった。
3 彼女はすぐにボールを投げる方法を学んだ。
4 彼女はボールを投げることを楽しんだ。

2 「グレースについて何が真実か」
1 彼女はボールを投げたくなかった。 2 彼女はボールを前に投げた。
3 彼女はボールを自分の後ろに投げた。 4 彼女はボールを遠くに投げた。

3 「グレースにとって最も重要なことは何か」
1 多くのスキル。 2 多くの練習。 3 楽しむこと。 4 遠くに投げること。

（全訳） 暑い日だった。
ジェーンは家族と一緒に湖で遊んでいた。
彼女は太陽の下で走り回っていた。
「ママ！小さな男の子が私を追いかけてる！助けて！」とジェーンは叫んだ。
母は木の下にいたので，ジェーンは母のところに走った。
「あれ？その小さな男の子はどこに行ったの？」とジェーンは言った。
母は「ジェーン，それは男の子じゃないわ。あなたの影よ！」と言った。
ジェーンは木の影に横になった。
彼女は木の影によって自分の影を見ることができなかった。

4 「ジェーンを追いかけたのは誰または何か」

1　小さな男の子。　2　彼女の母。　3　彼女の影。　4　木の影。

5「なぜジェーンが母のもとへ走ったか」

1　それは暑い日だったから。

2　彼女は湖にいたから。

3　彼女は太陽の下で走り回っていたから。

4　彼女の母が木の下にいたから。

重要 2 （長文読解・物語文：語句補充，指示語，語句解釈，内容吟味）

（全訳）　ある日，郵便配達員が私の村に来た。郵便配達員は，息子のソールからの手紙を持っていた。「あなたの名前はアダムですか？」郵便配達員が尋ねた。「はい」と私は答えた。「あなたへの手紙があります」郵便局員は封筒を読んだ。「ミンタ村のアダム宛です」「私宛の手紙です。手紙は誰からですか」と私は尋ねた。郵便配達員は再び封筒を見て「ソールからです」と答えた。彼は手紙を渡して去った。

「マーサ，マーサ」と私は妻を呼んだ。「来てごらん。ソールから手紙が来てるよ」マーサが出てきて手紙を見た。①彼女は興奮していたが，同時に心配もしていた。「ソールからの手紙ね」と彼女は言った。「彼は生きていて元気？私は学校の先生を(1)見つけるわ。彼なら手紙を読めるから」

50年前には学校がなかった。だから私は読み書きができない。私は小さな村に住んでいる。唯一の仕事は農業だ。唯一の息子であるソールは2年前に村を出て，私の3人の娘は結婚した。ソールは外国でたくさんのお金を稼いでいる。

マーサと学校の先生が戻ってきた。他にもたくさんの人が来た。皆，私の手紙を聞きたがっていた。学校の先生が封筒を開けて手紙を読んだ。

20 Taylor Street, London E.19, England. 3月16日

親愛なる父へ，

私はロンドンに住んでいます。工場で仕事をしています。

仕事はとても大変です。

よく夜に働きます。しかし②給料は良いです。

私は元気で，私の国の人々と一緒に住んでいます。

この手紙に100ポンドを送ります。

これはあなたと母のためです。

父と母への愛を込めて。ソール

「100ポンド！」私は学校の先生に言った。「間違いです。違いますよ。」「いいえ」と学校の先生は言った。「間違っていません。違いありません。これがお金です」そして彼は私に(2)紙の一片を渡した。「これは何ですか？」と私は尋ねた。「郵便為替です」と学校の先生は言った。「ダープールに行ってください。ダープールの郵便局にこの郵便為替を持って行ってください。この郵便為替は100ポンドの価値があります。郵便局の職員がお金を渡します」

「100ポンド！」と私はまた言った。皆が笑って「アダム，あなたは金持ちだ。農場や家のためにたくさんの物が買えるね」と言った。「そしてダープールで美味しい食べ物や飲み物を買えるよ。みんなにパーティーを開こう」と私は友人たちに言った。マーサは「ソールはいい息子だ」と言った。その晩，村の人々は郵便為替と私のお金の話で持ち切りだった。マーサと私もお金のことで話し合った。私たちは農場のためにたくさんのものが必要だった。

翌朝，私はとても早く起きた。まだ暗く，皆が寝ていた。しかし，私はダープールに行くために準備をした。私は丁寧に洗って服を着た。私は一番良い服を(3)着て，一番良い杖を持った。私は郵便為替を慎重にポケットに入れて，マーサに別れを告げた。私は主要道路まで10マイル歩いた。主

要道路で座って，朝食を食べた。バスを待っていた。2時間待った。そしてバスが来て，私は乗った。

ダープールまでは長い道のりだ。バスで3時間かかる。私はダープールに到着し，すぐに郵便局に向かった。私は滅多にダープールに行かない。市場と一つの店しか知らない。これはリックの店だ。私はリックの店で農場用品を買う。

郵便局にはたくさんの人が(4)いた。私は郵便為替について尋ねた。ある人が私に列を見せた。長い列ができていて，私は後ろで待った。

やっと私の番が来て，列の一番前に立った。しかし，職員は私を相手にしなかった。「すみません」と私は言った。「私の番です。次は私です」

「次ですか？おじいさん，私は忙しいんですよ」と職員は言った。「私の書類を見てください。これらの人々を見てください。私はとても忙しいんです。そして，あなたは待つ必要があります」

だから，私は待った。やっと職員は私を見て「何がお望みで？」と尋ねた。私は彼に私の郵便為替を渡した。「これが私の100ポンドの郵便為替です」と私は答えた。職員は手を差し出した。「身分証明書」と言った。「すみません，わかりません」と私は答えた。「あなたの身分証明書」と職員は再び言った。「私に身分証明書を見せてください」

「身分証明書とは何ですか」私は尋ねた。「郵便為替と引き換えにお金を渡すことはできません。まず，あなたの身分証明書を見なければなりません。あなたの名前と住所が記載されています。身分証明書があなたの情報を示します。あなたの写真が身分証明書にあります。私はあなたを知りません。あなたは誰ですか？」職員は少し怒っていた。

しかし，私も怒っていた。「私は誰かって？」私は言った。「皆，私を知っています。私はミンタ村のアダムです。私は身分証明書を持っていませんし，必要ありません」

「おじいさん，私は忙しいし，あなたはとても無知です」と職員は言った。「あなたは誰ですか？ミンタはどこですか？」「私のお金をください。私の100ポンドをください」と私は言った。職員は怒って見え「身分証明書を見せてください。私はあなたを知りません」と言った。④職員は私の郵便為替を返して，向きを変えた。

「どこで身分証明書を(5)買うことができますか？」と私は職員に尋ねた。彼は私に話しかけず，答えなかった。「内務省に行ってください」と列に並んでいた男性が言った。そして彼は道を教えてくれた。

問1 (1) 〈be going to ＋原形〉で未来の文を表すことができる。 (2) a piece of ～「～の一切れ」 (3) put on「身につける」 (4) 過去の内容であり，後の名詞が a lot of people であることから判断できる。 (5) 助動詞 can を用いた文なので，動詞の原形が適切である。

問2 直前の部分で「Martha, Martha,」と妻を呼んでいることからわかる。

問3 この場合の pay は「労働に対する賃金，給料」を表している。

問4 この場合の it は明暗や天気を表すときに用いる it の特別用法である。

問5 アダムが Darpur を訪れるのは滅多になく，主に市場など特定の目的のためだけに訪れることから判断する。

問6 アダムが身分証明書を持っていなかったために，彼はお金を受け取ることができなかった。

問7 アダムの息子からの手紙に郵便為替が同封されていただけで，アダムが郵送したわけではない。

問8 1 「アダムはなぜソールからの手紙を読めなかったのか」 ①「ソールが手紙で使った言語が気に入らなかったから」 ②「メガネを見つけられず，文字が見えなかったから」 ③「学校で読み書きを学ばなかったから」 ④「手紙を自分で読むのが嫌で，妻に渡したから」 第3段落第1文，

2文参照。50年前は学校がなく，アダムは読み書きをすることができなかった。

2 「ソールが送ったお金で，アダムは何をしたいと思っていたか」 ①「農場や家のために物を買うため」 ②「将来のためにお金を貯めるため」 ③「ソールにお金を送り返すため」 ④「村にお金を寄付するため」 第6段落最終文参照。農場のために多くのものが必要であったと述べられている。

3 ①「ロンドンで医者になるために勉強したことが書かれていた」 ②「ロンドンの学校で遊んだことが書かれていた」 ③「ロンドンの工場で多くのお金を稼いだことが書かれていた」 ④「ロンドンのレストランで一生懸命働いたことが書かれていた」 ソールからの手紙には，給料は良いと述べられている。

3 (長文読解・説明文：語句補充，内容吟味)

(全訳) 何百万年も前には，今よりも多くの動物の種が存在していた。もちろん，種が自然に消えることもあるが，今日では以前よりも速く消えている。

動物は自然災害によって危険にさらされている。少しの気候変動で死ぬこともある。しかし，私たちの行動によっても動物は危険にさらされている。私たちは，災害や変化する気候から動物や人間を保護することはできないが，自分たちの行動について考え，変えることはできる。

私たちは空き地に新しい建物を建て，動物のことを考えない。新しい道路を作り，川を移動させ，木を取り除く。

時には，動物を自然の家から別の国に連れて行く。この新しい家では，他の動物は新参者を知らず，それを恐れない。黒いネズミが船でアジアからガラパゴス諸島に行き，多くの異なる種の鳥を殺した。これらの鳥の中には，ガラパゴスでのみ生息していたものもあるが，ネズミが来た後に消えた。

新しい場所を訪れる一部の人々は動物の写真を撮るが，他の人々は狩りをして殺す。彼らは食料のためではなく，狩猟が好きだから動物を殺す。

多くの国では，動物から多額のお金を得ることもできる。象は象牙を欲しがる人々のために死ぬ。サイはその角を買いたい人々のために死ぬ。多くの大きな動物は，その美しい毛皮のために危険にさらされており，一部の人々はそれを自宅に飾ったり，着たりすることを望んでいる。

私たちの土地，海，川，空の汚染はますます悪化している。私たちは世界を非常に汚い場所にしており，多くの動物がそこで生きることができない。汚染は私たち全員にとって悪いものである。それは動物を殺している。遅かれ早かれ，それは人間も殺すことになるだろう。

世界の人口は常に増加している。より大きな都市の多くの人々は，より多くの土地を取り，より多くの汚染を引き起こす。だから私たちは非常に速く動物の自然の家を奪っている。彼らはどこに行けるのか？最終的に，答えはしばしば「どこにもない」となり，動物は死ぬ。

人がいなかった時代にも動物は消えていた。それは事実だ。しかし11000年前に最初の人々がアジアからアメリカに移動して以来，北米の大型動物の73%，南米の80%が消えた。オーストラリアの大型動物の90%がアジアから移動してきた人々の後に消えた。地中海の国々にはかつて小型の象がいたが，それも消えた。人々がそれらをすべて殺したのか？必ずしもそうではないが，彼らが生き残るのを助けることはなかった。

約500年前，ヨーロッパ人が初めて世界中の場所を訪れた。ヨーロッパの訪問者たちはこれらの場所を多くの方法で変え，多くの動物を殺した。これは事実だ。

今日では，裕福な国の人々はますます多くの興味深いものを買いたがっている。危険にさらされている動物は数が少ないため，より興味深いものとなる。そのため，ハンターは豊かになることができる。彼らはお金のために象やサイなどの動物を殺すことができる。

狩猟，汚染，そして自然の原生地の消失。これらはすべて動物にとっての危険だ。過去10年間で消えた種の数は，過去50年間よりも多く，過去300年間よりも過去50年間の方が多く消えている。一つの種が消えると，他の種も死ぬ。絶滅した種は彼らにとって重要だったーおそらく食料として，あるいは彼らを保護するために。

大きな静かな鳥である，有名なドードー鳥を思い出してほしい。これはモーリシャス島に住んでいた。飛ぶことはなかったが，他の動物からの危険はなかったので，恐れることもなかった。

ドードー肉はあまり美味しくなかったため，誰もそれを食べたいとは思わなかった。しかし，他の国からモーリシャスを訪れた人々がドードーを殺し，1680年あたりまでに最後のドードーは死んだ。これはずっと昔のことだが，ドードーを忘れることはできないー我々は二度と生きているドードーを見ることはない。

ほとんどの人にとって，大きな陸上動物は非常に小さな動物や鳥よりも興味深い。私たちはこれらの動物をテレビで見たり，動物園で訪れたりする。彼らが美しいため，よく写真を撮る。しかし，彼らの多くが危険にさらされている。

1 「動物が今日直面している問題の一つは何か」 ①「自然災害や気候変動の影響を受けている」 ②「すべての動物が別の国に移動している」 ③「新しい動物から病気にかかっている」 ④「新しい場所に住居を建設している」 第2段落参照。動物は自然災害や気候変動の影響を受けるというのが，動物が直面する問題の一つであり，それに加えて，人間の行動による生息地の破壊や汚染も大きな問題である。

2 「ガラパゴス諸島で黒ネズミが異なる種の鳥にとって危険な理由は何か」 ①「鳥の卵を食べたから」 ②「鳥に悪い習慣を教えたから」 ③「アジアから病気を持ち込んだから」 ④「多くの異なる種の鳥を殺したから」 第4段落第3文参照。黒いネズミがガラパゴス諸島に行き，多くの異なる種の鳥を殺したと述べられている。

3 「絶滅する前に小さな象がいたのはどこか」 ①「北アメリカ」 ②「アフリカ」 ③「地中海の国々」 ④「オーストラリア」 第9段落第4文参照。小さな象は地中海の国々に存在していたと述べられている。

4 「約500年前に多くの動物を殺したのは誰か」 ①「ヨーロッパの訪問者」 ②「アジアの訪問者」 ③「オーストラリアの先住民」 ④「北アメリカの先住民」 第10段落参照。約500年前に多くの動物を殺したのはヨーロッパの訪問者である。

5 「象が人々によってなぜ殺されるのか」 ①「肉を得るため」 ②「骨を得るため」 ③「皮を得るため」 ④「牙を得るため」 第6段落第2文参照。象はその象牙のために殺されると述べられている。

6 「汚染は動物にどのような影響を与えるか」 ①「汚染により強くなる」 ②「生活が困難になる」 ③「新しい家を見つけるのに役立つ」 ④「個体数が増える。」 第7段落参照。汚染は動物の生活を困難にすると述べられている。

7 「人々が最初にアジアからアメリカに移動したのはいつか」 ①「5,000年前」 ②「8,000年前」 ③「11,000年前」 ④「15,000年前」 第9段落第2文参照。人々が最初にアジアからアメリカに移動したのは11000年前である。

8 「なぜ私たちはもうドードーを見ることができないのか」 ①「別の鳥に変わったから」 ②「最後の一羽が別の場所に移動したから」 ③「最後の一羽が1680年頃に死んだから」 ④「人間から逃げているから」 第14段落参照。ドードーは最後の一羽が1680年頃に死んだためである。

基本 **4** (語句補充問題：接続詞，進行形，関係代名詞，熟語，動名詞)

1 〈so ~ that 主語＋動詞〉「とても~ので…」

2 〈was / were ＋ ~ing〉で過去進行形の文になる。

3 which I lost at the party last night は前の名詞を修飾する目的格の関係代名詞である。

4 once upon a time「昔々」

5 〈look forward to ~ing〉「~することを楽しみに待つ」

6 現在の習慣については現在形を用いる。

重要 **5** (語句整序問題：関係代名詞，動名詞，不定詞，接続詞)

1 (Please) tell me what kind of sports children should play(.) 間接疑問文の語順は〈what kind of sports ＋主語＋(助)動詞〉の語順になる。

2 (In the cold season, I always) enjoy drinking hot coffee in a small shop near (our school.) enjoy ~ing「~して楽しむ」

3 (Children) tried to understand what I said at that (time.) try to ~「~しようとする」at that time「その時」

4 (I) would like you to check these English sentences by (tomorrow.) 〈would like ＋人＋ to ~〉「人に~していただきたい」

5 (The book) he wrote last year is very popular with many (young people.) he wrote last year は前の名詞を修飾する目的格の関係代名詞が省略された形である。

6 (My) parents are glad that I'll take part in the (contest.) be glad that ~「~ことに喜ぶ」take part in ~「~に参加する」

6 (会話文・資料問題：内容吟味)

(全訳) エミリー：ダニエル，プレゼンテーションのスライドを作り終えた？

ダニエル：スライドを作るって？

エミリー：そう。今週の金曜日の授業でSDGsについてのプレゼンテーションをすることになっているんだけど，スライドを作る役割はダニエルがやることに決まってたよね。忘れたの？

ダニエル：ごめん，忘れてた。まだ作り始めていないよ。

エミリー：まあ，どうしよう。あさってにはプレゼンテーションをしなくちゃいけないのに。

ダニエル：心配しないで，エミリー。まだ時間はあるよ。何枚のスライドを作らないといけないの？

エミリー：10枚のスライドを作る必要があるわ。そのうちの1枚はタイトルスライドで...ごめん，出典のスライドをもう1枚追加で必要だわ。

ダニエル：オーケー，ありがとう。ところで，SDGsって何？

エミリー：何も知らないのね！スライドは私が作るわ！

1 「エミリーとダニエルが会話をしているのはいつか」 金曜日の授業でプレゼンテーションをすると述べられており，プレゼンテーションが「あさって」であることから，水曜日であると判断できる。

2 「彼らは何枚のスライドを作る必要があるか」 エミリーは「10枚のスライド」を作る必要があると言っているが，出典のスライドをもう1枚追加する必要があるため，合計で「11枚」となる。

(全訳) 発送情報

ご注文を受けてから2日後に，ご購入いただいた商品を通常便で発送いたします。メルボルンの住所への配達予定日は発送日から3日後です。ビクトリア州の他の地域およびニューサウスウェールズ州への配達予定日は発送日から4日後です。その他の国内注文は発送後5日から7日で到着する場合があります。

$100以下の注文の場合，通常の送料は$10です。$100を超える注文の場合，通常の送料は製品価格の10％です。$20を追加で支払うことで，ほとんどの商品を迅速に入手することができます。

3 「注文が月曜日に受け取られた場合，ニューサウスウェールズではいつ到着するか」 注文が月曜日に受け取られた場合，発送は水曜日になる。ニューサウスウェールズへの配達予定日は発送日から4日後なので，到着は日曜日になる。

4 「$50の商品の通常の送料はいくらか」 $100以下の注文の場合，通常の送料は$10である。

5 「$200の商品の通常の送料はいくらか」 $100を超える注文の場合，通常の送料は製品価格の10％であるため，$200の商品の送料は$20($200の10％)になる。

★ワンポイントアドバイス★

読解の分量が非常に多くなっている。同じような分量の読解問題に数多く触れて，長さに慣れるようにしよう。そのために，過去問を何度も解き直すようにしたい。

＜国語解答＞

一 1 エ　2 ア　3 オ　4 ア　5 イ

二 問1 1 オ　2 エ　問2 ウ　問3 ア　問4 ア　問5 エ　問6 イ

三 問1 オ　問2 イ　問3 ウ　問4 ウ　問5 ア　問6 イ　問7 イ
問8 ウ

四 問1 イ　問2 エ　問3 ア　問4 オ　問5 オ　問6 ウ　問7 ア
問8 イ

五 問1 ア　問2 ウ　問3 オ　問4 エ　問5 ア　問6 ウ

○推定配点○

一・二 各1点×12　三～五 各4点×22　計100点

＜国語解説＞

一 (漢字の読み書き)

1 衝撃　ア 昇華　イ 感傷　ウ 招致　エ 折衝　オ 交渉

2 担ぐ　ア 担える　イ 嘆い　ウ 淡い　エ 鍛え　オ 綻び

3 陳腐　ア 負債　イ 添付　ウ 豊富　エ 訃報　オ 腐敗

4 奇想　ア 怪奇　イ 一騎　ウ 危機　エ 一喜　オ 器用

5 企画　ア 図る　イ 企てる　ウ 凝らし　エ 基づい　オ 勤める

二 (熟語，品詞・用法，仮名遣い，敬語・その他)

問1 1 オは上の語が下の語を修飾する組み立てで，他は反対の意味を重ねる組み立て。

2 エは意味が似ている語を重ねる組み立てで，他は長い熟語を省略する組み立て。

問2 「チョウサンボシ」「シチテンハッキ」「ニソクサンモン」「ゴリムチュウ」と読む熟語になる。

問3 「代名詞|助詞|動詞|助動詞|名詞|助詞|代名詞|助詞|動詞|助動詞|助動詞。」

重要 問4 「いただきました」は謙譲語で，同じ種類の敬語はア。イ・オは尊敬語で，ウ・エは丁寧語。

問5 エは「豊かだ」という形容動詞の一部で，他はすべて接続助詞。

問6 イは，現代語の仮名遣いでは「においぬるかな」となる。

三 (論説文一大意・要旨，内容吟味，文脈把握，脱文・脱語補充)

問1 「個人の楽しみを『サポート』」について，一つ後の段落で具体的に説明し，「これは」で始まる段落で「ほんのちょっとの苦労で，すぐに一番楽しいところが極められる，という気持ちに誰でもなれる」とまとめている。この内容を言い換えているオが最も適切。ア「目標」，イ「変化を感じる」，ウ「到達点」，エ「バーチャルな体験」は「サポート」の内容にあたらない。

問2 直前に「そういった」とあるので，直前の段落の「働いて金を稼ぎ，家族サービスをする」ような「生活」を表す語が入る。直前の文の「普通」に通じるイの「画一」を選ぶ。

問3 直前に言い換えを意味する「いわば」とあるので，前の「情報を集め，それを自分の中に取り込むような成長の過程」に合うものを選ぶ。自ら釣具店に行き使いやすさを試すとあるウの具体例が最も適切。ア「コツを教わ」ることやエ「撮影ツアーに参加」，オ「グルメサイト」は「面倒な手順」にそぐわない。イ「写真をSNSに投稿」しても，「成長の過程」につながらない。

問4 「錯覚」は，思い違いのこと。一つ前の段落の「面倒な手順を飛び越えて，いきなり楽しい部分を疑似体験できるような環境が用意されている……それが『自分が求めているもの』だと錯覚できる」という説明や，「○○教室」「毎週少しずつ送ってくるキット」などの例に，ウの説明が最も適切。直前の段落の内容に，他の選択肢の説明は合わない。

やや難 問5 傍線部eの「幻想」は，現実ではないことを現実であるかのように思い描くという意味なので，他者が認識する『自分』は実際の姿ではないというということになる。視点を「自分」に置き換えると，自分が認識する他者も幻想であるとなるので，アが最も適切。筆者は，イ「人間関係」，ウ「用意されたシステム」，エ「期待しがちだ」と言いたいわけではない。傍線部eに「実社会における」とあるので，「バーチャルな世界における」とあるオも適切ではない。

問6 直前の「現実に立ち返ったとき」と同じ内容を述べている，直前の「現実の世界へ戻ってくるとき」の後に着目する。「たぶん，それは肉体の存在に起因している……必ず『現実』を感じる」とあるので，バーチャルの自分と現実の自分との違いに戸惑うことを「『自分を見失う』感覚」と表現している。この内容を説明しているイを選ぶ。ア「現実世界に戻れなくなる」，ウ「自分が求めていた理想が分からなくなる」，オ「本来の自分を忘れる」ことを言っているわけではない。「自分を見失う」とあるので，「世界」の差を感じるとあるエも適切ではない。

やや難 問7 傍線部gの直前に「その」とあるので，直前の文の「自分はどれだけの人間になれるのか，どこへ到達できるのか，何をなしえるのか」に着目する。「理想の自分に到達するため」「自分の成長に対する期待を持つ」と表現しているイが最も適切。傍線部gの直後の文の「自分は何をすべきか……今，その楽しみに向かって自分は進んでいるのだろうか」を「実践を重ね」と言い換えていることも確認する。アの「正しい方向を見つけ」とは述べていない。傍線部gの「ぼんやりとした，まだ見ぬ」という表現に，「何をすべきかが見えてくる」とあるウや「必要なことを実行する」とあるエ，「自分の姿が明確になる」とあるオはそぐわない。

重要 問8 同じ段落の内容から，傍線部hは，自分を見失っていることに「気づかないまま過ごしている」人が多いことを言っている。直前の段落の「バーチャルなシステムに補助された他者向けの自分は，そのシステムの中では本来の『自分』と同一視できるし……現実の『自分』とのギャップの大きさに物理的な制約を受けにくい」から理由を読み取る。バーチャルな世界の自分と現実の自分とのギャップの大きさを感じにくくなっていることを理由としているウが適切。自分を見失っていることに気づかない理由として，アは適切でない。イ「本来の自分を考えることを思いつかない」 エ「肉体の感覚が以前に比べて希薄になっている」 オ「経験による成長を求めない」とは述べていない。

四 (小説一情景・心情，内容吟味，文脈把握，脱文・脱語補充)

問1 「私」が「言わなければよかったかなと思った」のは，「あれ以来になっちゃって」という言葉なので，「あれ」が何を指すのかを探す。同じ段落で，みちかちゃんの婚約者の誠さんの葬儀が描かれており，葬儀の日を指している。葬儀の日以来と言うことで，みちかちゃんに誠さんの死を思い出させたのではないかと述べているイを選ぶ。他の選択肢は，「葬儀の日」に関係がない。

問2 誠さんはみちかちゃんの婚約者で，正式な夫婦ではない。「お母さんがいつまでも誠さんの名前を呼び続ける」のに対して，みちかちゃんが「一番後ろで，遠い親戚のような顔をして」いたのは，遠慮していたからだと想像できる。後の「昨日の晩，いっぱい泣いたから大丈夫だよ」という言葉に,「呆然とした思い」とあるアは合わない。イの「いたたまれなくなって」やウの「他人事のように」という様子は読み取れない。オに通じる描写はない。

やや難 問3 直前に「引越には不便だけれど」とあるので，雨が降ったほうがいいとあるアとウが考えられる。婚約者を亡くして引っ越すみちかちゃんとみちかちゃんと別れる「私」の気持ちを反映した「涙雨」とあるアを選ぶ。

問4 直前の「『……いつもあっちが泣くの。泣く男となんか結婚したくないって言うと，一生懸命泣きやもうとするんだけど，でも泣くの』」という誠さんの姿に対して，「呟くように，優しく」言うみちかちゃんの様子から，誠さんに対するいとおしさが読み取れるので，オが最も適切。生前の様子なので「死んでも」とあるアやイは合わない。泣くのは誠さんなので，ウの「自分を泣かせる」も合わない。エの「恨みながら」という気持ちは読み取れない。

問5 「今度，お墓参りに東京に来るときあそこの水，持ってこよう」と「目をうるませ」るみちかちゃんに,「誠さんはきっと美味しい水，喜ぶよ，と言ったらみちかちゃんを本格的に泣かせてしまいそう」と気づいた「私」の気持ちから理由を読み取る。みちかちゃんに誠さんのお墓参りを現実のものとして悲しませたくないから，とあるオが最も適切。他の選択肢は，直前の「私」の気持ちにそぐわない。

問6 直後の文以降の「いつまでもそうしていたかった。『名残惜しいね』『でも，行かなくちゃね』……私達は同時にスプーンを舐めて，立ち上がった」という様子に着目する。ババロアを食べ終えた時がお別れの時だとわかっていたからとあるウを選ぶ。「名残惜しい」という表現に，アイエは合わない。みちかちゃんとの別れの場面なので，「紅茶の美味しさ」とあるオも合わない。

やや難 問7 同じ段落の後の「みちかちゃんは私の知らないどこかへ行こうとしている」ことが，みちかちゃんの「私」に対する「頼りなげな裏切り」にあたる。イ「別の男の人とも付き合っていて」，エ「三重の実家の親にはふるさとに帰ると嘘をついて」，オ「彼のことを忘れて」とは書かれていない。ウ「『私』を呼ぶつもりがない」ことを「裏切り」とは言っていない。

重要 問8 最終段落に「カーテンの箱」に「タオルと新しい雑巾とトイレットペーパーが一巻入っていた」とある。実家に帰るなら雑巾とトイレットペーパーは必要がないので，「私」はみちかちゃんが「実家に帰る」と嘘をついて「私の知らないどこかへ行こうとしている」ことに気づいたのである。この内容を述べているイが最も適切。みちかちゃんは実家に帰るつもりはなく，また田舎にこだわっているわけではないので，オは適切ではない。

五 (古文，和歌(短歌)一情景・心情，脱文・脱語補充，文と文節，口語訳，文学史)

〈口語訳〉 Ⅰ 昔，(男が)つれない人をなんとかして手に入れたいと思いつづけていたので，(女は)あぁかわいそうなものだと思ったのだろうか，「それならば，明日，物をへだててお逢いしましょう」と言ったので，この上なくうれしく，しかし，疑わしくもあったので，すばらしく咲いた桜(の枝)に付けて，桜花今日こそかくもにほふともあな頼みがた明日の夜のこと（桜の花が今日はこんなに美しく咲いているとしても，明日の夜にはどうなっているかわかりません）
という（男の）風情もあるのだろう。

Ⅱ　桜花とく散りぬともおもほえず人の心ぞ風も吹きあへぬ（桜でさえ風が吹かなければ散らないのに，人の心は風が吹く間もなく変わってしまうものだ）

問1　1　『伊勢物語』の文章は，「昔，男ありけり」で始まるものが多い。この文章でも「つれなき人をいかで」手に入れたいと思ったのは「男」。　2　男がずっと思い続けていたのを，「あはれと」思ったのは「女」。　3　男の求愛を受け入れて，「さらば，あす，ものごしにても」と言ったのは「女」。　4　「女」の言葉を聞いて「うれしく」思ったのは「男」。

問2　「桜花」に，女の気持ちを重ねている。女は，今日は「あす，ものごしにでも」と言っているが，明日になってもその気持ちがつづいているかどうかを「疑わしく」思っていることが読み取れる。この内容を述べているウが入る。女の気持ちなので，アとエは適切ではない。女は物をへだてて逢いましょうと言っているだけなので，イとオも適切ではない。

問3　二つ目の［B］の前に「Ⅱのように」とあるので，Ⅱの和歌に注目する。Ⅱの和歌の「桜花とく散りぬともおもほえず」は，桜の花ははやく散るとは思えないという意味なので，一般的には桜はすぐに散るはかないものだと詠まれることが多いとわかる。

やや難　問4　桜の花はすぐに散ってしまうという一般的な詠み方とは「対照的」とあることから，桜の花すぐに散ってしまうとは思えないが，人の心はすぐに変わってしまうという解釈になる。

基本　問5　イは鴨長明，ウは作者不詳，エは兼好法師，オは紫式部が著したものとなる。

重要　問6　Ⅰの「桜花今日こそ……」の和歌は，桜の花はすぐに散ってしまうので頼りにならないという趣向で詠んでおり，桜の花と「うつせみの世」を重ねているウが同じ趣向で詠んでいる。

★ワンポイントアドバイス★

例年，幅広い内容が問われているので，苦手な分野がないように早めに対策をしておこう。

1月18日

2024年度

解　答　と　解　説

《2024年度の配点は解答欄に掲載してあります。》

＜数学解答＞

1　(1)　ア　4　(2)　イ　2　ウ　7　エ　1　オ　0
(3)　カ　5　キ　1　ク　2　(4)　ケ　9　コ　7　(5)　サ　0　シ　8
ス　2　(6)　セ　2　ソ　1　タ　5　(7)　チ　3　ツ　2　テ　5　ト　4

2　(1)　ア　1　イ　6　ウ　6　エ　2　オ　7　カ　8　キ　7　ク　7
(2)　ケ　9　コ　5　(3)　サ　2　シ　1　ス　6

3　(1)　ア　2　イ　1　ウ　2　エ　2　オ　4　(2)　カ　6　キ　2　ク　5

4　(1)　ア　2　イ　6　ウ　5　エ　4　(2)　オ　2　カ　3　キ　3　ク　4
ケ　3　コ　1　サ　3　シ　4　ス　1

5　(1)　ア　1　イ　4　(2)　ウ　4　エ　7　(3)　オ　1　カ　3　キ　7

6　(1)　ア　3　イ　2　ウ　1　エ　2　(2)　オ　2　カ　2　キ　2　ク　2
(3)　ケ　1　コ　2　サ　3　シ　2　(4)　ス　2　セ　4　(5)　2

○推定配点○
1　(5)　各2点×2　他　各3点×6　2　(1)　各2点×4　(2)，(3)　各4点×2
3　(1)　2点，3点，3点　(2)　4点　4　各3点×6　5　各4点×3　6　各4点×5
計100点

＜数学解説＞

基本　1　（数の計算，平方根の計算，連立方程式，2乗に比例する関数，因数分解，2次方程式）

(1)　$-2\times\{5-(21-3)\div6\}=-2\times(5-18\div6)=-2\times(5-3)=-2\times2=-4$

(2)　$1.25\div\frac{5}{12}-0.3=\frac{5}{4}\times\frac{12}{5}-\frac{3}{10}=3-\frac{3}{10}=\frac{30}{10}-\frac{3}{10}=\frac{27}{10}$

(3)　$\sqrt{108}\times\sqrt{54}-\sqrt{18}=6\sqrt{3}\times3\sqrt{6}-3\sqrt{2}=18\sqrt{18}-3\sqrt{2}=54\sqrt{2}-3\sqrt{2}=51\sqrt{2}$

(4)　$-2x+3y=39$…①　$7x-2y=-77$…②　①×2＋②×3から，$17x=-153$　$x=-9$
①に$x=-9$を代入して，$-2\times(-9)+3y=39$，$3y=39-18=21$，$y=7$

(5)　$y=2x^2$…①　xの変域に0を含んでいるから，①は$x=0$のとき最小値0をとる。
-1と2では，2の方が絶対値が大きいので，①は$x=2$のとき最大値をとる。①に$x=2$を代入して，$y=2\times2^2=8$　よって，yの変域は，$0\leqq y\leqq8$　xが-1から2まで増加するときの変化の割合は，$\frac{2\times2^2-2\times(-1)^2}{2-(-1)}=\frac{6}{3}=2$

(6)　$x-3=\mathrm{M}$とすると，$(x-3)^2-7(x-3)-60=\mathrm{M}^2-7\mathrm{M}-60=(\mathrm{M}+5)(\mathrm{M}-12)=(x-3+5)(x-3-12)=(x+2)(x-15)$

(7)　$8x^2+2x-15=0$　二次方程式の解の公式から，$x=\frac{-2\pm\sqrt{2^2-4\times8\times(-15)}}{2\times8}=\frac{-2\pm\sqrt{484}}{16}=\frac{-2\pm22}{16}=\frac{-24}{16}$，$\frac{20}{16}=-\frac{3}{2}$，$\frac{5}{4}$

2 (統計,食塩水の濃度,扇形の中心角)

基本 (1) 第1四分位数は点数が低い方から5番目と6番目の平均で,全員が異なる点数であることから,6番目以上が50点以上だとわかる。よって,50点以上の生徒は,$21-5=16$(人) 中央値は第2四分位数だから,62点 四分位範囲=第3四分位数-第1四分位数から,28=(第3四分位数)-50,(第3四分位数)$=28+50=78$(点) 第3四分位数が78点であることから,点数が低い方から16番目と17番目の平均は78点,15番目と17番目の差が3点であることから,15番目が76点,16番目が77点,17番目が79点になるので,16番目の生徒の点数は77点

(2) 食塩の量は,$250\times\frac{8}{100}+150\times\frac{12}{100}=20+18=38$ よって,$\frac{38}{400}\times100=9.5$(%)

(3) この円すいの母線の長さは,$\sqrt{4^2+3^2}=\sqrt{25}=5$ 求める中心角をx°とすると,$360:x=2\pi\times5:2\pi\times3$ $360:x=5:3$ $5x=1080$ $x=216$

3 (場合の数,確率)

(1) 右の図のように4つの部分をA,B,C,Dとする。赤と白の2色を使う場合は,(A,B,C,D)=(赤,白,赤,白),(白,赤,白,赤)の2通り 赤と白と青の3色を使う場合は,AとCが同じ色のとき,たとえば,AとCの色を赤とすると,(B,D)=(白,青),(青,白)の2通り,AとCの色が白と青のときも同様に2通りあるから,$2\times3=6$(通り) BとDが同じ色のときも,同様に6通りあるから,全部で$6\times2=12$(通り) 4色を使う場合は,$4\times3\times2\times1=24$(通り)

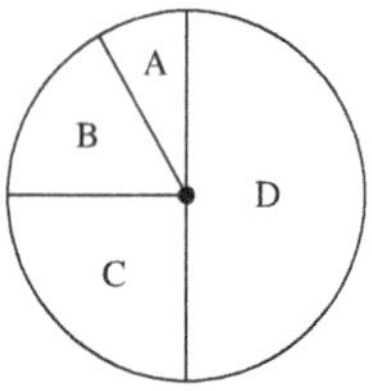

(2) カードの取り出し方は全部で,$5\times5=25$(通り) そのうち,取り出した2枚のカードに書いてある数の和が4の倍数になる場合は,(A,B)=(1,3),(2,2),(3,1),(3,5),(4,4),(5,3)の6通り よって,求める確率は,$\frac{6}{25}$

4 (平面図形の計量問題―角度,円の性質,平行線と線分の比の定理)

(1) 円周角の定理から,$\angle CBD=\angle CAD=\underline{26}°$,$\angle BAC=\angle BDC=53°$ $\angle BAE=26°+53°=79°$,△ABEの内角の和の関係から,$\angle ABE=180°-79°-21°=80°$ よって,$\angle ABD=80°-26°=\underline{54}°$

(2) 平行線と線分の比の定理から,AG:GF=AD:DB=2:3,GF:FC=DE:EC=1:1=3:3 よって,AG:GF:FC=$\underline{2}:\underline{3}:\underline{3}$ 中点連結の定理から,DG:EF=2:1 AG:CF=2:3 よって,△ADG:△CEF=$2\times2:1\times3=\underline{4}:\underline{3}$ DG:BF=AD:AB=2:5,DG:EF=2:1から,DG:BE=2:(5-1)=2:4=1:2 AG:CF=2:3 よって,△ADG:△BEC=$1\times2:2\times3=\underline{1}:\underline{3}$ BE:EF=(5-1):1=$\underline{4}:\underline{1}$

5 (図形と関数・グラフの融合問題)

基本 (1) $y=ax^2$に$x=-2$,6を代入して,$y=a\times(-2)^2=4a$,$y=a\times6^2=36a$ 直線ℓの傾きから,$\frac{36a-4a}{6-(-2)}=1$,$\frac{32a}{8}=1$,$4a=1$,$a=\frac{1}{4}$

(2) $y=\frac{1}{4}x^2$…① ①に$x=-2$を代入して,$y=\frac{1}{4}\times(-2)^2=1$ A(-2,1) 直線ℓの式を$y=x+b$として点Aの座標を代入すると,$1=-2+b$,$b=3$ よって,直線ℓの式は,$y=x+3$…② 点Cのx座標をcとすると,AC:CB=3:1から,$\{c-(-2)\}:(6-c)=3:1$ $c+2=3(6-c)=18-3c$,$4c=16$,$c=4$ ②に$x=4$を代入して,$y=4+3=7$ よって,点Cの座標は(4,7)

重要 (3) △OAB:△OAC=AB:AC=4:3 よって,△OACは△OABの面積の$\frac{3}{4}$となる。直線OAの

式は，$y=-\frac{1}{2}x$から，点Cを通り直線OAに平行な直線の式を$y=-\frac{1}{2}x+d$として点Cの座標を代入すると，$7=-\frac{1}{2}\times4+d$，$d=7+2=9$　　$y=-\frac{1}{2}x+9$…③　　①と③の交点をDとすると，△OAD＝△OAC＝$\frac{3}{4}$△OABとなる。①と③からyを消去すると，$\frac{1}{4}x^2=-\frac{1}{2}x+9$，$x^2=-2x+36$，$x^2+2x-36=0$　　二次方程式の解の公式から，$x=\frac{-2\pm\sqrt{2^2-4\times1\times(-36)}}{2\times1}=\frac{-2\pm\sqrt{148}}{2}=\frac{-2\pm2\sqrt{37}}{2}=-1\pm\sqrt{37}$　　よって，点Dのx座標は，$-1\pm\sqrt{37}$

6 (図形とグラフの融合問題)

基本 (1)　点Pからx軸へ垂線PHをひくと，△POHはOP＝1，∠POH＝30°の直角三角形になるから，$OH=1\times\frac{\sqrt{3}}{2}=\frac{\sqrt{3}}{2}$，$PH=1\times\frac{1}{2}=\frac{1}{2}$　　よって，$P\left(\frac{\sqrt{3}}{2},\ \frac{1}{2}\right)$

(2)　A(1，0)，B(−1，0)とすると，∠POA＝30°×4.5＝135°，∠POB＝180°−135°＝45°　　△POHは∠POH＝45°の直角三角形になるから，$OH=PH=\frac{1}{\sqrt{2}}=\frac{\sqrt{2}}{2}$　　点Pのx座標は負の数になるから，$P\left(-\frac{\sqrt{2}}{2},\ \frac{\sqrt{2}}{2}\right)$

(3)　360°÷30°＝12から，点Pは12秒で1回転する。20−12＝8，30°×8＝240°から，点Pは第3象限にある。240°−180°＝60°から，△POHは∠POH＝60°の直角三角形になるから，$OH=\frac{1}{2}$，$PH=\frac{\sqrt{3}}{2}$　　点Pのx座標，y座標ともに負の数になるから，$P\left(-\frac{1}{2},\ -\frac{\sqrt{3}}{2}\right)$

(4)　30°×6＝180°から，6秒後の座標は点Oに関して対称な点になるから，$(-a,\ -b)$となる。

基本 (5)　点Pのy座標は0秒のとき0，3秒のとき1になることから，2のグラフになる。

★ワンポイントアドバイス★

6は，点Pが第何象限にいるかを見極めて，x座標とy座標の符号をつけよう。

＜英語解答＞

1　1 ①　2 ④　3 ②　4 ③　5 ③

2　問1 (1) ③　(2) ④　(3) ③　(4) ②　(5) ①　問2 ③　問3 ④
問4 ③　問5 ①　問6 ④　問7 1 ④　2 ②　3 ②

3　問1 1 ③　2 ①　3 ④　4 ④　5 ①　6 ④　7 ②
問2 A ③　B ①　C ②

4　1 ④　2 ②　3 ③　4 ③　5 ①　6 ③

5　1 3番目 ⑨　6番目 ⑧　2 3番目 ①　6番目 ④
3 3番目 ①　6番目 ⑦　4 3番目 ①　6番目 ④
5 3番目 ⑧　6番目 ①　6 3番目 ④　6番目 ③

6　1 ④　2 ③　3 ①　4 ④　5 ①

○推定配点○
[1]・[3]問2・[4]～[6]　各2点×25（[5]各完答）　[2]問1　各1点×5　他　各3点×15
計100点

＜英語解説＞

[1]　（リスニングテスト）

A：I'm in big trouble, Emily!
B：Oh Susan, why is that?
A：There is a mouse in my house!
B：Oh, well, all you have to do is to use a trap.
A：I don't have a trap.
B：Well, buy one.
A：I don't have any money.
B：I can give you my trap if you want.
A：Great. Thank you.
B：All you have to do is just to put some cheese in the trap, then the mouse will come to the trap.
A：I don't have any cheese.
B：Okay, take a piece of bread and put a bit of oil on it and put it in the trap.
A：I don't have oil.
B：Well, then put only a small piece of bread.
A：I don't have any bread.
B：I don't understand. What is the mouse doing at your house!?

1. What is Susan worried about?
2. What does Susan have now?

The River Thames runs through the center of London from west to east. Its name comes from an old word for river. London became a great city because of this river. In the past, the Thames was a great road of water. This 'road' brought people to London. And it brought things from around the world, for example, tea, sugar, wood and a lot of money.

For 1700 years, London only had one bridge, London Bridge. The first London Bridge was wood. People in London finished a new, stone London Bridge in 1209. This stood for 622 years. It was not only a bridge. It had shops and some people lived on it.

3. What does the name of the Thames come from?
4. What is true of the first London Bridge?
5. When was the London Bridge made of stone built?

（全訳）　A：エミリー，大変なの！
B：あら，スーザン，どうしたの？
A：家にネズミがいるの！
B：まあ，罠を使えばいいのよ。
A：罠がないの。
B：じゃあ，買えば？

A：お金がないの。
B：じゃあ，私の罠をあげるわ。
A：ありがとう。
B：罠にチーズを置くだけよ，そうすればネズミが来るわ。
A：チーズもないの。
B：じゃあ，パンの一切れに少し油を塗って罠に置いて。
A：油もないの。
B：じゃあ，パンだけでも置いて。
A：パンもないの。
B：わからないわ。そのネズミ，あなたの家で何をしてるの？

1「スーザンは何を心配しているか」
　1　彼女は家でネズミに会った。　2　彼女は家でネズミを捕まえた。
　3　ネズミによって彼女の罠が壊された。　4　ネズミはパンを食べた。

2「スーザンは今何を持っているか」
　1　お金。　2　チーズ。　3　油。　4　上記のどれもない。

(全訳)　テムズ川はロンドンの中心を西から東に流れている。その名前は「川」を意味する古い言葉から来ている。この川のおかげでロンドンは偉大な都市になった。過去には，テムズ川は水の大通りだった。この「道」は人々をロンドンに運んだ。例えばお茶，砂糖，木材，たくさんのお金など，世界中からのものを運んだ。

1700年間，ロンドンには1つの橋，ロンドン橋しかなかった。最初のロンドン橋は木製だった。ロンドンの人々は1209年に新しい，石のロンドン橋を完成した。これは622年間続いたものだった。それはただの橋ではなかった。そこには店もあり，人々も住んでいた。

3「テムズ川の名前はどこから来ているか」
　1　ロンドンを意味する古い言葉。　2　川を意味する古い言葉。
　3　道を意味する古い言葉。　4　都市を意味する古い言葉。

4「最初のロンドン橋について何が真実か」
　1　そこにはいくつかの店があった。　2　そこには人々が住んでいた。
　3　それは木で作られていた。　4　ロンドンの人々はそれを好まなかった。

5「石造りのロンドン橋はいつ建設されたか」
　1　622年。　2　1700年。　3　1209年。　4　2009年。

重要 **2**　**(長文読解・物語文：語句補充，指示語，内容吟味)**

(全訳)　①チャールズ・ダーウィンはビーグル号で世界を5年間の航海に出たが，彼は何よりも家にいるのが好きだった。彼は小さな英国の村に住んでいた。鳩を飼い，子供たちと遊び，庭でくつろいだ。

彼は静かな生活を送っていたが，チャールズ・ダーウィンは思考の革命を起こした。地球上の生命の始まりについては常に人々が疑問に思っていた。ダーウィンの生きていた頃，ヨーロッパとアメリカのほとんどの人々は神が聖書に書かれているように6日間で全世界を創造したと信じていた。しかし，チャールズ・ダーウィンは多くの人々とは違った。ビーグル号の航海は彼に真の科学者になることを教えた。自然をじっくりと観察し，すべてを疑い，地球上の生命の始まりについて新しい方法で考えることを学んだ。彼は，生物が長い時間をかけて自然に変化，進化することを示した。

チャールズ・ダーウィンは天才だったのか？彼自身は②そうは思っていなかった。チャールズは自分を単なる科学者と考えていた。そして，すべての優れた科学者のように，チャールズは好奇心が強く，難しい質問を恐れずに問い続け，実際に見たものから答えを探した。チャールズ・ダーウィンは自分の考えが人々を驚かせることを知っていた。③実際に驚かせた。そして，現在では科学者たちは進化を事実として受け入れている。チャールズ・ダーウィンは今でも重要な存在だ。

チャールズ・ダーウィンは1809年2月12日，イギリスの小さな村で生まれた。彼の家族は裕福で，父は尊敬される成功した医師だった。母スザンナは有名な陶磁器工場を経営するジョサイア・ウェッジウッドの娘だった。

ダーウィン家は大きな家に住んでいた。それは「ザ・マウント」と呼ばれた。セヴァーン川の近くにあった。チャールズは自分の家を愛していた。少年の頃から自然に興味を持った。家の庭で何時間も過ごした。ある時，彼の父はチャールズに庭のボタンの花を数えるように頼んだ。チャールズは384の花を数えた！すでにチャールズは自然を注意深く観察することを学んでいた。

チャールズは木登りや鳥の観察，散歩が好きだった。彼は川岸で遊んだり釣りをしたりした。何よりも，チャールズは収集が好きだった。彼は石，小石，鳥の卵を集めた。探検や収集をしていない時，チャールズは本を読みながら眠ることがあった。

チャールズの母は1817年に亡くなった。彼はその時たったの8歳だった。彼の3人の姉と兄は，チャールズと彼の妹キャサリンを助けるために立ち寄った。当時のイギリスでは，多くの少年が寄宿学校で生活していた。チャールズが9歳の時，彼の父は彼をシュルーズベリー・スクールに送った。

チャールズは④それを嫌っていた。彼は混雑した寮での睡眠が苦手で，暗唱も得意ではなかった。チャールズは詩を学ぶ必要があった時はいつでも，2日後には忘れてしまった。

チャールズはまた家を恋しく思っていた。彼は兄のエラズマスと非常に仲が良かった。彼は学校が家からわずか1マイルしか離れていないことを嬉しく思っていた。時々夜にチャールズはこっそりと家に帰り，家族や愛犬スパークに会った。そして，夜の門限前に学校に戻らなければならなかった。幸いなことに，彼は速く走ることができた！

チャールズの父は，息子たちが良い尊敬される職業に就くことを望んでいた。彼は彼らが医者になることを望んでいた。エラズマスはスコットランドのエディンバラで医学校に送られた。そして，チャールズがシュルーズベリー・スクールをとても嫌っていたので，ダーウィン医師はチャールズに「君も行くがいい」と言った。彼はチャールズがスコットランドで何かを成し遂げることを望んでいた。1825年，16歳の時，チャールズはエディンバラ大学で授業を受け始めた。

2回の手術を見た後，チャールズは医学が自分に向いていないとわかった。しかし，父を喜ばせるために，チャールズは授業を続けた。

夏休みに家に帰った時，チャールズは医学についてどう感じているか父には言わなかった。⑤その代わりに，彼はすべての時間を狩猟や乗馬に費やした。医学校2年目の後，チャールズは父に医者になりたくないと伝えた。父は非常に怒った。

問1　(1)　前の名詞を修飾する過去分詞の形容詞的用法を用いる。　(2)　自分自身のことを科学者だと思っていたので再帰代名詞が適切である。　(3)　前の名詞を修飾する過去分詞の形容詞的用法を用いる。　(4)　前の部分が動名詞を用いていることから判断できる。　(5)　この後に「彼のように」とあるため，医者になってほしいと思っているとわかる。

問2　「種の起源(The Origin of Species)」はダーウィンの有名な著書であり，生物の進化に関する彼の理論を詳述している。

問3　前の部分の「ダーウィンが天才であること」を指している。彼は自分を単なる科学者と考えていた。

問4　①「すべての科学者がその当時チャールズ・ダーウィンの考えを知っていた」　②「すべての科学者がチャールズ・ダーウィンに難しい質問をした」　③「チャールズ・ダーウィンの考えは

当時の人々を驚かせた」④「チャールズ・ダーウィンの考えは当時のすべての科学者に興味を持たせた」 彼の進化論は当時の常識に反するもので，多くの人々を驚かせた。

問5 前の文に述べられている「シュルーズベリー・スクール」を指している。

問6 ①「チャールズが父を好きでなかった理由を父に話すこと」②「チャールズがエディンバラ大学で何を学んだかを父に話すこと」③「チャールズがエディンバラ大学に行かなかった理由を父に話すこと」④「チャールズが医学についてどう考えたかを父に話すこと」

前に述べられている「医学についてどう感じているか父には言うこと」を指している。

問7 1 「ダーウィン家には______がいた」①「三人の娘と一人の息子」②「四人の娘と一人の息子」③「三人の娘と二人の息子」④「四人の娘と二人の息子」 第7段落第2文参照。3人の姉と1人の兄と妹がいることがわかる。

2 「チャールズ・ダーウィンはシュルーズベリー校で学んでいたとき______」①「家に帰らなかった」②「家で時々犬に会った」③「昼間に家族とよく会えた」④「母親に手紙をよく送った」 第9段落第5文参照。学校からこっそりと家に帰り，家族や愛犬スパークに会うことがあったと述べられている。

3 「チャールズ・ダーウィンは16歳のとき______」①「医者になることを決めた」②「エディンバラ大学で学んだ」③「記憶力が良くなった」④「二つの手術を行った」 第10段落第6文参照。16歳の時，チャールズ・ダーウィンはエディンバラ大学で学んだことが述べられている。

3 **(長文読解・物語文：内容吟味，文整序)**

(全訳) スイスの小さな町，ヴヴェイはレマン湖のそばに位置している。多くの旅行者がその美しい青い湖を訪れるため，その岸辺にはホテルが密集している。湖の周りには様々な種類のホテルがあった。白く塗られた新しい豪華なホテルがあり，またいくつかの部屋だけを持つシンプルで古いペンション(小規模ホテル)もあった。豪華なホテルには大きな窓のある多くの部屋があり，屋根には旗がはためいていた。ペンションはもっと小さく，部屋数も少ない。しかし，ヴヴェイにある一つの豪華なホテルは他とは異なり，古いながらも非常に快適だった。このホテルはトロワ・クロンヌと名付けられていた。

トロワ・クロンヌはアメリカ人に非常に人気があった。多くのアメリカ人旅行者が夏にヴヴェイを訪れ，多くの人がそこに宿泊した。この時期，町は美しいドレスを着たお洒落な若い女性たちでいっぱいだった。夜には，ホテルで興奮した声や活気のある音楽が聞こえた。声にはアメリカなまりがあり，オーケストラがダンス音楽を演奏していた。まるでアメリカにいるかのように感じられた！しかし，トロワ・クロンヌはヨーロッパのホテルであり，ドイツ人ウェイターや，庭でロシアのプリンセスやポーランド貴族の息子に出会うかもしれなかった。

ホテルから素晴らしい景色が見えた。大きな窓からは，雪に覆われた高い山，ドゥ・ミディの頂上が見えた。また，湖のそばに立つ古い城，シヨン城の塔も見えた。これらすべてのものが，あなたがアメリカではなくスイスにいることを思い出させてくれた。

ある美しい6月の朝，若いアメリカ人紳士がトロワ・クロンヌの庭に座っていた。彼は湖の向こう側の景色を楽しんでいた。彼の名前はフレデリック・ウィンターボーンで，前日ジュネーブの自宅からヴヴェイに到着したばかりだった。ウィンターボーンは夏にヴヴェイに滞在している彼の叔母を訪ねてきた。ウィンターボーンは27歳で，長年ジュネーブに住んでいた。彼はたくさんのお金を持っており，働く必要はなかった。ウィンターボーンの友人たちは，彼が勉強に時間を費やしていると言っていたが，彼が何を，どこで勉強しているのかは誰も知らなかった。他の人々は，ウィンターボーンがジュネーブに住む外国人老婦人と恋に落ちていると言っていた。それが彼がその街に留まる理由だと彼らは言っていた。

一週間前，ウィンターボーンの叔母，コステロ夫人がトロワ・クロンヌに来た。彼女は甥にそこへの訪問を依頼した。しかし今朝早く，彼女はウィンターボーンにメッセージを送った。彼女は体調が良くなく，頭痛がした－彼女はほとんどいつも頭痛がしていた－そして彼に会うことができなかった。そこでウィンターボーンは町を散策し，その後ホテルで朝食をとった。彼は今ホテルの庭に座ってコーヒーを飲んでいた。

ウィンターボーンがコーヒーを飲み終えたところで，小さな男の子が小道を歩いてきた。その男の子は9歳か10歳くらいで，顔色が青白かった。短パンに赤い長いウールの靴下をはいていて，長い棒を持っていた。歩くとき，男の子は見たものすべてに棒を突いていた－花や椅子，さらには女性たちの長いドレスの端にも。ウィンターボーンの近くに来たとき，男の子は立ち止まった。彼はウィンターボーンの前のテーブルにあるコーヒーのトレイを見た。

「砂糖をいただけますか？」と彼は尋ねた。彼はアメリカなまりの英語で話した。ウィンターボーンはトレーを見た。ボウルの中にはいくつかの砂糖の塊があった。

A「どうぞ」と彼は答えた。B「でも小さい子にはあまり良くないと思うよ」

男の子は2つをポケットに入れ，3つ目を口に入れた。

「とても硬いです」彼は言った。

C「歯を痛めないようにね」とウィンターボーンは優しくいった。

問1　1「ヴヴェイの豪華なホテルについて，何が当てはまらないか」①「レマン湖のそばに立っていた」②「窓が大きかった」③「シンプルで部屋が少なかった」④「一部は白かった」第1段落第6文参照。ヴヴェイの豪華なホテルは多くの部屋があり，大きな窓が特徴であると述べられている。

2「トロワ・クロンヌについて，何が当てはまるか」①「アメリカ人だけでなく他の国の人々も滞在した」②「朝には声や音楽の音が聞こえた」③「アメリカ人だけが滞在できた」④「観光客は夏だけ滞在できた」第2段落参照。トロワ・クロンヌはアメリカ人だけでなく，他の国からの人々も滞在していたと述べられている。ドイツ人ウェイターやロシアのプリンセス，ポーランド貴族の息子が訪れることからも明らかである。

3「トロワ・クロンヌから何が見えたか」①「アメリカの山の頂上」②「スイスの多くの町」③「デン・デュ・ミディの塔」④「湖の近くの古城」第3段落参照。ホテルからは，ドゥ・ミディの山頂やシヨン城などが見えることが述べられている。

4「フレデリック・ウィンターボーンはどこから来たか」①「アメリカ」②「ドイツ」③「ヴヴェイ」④「ジュネーブ」第4段落第3文参照。ジュネーブの家から来たと述べられている。

5「フレデリック・ウィンターボーンについて，何が当てはまるか」①「彼は裕福な人だった」②「彼はスイスで働いていた」③「彼はヴヴェイの大学で学んだ」④「彼は外国人女性に会うためにトロワ・クロンヌに来た。　第4段落第７文参照。ウィンターボーンは裕福で働く必要がないと述べられている。

6「なぜウィンターボーンは彼の叔母に会えなかったか」①「一生懸命勉強しなければならなかったから」②「彼の故郷に戻らなければならなかったから」③「叔母がすぐにヴヴェイを去らなければならなかったから」④「叔母が病気になったから」第5段落第5文参照。ウィンターボーンの叔母は頭痛がひどく，会うことができない状態であった。

7「男の子はボウルからいくつの砂糖の塊を取ったか」①「二つ」②「三つ」③「四つ」④「五つ」第9段落参照。男の子は2つの砂糖の塊をポケットに入れ，もう1つを口に入れた。

重要　問2【A】文脈から，男の子が砂糖を求めた際にウィンターボーンが許可を与えたことがわかる。【B】砂糖が小さい子にはあまり良くないと警告を付け加えている。【C】男の子が砂糖の固さに言及した後，ウィンターボーンが親切に歯を傷つけないよう伝えている。

基本 4 (語句補充問題：接続詞，熟語，現在完了)

1 since は「～して以来」という意味で，過去の特定の出来事を示しているので過去形が適切である。

2 a few minutes ago という表現から，過去形が適切である。

3 hear of ～「～のことを聞く」

4 後の動詞に3単現の s がついていることから，単数扱いになる each が用いられているものが適切である。

5 〈look ＋形容詞〉「～に見える」

6 How long は「どのくらいの期間」と尋ねるときに使う。

重要 5 (語句整序問題：不定詞，関係代名詞，進行形，間接疑問文)

1 (This) problem was too difficult for students in the class to understand(.) 〈too ～ to …〉「～すぎて…できない」

2 (This is) the best guitar that is sold in this shop(.) that is sold in this shop は前の名詞を修飾する主格の関係代名詞である。

3 The people we met in this town were very kind(.) we met in this town は前の名詞を修飾する目的格の関係代名詞が省略された形である。

4 It is possible to get a map of Kashiwa at (the station.) It is possible to …「～することが可能である」

5 My father is going to leave Tokyo for Osaka next (week.) leave A for B「Bに向かってAを出発する」

6 Where do you think our dog has gone(?) 間接疑問文で「～思いますか」という文の場合には，Where do you think のように疑問詞を先頭に出す。

6 (会話文・資料問題：内容吟味)

(全訳) ポール：ジョン，明日からのクラブ活動のトレーニングキャンプの準備は終わった？

ジョン：うん。一緒に持ち物を確認しよう。

ポール：オーケー。僕も準備は終わったよ。トレーニング用ウェア，練習試合用の靴，水筒，ボールとグローブなどを持っていかなくちゃ。

ジョン：ボールとグローブ？なんで？

ポール：キャッチボールをするためだよ。

ジョン：関係ないことをすると叱られるぞ。ハリソン先生はやる気満々だから。日光から守るためのキャップも必要だね？

ポール：忘れてた。ありがとう。それで全部だ。荷物の準備も終わったよ。3日間のトレーニングキャンプが楽しみだ！

ジョン：なんてことだ…トレーニングキャンプで何をするつもりだ，ポール？ラケットを忘れてるぞ！！

1 「ポールとジョンはどのクラブに所属しているか」 ①「野球部」 ②「水泳部」 ③「陸上部」 ④「テニス部」 ポールが「ラケットを忘れてる」と言っていることから，テニスクラブに所属していることがわかる。

2 「ポールとジョンが火曜日に話している場合，トレーニングキャンプはいつ終わるか」 ①「水曜日」 ②「木曜日」 ③「金曜日」 ④「土曜日」 火曜日に会話をしたとすると，トレーニングキャンプは3日間であり，水曜日に始まり，金曜日が3日目である。

（全訳）　電話のメモ

宛　先：エミリー・ブラウン
差出人：ジョン・スミス
記録者：エドワード・パーカー
時間：2月5日月曜日，午前9時35分

ジョン・スミス氏が本日の午後，ロンドンに到着するとのことで，エミリーさんとウィリアムズさんと会い，市中にいる間にミラノとローマの建設プロジェクトについて話をしたいと連絡がありました。スミス氏はロンドンに到着後，水曜日の朝にパリに向かい，そこで2日間勤務します。スミス氏は別の仕事もしており忙しいため，彼との会合の日時を設定するために，彼の管理アシスタントであるマリア・エヴァンスに連絡してください。彼女はスミス氏と連絡を取ることができます。

3 「スミス氏はブラウンさんとどこで会いたいと考えているか」 ①「ロンドン」 ②「ミラノ」 ③「ローマ」 ④「パリ」 スミス氏はロンドンに到着すると連絡しており，ブラウンさんとウィリアムズさんに会いたいと述べている。

4 「スミス氏は2月7日の午後にどこにいるか」 ①「ロンドン」 ②「ミラノ」 ③「ローマ」 ④「パリ」 スミス氏は水曜日の朝にパリに到着し，そこで2日間働くとのことである。そのため，2月7日の午後もパリにいることになる。

5 「スミス氏はブラウンさんに何をしてほしいと望んでいるか」 ①「マリア・エヴァンスに電話をする」 ②「建設プロジェクトの話をやめる」 ③「飛行機でパリへ出発する」 ④「パーカー氏との会話の時間を設定する」 スミス氏は忙しいため，会合の日時を設定するために彼の管理アシスタントであるマリア・エヴァンスに連絡するようブラウンさんに依頼している。

★ワンポイントアドバイス★

文法問題は比較的取り組みやすい問題となっている。素早く処理して長文読解に十分な時間を割けるようにしたい。そのために，過去問を何度も解いて，出題形式に慣れるようにしたい。

<国語解答>

一　1 オ　2 ウ　3 エ　4 ア　5 イ

二　問1 1 オ　2 ア　3 エ　問2 オ　問3 ウ　問4 イ　問5 エ　問6 オ

三　問1 エ　問2 ウ　問3 オ　問4 ア　問5 エ　問6 イ　問7 イ　問8 ア

四　問1 a ア　b カ　問2 エ　問3 エ　問4 イ　問5 オ　問6 ウ　問7 ウ　問8 ウ・キ

五　問1 ウ　問2 エ　問3 ア　問4 イ　問5 ア　問6 オ

○推定配点○

一　各2点×5　二　各1点×8　三　問5 2点　他 各4点×7　四　問1・問2 各3点×2　他 各4点×6(問8完答)　五　問1 2点　他 各4点×5　計100点

<国語解説>

一 (漢字の読み書き)

1 境内 ア 継ぎ目 イ 傾き ウ 係 エ 怪しい オ 境
2 提げる ア 丁寧 イ 露呈 ウ 提出 エ 低下 オ 堤防
3 検察官 ア 研究 イ 邪険 ウ 貢献 エ 点検 オ 健闘
4 蓄積 ア 含蓄 イ 破竹 ウ 建築物 エ 逐一 オ 牧畜
5 欺く ア 虚構 イ 詐欺 ウ 偽装 エ 背信 オ 疑念

二 (熟語,文と文節,品詞・用法,敬語・その他)

問1 1は動詞の下に目的語がくるもの,2は反対の意味の漢字を重ねたもの,3は上の語が下の語を修飾するもの。

問2 「コウトウムケイ」と読む。「荒唐」はよりどころがない,「無稽」は根拠がないこと。

問3 文節に分けると「メロスは/激怒した。/必ず,/かの/邪知暴虐の/王を/除かなければ/ならぬと/決意した。」となる。

問4 アは「ご使用になれません」,ウは「おっしゃいました」,エは「お電話する」,オは「いらっしゃいますか」などが正しい。

問5 打消の意味を表す助動詞で,同じ用法のものはエ。アは形容詞の一部。他はすべて形容詞。

問6 体言を代用する格助詞で,同じ用法のものはオ。アエは連体修飾語,イは主語,ウは並立の意味を表す格助詞。

三 (論説文—大意・要旨,内容吟味,文脈把握,脱文・脱語補充,語句の意味)

問1 直後の「恋をすると,まさしく世界が情動やエロスや意味の世界だったことにはじめて気がつくし,その深さと味わいにはじめて驚く」という説明に適切なものはエ。ア「自分の生きる意味を獲得できる」 イ「この世界が愛に満ちているのだと知ることができる」 オの「人生を楽しもうと前向きになれる」と言っているわけではない。「失恋によって」とあるウも適切ではない。

やや難 問2 直後の文「激しい失恋をすると……世界がどういうふうに作られているかその秘密が分か」ることを「神に近くなる」と表現している。直後の段落以降で「失恋」の過程が描かれ,最終段落で「失恋を深く経験した人は……人生の意味と理由を理解することになる」と述べている。この内容を,生きることの意味が分かるようになると言い換えて説明しているウが最も適切。意味をわずかながら理解できるという本文の内容に,ア「生きる意味をとりもどせる」は合わない。「一切が無意味」という本文の内容に,イ「失恋の辛さを嘆くことそのものが無意味」も合わない。エの「とことん絶望する」やオ「失恋によってその意味が分からなくなる」ことが読み取れる叙述はない。

問3 傍線部cの「それ」は,直前の文の「『無意味』だけが残される」ことを指している。なぜ「救い」となるのかを,直後の段落で「一切は無意味である……ここまできてはじめて人は,もう一度生きることに向けて生の欲望の浮力を取り戻すから」と述べている。さらに,一つ後の段落で「とことん絶望することは……深く失恋した人間に世界の意味を教える」という内容を加えて理由としているオを選ぶ。ア「最後に希望だけが残り」,イ「次の恋に踏み出そう」,ウ「相手のことを許そう」,エ「今までにない希望や可能性に気づく」などの部分が適切ではない。

問4 同じ段落で具体的に説明している。「相手から怒りや憎しみを向けられること」については書かれていないので,アは誤っている。

基本 問5 「秩序」は整然とした状態という意味なので,対義語は入り混じって区別がつかないという意味のものになる。

やや難 問6 直後の段落に「失恋によって……世界はこなごなに壊れます」「しかし,そのバラバラになった世界の断片を拾い集め……日々の些細な気遣いへと向けさせるものが，少しずつ身体のうちから浮かんでくる」とある。この「世界はこなごなに壊れ」に相当する表現があてはまる。

問7　「ルサンチマンによって遇する」は，怒りや憎しみを向けることで対応するという意味になる。「絶望」するのではなく，「相手」に対してどのように対応すると，「生の意味と理由が理解」することができなくなるのかを考える。アの「癒そうとする」，ウ「あきらめる」，オ「忘れようとする」は適切ではない。エの「失恋した原因」を探って「理解する」ことではない。

重要　問8　直前の段落の「深い失恋は……生の意味と理由を理解することになる」という筆者の考えにアが適切。この内容に，「人生が無意味なものであると理解する」とあるウは合わない。傍線部hは「オトコを知るだけ」ではなく「人生を知」ることができると述べているので，同等のものとして並立して述べるイは適切ではない。「オトコを知る」に，エの「相手の不実や自分の中にあった負の感情を知る」は合わない。オ「人間としての価値を取り戻す」とは書かれていない。

四　**(小説一情景・心情，内容吟味，文脈把握，脱文・脱語補充，語句の意味)**

基本　問1　a　「あいづち(を)う(つ)」と読む。　b　「割り」は他と比べたときの損得の意味。

やや難　問2　直前の文の「細君」は妻という意味なので，傍線部cを含む文は夫である大浦の心情を表している。安雄と正次郎が細君に反論できなくなったのは，どの言葉のためなのかを考える。

問3　同じ段落の「泊る温泉が何という名前の温泉であっても，こちらにとっては変りはないわけで，無事に一日の予定を終えて，その日の宿泊地に着いてくれればよかった」という大浦夫婦の心情に，エが最も適切。他の選択肢はこの大浦夫婦の心情に適切でない。

問4　直前の「子供たちの取り合いから解放されて，本棚の上で休息している」に着目する。「解放」や「休息」という言葉にふさわしいイが入る。直後の「大きな頭を投げ出して寝ている」というのんびりした様子に，「疲れ果てました」とあるウはそぐわない。

問5　晴子の部屋の様子はいつもと「少しも違ってはいない」のに，大浦が「空気が違う」と感じているのは，修学旅行に出かけている晴子の存在の大きさを感じているためだと推察できるので，この心情を述べているオが最も適切。ア「部屋の雰囲気に晴子らしさを感じた」，ウ「普段から物静かな晴子」，エ「味わったことのない新鮮さ」が読み取れる描写はない。部屋の様子はいつもと同じなので，「生活感を感じなかった」とあるイも適切ではない。

問6　直前の文の「子供は年とともに背が伸びてゆくが，机は買った時のままで変わらない」ことを「困ったこと」と言っている。同じ段落で「晴子の机がいかにも見すぼらしく見えた」ことから気づいたことなので，ウが最も適切。直後の段落で，小学生用の勉強机でも大きさに問題はなかったことが書かれているので，「体に合わせた机が必要になる」とあるイは適切ではない。

やや難　問7　直後の「もうこの机を取ってしまうことは出来ない。このままの方がいいような気がする」という大浦の思いに着目する。大浦は，晴子の人柄を「部屋全体に或る落着きと調和」をもたらしている古机に重ね「このままの方がいい」と感じているので，晴子の人柄を述べるウが最も適切。アの「自分の好きな装飾」に対して，「このままの方がいい」と思っているわけではない。机が部屋にもたらした雰囲気は晴子の人柄によるもので，イの「長年そこに置いて」あったためではない。エ「今までとは違った雰囲気」，オ「この先机を使うのも長くはない」ことが読み取れる描写はない。

重要　問8　安雄の言動に着目する。「調子いいなあ。晴ちゃんは」という言葉や，晴子と同じ部屋であるにも関わらず何でも部屋に持ち込む様子から，ウの「姉思い」は適切ではない。食べ物に執着する描写はないので，キの「食いしん坊」も適切ではない。

五　**(古文・和歌(短歌)一情景・心情，文脈把握，脱文・脱語補充，語句の意味，口語訳)**

〈口語訳〉　Ⅰ　昔，男がいた。宮廷勤めが忙しく，(男が)愛情をそそがなかったので妻(は)，誠実に愛そうと言ってきた別の男に従って，その人の国へ行ってしまった。この(前の)男が，宇佐へ使いに行ったときに，(元の妻は)とある国の官人の妻になっていると聞いて，「妻にお酌をさせろ。そうでなければ酒は飲まないぞ」と言ったので，(妻が)杯を取り出して(お酌をしようとしたところ，男は)酒のつまみとして出された橘を手に取って，

さつき待つ花たちばなの香をかげばむかしの人の袖の香ぞする(五月を待って咲く花橘の香りをかぐと，昔親しかった人の袖にたきしめた香のかおりがすることだ)

と言ったので(女は)思い出して，尼になって山に入ったということだ。

Ⅱ　橘のにほふあたりのうたた寝は夢も昔の袖の香ぞする(橘の花の香りがする場所でうたたねをすると，橘の香りがしていたあの人が夢に出てきた)皇太后大夫俊成女

基本　問1　「さつき」は，漢字で書くと「皐月」「五月」となる。

問2　男が詠んだ「さつき待つ」の歌は，花橘の香りをかぐと昔親しかった人の袖にたきしめた香のかおりがするという意味なので，元の妻の袖の香りを思い出したとあるエが最も適切。ア「復縁したくなった」，エ「恨みを抱いた」とは書かれていない。男は元の女が官人の妻になっていると聞いていたので，「思いがけず」とあるイや「気づいた」とあるウは適切ではない。

問3　後の「平安時代の貴族は男性も女性も衣に香を焚きしめるという風習があったのです」という教師の答えから，衣と香りについて尋ねるアが入る。

問4　「夢も昔の袖の香ぞする」は夢で昔の恋人の橘の香りがしたという意味なので，イが適切。「にほふ」とあるので，アの「考えながら」とあるアやオは合わない。「昔の」とあるので，「愛し合っている」とあるウも適切ではない。エ「橘が咲く場所で共寝した」とは読み取れない。

重要　問5　Ⅱの歌は「橘の香り」がきっかけで，橘の香りがしていた昔の恋人の夢を見たという内容なので，「過去を思い出させるもの」とあるアが入る。Ⅱの和歌の内容に他の選択肢は合わない。

やや難　問6　オの「雨そそく」の和歌は，雨が降り注ぐ橘の花に風がさっと吹き過ぎて山のホトトギスが雲のあたりで鳴いたという意味で，橘の香りを詠む趣向ではない。

★ワンポイントアドバイス★

論説文では全体の内容を読み取った上で答えさせるものが多い。傍線部の前後だけではなく，全体の要約をまとめる練習を重ねておこう。

MEMO

大切なことはメモしておこうネ！

2023年度

★★★★★★★★★★★★★★★★★★★★★★★

入　試　問　題

2023年度

流通経済大学付属柏高等学校入試問題（１月17日）

【数　学】（50分）　＜満点：100点＞

【注意】　１．解答が分数の形で求められているときは，約分した形で答えること。

２．解答が比の形で求められているときは，最も簡単な整数の比で答えること。

３．問題の図は略図である。

全問とも，$\boxed{}$ の中に当てはまる数字を求めなさい。

$\boxed{1}$　次の問いに答えなさい。

(1)　$\left(\frac{1}{4}\right)^3 \div \frac{1}{4} - \frac{1}{2}$ を計算すると，$-\frac{\boxed{ア}}{\boxed{イ}\boxed{ウ}}$ である。

(2)　$\sqrt{10} \div \frac{3\sqrt{2}}{2} + \frac{\sqrt{5}}{3}$ を計算すると，$\sqrt{\boxed{エ}}$ である。

(3)　$2x^2 - 10x - 28$ を因数分解すると $\boxed{オ}(x + \boxed{カ})(x - \boxed{キ})$ である。

(4)　$x = \frac{\sqrt{3}+1}{2}$，$y = \frac{\sqrt{3}-1}{2}$ のとき，$x^2 + 2xy + y^2$ の値を求めると $\boxed{ク}$ である。

(5)　n を整数とするとき，$-2 < n < \sqrt{50}$ を満たす n は全部で $\boxed{ケ}$ 個ある。

(6)　連立方程式 $\begin{cases} 3x + y = 20 \\ 4x - \frac{1}{2}y = 1 \end{cases}$ を解くと，$x = \boxed{コ}$，$y = \boxed{サ}\boxed{シ}$ である。

(7)　２次方程式 $x^2 - 6x + 7 = 0$ を解くと，$x = \boxed{ス} \pm \sqrt{\boxed{セ}}$ である。

(8)　下の図の円すいは底面の半径が３cm，母線の長さは12cmである。この円すいの展開図のおうぎ形の中心角は $\boxed{ソ}\boxed{タ}^\circ$ である。

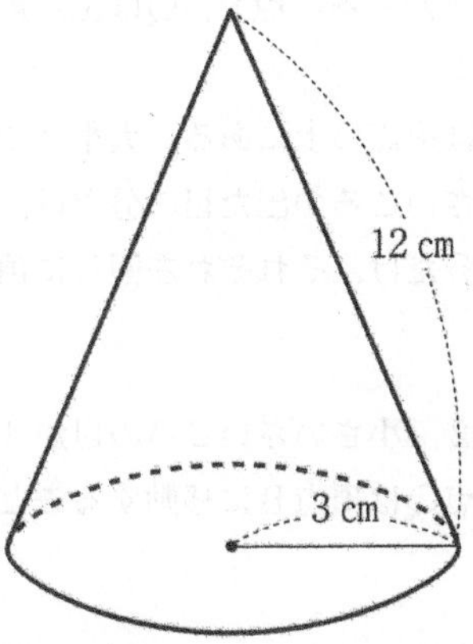

2 次の問いに答えなさい。

(1) 下の図は，あるクラス40人の生徒が受けた英語，国語，数学のテストについて，その得点を箱ひげ図に表したものである。

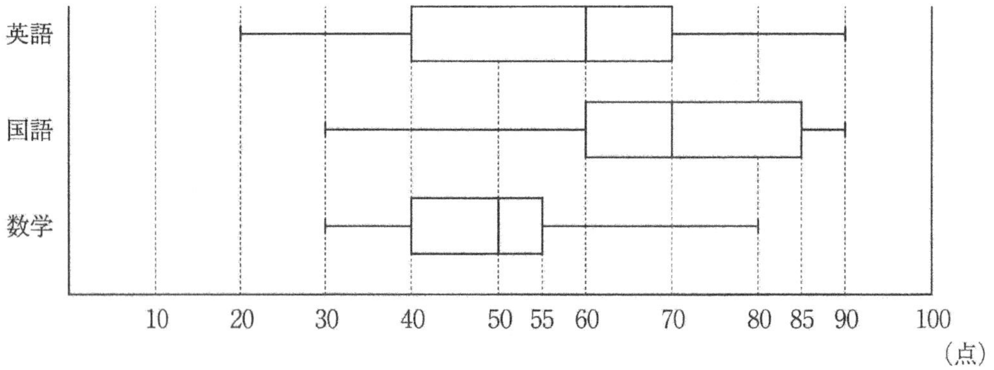

(i) 英語の第1四分位数は [アイ]（点）で，四分位範囲は [ウエ]（点）である。

(ii) 以下の3つの文章を読んで，正しいと言えるときは0，正しいと言えないときは1をマークせよ。

・国語は70点の生徒が必ずいる。[オ]

・英語と国語は最高得点が同じなので，得点の平均点も必ず等しくなる。[カ]

・70点以上80点未満の生徒が最も多い教科は，図の資料では読み解くことができない。[キ]

(2)

(i) ある宝石Aの価格は重さに比例する。価格が50000円のこの宝石Aを2つに割ったところ，その重さの比は1：3であった。軽い方の価格は [クケコサシ] 円である。

(ii) ある宝石Bの価格は重さの3乗に比例する。価格が900000円のこの宝石Bを2つに割ってしまい，その重さの比は1：2になった。割れた2つの宝石Bの価格の合計は [スセソタチツ] 円である。

3 図のように，正六角形ABCDEFがある。点P，Qは正六角形ABCDEFの頂点を順に移動する。

はじめ点Pは頂点A上に，点Qは頂点D上にある。大小2つのさいころを投げ，点Pは大きいさいころの出た目の分だけ，点Qは小さいさいころの出た目の分だけ，それぞれ左回りに頂点上を移動するものとする。

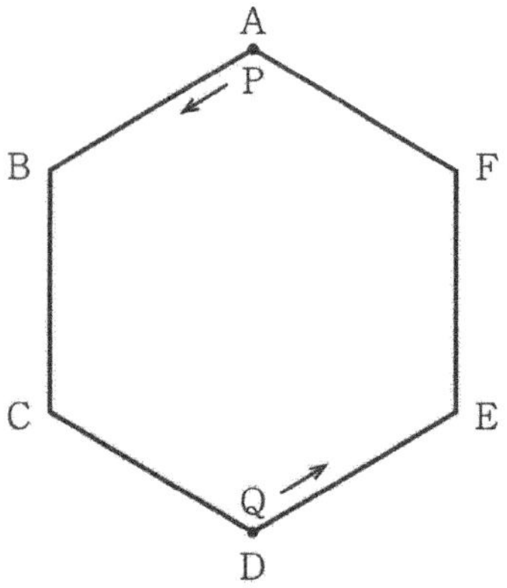

例えば，大きいさいころの目が2，小さいさいころの目が4であったとき，点Pは頂点Cに，点Qは頂点Bに移動することになる。

大小2つのさいころを同時に1回投げたとき，次の問いに答えなさい。

(1) 移動後の点Pと点Qが同じ頂点上にくる確率は $\frac{[ア]}{[イ]}$ である。

(2)　頂点Aと，移動後の点Pと点Qの３点を結んだ三角形が正三角形となる確率は $\dfrac{\boxed{\text{ウ}}}{\boxed{\text{エ}}\boxed{\text{オ}}}$ である。

(3)　頂点Aと，移動後の点Pと点Qの３点を結んだ三角形が直角三角形となる確率は $\dfrac{\boxed{\text{カ}}}{\boxed{\text{キ}}}$ である。

4　次の問いに答えなさい。

(1)　右の図のように，半径 r ㎝の円Oにおいて，弦ABの中点をP，円の中心から弦ABにひいた垂線と $\overset{\frown}{AB}$ の交点をQとすると線分OQは点Pを通る。AB＝30㎝，PQ＝５㎝であるとき，r ＝ $\boxed{\text{ア}}\boxed{\text{イ}}$ ㎝である。

ただし，$\overset{\frown}{AB}$ は短い方とする。

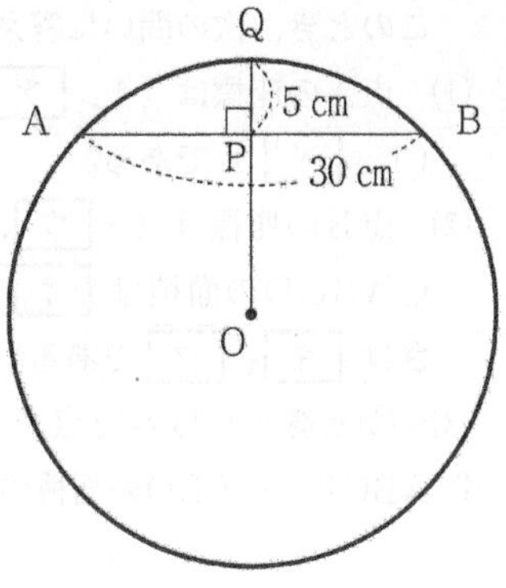

(2)　右の図において，点A，B，C，Dは同一円上の点である。直線ADと直線BCの交点をP，直線ACと直線BDの交点をQとする。また，∠APB＝30°，∠AQB＝70°である。

このとき，

(i)　∠DAC＝ $\boxed{\text{ウ}}\boxed{\text{エ}}$ °である。

(ii)　$\overset{\frown}{AB}$ と $\overset{\frown}{CD}$ の長さの比は $\boxed{\text{オ}}$ ： $\boxed{\text{カ}}$ である。

ただし，$\overset{\frown}{AB}$ と $\overset{\frown}{CD}$ はいずれも短い方とする。

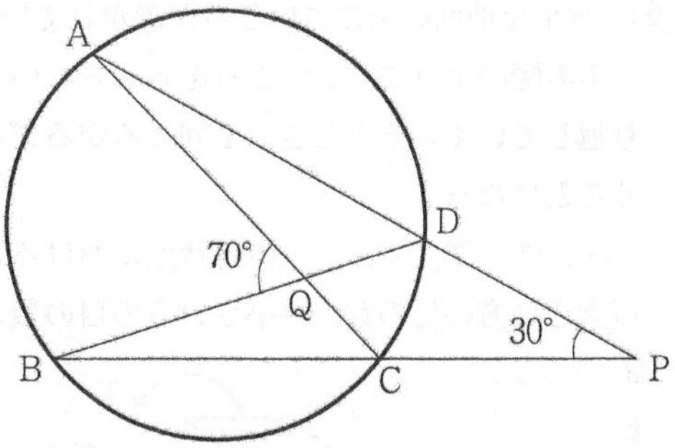

(3)　下の図の△ABCにおいて，BD:DC＝２：３，AE：ED＝２：３である。△AECの面積をSとすると，△ABCの面積は $\dfrac{\boxed{\text{キ}}\boxed{\text{ク}}}{\boxed{\text{ケ}}}$ Sである。

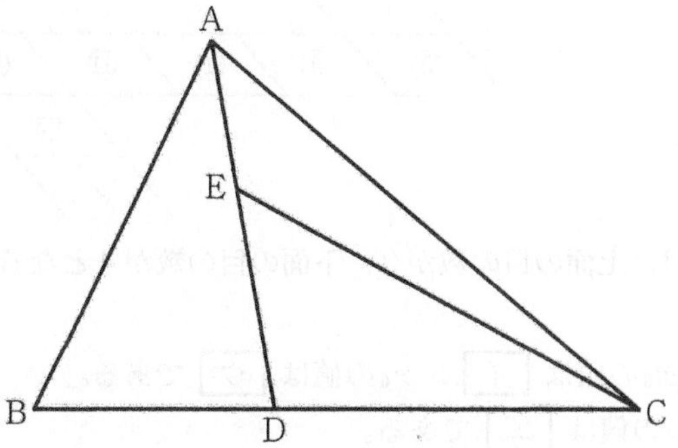

5 図のように，2つの関数 $y=x^2$…①と $y=-2x+9$…②のグラフがある。

点Aは②のグラフ上，点Bと点Cは①のグラフ上にあり，点Aと点Cの x 座標は1である。点Bの x 座標は0より小さいものとする。x 座標が1より大きいところに点Dがあり，点Bと点Dの y 座標は等しい。

また，四角形ABCDは正方形になったという。

このとき，次の問いに答えなさい。

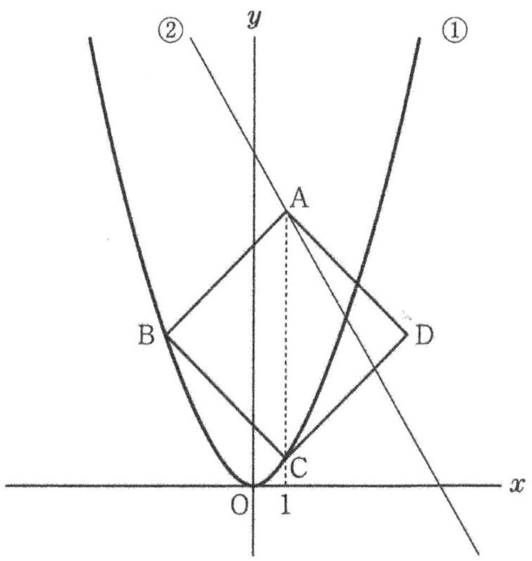

(1) 点Aの座標は（1，[ア]），点Cの座標は（1，[イ]）である。

(2) 点Bの座標は（－[ウ]，[エ]）である。四角形ABCDの面積は[オ][カ]であり，各辺の長さは[キ]$\sqrt{[ク]}$である。

(3) ②と線分CDの交点をEとするとき，四角形ABCEと△AEDの面積の比は，[ケ]：[コ]である。

6 水平な地面の上にさいころが置かれている。さいころは，対面の目の和が7である。

下の図のように，さいころをすべらないように右方向に4回，手前方向に4回，転がす作業を繰り返していく。そのとき，1回ころがるごとに，図の①，②，③，④，……をさいころは通っていくことになる。

①，②，③，④，……の各状態におけるさいころの上面と下面の目の数において，「(大きい方の目の数)－(小さい方の目の数)」の値をそれぞれ x_1，x_2，x_3，x_4……とする。

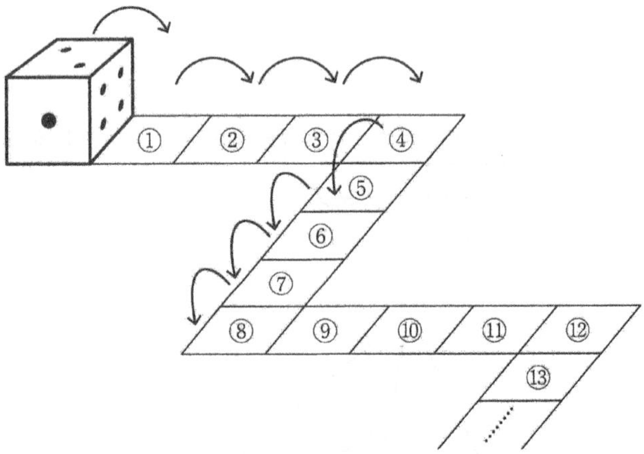

例えば，①の状態では，上面の目の数が3，下面の目の数が4となるので，x_1の値は4－3より1となる。

(1) x_2の値は[ア]，x_3の値は[イ]，x_6の値は[ウ]である。

(2) $x_1+x_2+x_3+x_4$の値は[エ]である。

(3) $x_1+x_2+x_3+x_4+\cdots\cdots+x_{2022}+x_{2023}$の値は[オ][カ][キ][ク]である。

【英　語】（50分）　＜満点：100点＞　**※リスニングテストの音声は弊社HPにアクセスの上，音声データをダウンロードしてご利用ください。**

1　放送を聞いて答えなさい。

1．1．At the bus station.　2．At the train station.
　3．At the restaurant.　4．On the top of a mountain.

2．1．Because he wants to spend time with Patty's children.
　2．Because he can relax on the train.
　3．Because he is afraid he will fall a sleep in the car.
　4．Because he can have lunch on the train.

3．1．Because they wanted Jean to have a beautiful life.
　2．Because they wanted Jean to live in a new apartment.
　3．Because they wanted to build a new tall building.
　4．Because they wanted to clean the apartment.

4．1．1,500 dollars.　2．50,000 dollars.
　3．500,000 dollars.　4．150,000 dollars.

5．1．A new apartment was built in front of the old apartment.
　2．Nothing was built in front of the old apartment.
　3．A new tall building was built in front of the old apartment.
　4．A building named East 60th was built in front of the old apartment.

2　次の英文を読んで後の問いに答えなさい。（*印の語は（注）を参考にすること）

It is the year 1796, and the people of France（ 1 ）hungry. Of course, the rich people are not. They have food, they have warm clothes, and they have beautiful houses.

Jean Valjean is one of the poor people. He is a young man, big, strong, and a good worker—but he has no ① work, he cannot find work, and he is hungry. He lives with his sister in the village of Brie. Her husband is dead, and she has seven children. It is a cold winter, and there is no food in the house. No bread, nothing—and seven children!

Jean Valjean is a good man. He is not a *thief. But how can a man just（ 2 ）there, when his sister's children cry all night because they are hungry? What can a man do? He leaves his house at night, and goes down the village street. He puts his hand through the window of the *bakery—crash!—he takes a loaf of bread, and he runs. He runs fast, but other people run faster.

France is not kind to poor people. France sends Jean Valjean to *prison for five years. After four years he *escapes. They find him, and bring him back. They give him six more years. Once again, he escapes, and two days later, they find him. And they give him (3) eight years. Nineteen years in prison—②for a loaf of bread!

In 1815, when he leaves prison, Jean Valjean is a different man. Prison changes people. Years of *misery, years of *back-breaking work, and years of *cruel prison *guards change a man. Once there was love in Jean Valjean's heart. But now, there is only (ア).

One evening in October, in the year 1815, there was a knock on the door of the *Bishop of Digne's house. "Come in," said the bishop. The bishop was a kind man; everyone in the town of Digne knew that. Poor people, hungry people, and *miserable people—they all came to the door of the bishop's house. The bishop's sister looked at ③the man at the door that night, and she was afraid. "Look at him!" she *whispered to the bishop. "He is a big man, and a dangerous one. He carries a yellow card, so he was once a prisoner—a bad man."

But the bishop did not listen. "Come in, my friend," he said to the man at the door. "Come in. You must eat dinner with us, and sleep in a warm bed tonight." The man *stared (4) the bishop. "My name is Jean Valjean," he said. "I was a prisoner in Toulon for nineteen years. Here is my yellow card, see? When people see me, they shut their doors—but not you. ④Why not?" "Because, my friend, in the eyes of God you are my brother," said the bishop, and he smiled. "So, come in, and sit by our *fire." The bishop turned to his sister. "Now, sister, our friend Jean Valjean needs a good dinner. Bring out the silver dinner *piates. It's a special night tonight."

"Not the silver plates!" whispered the bishop's sister. Her eyes went quickly to Jean Valjean, then back to the bishop's face. "Yes, the silver plates," said the bishop. "And the silver *candlesticks too. The church has these beautiful things, but they are for our visitors. And our visitor tonight must be (5) only the best."

And so Jean Valjean sat down with the bishop and his sister and ate from silver plates. He ate hungrily—⑤it was his first good meal for weeks. "You're a good man," he said to the bishop. "Perhaps the only good man in France."

But Valjean could not take his eyes away from the silver plates. After the meal, the bishop's sister put the silver plates away, and Valjean's eyes watched. He saw the place, and he remembered it. In the night, in his warm bed in the bishop's house, he thought about the plates. They were big, and heavy—so much silver in them! "I can sell those plates," he thought. "For just one of them, I can eat well for months!" Nineteen years in prison is a long time, and nineteen hard years change a man.

（注） thief：泥棒　bakery：パン屋　prison：刑務所　escape：逃げる　misery：悲惨・苦難
back-breaking work：骨の折れる仕事　cruel：残酷な・冷酷な　guard：守衛・監視人

bishop：司教・聖職者　　miserable：不幸な　　whisper：ささやく　stare：じっと見る
fire：暖炉　　plate: 皿　　candlestick: ろうそく立て

問1　（　）内に入るものをそれぞれ選びなさい。

（1）：1　is　　2　are　　3　was　　4　being
（2）：1　sit　　2　sitting　　3　is sitting　　4　are sitting
（3）：1　much　　2　better　　3　many　　4　another
（4）：1　at　　2　during　　3　while　　4　when
（5）：1　give　　2　giving　　3　given　　4　gives

問2　下線部①と同じ意味の work を下の選択肢から1つ選びなさい。

1．I borrowed many good works from the library.
2．Their works were famous for teens.
3．He gave this painter's work to his friend.
4．She has a lot of work to do at her office.

問3　下線部②の意味として最も適切なものを下の選択肢から1つ選びなさい。

1．一斤（いっきん）のパンで　　2．食べかけのパンで
3．作りかけのパンで　　4．腐りかけたパンで

問4　空所（ア）に入る語句として最も適切なものを下の選択肢から1つ選びなさい。

1．hate　　2．love　　3．kindness　　4．happiness

問5　下線部③の人物として最も適切なものを選択肢から1つ選びなさい。

1．the Bishop　　2．the man living in the town of Digne
3．Jean Valjean　　4．a guard

問6　下線部④の意味として最も適切なものを下の選択肢から1つ選びなさい。

1．どうして部屋の中に入ってこないのか。
2．どうして私に食事を与えてくれるのか。
3．どうして私を兄弟として扱うのか。
4．どうして私を見てドアを閉めないのか。

問7　下線部⑤の表現として最も適切なものを下の選択肢から1つ選びなさい。

1．he never had a good meal for weeks.
2．he ate a good meal for the first time.
3．he was not hungry for weeks.
4．he never ate a good meal for a week.

問8　次の英文の下線部に入るものとして最も適切なものを1つ選びなさい。

1．Jean Valjean stole a loaf of bread because he wanted _______.
　1．to give it to his children　　2．to enjoy it himself
　3．to support his sister　　4．to work harder than usual

2．The life in prison _______.
　1．made Jean Valjean different　　2．made Jean Valjean kind
　3．made Jean Valjean afraid　　4．made Jean Valjean better

3．This story is about ______.

1．the good side of France　　2．a miserable situation of a man
3．a story of seven children　　4．a wonderful story of a rich man

3 次の英文を読んで，後の問いに対する答えとして最も適切なものを選びなさい。（＊印の語は（注）を参考にすること）

Air contains many gases, but two important ones are O_2 and CO_2. Plants take air into their leaves. They use the *carbon in the CO_2 for food—the O_2 goes back into the air. Animals (and of course people) use the O_2 and *breathe out CO_2. So, plants and animals help each other to live and grow.

Burning uses O_2 and produces CO_2. Long ago, people learned to make fires to cook their food and to keep ① themselves warm. This did not produce enough CO_2 to hurt anybody. Later, people built factories. The factories burned coal or oil. New towns grew up around the factories, with shops, schools and houses for the workers. Everybody burned coal. The fires did not burn cleanly; they produced a lot of smoke and *soot. If you stood on a hill and looked down at a town, you saw hundreds of *chimneys with dirty grey smoke. The soot from the smoke *blackened the buildings in the towns, and many trees died. People *coughed because of the sooty air. Every winter, many old people and children died from breathing problems. Every year there were terrible *fogs. A writer lived in Manchester, and the air was badly polluted. He wrote, "Every morning I wake up and hear the birds—coughing!" Then, in the 1950s, new Clean Air laws in Britain said that people must not burn wood, or *ordinary, 'dirty' coal in their houses, but burn special, 'clean' coal. And factories must have tall chimneys to send the smoke, gases and soot up into the sky and away from the town. Soon the air in the towns was safer to breathe. People cleaned the soot off their buildings—and they stayed clean. But that was only part of the story. Where did the smoke and gases go?

All burning produces smoke and gases; but burning *petrol also produces a heavy grey metal called *lead. To burn petrol well, the oil producers started putting lead in petrol many years ago. Cars burn the petrol, and send out the waste gases. Every year we send out 450,000 tons of lead into the air, all over the world. Half of this lead comes from the waste gases of traffic. Lead is a *poison. You can breathe it in; you can take it in through food or water, and it stays inside, slowly poisoning you. Children living in a high lead area grow slower than other children. And too much lead can kill. *Unleaded petrol—petrol with less lead, or no lead—helps to control air *pollution. In developed countries, there are laws against 'dirty' cars, and hundreds of millions of cars burn unleaded petrol. In many developed countries, *garages sell unleaded petrol more cheaply than ordinary leaded petrol; and most new cars cannot use leaded petrol. Clean Air laws and unleaded petrol have helped to clean up *smog. And in many places, special laws keep traffic out of town centers. That is helpful too. But many developing countries have too much lead in their air because their petrol still contains a lot of lead. No laws stop oil producers from selling people heavily leaded petrol. No laws stop anybody from selling them cars which burn leaded petrol. And no laws tell drivers to clean up the waste gases of their dirty, smelly, *wasteful cars.

（注） carbon：炭素　breathe out：息を吐き出す　soot：すす・煤煙（ばいえん）　chimney：煙突
blacken：（～を）黒くする・汚す　cough：咳をする　fog：（濃い）霧　ordinary：普通の
petrol：ガソリン　lead：鉛・加鉛の　poison：毒　unleaded：無鉛の
pollution：汚染・公害　garage：ガソリンスタンド　smog：スモッグ・煙　wasteful：無駄な

1．Which sentence best expresses the relationship between plants and humans?
1．Plants have to help more than humans do.
2．Humans have to help more than plants do.
3．Plants and humans depend on each other.
4．Plants and humans hate each other.

2．What does "① themselves" mean?
1．Fires.　2．People.　3．O_2 and CO_2.　4．Factories.

3．What did factories burn when they polluted the air? Choose TWO answers.
1．They burned tools.　2．They burned oil.
3．They burned machines.　4．They burned coal.
5．They burned water.

4．Why does the author show a writer in Manchester?
1．To explain that the birds were angry.
2．To explain that the birds were happy with the blackened world.
3．To explain how badly polluted the air was.
4．To explain that the birds could speak.

5．What could people burn under new Clean Air laws in Britain in the 1950s?
1．Special and clean coal.　2．Wood.
3．Dirty coal in houses.　4．Natural gas.

6．Which is NOT true of lead?
1．Lead in food and water has no influence on people.
2．Lead helps to burn petrol well.
3．The use of lead can be dangerous for humans.
4．Lead can be taken through something to eat.

7．Which is NOT true of how developed countries are trying to control air pollution?
1．By selling unleaded petrol at a lower cost than leaded petrol.

2．By selling leaded petrol more cheaply than unleaded petrol.
3．By keeping traffic out of cities.
4．By using cars that cannot use leaded petrol.

8．What happened because of the smoke and soot from factories? Choose TWO answers.

1．People got happier.　　2．The sky became clearer.
3．Many trees were killed.　　4．Many people began to cough.
5．The sea became deeper.

4 次の英文の（ ）内に入れるのに最も適した語句を，次の選択肢からそれぞれ選びなさい。

1．I have a daughter (　　) Cathy.
1 called　2 is called　3 was called　4 has called

2．I heard your mother went to Europe when she (　　) very young.
1 has　2 had　3 is　4 was

3．Many families go away to the city for two or three weeks (　　) the winter.
1 during　2 when　3 at　4 while

4．He needs someone (　　) to move the box from his house.
1 strong to help　2 strong to helps
3 help to strong　4 helps to strong

5．We never know (　　) will happen in the future.
1 who　2 how　3 whose　4 what

6．We are interested in (　　) the movie in the theater.
1 seeing　2 to see　3 see　4 to seeing

5 日本文を参考にして正しい英文になるように（ ）内の語を並べかえ，（ ）内で3番目と6番目に来るものをそれぞれ選びなさい。
(文頭に来る語も小文字で書かれています)

1．私が見つけた本の１つには，日本は質の良いアニメで有名だとあった。
One (1 books　2 found　3 I　4 was　5 Japan　6 of　7 showed　8 the) famous for good animations.

2．強風で私の家の屋根が壊されてしまった。
The(1 broken　2 by　3 house　4 my　5 of　6 roof　7 strong　8 the　9 was) wind.

3．子どもは大人よりも早く第二言語を覚えられる。
Children (1 adults　2 can　3 learn　4 languages　5 more　6 quickly　7 second　8 than).

4．この森に住むその男は，私たちの家族の一員である。
The man (1 a　2 forest　3 in　4 is　5 living　6 member　7 of　8 our　9 this) family.

5．サイトを作る前に，どのようなサイトにして欲しいか伝えてもらう必要がある。

You need to (1 how 2 look 3 me 4 tell 5 the 6 to 7 want 8 website 9 you) before I make it.

6．この国はもうすぐ高齢社会になるだろう。

(1 be 2 before 3 it 4 long 5 not 6 this 7 will) country becomes a society of the elderly.

6　次のメッセージのやり取りを読んで問いに答えなさい。（＊印の語は（注）を参考にすること）

15:37

S Hi, Kate. How's everything? We haven't met each other since you went into hospital.
When you fell down from a teammate's shoulder during cheerleading practice, I was so shocked and felt like my heart stopped. I heard you had an operation. Was it OK? I hope everything goes well. Bye.
4.16.15:00

Hi, Sara! Thank you for *texting me. I'm OK now. After I was taken to the hospital, I had some medical examinations to check the damage to my left leg.
An operation was needed and done yesterday.
At first, I was worried a bit, but the doctor said everything went smoothly.
I need some *rehabilitation, though. I will be able to practice again in a couple of months.
Hope to see you soon! K
4.16.15:28

S Good news! We all miss you so much. I'll go to see you in the hospital soon. Tell me what you want me to bring. See you then!
4.16.15:37

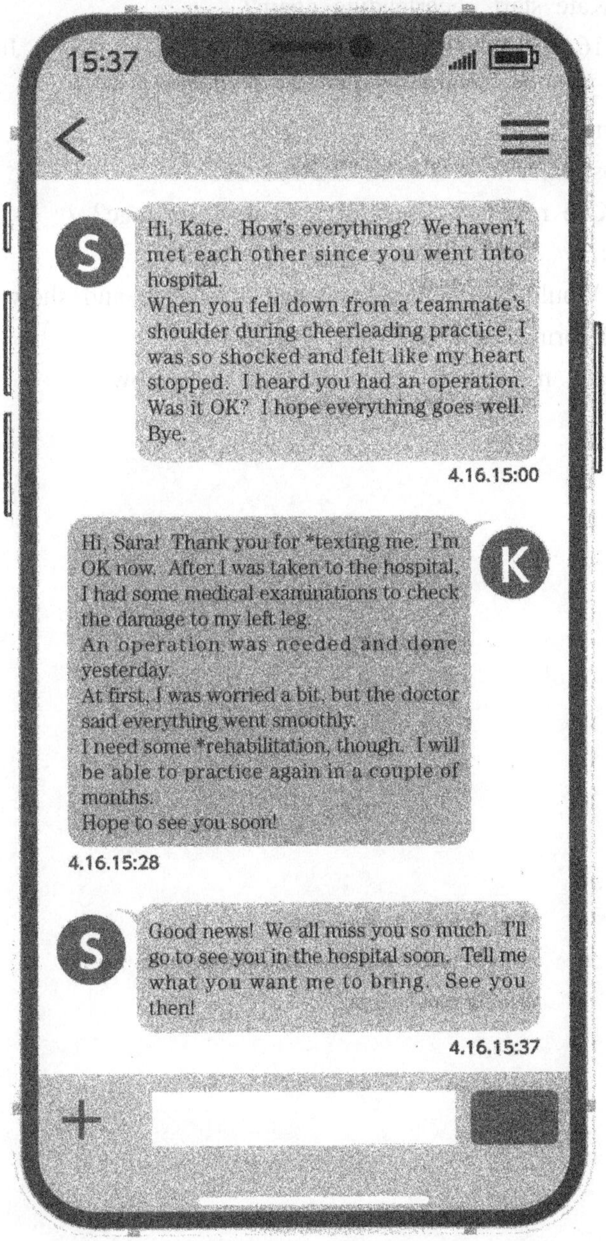

（注）text：〜にメッセージを送る　　　rehabilitation：リハビリテーション

1．Why did Kate go into hospital?
1．She fell down the steps when she was with Sara.
2．She felt sick during the club practice and passed out.
3．She got hurt during the cheerleading practice.
4．She hit her own shoulder during the cheerleading practice.

2．What must Kate do after the operation?
1．Cheerleading. 2．Rehabilitation.
3．Checking the damage. 4．Calling her friends.

3．When can Kate start cheerleading again?
1．February 16. 2．March 16. 3．May 16. 4．June 16.

4．Where will Kate and Sara meet?
1．At the gym. 2．At Kate’s house.
3．At the hospital. 4．ROOM 203.

5．How will Kate reply to Sara’s second text message?
1．Don’t worry. You will be fine soon.
2．Thanks! Would you record some club practice and show it to me?
3．OK, I will bring your uniform!
4．Good. Let’s meet in front of the gym tomorrow.

イ　台風が襲来した時に、本尊の観音が宗順に覆いかぶさって命を助けたこと。

ウ　台風がやって来て、寺の多くの建物は倒れても観音だけは倒れなかったこと。

エ　台風が都を襲ったが、宗順の寺だけは被害を受けずに済んだということ。

オ　台風が夢のお告げ通りに都を襲って、宗順や多くの人達の命を奪ったこと。

五 次の文章を読み、後の各問いに答えなさい。

むかし、比叡の山に宗順《そうじゅん》と云《い》ふ人はべりき。長谷の観音にまうでおはしける夜の夢に、観音の「やや」とおほせのありければ、宗順a居直りて、かしこまりたるに、「なんぢ本寺にかへりなん時に、釣鐘風のために落ちて、おほくの坊舎をうちやぶり、人の命おほく失ふべし。なんぢもbかれがために、命を滅すべしといへども、c我に心ざし深きによつて、今度の命にはかはるべきなり」とおほせらるると見て、d夢さめはべりぬ。さるほどに、二三日ほどへて、永祚《えいそ》の風とて、末の世まできこゆる風に、かの釣鐘eにはかに落ちて、人の家十ばかり打ひさがれて、命を失ふ人、数あまたはべり。家のひさげる時、此《こ》の本尊の等身の観音、宗順の上におほひて、ことなるあやまち露《つゆ》ちりなかりけり。fいとど不思議にぞはべる。

（『撰集抄』より）

比叡の山……比叡山の延暦寺のこと。本寺も同じ。
「やや」……「もしもし」。人に呼び掛けるときに使う語。
なんぢ……そなた。おまえ。
永祚の風……平安期に記録の残る台風としては最大規模で、後世に語り継がれた。
あやまち……けが。

問1 傍線部a「居直り」・e「にはかに」のここでの語句の意味として最も適切なものを次の中から選び、記号で答えなさい（解答番号はaは1・eは2）。

a「居直り」
ア 同じ位置にとどまり　イ 座り直し姿勢を正し
ウ ふてぶてしい態度になり　エ 威圧的な態度に変わり
オ 恐ろしさで委縮し

e「にはかに」
ア 突然に　イ 静かに　ウ 異様な
エ 予想外に　オ 重そうに

問2 傍線部b「かれ」・c「我」がそれぞれ指し示すものは何か。次の中から最も適切なものを選び、記号で答えなさい（解答番号はbは3・cは4）。

ア 長谷の観音　イ 本寺　ウ 風　エ 坊舎　オ 人

問3 二重傍線部d「夢さめはべりぬ」の夢の内容として最も適切なものを次の中から選び、記号で答えなさい（解答番号は5）。

ア 他寺の僧である宗順が参詣したので、観音の怒りに触れ台風に襲われるという夢。
イ 他寺の僧である宗順が参詣したので、観音がその思いをほめたたえたという夢。
ウ 宗順の寺の釣り鐘の綱が切れそうなので、綱を取り換えよというお告げの夢。
エ 台風で宗順がいる寺の鐘が落ちて建物が壊れ、人もたくさん亡くなるという夢。
オ 宗順が観音のお参りをしなかったため、台風が襲来して被害を受けるという夢。

問4 二重傍線部f「いとど不思議にぞはべる」とは何が不思議なのか。次の中から最も適切なものを選び、記号で答えなさい（解答番号は6）。

ア 台風が寺を襲った時に、本尊の観音が動いて宗順を安全な場所に導いたこと。

問５　傍線部ｅ「中で芳恵の出方をじっとうかがっている翔太の息遣いが伝わってくるようだ」とあるが、この時の翔太の心情を表した言葉として最も適切なものを次の中から選び、記号で答えなさい（解答番号は６）。

ア　期待　イ　焦燥　ウ　立腹　エ　後悔　オ　恐怖

問６　傍線部ｆ「二人のやりとりを見守っていた」での「二人のやりとり」について説明したものとして最も適切なものを次の中から選び、記号で答えなさい（解答番号は７）。

ア　姉弟喧嘩して売り言葉に買い言葉で、周りが見ていて気が気でないようなやりとり。

イ　息子のわがままを母親がすべて受け入れてあげているような、慈愛に満ちたやりとり。

ウ　先生と生徒のように互いを尊重した上で、素直に自分の思いを伝えるようなやりとり。

エ　姉弟のように遠慮せずに、素直に自分を出しながらじゃれ合っているようなやりとり。

オ　看護師と患者の関係を越えた信頼で結ばれ、互いをはげまし合っているようなやりとり。

問７　傍線部ｈ「あの、に力をこめて、中沢は微笑んだ」の「あの」にはどのような意味が込められているか。次の中から最も適切なものを選び、記号で答えなさい（解答番号は８）。

ア　翔太の母親にも臆せずに向き合う一方で、子供の扱いに関しては不慣れであるという意味。

イ　経験豊富で何事もそつなくこなし、困って手こずることなどありそうもないという意味。

ウ　常日頃他の看護婦を厳しく叱りつけ、病院の中では我が物顔に過ごしているという意味。

エ　中沢のことを日頃からいじめているにもかかわらず、翔太からは悪口を言われているという意味。

オ　翔太の看護をする上では相当のトラブルを起こされ、手こずらされているという意味。

問８　傍線部ｉ「中沢は屈託のない笑顔をみせた」とあるが、この時の芳恵の心情の説明として最も適切なものを次の中から選び、記号で答えなさい（解答番号は９）。

ア　中沢の言葉は翔太の病気は良くならないことを意味するが、言っている本人が言葉の重さに気づいていないことに違和感を感じている。

イ　中沢の行動は結果的に扱いの難しい翔太を自分に押し付けることになるが、中沢が罪悪感を持っていないことに疑問を感じている。

ウ　翔太や芳恵の希望を一切聞かず、病院側の都合で話を進めていることに疑問を抱かない中沢や病院に対して不信感を抱いている。

エ　翔太の母親との関係に悩む自分の気持ちを考えもせずに、来年も翔太の担当を自分に押し付けようとしている中沢に怒りを感じている。

オ　翔太の扱いが大変なことをよく理解しているにも関わらず、来年も自分に翔太を任せられることを喜ぶ中沢に対して呆れている。

ウ　細かい点の注意が欠けて、雑な調子の話し方。
エ　言葉使いが丁寧で、礼儀正しい調子の話し方。
オ　体裁をつくろって、自分を誇示した調子の話し方。

g「堂に入っている」

ア　自分の行為に、みずから満足していること。
イ　ある事に対し、どうしても納得できないこと。
ウ　自分だけで行動して、他には頼らないこと。
エ　問題が起きないように、事前に念を押すこと。
オ　その道の深くまで達し、すぐれていること。

問2　傍線部b「小島さん、あなた、もういいわよ」と主任が言ったのはなぜか。次の中から最も適切なものを選び、記号で答えなさい（解答番号は3）。

ア　実習生の芳恵がまたトラブルを起こしたので早めに翔太の母親に応対すべきだと判断したから。
イ　翔太の母親はすぐに感情的になりやすいので芳恵だと言い合いになってしまうと気づいたから。
ウ　翔太の母親は芳恵を見習いだと見下しているので芳恵が説明しても納得しないと思ったから。
エ　翔太の母親が会話に介入してきたことで今以上に翔太の機嫌が悪くなりそうだと感じたから。
オ　実習生の芳恵は看護師の勤務の実情を理解していないので説明するのは無理だと考えたから。

問3　傍線部c「翔太が布団をはねのけた」とあるが、この時の翔太の心情として**適切ではないもの**を次の中から選び、記号で答えなさい（解答番号は4）。

ア　自分に対して親身に向き合ってくれる芳恵のことを責めたてる母親に対する怒りの気持ち。
イ　もう十一歳になったにも関わらず、自分のことを過保護に扱いすぎる母親に呆れた気持ち。
ウ　久しぶりに会えたのにも関わらず、自分と向き合ってくれない母親に対する落胆の気持ち。
エ　自分の行動によって母親から叱責されてしまっている芳恵のことを助けたいという気持ち。
オ　芳恵との喧嘩に疲れて、早く眠りたいのに、寝かせてくれない母親に対する軽蔑の気持ち。

問4　傍線部d「同じように痛みの影が走る」の「痛みの影」について説明したものとして最も適切なものを次の中から選び、記号で答えなさい（解答番号は5）。

ア　翔太も母親も自己中心的で人の苦しみや痛みに寄り添えないことに対しての苦悩。
イ　翔太も母親も本心では病気が治らないという気持ちがあることに対しての自責。
ウ　翔太も母親も甘え下手で思いとは逆を口にしてしまうことに対しての自己嫌悪。
エ　翔太も母親も自我が強いために人と程よい関係を築けないことに対しての葛藤。
オ　翔太も母親もわがままで何度も病院を変わらざるを得なかったことに対しての反省。

ど、中身もそう」ふだんはたしかに指輪をしているが、女の子が彼氏からプレゼントされたのをステディになった証のように左手の薬指に嵌めているのとは訳が違うし、かと言って魔除け代わりでも伊達でもない。ただいったん外した指輪を、白衣から普段着に着替えるとき、自分の中の何かに引きずられるようにどうしてもまた指に通してしまうのだ。中沢はなぜか残念がった。「そうですか。翔太君の扱いがあまりに g 堂に入っているので、てっきりお子さんがいらっしゃるとばかり思ってたんですよ」芳恵は、翔太が単に入退院を繰り返しているだけでなく、病院もいくつか転院を重ねていることをはじめて中沢から聞かされた。病状が一向に好転しないことも転院の理由だったが、トラブルがあり過ぎてどうやら病院の方から匙《さじ》を投げられたらしいというのだ。「母親が話したんですか」「いいえ、翔太君が前に入っていた病院の小児科に私の看護学校の同期がいて、今度あなたのところにプレミアつきの問題児が行くわよって教えてくれたんです」たしかに人一倍プライドの強そうな翔太の母親である。トラブルで病院を転々としているなどという話を自分から口にするとはとても思えない。「前評判通り、彼はうちの病院でも内科小児科の先生はもちろん、病棟の看護婦をさんざん手こずらせて、担当は私で三人目です。あの主任さんだって、クソババア呼ばわりされてたんですから」 h あの、に力をこめて、中沢は微笑んだ。「だから主任さん、来年が待ち遠しいって」芳恵が問うような眼を向けると、中沢は再びにっこり笑ってみせた。「小島さんが国家試験にパスして晴れて正看になったら、小児科病棟がドラフト一位で指名するって言うんです」「私を？」中沢はうなずいた。「主任さんの話によると、なんでもいまの病院長はまだ内科のインターンで研修に来てたとき、うちの婦長にさんざん面倒をみてもらったとかで、いまでも婦長には頭が上がらないらしいんです」

芳恵が通う看護学校の学生は、看護師の免許を取得しても、他の病院に就職することなく、附属の大学病院で一定期間勤務することになっている。強制されているわけではないが、学校に入学した段階でほぼ全員が受けとる奨学金の返還のプログラムに、附属病院での給与の中から天引きされることが自動的に組みこまれているのだ。地方出身者の中には地元に帰りたいという希望を持つ者もいるが、看護師の世界にも就職難の秋風は吹きはじめていて、結局卒業後の進路は百パーセント、そのまま附属病院に横すべりしていた。埼玉の実家から通っている芳恵も、もとより最初からそのつもりである。つまり順調に行けば来年の今頃は、芳恵はこの病院のどこかの病棟で一本線の入ったナースキャップをかぶって走りまわっている。それが小児科なのか、内科なのか、はたまた救命救急なのかは、本人の希望によるというのが建前だが、最終的には空きの状態を見ながら病院長が決定する。「だから病院長にねじこんで小児科がゲット。もちろん、翔太係です」 i 中沢は屈託のない笑顔をみせた。翔太の入院が来年までつづくことをとうに織りこんだ話しぶりだった。

（杉山隆男『天使の見習い』より）

問1　傍線部a「切り口上」・g「堂に入っている」のここでの語句の意味として最も適切なものをそれぞれ次の中から選び、記号で答えなさい（解答番号はaは1・gは2）。

a「切り口上」

ア　型にはまらず、はっきりとした調子の話し方。

イ　一つ一つ区切って言う、改まった調子の話し方。

護にあたるさい、つねにそばで立ち会い、ミスがないように目を光らせるとともに、コーチとして看護のやり方の問題点を厳しく学生に指摘する。それでも中沢は、芳恵と面と向かって話すときは、他の学生を相手にしているときとは違って、芳恵が年上であることに気を遣っていた。

　主任は翔太の母親を前に、大病院のほとんどでとられている看護実習のシステムについて懇切丁寧に説明を加えていた。じっさいに看護に近い仕事をするのは国家試験を控えた最上級の三年生であると断った上で、実習生が担当した患者については、シーツを替えたり配膳をしたり足をお湯で洗ったりといった身の回りの世話をほとんど付きっきりでするので、担当の看護師とは別に手が増える分、よりきめの細かいケアが受けられるはずです、と利点を強調してみせた。だが、母親は主任の話などまるで耳に入っていないかのように、ひとり感情を高ぶらせていた。とりあえず沸騰点まで達しないと収まりきらないような怒りである。「要するに患者を実験台に使っているのと同じじゃないですか。何かあったらどうするんですか。それでなくても、医療ミスがあちこちで問題になっているというのに、こちらの病院は国家資格もない学生に子供を預けるくらい看護婦不足なんですか。どうせ子供相手だから、学生でいいやなんて考えてるんじゃありません？」そのとき、c翔太が布団をはねのけた。「いいんだよ、僕が頼んだんだから」芳恵を怒鳴りつけたときと違って、十一という年齢の割りには、大人びたというか、押し殺したような乾いた声だった。「あんたには関係ないんだ」母親の顔を見ずに低くつぶやく。いわれた母親の顔にも翔太の顔にも、d同じように痛みの影が走るのを芳恵は見たような気がした。

　布団のこぶは先ほどから微動だにしない。e中で芳恵の出方をじっとうかがっている翔太の息遣いが伝わってくるようだ。「わかった。じゃあ、覚悟なさい。五秒数えたら行くからね」秒読みをはじめ、最後の一を口にするかしないかのうちに、芳恵は翔太の体温でぬくぬくと温められた布団の中に手を突っこんだ。翔太をつかまえ、くすぐる真似をする。柔らかな手触りの木綿のパジャマの上からでも、病巣からじわじわと放出され、体内にこもっている微熱がわかる。「なんだよ、学生、ずるいじゃないか」こらえきれなくなった翔太が布団から這い出して芳恵を睨《にら》みつける。「一秒早かったぞ」芳恵は翔太を横にさせて腕をまくった。少年になりかけている兆《きざ》しなのか、腕は長く伸びて、その分、か細さと、肌が透き通るほどの血の気の薄さが強調されている。「一秒ズルしたんだからな、嘘つき学生」なおも口先をふくれさせている翔太に笑いかけながら、芳恵は血圧計のバンドを腕に巻きつけた。「看護師は五分前行動。なんでも早目にやらなくちゃいけないの」神妙な顔で言うと、くすっと笑いが洩れた。ベッドの反対側からf二人のやりとりを見守っていた指導係の中沢が堪え切れずに吹き出している。「小島さんはお子さん、いらっしゃるんですか」翔太の血圧測定と検温をすませ、カルテに書きこんだのをチェックしてもらっているとき、中沢が思いついたようにボールペンの手を止めてたずねてきた。

　あるいは芳恵の左手の薬指にぐるりと輪の跡がついているのを見て、白衣を着ていないときはそこにプラチナの指輪を嵌《は》めていると思ったのかもしれない。二十九という年齢なら子供の一人や二人いてもおかしくない。これのこと？　というように、芳恵は首をかしげながら薬指を突きたててみせた。中沢はうなずいて念を押すように聞いた。「結婚はされていないのですか」芳恵は苦笑した。「リングもイミテーションだけ

り自分自身も変わっていくということ。

エ　書くことを終えた文章はその時点で書き手の手を離れ、読者に委ねられ様々に解釈されていくということ。

オ　書くことで言葉の中にある言霊の独特な世界を体感し、それにより自分の考えも変わっていくということ。

問9　傍線部ⅰ「自分を余り信じないことと、自分を絶対に信じることが、ピッタリ貼りついている」で富士正晴が伝えたかったのはどのようなことか。最も適切なものを次の中から選び、記号で答えなさい（解答番号は9）。

ア　普段考えていることを忠実に書き上げたものと、その時の心の趣にまかせて書き上げたものと比較することが必要だということ。

イ　普段の自分の考えをそのまま文章化せずに、言霊のような不思議な力を持った言葉を見つけて書こうとすることが必要だということ。

ウ　普段の考えをそのまま読み手に伝えようとせずに、再度熟考し心の底に浮かび上がったものを言葉にすることが必要だということ。

エ　普段の自分の考えだけでなく他人の考えも吸収し、書いていく中で新たな考えを発見し言葉にしようとすることが必要だということ。

オ　普段自分の頭の中で考えていることに縛られずに、実際に文章を書いていて思いついた言葉を大切にすることが必要だということ。

四　次の文章を読み、後の各問いに答えなさい。

　芳恵が小児病棟での実習に入った初日も二日目も、母親が翔太の病室を訪れた様子はなかった。翔太にしてみれば、久し振りの母だったはずである。ところが翔太は病室にあらわれた母親を一瞥《いちべつ》するなり、眼を合わせることもせず、放っておかれたことにむくれているのか、あるいは嬉しさをしまいこんだ照れ隠しなのか、再び布団をかぶってしまった。

「どういうことなんですか、これは。翔太には興奮がよくないって、おわかりでしょ」床に散らばったタオルや洗面器を腰をかがめて片づけていた芳恵に向かって、母親はa切り口上に言った。「それにあなた、ナースの見習いじゃない。どうして翔太の看護をしてるわけ？」長期入院を何度も経験している翔太の母親は、同じようにナースキャップをかぶっていても白衣の上にエプロンをしているのが看護学生であることを知っているのだろう。「b小島さん、あなた、もういいわよ」騒ぎを聞きつけて、ナースキャップに横線が二本入った主任が病室に入ってくると、芳恵を目顔で促した。「説明していただけます？　なぜ翔太の看護を学生に受け持たせているのか」母親は主任の前に立ちはだかるようにした。上背がある分、迫力がある。「あくまで実習ですので、患者さんに直接触れるような検温や血圧測定をする場合は、必ず指導係に付き添わせています」

　主任の脇から、この病室をもともと担当している看護師の中沢が母親に一礼した。翔太が投げつけたカップのお茶のせいで汚れてしまった床を拭くため、モップを取りに行っていたのだ。歳は芳恵より二つ下だが、看護師としてすでに六年のキャリアを積んでいてナースステーションでは中堅の扱いを受けている。その彼女が、小児科病棟での実習に入った芳恵たちの指導係を仰せつかったのである。翔太を含め病室にいる三人の子供の看護をいままで通りしながらの一人二役だが、中沢は器用にこなしていた。指導係は、実習中の看護学生がじっさいに患者の看問5　傍線部e「不思議な力があって」の「不思議な力」とはどのようなものか。最も適切なものを次の中から選び、記号で答えなさい（解答番号は5）。

ア　書き手が意識せずとも、読み手に正確に情報が伝わるように仕上がっていく力。

イ　書き手が注意せずとも内容面や表記面において誤りのない文章になっていく力。

ウ　書き手が前もって考えていた内容が、勝手に文章として書き上げられていく力。

エ　書き手の手からも離れて、自身の想定の範囲を越える文章へと変化していく力。

オ　書き手が下書きを行なったり推敲を重ねたりせずとも文章として整っていく力。

問6　傍線部f「別の世界のもの」とあるが、「実用の文章」と「文芸の文章」に関連するそれぞれの語句の組み合わせとして最も適切なものを次の中から選び、記号で答えなさい（解答番号は6）。

ア　実用の文章―設計図―明快さ

イ　実用の文章―推敲―新しい自分

ウ　実用の文章―メモ―言霊

エ　文芸の文章―下書き―生きもの

オ　文芸の文章―言葉の力―作業

カ　文芸の文章―技術―書き放し

問7　傍線部g「実用の文章には技術があるが、文芸の文章には技術はない」とあるが、その説明として最も適切なものを次の中から選び、記号で答えなさい（解答番号は7）。

ア　実用の文章はメモを書いたり推敲を重ねたりするため、情報伝達に向いた文章だが、推敲を行わない文芸の文章は情報の伝達には向いていないということ。

イ　実用の文章には下書きや推敲など、読者に適切に伝える技術が存在するが、文芸の文章には正確に伝える技術や工夫は邪魔になるということ。

ウ　実用の文章というのはレシピや教本など、読者に情報を伝えるための文章であるため、正確に情報を伝達するための文章作法が存在するということ。

エ　実用の文章は読み手に正確に情報が伝わるように工夫する必要があるが、文芸の文章は読み手の存在などを意識する必要がないということ。

オ　実用と文芸どちらの文章も、言葉の持つ力にしたがって書きあげるのが良いが、実用の文章には正確に情報を伝達するための技術が存在するということ。

問8　傍線部h「書き手は書く前の書き手ではなくなっている」とはどういうことか。説明したものとして最も適切なものを次の中から選び、記号で答えなさい（解答番号は8）。

ア　書いている中で今まで考えていたことを再認識でき、自分の考えに対して自信を深めていくということ。

イ　書くことで自分の考えが個人的なものではなく、人に伝わり社会的なものとして認知されていくということ。

ウ　書くことで今まで気づかなかった未知の自分を発見し、それによない自分が出てくる。それでいいのだ、という自信である。生まれてきた文章は、自分が書いたのにちがいはないのだが、おや、これが自分かと思うようなものを持っている。言葉の力を信じて書くときに、それまで見えていなかった自分が見えてくるのだと言ってもいい。

（高田宏『ことばの処方箋』より）

問1　傍線部a「そのころ書いたものは、いま読む気がしない。」のはなぜか。次の中から最も適切なものを選び、記号で答えなさい（解答番号は1）。

ア　そのころの自分よりも人間的に成長していて考え方も当然変わっているから。

イ　推敲などによって整えられたものであり文章が生き生きとしていないから。

ウ　文章は生きものでありそれを書いた時点でないと自分にも推敲はできないから。

エ　推敲により手が加えられたことで自分の考えていた文章ではなくなっているから。

オ　何度も読み返し内容も分かっていて文章として新鮮さを失ってしまっているから。

問2　傍線部b「生まれ育ったのは血のつながる子供のようなもので、私に似ていて、私ではない」とあるが、その説明として最も適切なものを次の中から選び、記号で答えなさい（解答番号は2）。

ア　自分の書いたものには、いつもの自分の姿や生き方が反映されること。

イ　文章を書き進めていくうちに、用意した構成とは違う展開になること。

ウ　考えを分かりやすく書いたつもりでも、読者には意図が伝わりにくいこと。

エ　考えを思い通りに書いているうちに、書き直したい箇所が出てくること。

オ　自分の書いた作品の中に、いつもの自分とは違った一面が見られること。

問3　空欄 c に入る適切な文学作品を次の中から選び、記号で答えなさい（解答番号は3）

ア『老人と海』　イ『戦争と平和』　ウ『パルムの僧院』

エ『罪と罰』　オ『車輪の下』

問4　傍線部d「いったん書いたものは、あとからは直せない」とあるが、その理由として最も適切なものを次の中から選び、記号で答えなさい（解答番号は4）。

ア　設計図に従った文章に近づけようとすればするほど、自分の意図とずれていくから。

イ　書くことは考えることであり、書き上げた瞬間に文章への思考は断ち切られるから。

ウ　書き直しを何度もすることで、結局自分の意見が明確でない文章になってしまうから。

エ　書かれた文章は命が宿った生きものであり、手を加えると生命力を失ってしまうから。

オ　書き直すことによって、それまでの文章のリズムを乱してしまうかもしれないから。

れ自体でうごいてゆくというのである。言葉のなかにあるその力に逆らったら、ぎくしゃくするだけである。あるいは、書けなくなってしまう。そして、その力によって書いたものは、あとから変えることができない。

書く前にあらかじめよく考えるほうがいいのは、実用の文章である。オムレツの作り方を書くときには、実際にオムレツを作る手順を細部にわたってよく考え、メモをつくり、その上で書くほうがいいにきまっている。それにしたがって、いったん下書きをつくり、それを手直ししてゆくのもいいだろう。書き上がったものを、読む人の身になって、これでほんとうにおいしいオムレツができるかどうか、じゅうぶんに検討する親切さも要るだろう。まちがって読まれるようなところがないか、説明の足りないところがないかどうか。曖昧な部分はないか。用語は適切か。

実用の文章は、あらかじめよく考えて書き、書いたものは推敲するのがいいのである。オムレツの作り方にかぎらない。自動車の運転教本でも、会社の上司に提出する営業活動報告でも、市場調査の分析でも、物理実験の報告論文でも、或る社会の構造を論じるというようなものであっても、また、経済学に関する新しい見方を提出するといった論文であっても、それは変わらない。書く前にすでにあるものを、できるだけ忠実に、正確に、明快に、文章に移し加えるという作業である。設計図があって機械を作るのと同じである。製品は使用目的に最もよく合ったものでなければならない。仕上げも入念でなければならない。予定通りのものができなくてはならない。だから、実用の文章には、そのための文章技術が必要となる。機械製作に技術があるように、である。

文芸の文章は、そうではない。それどころか、実用の文章の技術を持ちこんだら、だめになってしまう。実用の文章も文芸の文章も一見同じ「言葉」を使うものだから、私たちはついついどちらも似たようなものだと思いこんでしまうけれども、ほんとうは似ても似つかないものであり、f別の世界のものなのである。g実用の文章には技術があるが、文芸の文章には技術はない。実用の文章は予定通りに書かれる。書き手が前もって考えたことが文章という形につくり上げられるだけのことである。そのための技術である。書くということは、ちょっと面倒な〝作業〟にすぎない。上手に書き上げられたら、それでいい。文芸の文章では、書くことが考えることであると、富士正晴が書いているように、私も思う。すでにあるものを文章につくる作業ではない。書き手は、書くなかで新しい自分を見つけてゆく。一つの作品を書き終わったとき、h書き手は書く前の書き手ではなくなっている。富士正晴の文章は、次のように終わっている。

……頭の中の考えより、文字文章という具体的なものの運動の方を信じるようなところもあり、どこへ行きつこうといいではないかというところもあり、つまり大変ずぼらのようなところもあり、大変現実的実際的なところもあり、あいまいなところもあり、正確で微妙なところもあるといったものだろう。i自分を余り信じないことと、自分を絶対に信じることが、ピッタリ貼りついているような気がする。

野暮な解説をするなら、「自分を余り信じないこと」というときの自分は、普段日常の自分、表層の自分であり、「自分を絶対に信じること」というときの自分は、自分の底にある自分、いつもは見えていない自分ということになるだろう。言葉の力にうごかされてゆくとき、思いがけ

三　次の文章を読み、後の各問いに答えなさい。

安岡章太郎編『私の文章作法』のなかで、富士正晴が、自分の原稿は、「編集者もよろこび、印刷屋もよろこぶような、削除や書きこみのほとんどない、推敲するところのほぼ皆無に近い、書き放しの原稿」であると書いている。私の原稿も、そうである。編集者と印刷者への敬意もなにがしかはあるのだが、それよりも、書き放しのほうが書きやすい。削除や書きこみで文章をいじくりまわすようなことがあれば、そのときはよほど出来がわるい。はじめから、だめな作品とあきらめて、捨ててしまうほうがいい。

昔は、私も文章を推敲した。文章というものは手を加えるだけ、良くなるものだと思いこんでいた。書く前にメモをつくり、メモにしたがって書いていって、さて書き終わると、何度も読み返しながら手を入れていった。aそのころ書いたものは、いま読む気がしない。息苦しい、つくりもの文章である。頭だけで考えた文章だった。

或るとき自然に気がついた。書くことに集中しているときは、メモなんかあっても、どんどんそこからはずれてゆく。後もどりはきかない。無理にメモの筋へもどろうとすれば、文章が生気をなくしてしまう。文章は一つの生きものらしい。書く前に考えていたこととは別に、それ自身で生まれ育ってゆく。設計図にしたがって製造される機械ではないのだ。書いているのは私であっても、b生まれ育ったのは血のつながる子供のようなもので、私に似ていて、私ではない。機械なら出来上がったものの不出来なところを削ったり磨いたり、足りないところを加えたりすればいい。だが、生きものは、そうはいかない。生まれた子の胴が長すぎたからといって、切って縮めたりしたら、見た目は良くなるだろうが、子供は死んでしまう。あとから直すことはできないものなのだ。

私はそのときから、メモと推敲をやめた。下書きというものもしない。書きはじめたら、それが本原稿であり、書き終わって読み返しはするが、ほとんど手を加えない。誤字を直すとか、小さな部分でのリズムをととのえるくらいである。富士正晴は同じ文章のなかに、こう書いている。

戦前二十代のころ、好んで読んだアランの考え方がわたしを支えているらしい点もある。アランは文章の書き直しをほぼしなかった。彼に言わせると書き直しをする位だったら、新しく別のことを書く方が余程いいらしい。書く事が考えることだ、と彼がいっているかどうか知らないが、アランからそのようなことを、わたしの独り合点で、承知してしまったようなところがあるかも知れない。

私もアランを読んだ。私の場合は戦後だが、学生のころ繰り返しアランを読み、アランを真似てもいたので、知らない間にアランの考え方が私のなかに根づいていたかも知れない。とりわけ彼のスタンダール論である。スタンダールは書き直しをしなかった。『　c　』をバルザックのすすめで一部分書き直そうとしたことがあるが、スタンダールはその苦痛を誌《しる》し、書き直すことをやめている。dいったん書いたものは、あとからは直せない、と。

頭で考えることと書くことは別である。書く前に考えていることと書きながら考えていることとは違うのだ、といってもいい。書く前に頭で考えてメモをつくっていても、書きはじめたら、その通りにはならない。一行が次の一行を生んでいく。谷崎潤一郎は、昔の人の言う言霊《ことだま》というものがあるのだと言っている。言葉には何かe不思議な力があって、そ

【国　語】（五〇分）〈満点：一〇〇点〉

一　次の1～5の傍線部と同じ漢字を使うものを次の中から選び、それぞれ記号で答えなさい（解答番号は1～5）。

1．注意をカンキする。
ア　円をドルにカンサンする。　イ　カンサンとした商店街。
ウ　カンヨウな姿勢。　エ　カンイ書留で送る。
オ　証人をカンモンする。

2．大会をショウチする。
ア　美のキョクチだ。　イ　チジョクを受ける。
ウ　トウチ法を用いる。　エ　電車がチエンした。
オ　日本はホウチ国家だ。

3．交渉でジョウホする。
ア　肥沃なドジョウ。　イ　お酒をジョウゾウする。
ウ　ジョウリュウ水を買う。　エ　社長のレイジョウ。
オ　ケンジョウの精神。

4．土地をバイキャクする。
ア　上告をキャッカした。　イ　キャッコウを浴びる。
ウ　立派なセッキャク態度。　エ　敵のギャクシュウ。
オ　ザンギャクな行い。

5．目をコらして見る。
ア　ギワクが浮上した。　イ　素晴らしいチョウボウ。
ウ　液体がギョウコする。　エ　危険にソウグウした。
オ　不正をモクニンするな。

二　次のそれぞれの問いに答えなさい。

問1　次の熟語の読み仮名の二字目として正しいものを次の中からそれぞれ選び、記号で答えなさい（解答番号は1～3）。
1．玄人　2．健気　3．流石
ア　な　イ　さ　ウ　び　エ　り　オ　ろ
カ　す　キ　か　ク　く　ケ　し　コ　け

問2　次の文章の傍線部の助動詞の種類として最も適切なものを選び、記号で答えなさい（解答番号はaは4・bは5）。
夕飯の時Kと私はまた顔を合わせました。なんにも知らないKはただ沈んでいただけで、少しも疑い深い目を私に向けません。なんにも知らない奥さんはいつもよりうれしaそうでした。私だけがすべてを知っていたのです。私は鉛のbような飯を食いました。
ア　受身　イ　推量　ウ　様態　エ　伝聞
オ　断定　カ　比況　キ　過去

問3　次の対義語の関係と同じものを選び、記号で答えなさい（解答番号は6）。
前進―後退
ア　主観―客観　イ　需要―供給　ウ　軽薄―重厚
エ　道理―無理　オ　一般―特殊

問4　次の文学作品のうち平安時代の作品として**適切ではないもの**はどれか。次の中から選び、記号で答えなさい（解答番号は7）。
ア『源氏物語』　イ『土佐日記』　ウ『今昔物語集』
エ『枕草子』　オ『平家物語』　カ『古今和歌集』
キ『竹取物語』

2023年度

流通経済大学付属柏高等学校入試問題（1月18日）

【数　学】（50分）　＜満点：100点＞

【注意】 1．解答が分数の形で求められているときは，約分した形で答えること。
2．解答が比の形で求められているときは，最も簡単な整数の比で答えること。
3．問題の図は略図である。

全問とも，$\boxed{}$ の中に当てはまる数字を求めなさい。

1 次の問いに答えなさい。

(1) $(-0.25)^2 \div \frac{3}{8} - \frac{7}{8}$ を計算すると，$-\frac{\boxed{\text{ア}}\boxed{\text{イ}}}{\boxed{\text{ウ}}\boxed{\text{エ}}}$ である。

(2) $\sqrt{54} - \sqrt{\frac{2}{3}}$ を計算すると，$\frac{\boxed{\text{オ}}\sqrt{\boxed{\text{カ}}}}{\boxed{\text{キ}}}$ である。

(3) 連立方程式 $\begin{cases} -3x+y=-34 \\ 5x-2y=59 \end{cases}$ を解くと，$x=\boxed{\text{ク}}$，$y=-\boxed{\text{ケ}}$ である。

(4) 3000円の商品の値段から34%割り引くと，$\boxed{\text{コ}}\boxed{\text{サ}}\boxed{\text{シ}}\boxed{\text{ス}}$ 円となる。

(5) 底面の半径が3㎝，母線が9㎝の円すいの側面積は，$\boxed{\text{セ}}\boxed{\text{ソ}}$ π ㎝^{2}である。

(6) $(x-1)^2-5(x-1)-14$を因数分解すると，$(x+\boxed{\text{タ}})(x-\boxed{\text{チ}})$ である。

(7) 方程式$3x^2-4x-7=0$を解くと，$x=-\boxed{\text{ツ}}$，$\frac{\boxed{\text{テ}}}{\boxed{\text{ト}}}$ である。

(8) 時速30km で42分走ると，$\boxed{\text{ナ}}\boxed{\text{ニ}}$ km 進む。

2 次の問いに答えなさい。

(1) 図の箱ひげ図は，生徒22人に10点満点の小テストを行った結果を表している。この図から読み取れることについて次の問いに答えよ。

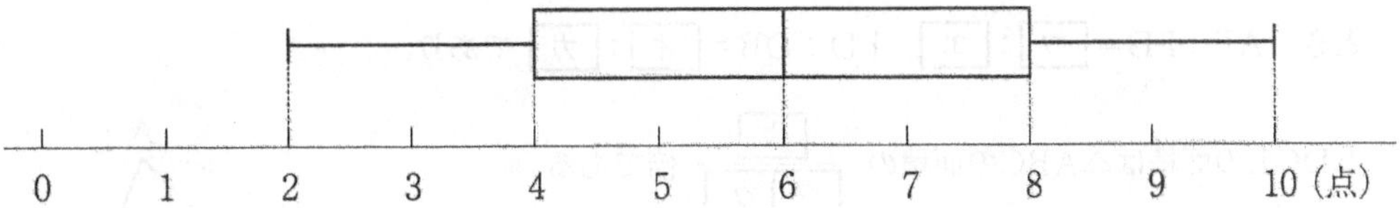

範囲は $\boxed{\text{ア}}$ 点，四分位範囲は $\boxed{\text{イ}}$ 点，第2四分位数は $\boxed{\text{ウ}}$ 点である。

次に以下の3つの文章を読んで，正しいと言えるときは0，正しいとは言えないときは1をマークせよ。

・4点を取った生徒は必ずいる。$\boxed{\text{エ}}$
・この図から平均点は6点であることがわかる。$\boxed{\text{オ}}$
・8点以上の生徒は少なくとも6人はいる。$\boxed{\text{カ}}$

(2) 箱の中に，赤いビーズだけがたくさん入っている。この中に赤いビーズと同じ大きさの白いビーズを200個入れてよくかき混ぜた。この後もう一度，ビーズを取り出すと54個あり，この中に白いビーズが12個入っていた。このことから箱の中に赤いビーズは

およそ $\boxed{\text{キ}}\boxed{\text{ク}}\boxed{\text{ケ}}$ 個あると推定できる。

3 次の問いに答えなさい。

1から5までの数を1つずつ書いた5枚のカードをよくきって，その中から同時に2枚のカードを引くとき，次の確率を求めなさい。

(1) 2枚のカードの数の和が素数になる確率は $\dfrac{\boxed{\text{ア}}}{\boxed{\text{イ}}}$ である。

(2) 2枚のカードの数の積が$\sqrt{65}$より小さくなる確率は $\dfrac{\boxed{\text{ウ}}}{\boxed{\text{エ}}}$ である。

(3) 2枚のカードの数のうち少なくとも1枚は奇数である確率は $\dfrac{\boxed{\text{オ}}}{\boxed{\text{カ}}\boxed{\text{キ}}}$ である。

4 次の問いに答えなさい。

(1) 図のように半径6㎝の円があり，$\overset{\frown}{AB}$ に対する円周角は12.5°である。この$\overset{\frown}{AB}$ の長さは $\dfrac{\boxed{\text{ア}}}{\boxed{\text{イ}}}$ π㎝である。

ただし円周率をπとする。

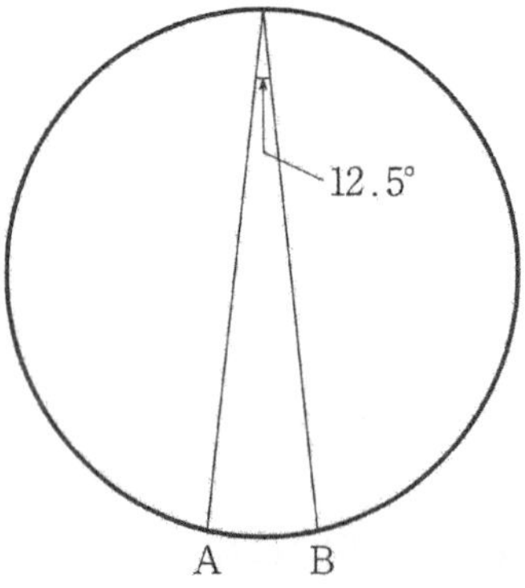

(2) 図のように△ABCがあり，辺AB上に，AD：DB＝3：4となる点Dをとり，辺ACの中点をEとする。また辺AB上の点FはCD//EFとなる点である。点GはBEとCDの交点である。このとき，AF：FD＝$\boxed{\text{ウ}}$：$\boxed{\text{エ}}$，FD：DB＝$\boxed{\text{オ}}$：$\boxed{\text{カ}}$ であり，

△DGEの面積は△ABCの面積の $\dfrac{\boxed{\text{キ}}}{\boxed{\text{ク}}\boxed{\text{ケ}}}$ 倍である。

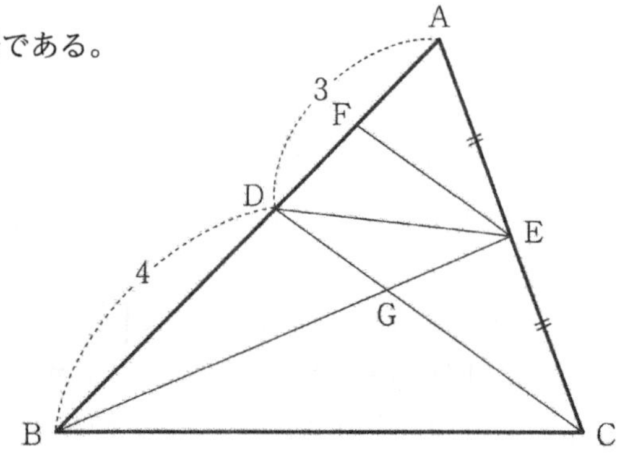

5 図のように，関数 $y=ax^2$ のグラフと傾きが $\frac{1}{2}$ である直線 ℓ が，2点A，Bで交わっており，その x 座標はそれぞれ－2，4である。また，直線 ℓ と x 軸の交点をCとする。このとき，次の問いに答えなさい。

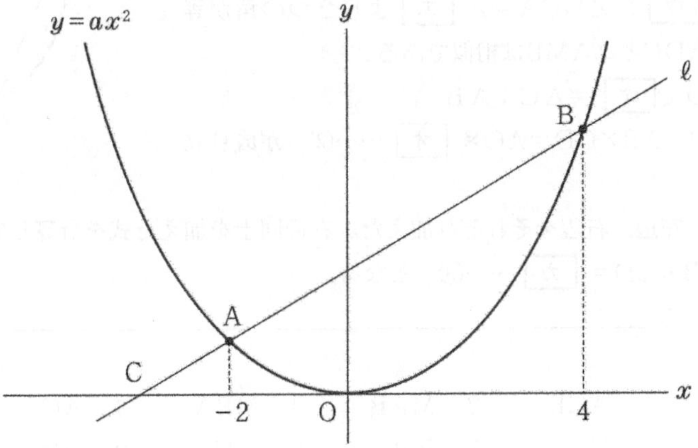

(1) $a=\frac{\boxed{\text{ア}}}{\boxed{\text{イ}}}$ であり，直線 ℓ の式は，$y=\frac{\boxed{\text{ウ}}}{\boxed{\text{エ}}}x+\boxed{\text{オ}}$ である。

(2) △OCBの面積は，$\boxed{\text{カ}}$ である。

(3) CBの長さは，$\boxed{\text{キ}}\sqrt{\boxed{\text{ク}}}$ である。原点Oから直線 ℓ に垂線を引いたとき，直線 ℓ との交点をDとする。ODの長さは $\frac{\boxed{\text{ケ}}\sqrt{\boxed{\text{コ}}}}{\boxed{\text{サ}}}$，CDの長さは $\frac{\boxed{\text{シ}}\sqrt{\boxed{\text{ス}}}}{\boxed{\text{セ}}}$，

CD：DB＝$\boxed{\text{ソ}}$：$\boxed{\text{タ}}$ である。

また，点Dの座標は $\left(-\frac{\boxed{\text{チ}}}{\boxed{\text{ツ}}},\ \frac{\boxed{\text{テ}}}{\boxed{\text{ト}}}\right)$ である。

(4) △OCBを直線 ℓ を軸として1回転させたときにできる立体の体積は

$\frac{\boxed{\text{ナ}}\boxed{\text{ニ}}\sqrt{\boxed{\text{コ}}}}{\boxed{\text{ネ}}\boxed{\text{ノ}}}\pi$ である。

6 次の問いに答えなさい。

(1) 図1のように円に内接する四角形ＡＢＣＤについて，以下のように考えて式③を作った。

$\boxed{}$ に適するものを，ア～オまでは選択群1の中から，カは選択群2の中から選び，番号で答えよ。(選択群は次ページ)

ただし同じ番号を何度使ってもよい。

まず線分BD上に，∠DAM＝∠BACとなる点Mをとる(次のページの図2)。

△AMDと△ABCについて

∠ADM＝∠$\boxed{\text{ア}}$ より2つの角が等しいから△AMDと

図1

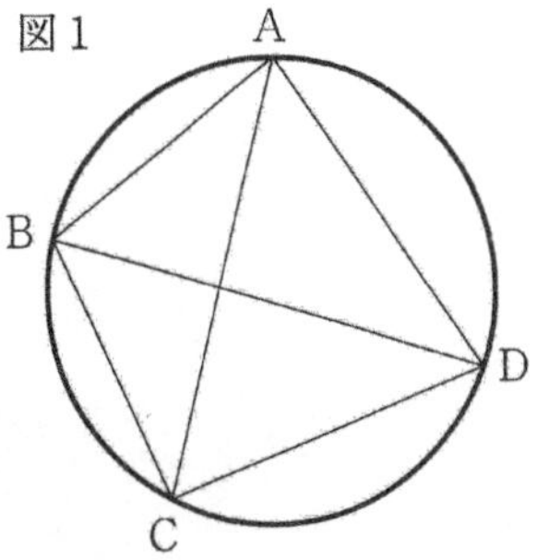

図2

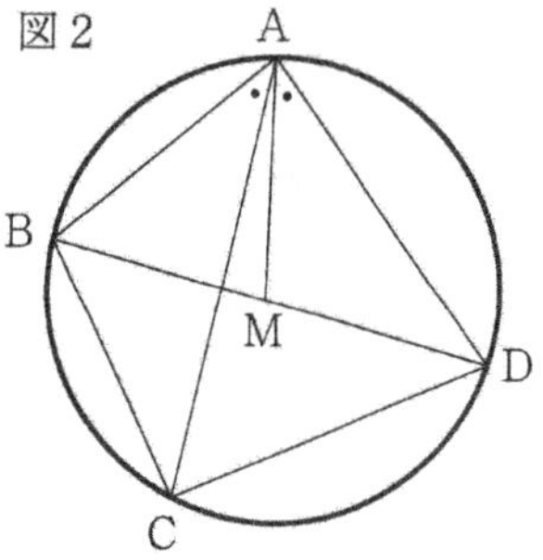

△ABCは相似である。

ゆえに　AD：AC＝[イ]：BC

この式により，AD×BC＝AC×[イ]……①　が成り立つ。

次に，△ADCと△AMBについて

∠DAC＝∠[ウ]，∠DCA＝∠[エ]より２つの角が等しいから　△ADCと△AMBは相似である。

ゆえに　CD：[オ]＝AC：AB

この式により，AB×CD＝AC×[オ]……②　が成り立つ。

式①，式②の左辺，右辺をそれぞれ加えた。右辺同士を加えた式を計算してまとめると AD×BC＋AB×CD＝[カ]……③　となる。

選択群１

0	ABC	1	ACB	2	MAB	3	MBA	4	AC
5	BC	6	MD	7	BM	8	AM	9	AB

選択群２

0	AC×BD	1	AB×AD	2	AM×AC	3	AM×BD

(2)　図のように円に内接する１辺の長さが１cmである正五角形があり，対角線の長さを x cmとおく。x は式③を利用して求めることができる。

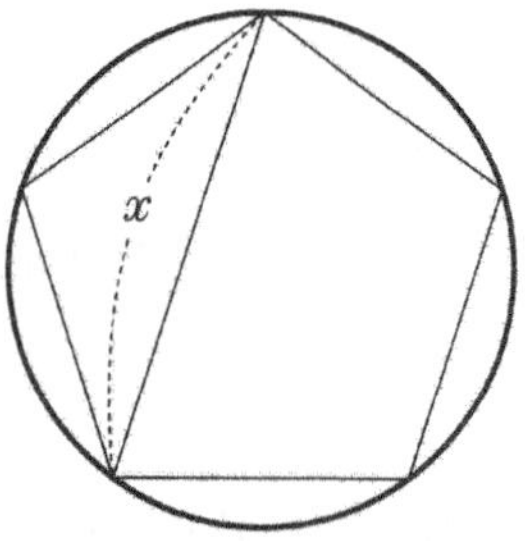

対角線の長さは $\dfrac{\boxed{キ}+\sqrt{\boxed{ク}}}{\boxed{ケ}}$ cmである。

【英　語】（50分）　＜満点：100点＞　　※リスニングテストの音声は弊社HPにアクセスの上，音声データをダウンロードしてご利用ください。

1　放送を聞いて答えなさい。

1．1．3 days.　2．6 days.　3．7 days.　4．8 days.

2．1．28 dollars.　2．280 dollars.
　3．2,800 dollars.　4．28,000 dollars.

3．1．Because three children were noisy in the supermarket.
　2．Because she needed to work at the supermarket.
　3．Because she didn't have enough money to buy food.
　4．Because she couldn't make vegetable soup very well.

4．1．He began to buy vegetables at the supermarket.
　2．He started his job again.
　3．He began to give food to his pet.
　4．He didn't work at the supermarket anymore.

5．1．Mrs. Nunn's pet.　2．Mrs. Nunn's family.
　3．Jeff.　4．Mrs. Nunn.

2　次の英文を読んで，後の問いに対する答えとして最も適切なものを選びなさい。
（＊印の語は（注）を参考にすること）

The young king was alone in his beautiful room in the *palace. He was only sixteen years old and he was *wild-eyed, like an animal of the forest. The old king's *servants found him in the forest. At that time, the boy believed that he was the son of a poor *forester. He was brought (　1　) the forester. But now he knew that he was the child of the old king's daughter.

The king's daughter married an *ordinary man, a painter. ①He painted pictures on the walls of the great church. Kings were *crowned there. One day he disappeared though he didn't finish (　2　) the pictures. A baby was taken away from his mother's side while she slept. The forester and his wife had no children, and the baby was given to them. The princess died. When the old king was dying, he said, "My heart is heavy because I have done ②a terrible thing. I don't give my family the crown. Bring my daughter's child from the forest. ③He will be king after me."

When the boy was brought to the palace, he showed a strange love for beautiful things. He gave a happy cry when he saw his fine new clothes and rich *jewels. He quickly took (　3　) the old coat that he wore in the forest. He walked through the palace (　4　) room to room and looked at everything. On another day, people searched for the king for hours. They finally found him in a little room at the north end of the palace. He was looking at the shape of the *Greek god, Adonis, cut in a jewel.

In bed that night, the young king thought about the beautiful clothes for his special day—a gold coat and a crown with jewels. People were working day and night to finish the clothes in time. The young king imagined himself dressed as a king in the great church. His eyes closed, and he fell asleep. As he slept, he dreamed.

He dreamed that he was standing in a long, *low room. Around him were cloth-makers at work. Only a little daylight came in through narrow windows. The men's faces were *pale and thin. Little children were working with them. They were weak and hungry and their little hands shook.

The young king went to watch one of the cloth-makers. The man looked at him angrily.

"Why are you watching me?" he said. "Did ④ our *employer ask you to watch us?

"Who is your employer?" asked the young king.

"He is a man like me. But *unlike me, he wears fine clothes. And while I am hungry, he has too much food."

"You are not a *slave," said the young king. "Your employer does not *own you."

"The rich make poor people their slaves," answered the cloth-maker. "We must work to live. But they pay us too little and we die. But ⑤ these things do not *matter to you. You are not one of us: your face is too happy."

He turned away and continued his work. Then the young king saw that the cloth-maker was making gold cloth. He felt a *sudden fear.

"Who are you making that cloth for?" he asked.

"I am making it for the crowning of the young king."

The young king woke up with a loud cry. He was in his own room in the palace. The young king fell *asleep again and dreamed.

He was walking through a dark forest full (5) strange fruit and flowers. He kept walking until he came out of the forest. There he saw a great crowd of men who were working in a dry river. They were making large holes in the ground and breaking the rocks with tools. The young king turned and saw an old man standing behind him, with a mirror in his hand.

"Who are these men?" he asked.

"The people in the *walled cities have no food, and little water," said the old man. "But these men are working in the river to find ..."

"What are they trying to find?"

"Jewels—for a king's crown," said the old man.

"For which king?"

"Look in the mirror and you will see him."

The young king looked in the mirror and he saw his own face. He woke up with a great cry.

（注） palace：宮殿　wild-eyed：凶暴な目つきな　servant：使用人　forester：森林を管理する人
ordinary：一般の　crown：～を王位につかせる，王冠　jewel：宝石　Greek：ギリシャの
low：低層の　pale：青白い　employer：雇い主　unlike：～と違って　slave：奴隷
own：～を所有する　matter：重要である　sudden fear：突然の恐怖　asleep：眠って
walled：壁で囲われた

問1　（1）～（5）に入るものを下の選択肢からそれぞれ1つずつ選びなさい。

（1）：1 by　2 in by　3 at by　4 up by

（2）：1 paint　2 painted　3 painting　4 to paint

（3）：1 at　2 from　3 off　4 between

（4）：1 at　2 from　3 off　4 between

（5）：1 of　2 off　3 to　4 with

問2　下線部①・③が指している人物を下の選択肢からそれぞれ選びなさい。

1．The Princess child　2．A painter　3．The forester

4．The princess'father　5．The cloth-maker

問3　下線部②は具体的にどのようなことか。下の選択肢から1つ選びなさい。

1．画家が絵を描き終えなかったこと。

2．自分の孫を城から追い出したこと。

3．森林を管理する人に王位を継承しようとしたこと。

4．自分の娘を城から追い出したこと。

問4　下線部④は誰のことか。下の選択肢から1つ選びなさい。

1．The old king　2．The young king

3．The forester　4．One of the cloth-makers

問5　下線部⑤が指す内容を下の選択肢から全て選びなさい。

1．新しい王様は木こりの息子であること。

2．新しい王様は芸術作品に興味を持っていること。

3．新しい王様の服を作っている者は生きるために働かなければいけないこと。

4．新しい王様の服を作っている者は安い賃金で働かなければいけないこと。

5．貧しい者は金持ちの奴隷ではないこと。

問6　各文の下線部に入るものとして最も適切なものをそれぞれ下の選択肢から1つずつ選びなさい。

1　The young king came back to the palace after _______.

1．he was sixty years old

2．his mother died

3．the painter finished painting the pictures

4．the cloth-makers finished making his cloth

2 The young king was interested in ______.

1．beautiful things in the palace　2．the pictures in the church
3．people in the forest　4．life in the forest

3 The young king saw ______ in the mirror that the old man had.

1．the old king　2．his father　3．himself　4．nobody

3 次の英文を読んで，後の問いに対する答えとして最も適切なものを選びなさい。
（＊印の語は（注）を参考にすること）

When Heidi woke next morning, the sun was shining brightly. She jumped out of her bed and got dressed. Peter was waiting outside the *hut with the *herd of *goats as Uncle Alp brought his two goats, Daisy and Dusky, from their *stall.

"Do you want to go to the *pasture with Peter today?" he asked Heidi.

"Yes, please, Grandfather," she said.

"Peter, give me your bag," said Uncle Alp.

The old man put a mug, a large piece of bread, and some cheese into the bag.

"This is Heidi's dinner," he said to the boy. "Fill her mug with milk from my goats. Take care of my granddaughter. The mountain *slopes are *steep and the paths are dangerous. Don't go into the *ravine."

The sun shone in the blue sky and pretty mountain flowers covered the ground. Heidi ran about excitedly. She picked lots of flowers and carried them in her skirt.

"Come on!" called Peter. "You've got enough flowers now. Don't pick any more."

At last, they reached the pasture and the goats began to eat the sweet grass. Only a few bushes and some small trees grew on the highest slopes of the mountain. The top of the mountain was *bare rock.

It was warm and peaceful on the pasture. Peter lay on the grass and very soon he was asleep. Heidi sat down beside Peter and looked around. Beside her, there was an *extremely steep slope. This was the ravine: the ground dropped down many thousands of meters, to the valley, far below. On the other side of the valley, there was a high mountain. Its *peak was covered in snow.

Suddenly, Heidi heard a loud cry. She looked up and saw a big bird flying high above her head.

"Peter! Peter!" she shouted.

Peter woke up and Heidi pointed at the bird. "What is it?" she asked.

The bird flew in large circles and then disappeared near the top of the mountain.

"That's a *hawk," said Peter. "It's gone home to its *nest."

"Let's climb up and see where the hawk lives," said Heidi.

"Oh, no," replied Peter. "Its nest is much too high. Even the goats can't climb up there."

After a few minutes, Peter started *whistling and shouting. When the goats heard his voice, they came to him. He began to lead them down the path. When they reached the lower pasture, Peter opened his bag and took out all the bread and cheese. Heidi's pieces of bread and cheese were much larger than his own dinner. Peter went to Daisy and filled Heidi's mug with white goat's milk.

"It's dinner time," he said. "Sit down and eat."

"Is the milk for me?" Heidi asked.

"Yes," he replied. "And this bread and cheese."

Heidi drank the milk, but she only ate a little of the bread. Then she gave the cheese and the rest of her bread to Peter. He looked surprised and pleased.

"What are the names of the goats?" Heidi asked.

A

"Why are you crying, Snowflake?" Heidi asked.

"She's missing her mother," said Peter. "Her owner sold Snowflake's mother to someone in Mayfield."

"Don't cry, Snowflake," said Heidi. "I'll be up here every day now. You can come to me if you feel lonely."

（注） hut：山小屋　herd：群れ　goat：ヤギ　stall：小部屋　pasture：牧草地　slope：斜面
steep：険しい　ravine：峡谷　bare rock：岩肌　extremely：きわめて　peak：山頂
hawk：タカ　nest：巣　whistle：口笛を吹く

問1　次の質問の答えとして最も適切なものをそれぞれ選びなさい。

1．What did Uncle Alp give Peter?
　1．He gave him Peter's dinner.
　2．He gave him Heidi's dinner.
　3．He gave him the sweet grass.
　4．He gave him dishes for their dinner.

2．What did Heidi get in the mountain?
　1．She got some goats.
　2．She got the sweet grass for the goats.
　3．She got some flowers.
　4．She got nothing in the mountain.

3．How was the pasture in the mountain?
　1．Another group of goats were already there.
　2．There were some trees and a few bushes.
　3．It was sunny but very cold there.
　4．It was covered with snow.

4．Whose cry did Heidi hear at the higher pasture?
　1．Peter's.　2．Goats'.　3．A Hawk's.　4．Uncle Alp's.

5．Where was the Hawk's nest?

1．It was in the pasture.

2．It was near the top of the mountain.

3．It was near Uncle Alp's house.

4．It was high enough for their goats to climb.

6．Where did Peter and Heidi eat their dinner?

1．At the top of the mountain.　　2．At the higher pasture.

3、At the lower pasture.　　4．At Uncle Alp's house.

7．Why was Snowflake crying?

1．Because it didn't like going to the pasture.

2．Because it was afraid of the Hawk.

3．Because it couldn't meet its mother.

4．Because it would be sold the next day.

問2　空所の［A］の前後の内容を踏まえて，1～3の英文を順番（［8］～［10］）に並べかえなさい。

1．Snowflake, a beautiful little white goat, was making sad little noises.

2．Heidi ran up to the small goat and put her arms round its neck.

3．Peter said to her, "Big Turk and Finch, Dusky and Daisy, Spot and Snowflake."

［8］→［9］→［10］

［4］　次の英文の（　）内に入れるのに最も適した語句を，次の選択肢からそれぞれ選びなさい。

1．I can't finish my homework because my computer has (　　　).

1　wrong something　　2　something wrong

3　long something　　4　something long

2．I'm really happy (　　　) this news.

1　hear　　2　to hear　　3　heard　　4　to be heard

3．She enjoys walking around the town and (　　　) there.

1　to take pictures　　2　taking pictures

3　took pictures　　4　take picture

4．"Have you ever (　　　) to Kyoto?"　"Yes, twice."

1　go　　2　went　　3　gone　　4　been

5．He helped (　　　) yesterday.

1　my homework　　2　me with my homework

3　me my homework　　4　my homework with me

6．"Takashi, dinner's ready!"　"OK.　I'm (　　　)."

1　eating　　2　coming　　3　going　　4　taking

5 日本文を参考にして正しい英文になるように（ ）内の語を並べかえ，（ ）内で3番目と6番目に来るものをそれぞれ選びなさい。（文頭に来る語も小文字で書かれています）

1．この仕事を終えるのに10時間かかった。
(1 took 2 ten hours 3 the work 4 it 5 to 6 me 7 finish).

2．テーブルの上には昨日私が買った数個のリンゴがあります。
There (1 on 2 which 3 are 4 bought yesterday 5 a 6 I 7 apples 8 few) the table.

3．ジョンはクラスの男子の中で一番背が高いです。
(1 in 2 any 3 John 4 is 5 than 6 other 7 taller 8 boy 9 the) class.

4．私は兄と同じ数の赤鉛筆を持っています。
(1 pencils 2 I 3 my brother 4 as many 5 have 6 red 7 as).

5．タカシが入ったレストランはどこですか。
(1 went 2 where 3 in 4 is 5 Takashi 6 restaurant 7 the)?

6．私たちが暮らすのに良い家を見つけた。
(1 house 2 live 3 I 4 a nice 5 to 6 found 7 us 8 for) in.

6 次の手紙を読んで問いに答えなさい。（＊印の語は（注）を参考にすること）

Hi Adam,

You asked our English club to take care of the guests from Australia next month. We are working to make a perfect plan. You told us that for most of the students this would be their first visit to Japan and a Japanese high school. We are so excited!

I understand that we are taking care of the 20 students in the afternoon because they will spend the morning hours with the members of the *student council. Students will give presentations in our student hall at 10:30. Then, we use the Friends System, each of our club members will be one of their friends, and we build friendship and play together. Here, we have a couple of questions. Shall we have lunch with them at noon? When we finish all the activities, where should we all meet again? The student hall, the school gate, or the entrance hall?

In our plan for the afternoon, the guests will experience some club activities unique to Japan. We have already asked the following four clubs: *Japanese archery club, Calligraphy club, Karate club, and Tea ceremony club. They said yes, and each of them needs 30 minutes. We think that we should *avoid physical activity clubs right after having lunch and should do them later. How does that sound? Do you have any ideas?

Yours,
Haruka

（注） student council：生徒会　Japanese archery club：弓道部　avoid：～を避ける

Hi Haruka,

Thank you for your email. You've been working hard on the plan. For your first question, I'd like you to have lunch with them because getting to know each other before going to the club activities is nicer. Of course, the council members are welcome to join them, too. As for the meeting spot before leaving school, I think the entrance hall is convenient.

I agree with your opinion of non-physical club first because it will start right after lunch. To me, tea ceremony sounds good after lunch. Between the two sports clubs, either can come first but you have to change from *slippers to your shoes to go to the dojo of Japanese archery. If we make it last, they don't have to change shoes too often.

Thank you so much for your efforts. Could you make a note for the schedule?

Best,
Adam

（注） slipper：室内履き

1．In what order would students try club activities?
　A．Japanese archery club　　B．Calligraphy club
　C．Karate club　　D．Tea ceremony club
　1．D→A→B→C　2．D→B→A→C　3．D→C→A→B　4．D→B→C→A
2．What will the guest put on to go to the Karate dojo?
　1．Their own shoes.　2．Their school uniform.
　3．Karate uniform.　4．Slippers.
3．For the Australian students, which would be the unique part?
　1．Giving presentation.
　2．Having lunch together.
　3．Experiencing Japanese club activities.
　4．Speaking English.

4．What did Adam ask Haruka to do?
1．To eat lunch with him.　2．To talk for 30 minutes.
3．To write down the schedule.　4．To check the slippers.

5．Where will they meet before leaving school?
1．At the karate dojo.　2．At the school gate.
3．At the student hall.　4．At the entrance hall.

なさい（解答番号はbは2・cは3）。

b「いみじき機量」

ア　優れた統率力　　イ　驚くべき洞察力
ウ　立派な忍耐力　　エ　素晴らしい決断力
オ　見事な集中力

c「拙き振舞」

ア　人をだますこと　　イ　大臣になること
ウ　悪党を見逃すこと　　エ　盗みをすること
オ　お金をためること

問3　二重傍線部d「将軍にぞ成りける」とあるが、その理由として最も適切なものを次の中から選び、記号で答えなさい（解答番号は4）。

ア　船乗りとして優れていたから。
イ　大臣に能力を認められたから。
ウ　盗賊をやって財産を築いたから。
エ　政治的な手腕が評価されたから。
オ　帝王にうまく取り入ったから。

問4　二重傍線部e「有り難くこそ」は（尊いことである）という意味であるが、どのようなことに対して言っているのか。次の中から最も適切なものを選び、記号で答えなさい（解答番号は5）。

ア　賊が怒る帝王を上手に諭したこと。
イ　大臣が帝王の命に背いて将軍にしたこと。
ウ　大臣と帝王が同じ考えであったこと。
エ　賊が大臣と巡り会って心を入れ替えたこと。
オ　大臣が惜しげもなく賊に財産を与えたこと。

オ　里子を義眼にしてしまった罪意識があって直視できないほどだったから。

問6　傍線部f「彼は、思わず里子の手を取った」とあるが、この時の「彼」の心情として**適切でないもの**を次の中から選び、記号で答えなさい（解答番号は6）。

ア　自分と同じように里子がずっと自分に好意を持っていたことに対する感激。

イ　栗を入れた人間を恨まずに自らの運の悪さを責める里子の態度に対する感嘆。

ウ　犯人が自分だと分かっていたのに、かばってくれていたことに対する感謝。

エ　失明の原因である自分のことを里子が恨んでいなかったことに対する安堵。

オ　生栗を入れたのは自分だと打ち明けたいという願いが叶ったことへの安心。

問7　空欄 g ・ h に入るものの組み合わせとして最も適切なものを次の中から選び、記号で答えなさい（解答番号は7）。

ア（　後悔　・　感謝　）　イ（　葛藤　・　共感　）

ウ（　情熱　・　不安　）　エ（　動揺　・　偽善　）

オ（　責任　・　同情　）　カ（　愛情　・　謝罪　）

問8　傍線部i「耳許で妻の囁き声がする」とあるが、この時の「彼」の心情として最も適切なものを次の中から選び、記号で答えなさい（解答番号は8）。

ア　火は妻にとっては辛い思い出に結び付くものであり、家で火を楽しむことに批判的な妻の目を感じている。

イ　たき火を見ると幼少時の過ちと里子のことを思い出し、長年抱き続けてきた罪悪感にさいなまれている。

ウ　火は自分と妻とを結びつけた特別なものであり、妻も同じ思いで一緒に火を楽しんでいると信じている。

エ　妻も火を眺めることが好きであったから、その燃やし方にはこだわりがあるだろうと思いをめぐらしている。

オ　妻と自分は長い年月を共に過ごし、何からも邪魔されることのない深い信頼で結ばれていると思っている。

五

次の文章を読み、後の各問いに答えなさい。

昔、漢朝に戴淵《たいえん》と云《い》ひける賊も、ある時、大臣の、船に乗りて過ぎけるを、悪党あまた率ゐて、aかの財産を掠《かす》め取る。岸に居てぞ下知《げち》しける。謀と云ひ、機量《きりょう》と云ひ、人に勝れて見えければ、この大臣、「あはれ、bいみじき機量にて、c拙き振舞をするものかな」と云ひけるに、心を改めて、この大臣に付きて、帝王の見参《けんざん》に入りて、d将軍にぞ成りける。縁に逢ひて心を改めける事を思ふにも、e有り難くこそ。

（『沙石集』より）

下知……指図すること。　見参……お目にかかること。

問1　傍線部a「かの」が指し示すものは何か。次の中から最も適切なものを選び、記号で答えなさい（解答番号は1）。

ア　漢朝　イ　賊　ウ　戴淵　エ　大臣　オ　悪党

問2　傍線部b「いみじき機量」・c「拙き振舞」とはそれぞれ何のことを言っているのか。最も適切なものを次の中から選び、記号で答え取ったことを感じ寂しく感じている。

エ　火が好きということは誰も知らないと思っていたが、幼馴染が知っていたことに驚きを感じている。

オ　暖炉の火を見ると亡き妻とのことを思い出して、懐かしさとともに彼女への愛しさを感じている。

問2　空欄 b に入るものとして最も適切なものを次の中から選び、記号で答えなさい（解答番号は2）。

ア　自分を心配させ気を引こうとして痛がってみせたのだ

イ　みんなを笑わせようとして派手に倒れてみせたのだ

ウ　たきびに入れた生栗が爆ぜて当たり痛がっているのだ

エ　たきびの中の生栗が爆ぜる音に驚いているのだ

オ　たきびの燃え上がる勢いに恐れおののいているのだ

問3　傍線部c「彼は、誰へともなくお辞儀して店を出た」とあるが、この時の「彼」についての説明として最も適切なものを次の中から選び、記号で答えなさい（解答番号は3）。

ア　自分の不注意に対する謝罪に訪れたが混乱する周囲の様子に圧倒され、早くこの場から逃げようとする様子。

イ　その場にいる人は誰も自分のことを気に止めていないことに気づき、この場にいても仕方がないと諦めた様子。

ウ　予想外の出来事だったと弁解に来たものの、うろたえる周囲の様子から別の機会にしようと判断した様子。

エ　起こしてしまったことの大変さに改めて気づき、その場の誰かに対して頭を下げないではいられない様子。

オ　自分のことは誰も気にしていないようだが、何も言わずに外に出るわけにもいかずに一心に礼を尽くす様子。

問4　傍線部d「まことに薄気味の悪いことだった」のはなぜか。次の中から最も適切なものを選び、記号で答えなさい（解答番号は4）。

ア　爆ぜた生栗が当たっただけなのにも関わらず、失明の恐れがあると聞いたから。

イ　自分が犯人だということは知られているはずなのに、咎められなかったから。

ウ　失明したにも関わらず、里子は以前と何も変わらない明るさをもっていたから。

エ　当然犯人さがしをされ、追及されると思ったのに、そうはならなかったから。

オ　自分が犯人だと里子は気づいていたはずなのに、全く責められなかったから。

問5　傍線部e「彼には眩しくてたまらない笑顔」とあるが、「彼」がそう感じたのはなぜか。次の中から最も適切なものを選び、記号で答えなさい（解答番号は5）。

ア　片目が義眼のハンディをものともせずに学業にはげむ姿に感動を覚えたから。

イ　片目が失明しているのを感じさせないくらい以前の明るさを保っていたから。

ウ　彼が生栗をたきびに入れた犯人だと知りながらも明るく応対してくれたから。

エ　地元の高校で生き生きと楽しく生活している様子が表情から伝わって来たから。

な、うろたえていて、彼がそこに立っていることなど忘れていた。c彼は、誰へともなくお辞儀して店を出た。里子の右目は思いのほかの重症で、失明のおそれがあるという噂であった。たきびに生栗を入れたのは誰かが問題になっていると聞いたが、彼はおそろしくて名乗り出ることができなかった。dまことに薄気味の悪いことだったが、なんのお咎《とが》めもないままに彼は知らぬふうを装っていた。噂通りに、里子の右目が治療の甲斐もなく失明したのは、中学二年の夏であった。義眼になったが、彼女の表情の豊かさがまるで違和感を感じさせなかった。以前の明るさも活撥《かっぱつ》さも、すこしも失われた気配がなかった。中学校は難なく卒業し、土地の女子高校にもよい成績で入学した。彼が東京の大学に進学し、夏の休暇で帰省したとき、道で出会った里子は、e彼には眩しくてたまらない笑顔で、お帰りなさい、と挨拶してくれた。

その休暇の間に、彼がかつての罪を里子に告白する気になったのは、もはや自責の念が自分の力では支え切れぬほど心に重くなっていたせいでもあるが、里子の何事もなかったような健気《けなげ》さに、強く心を打たれたからでもあった。休暇も残りすくなくなったある日の夕方、彼は、心苦しい思い出のある小公園まで里子にきて貰って、ここの落葉を焚いたとき生栗を入れた犯人は自分だと告白し、里子の望むどんな償いでもするつもりだといった。すると、里子は思いがけなく、「ありがとう。嬉しいわ。あたしね、あなたがいつかはきっとこうして打ち明けてくれると思って、心待ちにしていたの。」と笑っていった。「……というと？」「あたし、あのたきびに生栗を入れたのがあなただってことを知ってたの。あなたがそっと投げ込むのを見ちゃったから。」彼はひどく驚いた。「でも、あたしはそれを誰にもいわなかったわ。」と、里子はつづけた。「家では、誰の仕業なのかって随分騒いだけど、あたしが頼んで栗を入れた人を探すのをやめて貰ったの。あたしは運が悪かっただけなのに、誰もが栗を入れた人の罪にする。それが厭《いや》だったから。あなたを罪人にしたくなかったから。」f彼は、思わず里子の手を取った。

結婚は、大学を出て東京の商事会社に就職してから二年目に、彼の方から申し込んだ。「あたしを片目にした［ g ］とか、［ h ］とかと無関係だったら、喜んでお受けするわ。」と里子はいった。結婚生活は平凡そのもので、里子は連れ合いとして可もなく不可もなく、子を三人産んで無事育て上げると、もはやこの世には未練がないとばかりに、ある冬の夜明けに急性心不全であっさりとあの世へ旅立ってしまった。

彼は、毎晩、家のなかが寝静まると、居間の暖炉の前で好きなだけ夜ふかしをする。あぐらの膝に頬杖を突いて、うっかり居眠りしたり、物思いに耽《ふけ》っていて暖炉が下火になったのに気づかずにいると、i耳許で妻の囁き声がする。「風邪をひきますよ。新しい薪をもう一本足したら？」「わかってるさ。」彼は、独り言を呟いて、暖炉の脇に積み上げてある薪の小山から、一本取りに立ち上がる。

（三浦哲郎『たきび』より）

問1　傍線部a「苦笑が、ひとりでに火の好きな少年だった彼の頬を歪めた」とあるが、この時の「彼」の心情として最も適切なものを次の中から選び、記号で答えなさい（解答番号は1）。

ア　幼少期から火が好きだという、秘すべきことを幼馴染から指摘され、気恥ずかしさを感じている。

イ　自分でもすっかり忘れていた幼少期の話を幼馴染からされて、懐かしくも決まり悪さを感じている。

ウ　暖炉の火を眺めながら子供の頃の話をしていると、自分が年を

かった。

　独りで新しい薪をくべ足し、それがぱちぱちと爆《は》ぜるのを聞いていると、死んだ妻の里子の顔が目に浮かんできた。仕様のない人、とでもいいたげに、目をしょぼしょぼさせながら笑っている。ちょっと見ただけでは、右目が義眼だとはわからない。「よかったですね、あなた、御自分だけの楽しみが出来て。でも、わたしだって、火は好きよ。だから、これからは、わたしもあなたと一緒に暖炉の火を眺めるのを楽しみにするわ。だって、わたしたち、たきびが縁で結ばれた仲でしたものね。」妻が耳許《みみもと》でそう囁《ささや》くのがきこえた。ちがいない。もし、あの日が雨降りで、たきびができなかったとしたら、自分と妻はお互いに別の道を生きることになったかもしれない――彼は暖炉の炎に見入ったまま、そう思った。

　あの日、というのは、ずっと以前、十年がひと昔なら、それを四つ半も重ねた昔のことだ。そのころ、彼は中学三年生、里子はまだ小学校六年生で、町の暖簾《のれん》の古い染直という屋号の染物屋の次女であった。彼の生家の文房具屋もおなじ町内にあって、二人は幼いころから顔見知りであり、町内の子供会の会員同士にすぎなかったのだが、その年の晩秋のある日曜日の朝、子供会の恒例で町内の小公園を清掃したのち、掃き集めた落葉でたきびをした際、彼が、いつもの銀杏《ぎんなん》の実のほかに、ポケットに忍ばせていった幾粒かの生栗《なまぐり》をそっと火のなかへ投げ入れたことが、二人を思わぬ仲に引きずり込むきっかけになったのであった。あの朝に限って、どうしてそんなことをする気になったのか。全く魔がさしたとしか思えないが、ただ年下の子らを驚かしてやろうという悪戯《いたずら》心だけで、他に、たくらみなどあろうはずがなかった。ところが、銀杏の実が音を立てて爆ぜはじめ、たきびを囲んでいる子らが笑いさざめいているうちに、ぽんと、ひときわ高い破裂音がして、それと同時に、彼の隣にしゃがんでいた里子が、きゃっと悲鳴を上げて仰向けに倒れたのである。

　彼は、笑った。ぽんという破裂音は、生栗が焼け爆ぜた音にちがいなかったが、それしきの音で、六年生の女の子が、まるで胸を強く突かれたようにひっくり返るはずがない。彼は、里子が［　b　］と思ったのである。けれども、彼の見当は外れていた。里子は、倒れたまま右目を手のひらで覆って、痛いよう、痛いよう、と泣き出した。彼は驚いて抱き起こした。すると、右目を覆っている手のひらの、指の股から、ひとすじの鮮血が手の甲を走るように流れた。

　彼は、最初、里子になにが起こったのかわからなかったが、そばにいた男の子のひとりが、あ、栗だ、と叫ぶのを聞いて、一瞬のうちにすべてを理解した。彼がそっとたきびへ投げ入れた生栗の一つが到底信じ難い勢いで爆ぜ飛んで、しゃがんでいた里子の右目を激しく直撃したのである。まさかと思ったが、起こりえないことではなかった。出血しているから、ただ激しく当たっただけではなくて、目のどこかを傷つけたのだ。目玉ではないように。咄嗟《とっさ》に彼は祈るように思った。「ど、どれ、見てあげる。手を退けて。」彼は、目を覆っている里子の手を引き剝がそうとしたが、力が及ばなかった。里子は、痛みがますますひどくなるのか、泣きながらわなわなと顫《ふる》えたり、身悶《みもだ》えたりする。仕方なく、彼は染直の店まで里子を両腕で横たえるように抱いていった。染直では、店にいた家族や使用人たちが総立ちになった。土間の奥から走り出てきた母親が、彼の腕から里子を引ったくるように抱き取った。染直の人々は、みア「苛酷な逆境」を生きる。　イ「愛の至福」を感じる。
ウ「愛の奴隷」となる。　エ「人生の大舞台」に立つ。
オ「無意識の暴力」をふるう。

問8　筆者が本文中で述べている内容として**適切ではないもの**を次の中から選び、記号で答えなさい（解答番号は8）。

ア　人に「愛されたい」という思いは自然ではあるが、思いが強いと自分自身の生き方をゆがめてしまう面がある。
イ　他人を愛する人は生きていることに意義を見いだし、周りの評価を気にせずに自分に素直な生き方ができる。
ウ　他人から常に評価され愛されることは難しいので、愛されることより人を愛することの方を優先して考えたい。
エ　人を愛さずに周りの評価ばかり気にして自分で幸せを感じていない人は、社会にとって無意味な存在である。
オ　昔の偉人の中には世の中で認められずに苦しんでいた人もいるが、それを支えたのは自分から発する愛だった。

四　次の文章を読み、後の各問いに答えなさい。

　その晩、二人の初老の男たちは、山荘の細君の手料理を肴《さかな》に、郷里の地酒を酌み交わして旧交を温めた。食卓を離れてからは、暖炉に向かって揺り椅子を並べて、コニャックをちびりちびりやりながら昔の思い出話をしたが、都会からきた彼は暖炉の炎に見惚《みと》れて、黙りがちであった。下火になると、彼は控え目にいった。「薪をもう一本だけ足してもいいかい？」「無論、いいさ。」と、幼馴染みはマドロスパイプを口から抜いていった。「何本でも好きなだけ足していいよ。……そういえば、おまえさんは子供のころからたきびが好きだったな。」a苦笑が、ひとりでに火の好きな少年だった彼の頬を歪めた。「たきびばかりじゃなくて、なんの火でも好きだったな、おれは。」と、彼は自分で暖炉に新しい薪をくべ足しながらいった。「竈《かまど》の火。囲炉裏《いろり》の火。仏壇の火。盆の迎え火。野焼きの火。それから、不謹慎な話だけど、正直いえば火の粉を空へ吹き上げて盛大に燃える火事まで好きだったよ、おれは。」飲み馴れない洋酒のおかげで、すっかり口が軽くなっていた。「僕だって、火は好きだったよ。」と、幼馴染みの洋画家もいった。「いや、過去の話じゃなくて、いまでも好きだよ。僕らばかりじゃなくて、人間は誰でも火が好きなんじゃないのかなあ。僕はね、火を見てると、まず、どんなときでも気持が落ち着く。次に、自分が謙虚に、素直になるのを感じる。なんだか自分を呼ぶ太古の人の声がきこえるような気がすることもある……。」
　彼が、東京の自宅に暖炉を作ろうと決意したのは、その晩のことだ。居間の工事が完了した晩、彼は、同居している長男夫婦を呼んで新しい暖炉に火入れをした。「だけど、人ってわからないもんだなあ。」と、長男は彼の顔と出来立ての暖炉とを交互に見ながら呆れたようにいった。「定年になった途端に、暖炉に凝るとはねえ。僕は、お父さんの老後の楽しみにけちつけるつもりはありませんが、都会では薪代もばかにはならないんですよ。お母さんは倹《つま》しかったから、あの世でぶつくさいってるでしょう、きっと。」大きなお世話だ、と彼は思い、「こいつのことでは、おまえたちに迷惑はかけないよ。」とだけいって、庭へ出てみた。煙突からは順調に白い煙が流れていた。夜気《やき》に、燃える木の香ばしさがほんのりと匂ってきた。それらをしばらくしんみり味わってから、居間に戻ると、長男夫婦はすでに二階へ引き揚げていて、暖炉のそばには誰もいな問2　空欄 b に入るものとして最も適切なものを次の中から選び、記号で答えなさい（解答番号は2）。

ア　自分の中に野心があるから　　イ　人への思いやりがあるから

ウ　自分の才能を信じているから　　エ　人から愛されているから

オ　自分の中に愛があるから　　カ　人に支えて貰っているから

問3　空欄 c と f にそれぞれ入る語句の組み合わせとして最も適切なものを次の中から選び、記号で答えなさい（解答番号は3）。

ア〔c一意専心・f自暴自棄〕　　イ〔c一意専心・f無味乾燥〕

ウ〔c一意専心・f一喜一憂〕　　エ〔c疑心暗鬼・f自暴自棄〕

オ〔c疑心暗鬼・f無味乾燥〕　　カ〔c疑心暗鬼・f一喜一憂〕

キ〔c意気消沈・f自暴自棄〕　　ク〔c意気消沈・f無味乾燥〕

ケ〔c意気消沈・f一喜一憂〕

問4　傍線部d「もったいなさすぎます」とあるが、理由として最も適切なものを次の中から選び、記号で答えなさい（解答番号は4）。

ア　他者評価をばかりを気にしすぎていると、愛される方法というありもしないものに囚われてしまうから。

イ　誰かに愛されることや誰かを愛することに執着していては、人生の大きな意味を知ることはできないから。

ウ　愛されることにのみ執着した人生を送っていたならば、他者からの目線を気にし続けることになるから。

エ　愛されたいということに固執してしまうと、誰かから愛されることでしか喜びを感じられなくなるから。

オ　他者からの一時の評価ばかり気にして生きていたら、人生の本当の喜びに気づくことはできないから。

問5　傍線部e「あなたの人生はもっと輝かしく、喜びに満ちたものになり得るのですから」とあるが、この説明として**適切でないもの**を次の中から選び、記号で答えなさい（解答番号は5）。

ア　他人を愛するより、愛される喜びが大きくなる。

イ　人生において他人の評価から解放される。

ウ　他人の喜びを自分のものとして感じられる。

エ　どんな時も自分の中に愛を感じられる。

オ　自分の人生を自ら歩んでいると実感する。

問6　傍線部g「自分白身の人生の主人公となります。」とあるが、「主人公になる」のはなぜか。その理由として最も適切なものを次の中から選び、記号で答えなさい（解答番号は6）。

ア　人からも愛される存在になり、自分の人生に生きる喜びをもたらすから。

イ　生きる姿勢に積極性が出てきて、自分の生き方に自信を持つようになるから。

ウ　周りの人の評価を気にせずに、自分本来の素直な思いに従って生きるから。

エ　愛される条件を満たすことで、自分が人生の舞台の中心にいると自覚するから。

オ　愛することにより自分の中に強さを見つけ、前向きに生きようとするから。

問7　筆者が本文中でh「そういう人たち」の生き方を比喩的に述べた表現として最も適切なものを次の中から選び、記号で答えなさい（解答番号は7）。

いるだろうか。こんなことをしたら愛が失われてしまうのではないか。評価を失ってしまうのではないか……。そうやって私たちは「愛されること」を気にするが故に、不安と恐れにかられ、自分自身をみずから愛の奴隷にしてしまいます。そして愛が得られた、評価が得られたといって喜び、それが失われたといって悲しみ、[c]するという、[f]の人生を生きることになるのです。愛されるだけ、他から評価されることを待っているあなたは、この世界では仮住まいです。世界に間借りしていて、ちょっとでも変なことをすれば追い出されてしまう。

愛すること、そのことによってあなたはg自分自身の人生の主人公となります。愛することはあなたの世界を創り出し、あなたは世界に意味を与える存在となるのです。誰かに配役を振り分けられ、脚本家と演出家の意のままに操られる存在から、あなた自身の創造した人生の大舞台の主人公となるのです。そしてそのとき世界は一気に輝き出します。愛し愛されたとき、今まで暮らしてきた世界がこんなに一変するとは。誰もが驚き、魅惑され、喜びが湧き上がってきます。その輝きと美しさを知らずに生きるのはあまりにもったいない。愛の至福は私たちの人生を、存在そのものを変えていきます。(中略)

たくさん残念な人たちを見てきました。評価ばかり気にしていて、自分のいいところが発揮できない学生たち。愛されることばかり考えていて、自分の中の大きな愛に気づいていない人たち。日々の利益をあげることに汲々としてしまっていて、人生の大きな意味に気づかず、苦しそうにしている人たち。hそういう人たちに出会うと、何で自分からそんな方向に歩んでいこうとするのか、「もっと大きな可能性に気づこうよ！」と言いたくなってしまうのです。そして一番残念に思うのは、そうやって自分自身が幸せでない人たちが、えてして他の人たちののびのびとした幸せを妨害してしまうことです。それは楽しそうに生きていることへの嫉妬だったり、無意識の暴力だったり、とにかく幸せの抜け駆けは許さないぞというオーラを全開にして、他の人ののびのびとした幸せに暗い影を投げかけてしまう。それは見ていてもとても耐えられない。みんなもっと幸せに生きようよ。自分も幸せになり、他の人の幸せも心の底から喜びながら生きようよ、と言いたいのです。そうやって互いに互いの幸せを喜び合う社会の根底にあるのは愛です。「愛が欲しい、だけど愛がない」ではなくて、ひとりひとりがのびのびと愛をはぐくみ、愛を発信していくこと、そのことから誰もが大らかに皆の幸せを喜び合える社会へと進んでいけるのです。

（上田紀行『愛する意味』より）

問1　傍線部a「幸せになれない大きな原因がある」で、「幸せになれない」とあるがその理由として最も適切なものを次の中から選び、記号で答えなさい（解答番号は1）。

ア　他者から愛されることばかりに固執していて、世の中を見る視野が狭くなっているから。

イ　他者から常に愛され評価されるのは難しいのに、それを求めることに躍起になっているから。

ウ　他者から愛され認められたいと思うあまりに、本来の自分を歪めて卑屈になっているから。

エ　他者から愛されている方が、周りから見て幸せだと思われる傾向が社会の中にあるから。

オ　他者から愛される方が、愛するよりも努力の必要がないという誤った認識があるから。

三　次の文章を読み、後の各問いに答えなさい。

日本人が幸せになれない一番大きな原因は「愛していない」ことにあります。そう言われると誰でも「自分だって愛するものはある」と言いたくなるでしょう。でも「愛すること」と「愛されること」のバランスはどうでしょうか。多くの人たちが「愛すること」よりも「愛されること」を優先してしまっている。そこに私たちが a幸せになれない大きな原因があるのです。恋愛でも、誰かを愛することよりも先に誰かから愛されることを考えてしまう。そして自分の周りにいる人たち、社会に対してもそうです。常に周囲からの評価が気になってしまう。学校での成績や、会社での評価が気になってしまう。愛されれば幸せになれる。評価されれば幸せになれる。そうやって「愛されること」「評価されること」が自分の幸せの前提になってしまっている。しかしはたしてそうでしょうか？　そうではないとぼくは断言したいと思います。愛されることも大切ですが、それよりも愛することのほうが、断然大きな幸せをあなたに、そして世界にもたらすのだと。

もちろん誰かに愛されれば幸せでしょう。高い評価を得られれば幸せでしょう。しかし、実際にはなかなかそうならないのが人生です。あなたを熱烈に愛してくれる人とはそうそうは出会えないかもしれません。そしてあなたが常に学校でも仕事でも高い評価を得られ続けるとは限らないでしょう。そこですぐに「不幸せ」になってしまうのでは悲しすぎると思いませんか。そのときに「愛する」人はめげません。自分にはこんな素晴らしい愛するものがある。たとえ周囲からの愛が一時期途絶えても、自分の中に愛があれば耐えられる。それどころか、幸せに生きられるのです。

世界の偉人と言われる人の多くは、人生の中で苛酷な逆境に遭遇しています。世間から認められない。間違っていると攻撃される。おかしな人だと軽蔑される。しかしそんなことではめげません。それは［　b　］です。私が美しいと思うもの、素敵だと思うものを皆に届けたい。差別されている人、困窮している人を助けたい……。自分の中から湧き上がってくる愛、それが人生を支えていくのです。

もし自分が他者からの評価、誰かから愛されるかどうかだけで決まってしまうのならば、誰もあなたを振り向かず、無視されるだけで、あなたは［　c　］し、生きる気力を失ってしまうでしょう。しかし、まったく違う人生のあり方があります。それは愛されることから愛することへの、愛される人から愛する人への大転換です。そのことに気づかず、単に落ち込んで過ごすのでは、あなたの人生は dもったいなさすぎます。 eあなたの人生はもっと輝かしく、喜びに満ちたものになり得るのですから。

「愛されたい」「評価されたい」ということへの執着は、あなたをとても不自由にします。人であれ社会であれ、ほとんどの場合、「愛されるためにはこんな人でありなさい」「評価されるためにはこれを達成しなさい」という条件をつけてきます。それを満たさなければあなたは愛されない、評価されないと。「愛されたい人」とはその評価がとっても気になる人でもあります。自分が愛されるためには今何をしなければいけないのか、何をしてはいけないのか。そしていつのまにかあなたはそんな「愛されるための条件」にがんじがらめになってしまうのです。

そしてそれはあなたに不安と恐れをもたらします。私は今愛されるために「正しいこと」をしているだろうか。愛するに足る条件を満たして

【国語】（五〇分）〈満点：一〇〇点〉

一 次の1～5の傍線部と同じ漢字を使うものを次の中から選び、それぞれ記号で答えなさい（解答番号は1～5）。

1．鉄道をフセツする。
ア お堂をサイケンする。　イ 小説のコウソウを練る。
ウ 大きなヤシキだ。　エ 大会をジッシする。
オ 家をゾウチクする。

2．実力がハクチュウしている。
ア 喧嘩をチュウサイする。　イ チュウジツな家来。
ウ チュウショウ的な話。　エ シチュウを立てる。
オ 軍隊がチュウリュウする。

3．ケンジツな政策。
ア 彼はキゲンが悪い。　イ 社会にコウケンする。
ウ ケンゴな城。　エ 両親はケンザイだ。
オ 強いケンゲンがある。

4．リジュンの追求。
ア 血液のジュンカン。　イ ジュンスイな気持ち。
ウ 町をジュンカイする。　エ ジュウジュンな態度。
オ シツジュンな気候。

5．彼の死をイタむ。
ア セキベツの言葉。　イ 死者のツイトウ式。
ウ コウカイ先に立たず。　エ ヒサンな戦争。
オ 人生のヒアイを感じる。

二 次のそれぞれの問いに答えなさい。

問1 次のそれぞれの慣用句の［　］に入るものを次の中から選び、記号で答えなさい（解答番号は1～3）。

1．寝耳に［　］　2．濡れ手で［　］　3．［　］を正す
ア 塩　イ 鯖　ウ 仏　エ 襟　オ 餅
カ 剣　キ 水　ク 粟　ケ 裸　コ 蜂

問2 次のそれぞれの文の表現として正しいものを一つ選び、記号で答えなさい（解答番号は4）。

ア 私の父は五〇歳になられました。
イ 今朝、すぐには起きれなかった。
ウ たとえ遅刻したら、会議に出なさい。
エ 汚名を挽回するために頑張ります。
オ ただいま社長は席をはずしております。

問3 次の漢文の傍線部の字は何番目に読むか。次の中から正しいものを選び、記号で答えなさい（解答番号は5）。

有《ル》レ言 者《ハ》 不ニ 必《ズシモ》 有《ラ》レ 徳。

ア 一番目　イ 二番目　ウ 三番目　エ 四番目
オ 五番目　カ 六番目　キ 七番目

問4 次の文学作品と作者の組み合わせとして**正しくないもの**を選び、記号で答えなさい（解答番号は6）。

ア 『風立ちぬ』―堀辰雄　イ 『草枕』―夏目漱石
ウ 『小僧の神様』―志賀直哉　エ 『羅生門』―太宰治
オ 『生まれ出づる悩み』―有島武郎　カ 『潮騒』―三島由紀夫

MEMO

大切なことはメモしておこうネ！

1月17日

2023年度

解　答　と　解　説

《2023年度の配点は解答欄に掲載してあります。》

＜数学解答＞

1 (1) ア 7　イ 1　ウ 6　(2) エ 5　(3) オ 2　カ 2　キ 7
(4) ク 3　(5) ケ 9　(6) コ 2　サ 1　シ 4　(7) ス 3　セ 2
(8) ソ 9　タ 0

2 (1) ア 4　イ 0　ウ 3　エ 0　オ 1　カ 1　キ 0
(2) ク 1　ケ 2　コ 5　サ 0　シ 0　ス 3　セ 0　ソ 0
タ 0　チ 0　ツ 0

3 (1) ア 1　イ 6　(2) ウ 1　エ 1　オ 8　(3) カ 1　キ 3

4 (1) ア 2　イ 5　(2) ウ 2　エ 0　オ 5　カ 2
(3) キ 2　ク 5　ケ 6

5 (1) ア 7　イ 1　(2) ウ 2　エ 4　オ 1　カ 8　キ 3　ク 2
(3) ケ 5　コ 1

6 (1) ア 3　イ 1　ウ 3　(2) エ 8
(3) オ 6　カ 0　キ 6　ク 9

○推定配点○

1 各3点×8　2 (1) 各2点×5　(2) 各4点×2　3 各4点×3　4 各4点×4
5 (1) 各2点×2　(2) 各3点×3　(3) 4点　5 (1) 各2点×3　(2) 3点
(3) 4点　計100点

＜数学解説＞

基本 1 (数の計算，平方根の計算，因数分解，式の値，平方根の大小，連立方程式，2次方程式，角度)

(1) $\left(\frac{1}{4}\right)^3\div\frac{1}{4}-\frac{1}{2}=\frac{1}{64}\times4-\frac{1}{2}=\frac{1}{16}-\frac{8}{16}=-\frac{7}{16}$

(2) $\sqrt{10}\div\frac{3\sqrt{2}}{2}+\frac{\sqrt{5}}{3}=\sqrt{10}\times\frac{2}{3\sqrt{2}}+\frac{\sqrt{5}}{3}=\frac{2\sqrt{5}}{3}+\frac{\sqrt{5}}{3}=\frac{3\sqrt{5}}{3}=\sqrt{5}$

(3) $2x^2-10x-28=2(x^2-5x-14)=2(x+2)(x-7)$

(4) $x^2+2xy+y^2=(x+y)^2=\left(\frac{\sqrt{3}+1}{2}+\frac{\sqrt{3}-1}{2}\right)^2=\left(\frac{2\sqrt{3}}{2}\right)^2=(\sqrt{3})^2=3$

(5) $49<50<64$から，$\sqrt{49}<\sqrt{50}<\sqrt{64}$，$7<\sqrt{50}<8$　よって，$-2<n\leqq7$から，−1，0，1，2，3，4，5，6，7の9個

(6) $3x+y=20$…①　$4x-\frac{1}{2}y=1$　両辺を2倍して，$8x-y=2$…②　①＋②から，$11x=22$
$x=2$　①に$x=2$を代入して，$3\times2+y=20$　$y=20-6=14$

(7) $x^2-6x+7=0$　二次方程式の解の公式から，$x=\frac{-(-6)\pm\sqrt{(-6)^2-4\times1\times7}}{2\times1}=\frac{6\pm\sqrt{8}}{2}=\frac{6\pm2\sqrt{2}}{2}=3\pm\sqrt{2}$

(8) 求めるおうぎ形の中心角を$x°$とすると，$x:360=2\pi\times3:2\pi\times12=1:4$　$4x=360$　$x=90$

2 (箱ひげ図，比例式)

基本 (1) (ⅰ) 英語の第1四分位数は，箱ひげ図から，40点　第3四分位数は，70点　四分位範囲＝第3四分位数－第1四分位数から，四分位範囲は，70－40＝30(点)

(ⅱ) 国語の中央値は，点数が低い順から20番目と21番目の平均になる。箱ひげ図から，中央値は70点だが，20番目が69点，21番目が71点の場合もあるから，70点の生徒が必ずいるとは言えない。箱ひげ図では，正確な点数がわからないので平均点は求められない。また，70点以上80点未満の生徒の人数を読み解くこともできない。

(2) (ⅰ) $50000\times\frac{1}{4}=12500$(円)

(ⅱ) 宝石Bを2つの割った軽い方をa，重い方をbとすると，a，b，Bの価格の比は，$1^3:2^3:3^3=1:8:27$　よって，割れた2つのa，bの価格の合計は，$900000\times\frac{1+8}{27}=900000\times\frac{1}{3}=300000$(円)

3 (図形と確率の融合問題)

(1) 大小2つのさいころの目の出かたは全部で，6×6＝36(通り)　そのうち，点Pと点Qが同じ頂点上にくる場合は，(大，小)＝(1，4)，(2，5)，(3，6)，(4，1)，(5，2)，(6，3)の6通り　よって，求める確率は，$\frac{6}{36}=\frac{1}{6}$

(2) △APQが正三角形になる場合は，(大，小)＝(2，1)，(4，5)の2通り　よって，求める確率は，$\frac{2}{36}=\frac{1}{18}$

重要 (3) 3点のうち2点を通る直線が正六角形の外接円の中心を通るとき，△APQは直角三角形になる。△APQが直角三角形になる場合は，(大，小)＝(1，1)，(1，6)，(2，2)，(2，6)，(3，1)，(3，2)，(3，4)，(3，5)，(4，4)，(4，6)，(5，5)，(5，6)の12通り　よって，求める確率は，$\frac{12}{36}=\frac{1}{3}$

4 (平面図形の計量問題―円の性質，三平方の定理，角度，面積比)

(1) $AP=\frac{30}{2}=15$　$OP=OQ-PQ=r-5$　△OAPにおいて三平方の定理を用いると，$OA^2=AP^2+OP^2$　$r^2=15^2+(r-5)^2$　$r^2=225+r^2-10r+25$　$10r=250$　$r=25$(cm)

(2) (ⅰ) $\angle DAC=x$とすると，△ACPにおいて内角と外角の関係から，$\angle ACB=30°+x$　円周角の定理から，$\angle DBC=\angle DAC=x$　△BCQにおいて内角と外角の関係から，$30°+x+x=70°$　$2x=40°$　$x=20°$

(ⅱ) $\angle ACB=30°+20°=50°$　同じ円について弧の長さと円周角は比例するから，$\overset{\frown}{AB}:\overset{\frown}{CD}=\angle ACB:\angle DAC=50°:20°=5:2$

(3) $\triangle ABC=\frac{5}{3}\triangle ADC=\frac{5}{3}\times\frac{5}{2}\triangle AEC=\frac{25}{6}\triangle AEC=\frac{25}{6}S$

5 (図形と関数・グラフの融合問題)

基本 (1) ②の式に$x=1$を代入して，$y=-2\times1+9=7$　A(1，7)　①の式に$x=1$を代入して，$y=1^2=1$　C(1，1)

(2) ACの中点をPとすると，$\frac{7+1}{2}=4$から，P(1，4)　四角形ABCDは正方形だから，BD＝AC＝

$7-1=6$　BDの中点も点Pになるので，$1-\frac{6}{2}=-2$から，B$(-2,\ 4)$　四角形ABCDの面積は，$6\times6\div2=18$　四角形ABCDの1辺の長さは，$\sqrt{18}=3\sqrt{2}$

重要 (3) 直線CDの傾きは1だから，直線CDの式を$y=x+b$として点Cの座標を代入すると，$1=1+b$　$b=0$　よって，直線CDの式は$y=x$…③　②と③からyを消去すると，$-2x+9=x$　$3x=9$　$x=3$　よって，E$(3,\ 3)$　CE：ED$=(3-1):(4-3)=2:1$　よって，(四角形ABCE)$=$ $2\triangle\mathrm{ACD}-\frac{1}{3}\triangle\mathrm{ACD}=\frac{5}{3}\triangle\mathrm{ACD}$　$\triangle\mathrm{AED}=\frac{1}{3}\triangle\mathrm{ACD}$　したがって，(四角形ABCE)：$\triangle$AED$=$ $\frac{5}{3}\triangle\mathrm{ACD}:\frac{1}{3}\triangle\mathrm{ACD}=5:1$

6 (規則性)

基本 (1) ②の状態では，上面の目の数が5，下面の目の数が2となるので，$x_2=5-2=3$　③の状態では，上面の目の数が4，下面の目の数が3となるので，$x_3=4-3=1$　⑥の状態では，上面の目の数が5，下面の目の数が2となるので，$x_6=5-2=3$

(2) $x_4=5-2=3$　よって，$x_1+x_2+x_3+x_4=1+3+1+3=8$

重要 (3) $x_5=6-1=5$，$x_6=3$，$x_7=6-1=5$，$x_8=5-2=3$　$x_5+x_6+x_7+x_8=5+3+5+3=16$　$x_1+x_2+x_3+x_4+x_5+x_6+x_7+x_8=8+16=24$　⑧で最初の状態に戻るので，$2023\div8=252$あまり7から，$x_1+x_2+x_3+x_4+\cdots\cdots+x_{2022}+x_{2023}=24\times252+1+3+1+3+5+3+5=6069$

★ワンポイントアドバイス★

2で，第1，2，3四分位数は，点数が低い方から10番目と11番目の平均，20番目と21番目の平均，30番目と31番目の平均になるので四分位数の点数の人がいるとは限らないことに注意しよう。

<英語解答>

1　1 2　2 2　3 3　4 2　5 3

2　問1 (1) 2　(2) 1　(3) 4　(4) 1　(5) 3　問2 4　問3 1
問4 1　問5 3　問6 4　問7 1　問8 1 3　2 1　3 2

3　1 3　2 2　3 2, 4　4 3　5 1　6 1　7 2　8 3, 4

4　1 1　2 4　3 1　4 1　5 4　6 1

5　1 3番目 1　6番目 7　2 3番目 4　6番目 1　3 3番目 7　6番目 6
4 3番目 9　6番目 1　5 3番目 1　6番目 5　6 3番目 5　6番目 2

6　1 3　2 2　3 4　4 3　5 2

○推定配点○
4・5　各3点×12(5各完答)　他　各2点×32(3 8完答)　計100点

<英語解説>

1 (リスニングテスト)

Annie invites Rick and some friends to have a trip. They are going to meet their friends during their trip.

Rick　: Hi, Annie. It's Rick.
Annie : Good to hear from you, Rick.
Rick　: I just needed to know what time we're meeting for tomorrow's trip.
Annie : The train leaves at 7:45a.m., so I want to meet you at the Tokyo station at 7:30a.m.
Rick　: So early! I'll have to leave my house at 6:30a.m. to get there on time.
Annie : If we miss the train, we won't get to Takao station by noon. Mark and Molly are expecting us to have lunch there.
Rick　: What about Bob? Won't it take him longer to get to the station?
Annie : He's not taking the train; he's going to drive with Patty and her children.
Rick　: Well, I'd like to take the train, not drive with children. By doing so, we can enjoy the scenery, relax, and get some sleep.
Annie : I see. I'm looking forward to seeing you. The fresh mountain air is waiting for us.

1　Where are Rick and Annie going to meet at first?
　1　At the bus station.
　2　At the train station.
　3　At the restaurant.
　4　On the top of mountain.

2　Why does Rick want to take a train?
　1　Because he wants to spend time with Patty's children.
　2　Because he can relax on the rain.
　3　Because he is afraid he will fall asleep in the car.
　4　Because he can have lunch on the train.

In 1986, Jean Herman lived in an apartment in New York City. Jean's apartment was small and old, but she liked it. The apartment was cheap; Jean paid only $200 a month.

One day a big company bought the old building. The company wanted to change the old building into a new tall building.

Some people from the company visited Jean. "We're going to take down this building," the people said to Jean. "So, you have to move. Here is $50,000. You can find a new apartment--- a big, beautiful apartment."

"I don't want a new apartment," Jean said. "I like this apartment. I'm not going to move." Jean didn't take the money.

Since then the people came back with more money every day, but Jean didn't take their money. "I'm not going to move," Jean said. "Not for a million dollars. Not for ten million dollars. I like this apartment. It's my home."

All of Jean's neighbors in the old building moved, but not Jean. She didn't move, and at last the company decided not to take down the building. The company built a new tall building behind the old apartment.

Jean died in 1992, but now there is a unique tall building on East 60th Street in New York City. It was a big new building with an empty old one in front of it.

3　Why did some people from the company want Jean to move?
　1　Because they wanted Jean to have a beautiful life.
　2　Because they wanted Jean to live in a new apartment.

3 Because they wanted to build a new tall building.
4 Because they wanted to clean the apartment.

4 How much were people from the company going to pay Jean?
1 1,500 dollars. 2 50,000 dollars.
3 500,000 dollars. 4 150,000 dollars.

5 What was built after Jean's death?
1 A new apartment was built in front of the old apartment.
2 Nothing was built in front of the old apartment.
3 A new tall building was built in front of the old apartment.
4 A building named East 60th was built in front of the old apartment.

（全訳） アニーはリックと友人数名を旅行に誘う。彼らは旅行中に友人と会うことになっている。

リック：やあ，アニー。リックだよ。
アニー：あなたから連絡があってうれしいわ，リック。
リック：僕は明日の旅行のために何時に会うことになっているか知りたかったんだ。
アニー：電車は午前7時45発だから，私はあなたに東京駅で7時30分に会いたい。
リック：そんなに早く！ そこに時間通りに着くには僕は家を午前6時30分に出ないといけない。
アニー：もしその電車に乗り遅れると，私たちは12時までに高尾駅に到着できない。マークとモリーはそこで私たちが昼食を食べることを期待しているの。
リック：ボブは？ 彼がその駅に着くにはもっと時間がかかるんじゃない？
アニー：彼は電車に乗らないつもりよ。彼はパティと彼女の子供たちと一緒に車で来るつもり。
リック：うーん，僕は電車に乗りたいな，子供と一緒に車に乗るんじゃなくて。そうすることで僕たちは景色を楽しんだり，のんびりしたり，少し寝たりできる。
アニー：わかった。あなたに会うのを楽しみにしているわ。きれいな山の空気が私たちを待っているわよ。

1 リックとアニーは最初にどこで会うか。
1 バス停で。 2 電車の駅で。
3 レストランで。 4 山の頂上で。

2 なぜリックは電車に乗りたいのか。
1 パティの子供たちと一緒に時間を過ごしたいから。
2 電車でのんびりしたいから。
3 車の中で眠ってしまうことが怖いから。
4 電車で昼食を食べることができるから

（全訳） 1986年，ジーン・ハーマンはニューヨーク市のアパートに住んでいた。ジーンのアパートは狭くて古かったが，彼女は気に入っていた。そのアパートは安くて，ジェーンは1か月200ドルしか払わなかった。

ある日，大企業がその古いビルを買った。その企業はその古いビルを新しい高層ビルに変えたかった。

その企業から数名がジーンに会いに来た。「私たちはこのビルを取り壊します」とその人たちはジーンに言った。「だからあなたは引っ越ししなければなりません。ここに5万ドルあります。新しいアパートが見つかりますよ。大きくて美しいアパートが」

「私は新しいアパートなんてほしくありません」とジーンが言った。「私はこのアパートが好きなんです。私は引っ越しません」 ジーンはそのお金を受け取らなかった。

それ以来，その人たちはもっと多くのお金を持って毎日やってきたが，ジーンは彼らのお金を受けとらなかった。「私は引っ越しません」とジーンは言った。「100万ドルでもしません。1000万ドルでもしません。私はこのアパートが好きです。ここは私の家です」

その古いビルのジーンの隣人たちは全員引っ越したが，ジーンはしなかった。彼女は引っ越さず，とうとうその企業はそのビルを取り壊さないことにした。その企業はその古いビルの裏に新しい高層ビルを建てた。

ジーンは1992年に亡くなったが，今，ニューヨーク市の東60番街にはユニークな高層ビルが建っている。それは大きな新しいビルの前に古い空きビルがあるものだった。

3　なぜその企業の人々はジーンに引っ越ししてほしかったのか。

　1　彼らはジーンに美しい人生を送ってほしかったから。

　2　彼らはジーンに新しいアパートに住んでほしかったから。

　3　彼らは新しい高層ビルを建設したかったから。

　4　彼らはそのアパートを清掃したかったから。

4　その企業の人々はジーンにいくら支払うつもりだったか。

　1　1,500ドル。　　2　5万ドル。

　3　50万ドル。　　4　15万ドル。

5　ジーンの死後，何が建設されたか。

　1　その古いアパートの前に新しいアパートが建てられた。

　2　その古いアパートの前には何も建てられなかった。

　3　その古いアパートの前に新しい高層ビルが建てられた。

　4　東60番街という名のビルがその古いアパートの前に建てられた。

2 (長文読解問題・物語文：語句補充・選択，時制，前置詞，受動態，単語，語句解釈，内容吟味)

(全訳)　1796年，フランスの人々はお腹を空かせて(1)いる。もちろん，裕福な人々はそうではない。彼らは食べ物があり，暖かい服があり，美しい家がある。

ジャン・バルジャンは貧しい人々の1人だ。彼は若者で，大きく，強く，良い労働者だ，しかし彼には①仕事がなく，仕事を見つけることができず，お腹を空かせている。彼はブリー村に姉と一緒に住んでいる。彼女の夫は亡くなり，彼女には7人の子供がいる。寒い冬で家には食べ物がない。パンもなく，何もない，そして7人の子供がいる！

ジャン・バルジャンは善良な男だ。彼は泥棒ではない。しかし，姉の子供たちが空腹のために一晩中泣いている時に，ただそこに(2)座っていることなど，どうしてできようか。男には何ができるか。彼は夜に家を出て村の通りを進む。彼はパン屋の窓に手を通す。ガチャン！　彼はパンを一斤取って，走る。彼は速く走るが，他の人のほうが速く走る。

フランスは貧しい人々に優しくない。フランスはジャン・バルジャンを5年間刑務所に送る。4年後，彼は逃げる。彼らは彼を見つけ，連れ戻す。彼らは彼にさらに6年を課す。再び，彼は逃げ，2日後に彼らは彼を見つける。そして彼らは彼に(3)さらに8年を課す。刑務所に19年間－②一斤のパンのために！

1815年，刑務所を出る時，ジャン・バルジャンは別人である。刑務所は人を変える。長年の悲惨，長年の骨折り仕事，長年の残酷な看守が人を変える。かつてジャン・バルジャンの心には愛があった。しかし今は(ア)憎しみがあるだけだ。

ある10月の晩，1815年，ディーニュの司教の家の玄関がノックされた。「お入りください」と司教が言った。その司教は親切な男性だった。ディーニュの町の誰もがそう知っていた。貧しい人々，お腹をすかせた人々，そして不幸な人々－彼らは皆，司教の家の玄関へやってきた。司教の妹はその夜，玄関にいる③男を見て怖がった。「彼を見て！」と彼女は司教にささやいた。「彼は大男で危険な男よ。彼は黄色のカードを持っている。ということは，彼はかつて受刑者だった。悪い男だわ」

しかし司教は耳を貸さなかった。「入りなさい，私の友達よ」と彼は玄関にいる男へ言った。「入りなさい。あなたは私たちと一緒に夕食を食べ，今夜は温かいベッドで寝なさい」 その男は司教(4)をじっと見た。「私の名前はジャン・バルジャンです」と彼は言った。「私はトゥーロンで19年間刑務所に入っていました。ほら，ここに黄色のカードがあるでしょう？ 人々は私を見ると，ドアを閉めてしまう。でもあなたは違う。④どうして閉めないのですか」「なぜなら，友達よ，神の目ではあなたは私の兄弟だからです」と司教は言って微笑んだ。「だから入りなさい，そして暖炉の横に座りなさい」 司教は妹の方を向いた。「さあ，妹よ，私たちの友達のジャン・バルジャンは素敵な夕食を必要としている。銀の皿を持ってきなさい。今夜は特別な夜だ」

「銀の皿はダメよ！」と司教の妹はささやいた。彼女の目はサッとジャン・バルジャンの方に行き，そして司教の顔に戻った。「良いのだ。銀の皿を」と司教が言った。「そして銀の燭台も。教会にはこういう美しいものがあり，それは私たちのお客様のためだ。そして今夜のお客様は最高のものだけを(5)与えられなければならない」

そうして，ジャン・バルジャンは司教とその妹と一緒に席に着き，銀の皿から食事をした。彼はガツガツと食べた。⑤それは数週間のうちで初めての良い食事だった。「あなたは良い人です」と彼は司教に言った。「おそらく，フランスでただ一人の良い人です」

しかしバルジャンはその銀の皿から目を離すことができなかった。食後，司教の妹は銀の皿を片付けた，そしてバルジャンの目は見ていた。彼は場所を見て，それを記憶した。夜，司教の家の温かいベッドの中で，彼はその皿について考えた。それらは大きくて重かった。大量の銀が入っている！ 「あれらの皿を売ることができるぞ」と彼は考えた。「たった1枚で，何か月もよく食べることができる！」 刑務所に19年間は長い時間だ，そしてつらい19年は人を変える。

問1 (1) 過去を表す語句(the year 1796)があるが，前後の文の時制が現在形なので，合わせて現在形とする。物語文では，特にあらすじを述べる部分の場合，過去のことでも現在時制を用いる。 (2) 助動詞 can があるので原形を入れる。 (3) another「さらに」 (4) stare at ～「～をじっと見る」 look at ～「～を見る」の at と同じ用法。 (5) 直前に be があるため，過去分詞を入れて受動態「～される」にする。

問2 下線部①の work は「仕事」の意味で4が同じ。1～3は「作品」の意味。

問3 loaf は「かたまり」の意味で，a loaf of bread は「一斤のパン，一塊のパン」という意味。この部分は，わずか一斤のパンを盗んだだけで19年間も投獄されていた，ということを示している。

問4 「かつては『愛』があったが，今は～だけだ」という流れなので，love と反対の hate「憎しみ」が適切。

問5 ジャン・バルジャンが刑務所から出て，司教の家を訪ねる場面。「玄関にいる男」はジャン・バルジャンである。

重要 問6 Why not? は「なぜ～しないのか」という意味。ここでは前文の they shut their doors「彼らはドアを閉める」を受け，「なぜあなたはドアを閉めないのか」を表す。

問7 直前の文より，ジャン・バルジャンは空腹だとわかる。1「彼は何週間も良い食事を食べていなかった」が適切。

重要 問8 1 3「ジャン・バルジャンは姉を支援したかったのでパン一斤を盗んだ」 2 1「刑務所での生活はジャン・バルジャンを変えた」 3 2「この話は，ある男性の悲惨な状況に関するものだ」

重要 3 (長文読解問題・紹介文：英問英答，内容吟味，指示語)

(全訳) 空気は多くの気体を含むが，2つの重要なものは酸素と二酸化炭素だ。植物は空気を葉に取り入れる。それらは二酸化炭素中の炭素を食料として使う。酸素は空気中に戻る。動物は(そしてもちろん人間も)酸素を使って二酸化炭素を吐き出す。そのようにして植物と動物は生きるため，そして成長するためにお互いに助け合う。

燃焼は酸素を使い，二酸化炭素を排出する。昔，人々は食べ物を調理するため，そして①自分たちを温かく保つために，火を起こすようになった。これは誰かの害になるほど二酸化炭素を産出したわけではなかった。後に人々は工場を建てた。工場は石炭や石油を燃やした。新しい町が工場の周りにでき，労働者のために店，学校，家ができた。誰もが石炭を燃やした。火はきれいに燃えず，たくさんの煙とすすを出した。丘の上に立って町を見下ろすと，汚れた灰色の煙を出す数百の煙突が見えた。煙から出るすすは町の建物を黒くし，多くの木が枯れた。すすを含んだ空気のため，人々は咳をした。毎年冬には大勢の老人や子供が呼吸困難で死亡した。毎年ひどい霧もあった。ある作家がマンチェスターに住んでおり，空気がひどく汚染されていた。彼は「毎朝私は目覚めて鳥が咳き込むのを聞く！」と書いた。その後，1950年代，英国の新しい大気浄化法には，人々は木材や普通の「汚い」石炭を家でも燃やしてはならず，特別な「きれいな」石炭を燃やさなくてはならない，と書かれていた。そして工場は煙，ガス，すすを空高く，町から遠くに出すために，高い煙突を備えなくてはならなかった。まもなく，町の空気は呼吸しても安全になった。人々は建物からすすを払い，その建物はきれいなままに保たれた。しかしそれは物語の一部にすぎなかった。煙やガスはどこに行ったのか。

全ての燃焼は煙とガスを産出するが，ガソリンを燃やすことは鉛と呼ばれる重い灰色の金属も生み出す。ガソリンをよく燃やすため，何年も前に石油生産者がガソリンに鉛を入れ始めた。車はガソリンを燃やし，排気ガスを放出する。毎年，私たちは世界中で45万トンの鉛を空気中に放出する。これらの鉛の半分は交通の排気ガスから来る。鉛は毒だ。あなたはそれを吸い込んだり，食品や水を通じて摂取したりする，そしてそれは体内に留まりゆっくりとあなたをむしばむ。鉛濃度の高い地域に住む子供たちは他の子供たちより成長が遅い。そして過剰な鉛は命に係わる。無鉛ガソリン―鉛が少ない，もしくは全くないガソリン―は大気汚染をコントロールするのに役立つ。先進国には「汚い」車に反対する法律があり，何千万もの車が無鉛ガソリンを燃やしている。多くの先進国では，ガソリンスタンドが無鉛ガソリンを通常の有鉛ガソリンよりも安く売るし，ほとんどの新車が有鉛ガソリンを利用できない。大気浄化法と無鉛ガソリンがスモッグを浄化するのに役立っている。そして多くの場所で，特別な法律が交通を町の中心部から締め出している。これも役に立っている。しかし多くの発展途上国では，空気中に多量の鉛を含んでいる，なぜならガソリンがいまだに多くの鉛を含んでいるからだ。石油生産者が人々に鉛を多く含むガソリンを売るのを禁止する法律がない。有鉛ガソリンを燃やす車を売るのを禁止する法律もない。また，ドライバーに自分の汚くて臭くて無駄な車の排気ガスを浄化するように定める法律もない。

1 「植物と人間の関係を最もよく表している文はどれか」 3「植物と人間は互いに依存している」

2 「『彼ら自身』とは何を意味するか」 2「人間たち」

3 「工場は空気を汚染した時に何を燃やしたか。2つ答えを選べ」 2「石油を燃やした」 4「石炭を燃やした」

4 「なぜ筆者はマンチェスターの作家を紹介したのか」 3「大気がどれほどひどく汚染されていたかを説明するため」

5 「1950年代，英国の新しい大気浄化法の下で，人々は何を燃やすことができたか」 1「特別できれいな石炭」

6 「鉛について正しくないものはどれか」 1「食品や水の中の鉛は人々に何の影響もない」

7 「先進国が大気汚染をコントロールしようとしている方法について正しくないものはどれか」 2「有鉛ガソリンを無鉛ガソリンよりも安く売ることによって」

8 「工場からの煙やすすのせいで何が起きたか。2つ答えを選べ」 3「多くの木が枯れてしまった」 4「多くの人が咳をし始めた」

基本 **4** （語句補充・選択：分詞，時制，前置詞，不定詞，疑問詞，動名詞）

1 「私にはキャシーという名の娘がいる」 A called B「Bと呼ばれるA，Bという名のA」

2 「あなたのお母さんはとても若かった頃にヨーロッパへ行ったそうですね」 過去時制の文。

3 「多くの家族が冬の間，2，3週間その街へ行く」 during「～の間」

4 「彼はその箱を家から動かすの手伝ってくれる力強い人を必要としている」 someone「誰か，人」を修飾する形容詞は，その後ろに置く。また to help は前の名詞(someone)を後ろから修飾する，形容詞的用法の不定詞。

5 「私たちは将来に何が起こるか決してわからない」 what は「何が」を表す疑問詞。

6 「私たちはその映画を映画館で見ることに興味がある」 前置詞 in の後ろなので動詞は動名詞 ~ing にする。

5 （語句整序：関係代名詞，受動態，比較，分詞，間接疑問，不定詞，熟語）

1 (One) of the books I found showed Japan was (famous for good animations.) Iの前には目的格の関係代名詞が省略されており，I found「私が見つけた」が books を後ろから修飾する。動詞 show は「～と示す」という意味で，直訳は「私が見つけた本の1つは，日本は質の良いアニメで有名だと示した」となる。

2 (The) roof of my house was broken by the strong (wind.) 受動態〈be動詞＋過去分詞〉「～される」の文。by は「～で，～によって」を表す前置詞。

3 (Children) can learn second languages more quickly than adults. -ly で終わる副詞は more をつけて比較級にする。

4 (The man) living in this forest is a member of our (family.) 形容詞的用法の現在分詞句 living in this forest が man を後ろから修飾する。a member of ～「～の一員」

やや難 5 (You need to) tell me how you want the website to look (before I make it.) 直訳は「私がサイトを作る前に，あなたは私に，そのウェブサイトがどう見えてほしいのかを伝える必要がある」となる。〈want ＋目的語＋ to ＋動詞の原形〉「ーに～してほしい」

6 It will not be long before this (country becomes a society of the elderly.) It will not be long before ～「まもなく～だろう，～なのはもうすぐだ」

基本 **6** （長文読解問題・チャット：英問英答，内容吟味）

（全訳）

S：こんにちは，ケイト。調子はどう？ あなたが入院してから私たちは会っていないね。
チアリーディングの練習中，あなたがチームメイトの肩から落ちた時，私はとてもショックで心臓が止まったみたいに感じたわ。あなたは手術をしたんだってね。大丈夫だった？ 良くなるといいな。じゃあね。

4月16日15時00分

K：こんにちは，サラ。メッセージをくれてありがとう。私は今は大丈夫よ。病院に運ばれた後，私は左足の損傷をチェックするためにいくつか検査を受けたわ。

1回手術が必要で，昨日行われたの。
最初私は少し心配だったけれど，お医者さんがすべて順調に行ったと言っていたわ。
でもリハビリが必要よ。数か月後にはまた練習できると思う。
すぐにあなたに会えることを願っているわ。

4月16日15時28分

S：良かった！　私たちみんな，あなたにとても会いたいわ。
私はすぐにあなたに会いに病院に行くよ。何を持ってきてほしいか教えて。じゃあまた！

4月16日15時37分

1 「なぜケイトは入院したのか」 3「彼女はチアリーディングの練習中に怪我をした」
2 「ケイトは手術の後に何をしなくてはならないか」 2「リハビリテーション」
3 「ケイトはいつチアリーディングを再開できるか」 4「6月16日」
4 「ケイトとサラはどこで会うか」 3「病院で」
5 「ケイトはサラの2番目のメッセージにどのように返信するか」 2「ありがとう！　クラブの練習を録画して私に見せてくれる？」

★ワンポイントアドバイス★

2はビクトル・ユゴー著『ああ無情』(レ・ミゼラブル)の冒頭部分のあらすじである。

＜国語解答＞

一　1 オ　2 ア　3 オ　4 ア　5 ウ
二　問1　1 オ　2 ア　3 カ　問2　a ウ　b カ　問3　ウ　問4　オ
三　問1　イ　問2　オ　問3　ウ　問4　エ　問5　エ　問6　ア　問7　イ
問8　ウ　問9　オ
四　問1　a イ　g オ　問2　ウ　問3　オ　問4　エ　問5　ア　問6　エ
問7　イ　問8　ア
五　問1　a イ　e ア　問2　b ウ　c ア　問3　エ　問4　イ

〇推定配点〇

一　各2点×5　二　問3　2点　他　各1点×6　三　問3　2点　他　各4点×8
四　問1　各2点×2　他　各4点×7　五　問1・問2　各2点×4　他　各4点×2
計100点

<国語解説>

一 (漢字の読み書き)

1 喚起　ア 換算　イ 閑散　ウ 寛容　エ 簡易　オ 喚問
2 招致　ア 極致　イ 恥辱　ウ 倒置　エ 遅延　オ 法治
3 譲歩　ア 土壌　イ 醸造　ウ 蒸留　エ 令嬢　オ 謙譲
4 売却　ア 却下　イ 脚光　ウ 接客　エ 逆襲　オ 残虐
5 凝　ア 疑惑　イ 眺望　ウ 凝固　エ 遭遇　オ 黙認

二 (漢字の読み書き，熟語，品詞・用法，文学史)

問1 1は「くろうと」，2は「けなげ」，3は「さすが」と読む。

問2 a 「奥さん」の様子を表している。 b 「飯」を「鉛」にたとえている。

問3 ウの「前進—後退」は，一字目も二字目もそれぞれ反対の意味を表している。

基本 問4 オの『平家物語』は，鎌倉時代の作品。

三 (論説文—内容吟味，文脈把握，文学史)

問1 直後の文の「息苦しい，つくりもの」を「生き生きとしていない」，「頭だけで考えた文章」を「整えられたもの」と言い換えて理由としているイが最も適切。他の選択肢は，この直後の文の内容にそぐわない。

やや難 問2 同じ段落の「文章は一つの生きものらしい。書く前に考えていたこととは別に，それ自身で生まれ育ってゆく」ことを，傍線部bで「子供のようなもの」とたとえている。この「書く前に考えていたこととは別」を，「いつもの自分とは違って一面が見られる」と説明しているオを選ぶ。アの「自分の姿や生き方が反映される」，ウの「読者には意図が伝わりにくい」，エの「書き直したい箇所が出てくる」ことをたとえているわけではない。筆者は，書いた内容が「生まれ育ってゆく」と言っており，イの「違う展開になる」ことを言っているのではない。

問3 直前の文にある「スタンダール」の作品は，ウの『パルムの僧院』。アはヘミングウェイ，イはトルストイ，エはドフトエフスキー，オはヘッセの作品。

問4 「或るとき」で始まる段落に「あとから直すことはできないもの」と傍線部bと同様の表現がある。その前に「生きものは，そうはいかない……切って縮めたりしたら，見た目は良くなるだろうが，子供は死んでしまう」とあり，「子供」を「文章」に置き換えて「生命力を失ってしまうから」と述べているエが適切。アの「自分の意図とずれていく」，イの「文章への思考は断ち切られる」，ウの「自分の意見が明確でない」，オの「文章のリズムを乱してしまう」ためではない。

問5 同じ段落の「書く前に頭で考えてメモをつくっていても，書きはじめたら，その通りにはならない。一行が次の一行を生んでいく」や，言葉が「それ自体でうごいていく」ことを「不思議な力」としており，「自身の想定の範囲を越える文章へと変化していく力」と説明しているエが適切。この内容にオは合わない。アの「正確に情報が伝わるように仕上がっていく力」，イの「誤りのない文章になっていく力」を言っているわけではない。ウは，「前もって考えていた内容」の部分が適切ではない。

問6 「実用の文章」について，直前の段落で「書く前にすでにあるものを，できるだけ忠実に，正確に，明快に，文章に移しかえるという作業」「設計図…と同じ」，同じ段落で「技術がある」，「予定通りに書かれる」と述べている。この内容にアの組み合わせが最も適切。「文芸の文章」について，同じ段落で「技術はない」「書くことが考えること」，「書くなかで新しい自分を見つけてゆく」ものと書かれていることも確認する。

問7 同じ段落の「文芸の文章は……実用の文章の技術を持ちこんだら，だめになってしまう」に着目する。この「実用の文章の技術」について，直前の段落で「できるだけ忠実に，正確に，明快に，文章に移しかえる」と述べており，この技術が「文芸の文章」では「邪魔になる」と言い換えて説明しているイを選ぶ。

重要 問8　直前の文の「書き手は，書くなかで新しい自分を見つけてゆく」をふまえて，傍線部h「書く前の書き手ではなくなっている」の意味を考える。新しい自分を見つけて変化する，と述べているウを選ぶ。アの「自信を深めていく」，イの「自分の考えが……認知されていく」と言っているわけではない。エの「読者に委ねられ」やオの「言霊の独特の世界」に通じる内容はない。

問9　直後の段落の冒頭に「野暮な解説をするなら」とあるので，この後の内容に着目する。「言葉の力にうごかされてゆくとき，思いがけない自分が出てくる。それでいいのだ，という自信である」から，筆者は，頭で考えるのではなく実際に文章を書いているうちにでてくる言葉が大切だと，富士正晴が伝えたかったことを解説している。この内容にオが適切。アの「比較」，エの「他人の考えも吸収」とは述べていない。イの「不思議な力を持った言葉を見つけ」るや，ウの「再度熟考し」は，最終段落の筆者の「野暮な解説」の内容に合わない。

四　**(小説一情景・心情，内容吟味，文脈把握，語句の意味)**

問1　a 「き(り)こうじょう」と読む。　b 「どう(に)い(っている)」と読む。

問2　翔太の母親は，「ナースの見習い」の芳恵が翔太の世話をしていることを非難しており，この非難を受けた主任の対応であることから判断する。芳恵の勤務態度や性格に，アの「トラブル」やイの「言い合いになってしまう」，オの「理解していない」は適切でない。主任の対応は，翔太を意識したものではないので，エも適切ではない。

問3　冒頭の段落にあるように，翔太が布団をかぶったのは母親に対する複雑な心情によるもので，オの「芳恵との喧嘩に疲れて，早く眠りたい」からではない。

やや難 問4　直前の文「『あんたには関係ないんだ』母親の顔を見ずに低くつぶやく。」に着目する。「あんたには関係ない」と言う翔太と「あんたには関係ない」と言われた母親に共通する「痛みの影」とは何か。二人に共通する心情は，自我の強さから素直に心情を伝え合えない葛藤である。

問5　同じ段落に「翔太をつかまえ，くすぐる真似をする」とあるので，翔太は芳恵にくすぐられるのを「期待」していることが伺える。「じっとうかがっている」や「息遣いが伝わってくる」という表現からも，アの「期待」が適切。

問6　傍線部fの「二人のやりとり」は，芳恵と翔太の遠慮のない言葉やじゃれ合いを指している。アの「喧嘩」，イの「慈愛」，ウの「互いに尊重」，オの「はげまし合っている」様子は読み取れない。

問7　文章前半の翔太の母親に対する主任の仕事ぶりは，そつのないものである。中沢は，「あの」に何事もそつなくこなす主任という意味を込めている。

やや難 問8　直後の文「翔太の入院が来年までつづくことをとうに織りこんだ話しぶりだった」に着目する。入院患者は元気になって退院することが想定されるが，来年は芳恵が「翔太係」になるという中沢の発言は，翔太の病気が良くならないことを意味している。そのことを「違和感」と表現しているアが最も適切。芳恵は「翔太係」になることを嫌がっているわけではないので，他の選択肢は適切ではない。

五　**(古文一内容吟味，文脈把握，指示語の問題，語句の意味)**

〈口語訳〉　昔，比叡山に宗順という人がおりました。長谷の観音におまいりなさった夜の夢に，観音が「もしもし」とおっしゃることがあったので，宗順は座り直し姿勢を正して，かしこまっていると，「お前が本寺に帰った時に，釣鐘が風で落ちて，多くの僧坊を突き破って，人の命が多く失われるだろう。お前もそのために，命を落とすことになっているのだが，私への信仰が深いので，その時の命にかえてやろう」と(観音が)おっしゃるのを見て，(宗順は)夢から覚めました。そうしているうちに，二三日ほど経って，永祚の台風といって，末代まで伝えられている風で，その釣鐘が急に落ちて，人家が十ほど打ちこわされて，命を失う人が，たくさんありました。家が引き壊れる時に，この本尊の等身大の観音が，宗順の上に覆いかぶさって，(宗順には)特別なけがなどは全くなかったのだった。たいそう不思議なことです。

問1　a 「居直る」には，きちんと座り直す，急に態度を変えてふてぶてしくなる，という意味があるが，観音の呼びかけに対する宗順の動作であることから判断する。　e 「にはか」は，急に，突然にという意味。

問2　b 何のために「命を滅す」のか。直前の文に「釣鐘風のために落ちて……人の命をおほく失うべし」とあるので，ウの「風」を指し示す。　c 傍線部cの「我」を含む「なんぢ本寺に……今度の命にはかはるべき」は，長谷の観音の言葉であることから判断する。

問3　前の「なんぢ本寺にかへりなん時に，釣鐘風のために落ちて，おほくの坊舎をうちやぶり，人の命おほく失ふべし」という観音の言葉に着目する。

重要　問4 「永祚の風とて，末の世まできこゆる風に……此の本尊の等身の観音，宗順の上におほひて，ことなるあやまち露なかりけり」に対して，「いとど不思議」と言っている。観音が宗順に覆いかぶさって宗順の命を救ったと述べているイが最も適切。他の選択肢は，「宗順の上におほひて」という観音の行動に合わない。

★ワンポイントアドバイス★

問題量が多いので，問題文からすばやく解答に関連する箇所を見つけ出す練習を重ねておこう。

1月18日

2023年度

解　答　と　解　説

《2023年度の配点は解答欄に掲載してあります。》

＜数学解答＞

1 (1) ア 1　イ 7　ウ 2　エ 4　(2) オ 8　カ 6　キ 3
(3) ク 9　ケ 7　(4) コ 1　サ 9　シ 8　ス 0
(5) セ 2　ソ 7　(6) タ 1　チ 8　(7) ツ 1　テ 7　ト 3
(8) ナ 2　ニ 1

2 (1) ア 8　イ 4　ウ 6　エ 0　オ 1　カ 0
(2) キ 7　ク 0　ケ 0

3 (1) ア 1　イ 2　(2) ウ 3　エ 5　(3) オ 9　カ 1　キ 0

4 (1) ア 5　イ 6　(2) ウ 1　エ 1　オ 3　カ 8　キ 6　ク 7
ケ 7

5 (1) ア 1　イ 4　ウ 1　エ 2　オ 2　(2) カ 8
(3) キ 4　ク 5　ケ 4　コ 5　サ 5　シ 8　ス 5　セ 5
ソ 2　タ 3　チ 4　ツ 5　テ 8　ト 5　(4) ナ 6　ニ 4
ヌ 5　ネ 1　ノ 5

6 (1) ア 1　イ 6　ウ 2　エ 3　オ 7　カ 0
(2) キ 1　ク 5　ケ 2

○推定配点○

1 各3点×8　2 (1) 各2点×6　(2) 4点　3 (1), (2) 各3点×2　(3) 4点
4 (1) 3点　(2) 2点, 2点, 4点　5 (1), (2) 各3点×3　(3) 各2点×5
(4) 4点　6 (1) 各2点×6　(2) 4点　計100点

＜数学解説＞

基本 1 (数の計算, 平方根の計算, 連立方程式, 割合, 面積, 因数分解, 2次方程式, 速さと時間と距離の計算)

(1) $(-0.25)^2\div\frac{3}{8}-\frac{7}{8}=\left(-\frac{1}{4}\right)^2\times\frac{8}{3}-\frac{7}{8}=\frac{1}{16}\times\frac{8}{3}-\frac{7}{8}=\frac{1}{6}-\frac{7}{8}=\frac{4}{24}-\frac{21}{24}=-\frac{17}{24}$

(2) $\sqrt{54}-\sqrt{\frac{2}{3}}=3\sqrt{6}-\frac{\sqrt{6}}{3}=\frac{9\sqrt{6}-\sqrt{6}}{3}=\frac{8\sqrt{6}}{3}$

(3) $-3x+y=-34$…①　$5x-2y=59$…②　①×2＋②から, $-x=-9$　$x=9$　①に$x=9$を代入して, $-3\times9+y=-34$　$y=-34+27=-7$

(4) $3000\times\frac{100-34}{100}=30\times66=1980$(円)

(5) $\pi\times9^2\times\frac{2\pi\times3}{2\pi\times9}=27\pi$ (cm^2)

(6) $x-1=\mathrm{M}$とおくと, $(x-1)^2-5(x-1)-14=\mathrm{M}^2-5\mathrm{M}-14=(\mathrm{M}+2)(\mathrm{M}-7)=(x-1+2)(x-1-7)=(x+1)(x-8)$

(7) $3x^2-4x-7=0$　$(x+1)(3x-7)=0$　$x=-1,\ \frac{7}{3}$

(8) 42分$=\frac{42}{60}$時間$=\frac{7}{10}$時間　$30\times\frac{7}{10}=21$(km)

2 (箱ひげ図，標本調査)

基本 (1) 範囲＝最大値－最小値から，範囲は，$10-2=8$(点)　四分位範囲＝第3四分位数－第1四分位数から，四分位範囲は，$8-4=4$(点)　第2四分位数は中央値だから，6点　第1四分位数は点数が低い順から6番目の点数だから，4点を取った生徒は必ずいる。箱ひげ図では，正確な点数がわからないので平均点を求めることはできない。第3四分位数は点数が高い順から6番目の点数だから，8点以上の生徒は少なくとも6人いる。

(2) 求める赤いビーズの個数をx個とすると，$(x+200):200=54:12=9:2$　$2(x+200)=200\times9=1800$　$x+200=900$　$x=900-200=700$

3 (確率)

基本 (1) カードの取り出し方は，(1, 2)，(1, 3)，(1, 4)，(1, 5)，(2, 3)，(2, 4)，(2, 5)，(3, 4)，(3, 5)，(4, 5)の10通り　そのうち，2枚のカードの和が素数になる場合は，(1, 2)，(1, 4)，(2, 3)，(2, 5)，(3, 4)の5通り　よって，求める確率は，$\frac{5}{10}=\frac{1}{2}$

(2) $64<65<81$から，$\sqrt{64}<\sqrt{65}<\sqrt{81}$　$8<\sqrt{65}<9$　2枚のカードの積が8以下になる場合は，(1, 2)，(1, 3)，(1, 4)，(1, 5)，(2, 3)，(2, 4)の6通り　よって，求める確率は，$\frac{6}{10}=\frac{3}{5}$

(3) 2枚とも偶数である場合は，(2, 4)の1通り　よって，2枚のカードの数のうち少なくとも1枚は奇数である場合は，$10-1=9$(通り)　よって，求める確率は，$\frac{9}{10}$

4 (平面図形の計量問題一角度，円の性質，中点連結の定理，面積比)

(1) $\overset{\frown}{AB}$に対する中心角は，$12.5^\circ\times2=25^\circ$　よって，$\overset{\frown}{AB}=2\pi\times6\times\frac{25}{360}=\frac{5}{6}\pi$(cm)

重要 (2) 中点連結の定理から，AF：FD＝1：1　FD：DB$=\frac{3}{2}:4=3:8$　EG：EB＝FD：FB＝3：(3＋8)＝3：11　$\triangle DGE=\frac{3}{11}\triangle DBE=\frac{3}{11}\times\frac{4}{7}\triangle ABE=\frac{12}{77}\times\frac{1}{2}\triangle ABC=\frac{6}{77}\triangle ABC$　よって，△DGEの面積は△ABCの面積の$\frac{6}{77}$倍

5 (図形と関数・グラフの融合問題)

基本 (1) $y=ax^2$に$x=-2,\ 4$を代入して，$y=a\times(-2)^2=4a$，$y=a\times4^2=16a$　よって，$A(-2,\ 4a)$，$B(4,\ 16a)$　直線ℓの傾きから，$\frac{16a-4a}{4-(-2)}=\frac{1}{2}$，$2a=\frac{1}{2}$，$a=\frac{1}{4}$　A(−2, 1)，B(4, 4)
直線ℓの式を$y=\frac{1}{2}x+b$として点Aの座標を代入すると，$1=\frac{1}{2}\times(-2)+b$　$b=2$　よって，直線ℓの式は，$y=\frac{1}{2}x+2$

(2) 直線ℓの式に$y=0$を代入すると，$0=\frac{1}{2}x+2$　$\frac{1}{2}x=-2$　$x=-4$　C(−4, 0)　CO＝4　点Bからx軸へ垂線BHをひくと，BH＝4　よって，$\triangle OCB=\frac{1}{2}\times4\times4=8$

(3) CH$=4-(-4)=8$　△BCHにおいて三平方の定理を用いると，$CB=\sqrt{8^2+4^2}=\sqrt{80}=4\sqrt{5}$　△OCBの面積から，$\frac{1}{2}\times4\sqrt{5}\times OD=8$　$OD=\frac{8}{2\sqrt{5}}=\frac{4}{\sqrt{5}}=\frac{4\sqrt{5}}{5}$　△OCDにおいて三平方の

定理を用いると，$CD=\sqrt{4^2-\left(\frac{4\sqrt{5}}{5}\right)^2}=\sqrt{16-\frac{80}{25}}=\sqrt{16-\frac{16}{5}}=\sqrt{\frac{64}{5}}=\frac{8}{\sqrt{5}}=\frac{8\sqrt{5}}{5}$　　$CD:DB=\frac{8\sqrt{5}}{5}:\left(4\sqrt{5}-\frac{8\sqrt{5}}{5}\right)=\frac{8\sqrt{5}}{5}:\frac{12\sqrt{5}}{5}=2:3$　　点Dのy座標は，$4\times\frac{2}{5}=\frac{8}{5}$　　直線ℓの式に$y=\frac{8}{5}$を代入すると，$\frac{8}{5}=\frac{1}{2}x+2$　　$\frac{1}{2}x=\frac{8}{5}-2=-\frac{2}{5}$　　$x=-\frac{2}{5}\times2=-\frac{4}{5}$　　よって，$D\left(-\frac{4}{5},\ \frac{8}{5}\right)$

重要 (4)　求める立体の体積は，底面が半径ODの円で高さがCDの円すいの体積と，底面が半径ODの円で高さがBDの円すいの体積の和になる。よって，$\frac{1}{3}\times\pi\times\left(\frac{4\sqrt{5}}{5}\right)^2\times CD+\frac{1}{3}\times\pi\times\left(\frac{4\sqrt{5}}{5}\right)^2\times BD=\frac{1}{3}\times\frac{80}{25}\pi\times(CD+BD)=\frac{1}{3}\times\frac{16}{5}\pi\times CB=\frac{16}{15}\pi\times4\sqrt{5}=\frac{64\sqrt{5}}{15}\pi$

6　(平面図形の証明問題─円の性質，三角形の相似，正五角形の対角線の長さ)

基本 (1)　△AMDと△ABCについて，∠DAM＝∠CAB　　円周角の定理から，∠ADM＝∠ACB　　2つの角が等しいから，△AMD∽△ABC　　ゆえに，対応する辺の比は等しいから，AD：AC＝MD：BC　　この式より，AD×BC＝AC×MD…①　　△ADCと△AMBについて，∠DAC＝∠DAM＋∠MAC＝∠BAC＋∠MAC＝∠MAB，円周角の定理より，∠DCA＝∠MBA　　2つの角が等しいから，△ADC∽△AMB　　ゆえに，CD：BM＝AC：AB　　この式より，AB×CD＝AC×BM…②　　①と②の左辺，右辺をそれぞれ加えると，AD×BC＋AB×CD＝AC×MD＋AC×BM＝AC×(MD＋BM)＝AC×BD

(2)　右の図のように各点を定めると，AD＝AC＝BD＝x，BC＝AB＝CD＝1　　③の式から，AD×BC＋AB×CD＝AC×BD　　$x\times1+1\times1=x\times x$　　$x^2-x-1=0$　　二次方程式の解の公式から，$x=\frac{-(-1)\pm\sqrt{(-1)^2-4\times1\times(-1)}}{2\times1}=\frac{1\pm\sqrt{5}}{2}$　　$x>0$から，$x=\frac{1+\sqrt{5}}{2}$

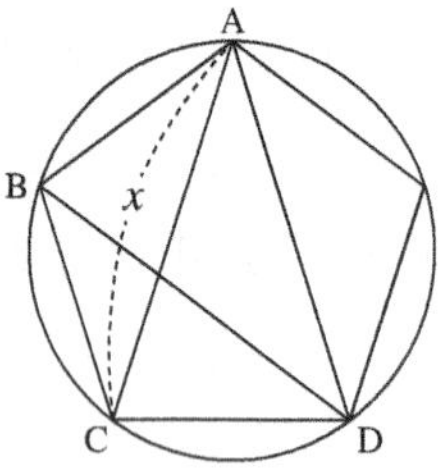

★ワンポイントアドバイス★

5 (4)のような底面が半径rの円で高さがaとbの2つの円すいを上下に合わせた立体の体積は，$\frac{1}{3}\times\pi r^2\times(a+b)$で求められることを覚えておこう。

＜英語解答＞

1　1 1　2 2　3 3　4 2　5 2

2　問1 (1) 4　(2) 3　(3) 3　(4) 2　(5) 1　問2 ① 2　③ 1
問3 2　問4 2　問5 3，4　問6 (1) 2　(2) 1　(3) 3

3　問1 1 2　2 3　3 2　4 3　5 2　6 3　7 3
問2 8 3　9 1　10 2

4　1 2　2 2　3 2　4 4　5 2　6 2

5　1 3番目 6　6番目 7　2 3番目 8　6番目 6　3 3番目 7　6番目 6
4 3番目 4　6番目 7　5 3番目 7　6番目 1　6 3番目 4　6番目 7

6　1 4　2 4　3 3　4 3　5 4

○推定配点○

1・6　各3点×10　他　各2点×35（2問5，5各完答）　計100点

＜英語解説＞

1　（リスニングテスト）

Ms. Brown : May I help you?
Taku : Yes, please. I'd like to study English this summer. What language program do you have?
Ms. Brown : We have basic and high-level courses. The basic courses are for people who want to study 6 days a week. The high-level courses are only 3 days a week. Which courses are you interested in?
Taku : The basic courses.
Ms. Brown : Would you like to study all day or just in the morning or afternoon?
Taku : I'd like to study only in the morning.
Ms. Brown : Then you should take the basic B class.
Taku : When does it start?
Ms. Brown : On July 12.
Taku : How long is it for?
Ms. Brown : 6 weeks.
Taku : And how much does it cost?
Ms. Brown : 280 dollars.
Taku : Can I join now?
Ms. Brown : Certainly. Would you write your name, address and phone number here?

1　How many days do students have to study a week in high-level courses?
　1　3 days.　2　6 days.
　3　7 days.　4　8 days.

2　How much does Taku have to pay?
　1　28 dollars.　2　280 dollars.
　3　2,800 dollars.　4　28,000 dollars.

One day Mrs. Nunn was at the supermarket with her three children. She looked worried because her husband had no work, and she had only a little money for food.

At the supermarket, a young man was working. His name was Jeff. Everyday Jeff was throwing old vegetables into a box. "Can I have those vegetables?" Mrs. Nunn asked. "We have a pet rabbit. I have to give the vegetables to the rabbit." she said.

"Sure, you can have the vegetables," Jeff said. To tell the truth, Mrs. Nunn wanted the old vegetables to make soup for her family.

Every week Jeff gave Mrs. Nunn a box of vegetables for the "rabbit." Sometimes Mrs. Nunn found cans of soup under the vegetables. Sometimes she found soup, juice, or baby food.

When Mrs. Nunn went to the supermarket one day, Jeff was not there. He didn't work at the supermarket anymore. But it didn't cause any problems. Soon after that, Mrs. Nunn's husband began to work again. She didn't need the old vegetables.

After ten years, Mrs. Nunn saw Jeff when she was shopping at the supermarket. He was standing in the store's office. He became the store manager.

"Mrs. Nunn!" Jeff said. "I think of you and your family often." Then he spoke quietly. "How is the rabbit?" "Thank you for asking," Mrs. Nunn said and smiled. "The rabbit doesn't need old vegetables now. We are all doing fine."

3 Why did Mrs. Nunn look worried?
  1 Because three children were noisy in the supermarket.
  2 Because she needed to work at the supermarket.
  3 Because she didn't have enough money to buy food.
  4 Because she couldn't make vegetable soup very well.

4 What happened to her husband after Jeff left the supermarket?
  1 He began to buy vegetables at the supermarket.
  2 He started his job again.
  3 He began to give food to his pet.
  4 He didn't work at the supermarket anymore.

5 What is the rabbit in the end?
  1 Mrs. Nunn's pet. 2 Mrs. Nunn's family.
  3 Jeff. 4 Mrs. Nunn.

(全訳) ブラウン夫人：ご用件を承ります。
タク　　　：はい，僕は今年の夏，英語を勉強したいです。どんな言語プログラムがありますか。
ブラウン夫人：基礎コースとハイレベルコースがあります。基礎コースは週6日学習したい人向けです。ハイレベルコースは週3日だけです。どちらのコースに興味がありますか。
タク　　　：基礎コースです。
ブラウン夫人：終日学習したいですか，それとも午前中だけ，または午後だけですか。
タク　　　：午前中だけ学習したいです。
ブラウン夫人：それでしたら基礎Bクラスを受講してください。
タク　　　：いつ始まりますか。
ブラウン夫人：7月12日です。
タク　　　：期間はどのくらいですか。
ブラウン夫人：6週間です。
タク　　　：費用はどのくらいかかりますか。
ブラウン夫人：280ドルです。
タク　　　：今，参加できますか。
ブラウン夫人：もちろんです。ここにあなたのお名前，住所，電話番号を書いていただけませんか。

1 ハイレベルコースでは生徒たちは週に何日学習しなくてはならないか。
  1 3日。 2 6日。
  3 7日。 4 8日。

2 タクはどのくらい支払わなくてはならないか。
  1 28ドル。 2 280ドル。
  3 2,800ドル。 4 28,000ドル。

(全訳) ある日，ナン夫人は3人の子供たちと一緒にスーパーにいた。彼女は不安そうだった，なぜなら彼女の夫は仕事がなく，彼女は食費にわずかなお金しか持っていなかったからだ。

そのスーパーでは若い男性が働いていた。彼の名前はジェフだった。毎日，ジェフは古い野菜を箱に捨てていた。「それらの野菜をもらってもいいでしょうか」とナン夫人が言った。「うちにはペットのウサギがいるんです。私はそのウサギに野菜をあげなければいけないの」

「もちろん，野菜をどうぞ」とジェフが言った。実は，ナン夫人は家族のためにスープを作るため，その古い野菜がほしかったのだ。

毎週，ジェフはナン夫人に「ウサギ」用の野菜を1箱あげた。時々，ナン夫人は野菜の下にスープの缶詰を見つけた。スープ，ジュース，ベビーフードが見つかることもあった。

ある日，ナン夫人がそのスーパーに行くと，ジェフがいなかった。彼はそこのスーパーでもう働かなくなった。しかしそれは何の問題も起こさなかった。その後すぐ，ナン夫人の夫はまた働くようになったのだ。彼女は古い野菜を必要としなくなった。

10年後，ナン夫人はそのスーパーで買い物をしている時にジェフを見かけた。彼はその店の事務所に立っていた。彼は店長になったのだ。

「ナン夫人！」とジェフが言った。「私はあなたやあなたのご家族のことをよく思い出します」そして彼は静かに言った。「ウサギは元気ですか」「尋ねてくれてありがとう」とナン夫人は言って微笑んだ。「ウサギはもう古い野菜を必要としていません。私たちは皆，元気にしています」

3 なぜナン夫人は不安そうな様子だったのか。

1 3人の子供たちがスーパーで騒がしかったから。

2 彼女はそのスーパーで働く必要があったから。

3 彼女は食品を買うのに十分なお金を持っていなかったから。

4 彼女は野菜スープをあまり上手に作ることができなかったから。

4 ジェフがスーパーを離れた後，彼女の夫に何が起きたか。

1 彼はスーパーで野菜を買い始めた。

2 彼は仕事を再び始めた。

3 彼は自分のペットに餌を与え始めた。

4 彼はそのスーパーでもう働かなかった。

5 結局，ウサギは何か。

1 ナン夫人のペット。 2 ナン夫人の家族。

3 ジェフ。 4 ナン夫人。

2 (長文読解問題・物語文：語句補充・選択，受動態，前置詞，動名詞，熟語，指示語，語句解釈，内容吟味)

(全訳) その若い王は宮殿の美しい部屋に1人でいた。彼はわずか16歳で，森の動物のように凶暴な目つきをしていた。年老いた王の使用人が彼を森で見つけた。当時，その少年は，自分が貧しい森林を管理する人の息子だと信じていた。彼はその森林を管理する人(1)によって育てられた。しかし今は，彼は自分が年老いた王の娘の子供だと知っていた。

その王の娘は一般人の画家と結婚した。①彼は偉大な教会の壁に絵を描いていた。王たちはそこで王位についた。ある日，彼は絵(2)を描き終えていないにも関わらず，いなくなってしまった。赤ちゃんは母親の横から，母親が寝ている間に連れ去られた。森林を管理する人とその妻には子供がいなかったので，その赤ちゃんは彼らに与えられた。その姫は死んでしまった。年老いた王は死の間際に，「私の心は沈んでいる，なぜなら私は②ひどいことをしたからだ。私は私の家族に王冠を与えない。森から私の娘の子供を連れてきなさい。③彼が私の後に王になる」

その少年は宮殿に連れてこられた時，美しいものに対する奇妙な愛を示した。彼は自分の上質な新しい服や高価な宝石を見て，喜びの声を上げた。彼はすばやく自分が森で着ていた古い上着を脱いだ。彼は宮殿内を部屋(4)から部屋へ歩き，すべてを見た。また別の日には，人々はその王を何時間も探した。彼らはようやく宮殿の北の端の小さな部屋で彼を発見した。彼は宝石に掘られたギリシャの神，アドニスの姿を眺めていた。

その夜ベッドの中で，若い王は自分の特別な日のための美しい服について考えた。金の上着と宝石のついた王冠だ。人々はその服を期日に間に合うよう完成させるため，朝晩働いていた。若い王は偉大な教会で王の服装を身に着けている自分の姿を想像した。彼の目は閉じ，彼は眠りについた。寝ている時，彼は夢を見た。

彼は自分が細長い，天井の低い部屋に立っている夢を見た。彼の周りでは布職人が仕事をしていた。狭い窓からわずかな日の光がさしていた。男たちの顔は青白く，やせていた。幼い子供たちが彼らと一緒に働いていた。彼らは弱々しく，お腹を空かせていて，彼らの小さな手は震えていた。

若い王は1人の布職人を見るために近づいた。その男は腹立たし気に彼を見た。

「なんであんたは俺を見ているんだ」と彼は言った。「④俺たちの雇い主があんたに俺たちを見張るように言ったのか？」

「あなたの雇い主って誰ですか」と若い王が尋ねた。

「俺みたいな男だよ。だけど俺と違って，彼は上質な服を着ている。そして俺が腹をすかしている間，彼は食べ物が有り余っている」

「あなたは奴隷じゃない」と若い王は言った。「あなたの雇い主はあなたを所有しているわけじゃない」

「金持ちは貧乏人を自分の奴隷にする」とその布職人は言った。「俺たちは生きるために働かなくてはならない。でも彼らが俺たちに払う金額は少なすぎて俺たちは死んでしまう。でも⑤こういうことはあんたには重要じゃないな。あんたは俺たちの仲間じゃない。あんたの顔はあまりにも幸せだ」

彼は体の向きを変え，仕事を続けた。その時，その若い王はその布職人が金の布を作っているのを見た。彼は急に恐怖を感じた。

「あなたはその布を誰のために作っているのですか」と彼は尋ねた。

「俺は若い王の戴冠式のためにそれを作っている」

彼は大きな悲鳴を上げて目覚めた。彼は宮殿の自分の部屋にいた。若い王は再び眠りに落ちて夢を見た。

彼は奇妙な果物や花(5)であふれている暗い森を歩いていた。彼はその森から出るまで歩き続けた。そこで彼は干上がった川の中で働いている大勢の男たちを見た。彼らは地面に大きな穴を作り，岩を工具で砕いていた。若い王は振り返り，1人の老人が手に鏡を持って彼の後ろに立っているのを見た。

「この男たちは誰ですか」と彼は尋ねた。

「城壁内の町の人々は食べ物がなく，水もほとんどない」とその老人は言った。「しかしこの男たちは川の中で働いている。見つけるために」

「彼らは何を見つけようとしているのですか」

「宝石だよ。王冠のための」と老人が言った。

「どの王のため？」

「鏡を見なさい，そうすれば見える」

若い王は鏡を見て，自分自身の顔を見た。彼はものすごい悲鳴をあげて目が覚めた。

問1 (1) bring up「～を育てる」 ここはその過去形の受動態で was brought up となり，by ～「～によって」が続く。 (2) finish ～ing「～し終わる」 (3) take off「～を脱ぐ」 (4) from ～ to …「～から…へ」 (5) A full of B「BでいっぱいのA」

問2 ① 直前の a painter を指す。 ③ 直前の my daughter's child を指す。my daughter「私の娘」は「王の娘」，つまり「姫」なので1が適切。

重要 問3 空所(2)の次の2文に「赤ちゃんは，母親が寝ている間に連れ去られ，森林を管理する人の夫妻に渡された」と書かれている。これは実は年老いた王がやったことで，それを死ぬ間際に後悔している。

やや難 問4 布職人は若い王の戴冠式のための布を作っているので，布職人の「雇い主」(賃金を払って仕事をさせる人)は若い王である。

問5 下線部⑤の直前の2文の内容「私たちは働かなくてはならない。しかし賃金が少なすぎる」を指す。よって3，4が適切。

重要 問6 (1) 2「その若い王は自分の母親が死んだ後に宮殿に戻った」 (2) 1「その若い王は宮殿の美しいものに興味を持った」 (3) 3「その若い王は老人が持っていた鏡の中に自分自身を見た」

3 (長文読解問題・物語文：英問英答，内容吟味，文整序)

(全訳) ハイジが翌朝目覚めると，太陽は明るく輝いていた。彼女はベッドから飛び出し，服を着た。アンクル・アルプが2匹のヤギ，デイジーとダスティーを家畜小屋から連れてくる間，ペーターは小屋の外でヤギの群れと一緒に待っていた。

「今日はペーターと一緒に牧草地に行きたいか」と彼はハイジに尋ねた。

「うん，お願い，おじいちゃん」と彼女は言った。

「ペーター，お前のカバンをよこしなさい」とアンクル・アルプが言った。

その老人はマグ，大きなパン1切れ，チーズ少々をそのカバンに入れた。

「これはハイジの夕食だ」と彼はその少年に言った。「彼女のマグに私のヤギの乳を入れてくれ。私の孫娘の面倒を見てくれよ。山の斜面は険しく，道は危険だ。峡谷には入るなよ」

太陽は青空に輝き，かわいい山の花々が地面を覆っていた。ハイジは興奮して駆け回った。彼女はたくさんの花を摘み，スカートに入れて持ち運んだ。

「おい」とペーターが呼びかけた。「もう十分な花があるよ。これ以上摘んだらダメだ」

ようやく彼らは牧草地に到着し，ヤギたちはおいしい草を食べ始めた。山の斜面の最も高いところにはわずかな茂みと小さな木が何本か生えているだけだった。山の頂上は岩肌だった。

牧草地では暖かくのんびりとしていた。ペーターは草の上に寝転び，すぐに眠ってしまった。ハイジはペーターの横に座り，あたりを見まわした。彼女の横には非常に険しい斜面があった。これが峡谷だった。地面がずっと下の谷まで，数千メートルも落ち込んでいる。谷の反対側は高い山があった。その頂上は雪で覆われていた。

突然，ハイジは大きな鳴き声を聞いた。彼女は見上げ，自分の頭上高くに大きな鳥が飛んでいるのが見えた。

「ペーター！　ペーター！」と彼女は叫んだ。

ペーターは目覚め，ハイジはその鳥を指さした。「あれは何？」と彼女が尋ねた。

その鳥は大きな円を描いて飛び，山の頂上付近で消えた。

「あれはタカだよ。巣に帰ってしまった」

「登ってタカが住んでいるところを見ましょう」とハイジが言った。

「ダメだ」とペーターが答えた。「あの巣は高すぎる。ヤギでもそこまで登ることはできないよ」

数分後，ペーターは口笛を吹き，大声を出し始めた。ヤギたちは彼の声を聴くと彼のほうへやってきた。彼はヤギたちを連れて小道を下り始めた。低い所にある牧草地に着くと，ペーターはカバンを開けてパンとチーズを全て取り出した。ハイジのパンとチーズは彼の夕食よりもずっと大きかった。ペーターはデイジーのところに行き，ハイジのマグを白いヤギの乳でいっぱいにした。

「夕食の時間だよ」と彼は言った。「ここに座って食べよう」

「そのミルクは私に？」とハイジは尋ねた。

「うん」と彼は答えた。「このパンとチーズも」

ハイジはミルクを飲んだが，パンはほんの少ししか食べなかった。そして彼女はチーズと残りのパンをペーターにあげた。彼は驚き，喜んだ様子だった。

「ヤギたちの名前は何？」とハイジが尋ねた。

A3ペーターは彼女に言った。「ビッグ・タークとフィンチ，ダスティーとデイジー，スポットとスノーフレークだよ」 1美しい小さな白ヤギのスノーフレークが，悲しそうな小さな音を出していた。2ハイジはその小ヤギに駆け寄り，その首に自分の腕を巻き付けた。

「どうして泣いているの？　スノーフレーク」とハイジは尋ねた。

「母親を恋しがっているんだよ」とペーターが言った。「彼女の飼い主がスノーフレークの母親をメイフィールドの人に売ったんだ」

「泣かないで，スノーフレーク」とハイジが言った。「私は毎日ここに来るわ。寂しく感じたら私のところにおいで」

問1　1 「アンクル・アルプはペーターに何をあげたか」 2「彼はハイジの夕食をあげた」
　2 「ハイジは山で何を手に入れたか」 3「彼女はいつくかの花を手に入れた」
　3 「山の牧草地はどのようだったか」 2「数本の木といくらかの茂みがあった」
　4 「ハイジは高い方の牧草地で誰の叫び声を聞いたか」 3「タカの」
　5 「タカの巣はどこにあったか」 2「それは山頂の近くだった」
　6 「ペーターとハイジはどこで夕食を食べたか」 3「低い方の牧草地で」
　7 「なぜスノーフレークは鳴いていたのか」 3「母親に会えなかったから」
問2　全訳下線部参照。

基本 4 (語句補充・選択：熟語，不定詞，動名詞，現在完了，口語表現)

1 「私は宿題を終わらせることができない，なぜならパソコンがどこかおかしいからだ」 have something wrong「何かおかしなところがある」

2 「私はこのニュースを聞いて本当にうれしい」 感情を表す形容詞の後ろの不定詞は「～して」と原因・理由を表す。

3 「彼女は町を歩き回りそこで写真を撮ることを楽しむ」 enjoy ～ing 「～することを楽しむ」 ここでは walking around the town と taking pictures there の2つが enjoy の目的語になっている。

4 「京都に行ったことはありますか」「はい，2回」 have been to ～「～へ行ったことがある」

5 「彼は昨日，私が宿題をするのを手伝ってくれた」 〈help ＋人＋ with ～〉「(人)が～するのを手伝う」

6 「タカシ，夕食の準備ができたよ！」「わかった。今行きます」 I'm coming. は相手のところに「今行きます」と言う時の言い方。

重要 5 (語句整序：構文，不定詞，関係代名詞，比較)

1 It took me ten hours to finish the work. 〈It takes ＋人＋時間＋ to ＋動詞の原形〉「(人)が～するのに(時間)かかる」

2 (There) are a few apples which I bought yesterday on (the table.) which は目的格の関

係代名詞。which I bought yesterday が apples を後ろから修飾する。

3　John is taller than any other boy in the (class.)　直訳は「ジョンはクラスの他のどの男子よりも背が高い」。〈比較級＋ than any other ＋単数名詞〉「他のどの(名詞)よりも…」

4　I have as many red pencils as my brother.　〈as many ＋複数名詞＋ as ～〉「～と同じ数の(名詞)」

5　Where is the restaurant Takashi went in?　Takashi の前に目的格の関係代名詞が省略されており，Takashi went in「タカシが入った」が restaurant を後ろから修飾する。

6　I found a nice house for us to live (in.)　to live in は house を後ろから修飾する形容詞的用法の不定詞。不定詞の意味上の主語はその前に置き，for us to live in で「私たちが(その中で)暮らすのに」を表す。

6　(長文読解問題・手紙文：英問英答，内容吟味)

(全訳)

こんにちは，アダム

あなたは私たち英語部に，来月オーストラリアからの来客の応対をするよう，頼みましたね。私たちは完璧な計画を立てようと取り組んでいます。その生徒たちのほとんどにとって，今回初めて日本や日本の学校を訪問するそうですね。私たちはとてもわくわくしています！

私たちは午後，20人の生徒たちをお世話することになっていますね。午前中の時間は彼らは生徒会のメンバーたちと過ごす予定ですから。生徒たちが学生ホールで10時30分に発表をする予定です。それから私たちは「友達制度」を使って，私たち部員が1人ずつ彼らの友達になり，友情を築いて一緒に遊びます。ここでいくつか質問があります。12時に私たちは彼らと昼食を取りましょうか？　全ての活動が終わったら，私たちは皆どこで落ち合うべきですか。学生ホール，校門，または玄関ホールですか。

私たちの午後の計画では，来校生たちは日本独自のクラブ活動を経験する予定です。私たちはすでに次の4つのクラブにお願いしました。弓道部，書道部，空手部，茶道部です。彼らは承諾し，それぞれ30分必要だそうです。昼食を食べた直後には運動部を避け，後にするべきだと思います。どうでしょうか。何かアイデアがありますか。

それでは

ハルカ

こんにちは，ハルカ

メールありがとう。あなたたちは計画に一生懸命取り組んでいますね。最初の質問に関して，僕は君たちに彼らと一緒に昼食を取ってもらいたいです，なぜならクラブ活動に行く前にお互いを知っておくほうが良いからです。もちろん，生徒会のメンバーが加わるのも歓迎します。学校を出る前の待ち合わせ場所に関しては，玄関ホールが便利だと思います。

僕は運動部ではない部を最初にするというあなたの意見に賛成です。なぜならそれは昼食の直後に始まるからです。僕には，茶道が昼食後に良いように思います。2つの運動部では，どちらが最初になってもいいですが，弓道場に行くには室内履きから靴に履き替えなくてはなりません。もしそれを最後にすれば，靴を頻繁に履き替える必要はありません。

ご尽力に感謝します。スケジュールについてメモを作ってくれませんか。

それでは

アダム

1 「生徒たちはどの順序でクラブ活動をやってみるか」 4「D茶道部→B書道部→C空手部→A弓道部」 2通目のメールの第2段落参照。昼食後すぐに茶道部，最後に弓道部とわかる。

やや難 2 「来校生は空手道場に行く時に何を身に着けなくてはならないか」 4「室内履き」 2通目のメールの第2段落参照。「弓道場に行くには室内履きから靴に履き替える」とあることから，弓道場は外にあり，その他の部活の場所は校内にあると推測される。よって空手道場には室内履きを履いて行く。

3 「オーストラリアの生徒たちにとってどれがユニークか」 3「日本の部活を経験すること」

4 「アダムはハルカに何をするよう頼んだか」 3「スケジュールについて書くこと」

5 「彼らは学校を出る前にどこで会うか」 4「玄関ホール」

★ワンポイントアドバイス★

3の長文読解問題は，アニメ化もされた児童文学作品『アルプスの少女ハイジ』の一場面である。

<国語解答>

一 1 ウ　2 ア　3 ウ　4 オ　5 イ

二 問1 1 キ　2 ク　3 エ　問2 オ　問3 カ　問4 エ

三 問1 イ　問2 オ　問3 ケ　問4 オ　問5 ア　問6 ウ　問7 ウ　問8 エ

四 問1 ア　問2 イ　問3 エ　問4 エ　問5 イ　問6 ア　問7 オ　問8 ウ

五 問1 エ　問2 b ア　c エ　問3 イ　問4 エ

○推定配点○

一 各2点×5　二 各2点×6　三・四 各4点×16　五 問1・問2 各2点×3

他 各4点×2　計100点

<国語解説>

一 (漢字の読み書き)

1 敷設　ア 再建　イ 構想　ウ 屋敷　エ 実施　オ 増築

2 伯仲　ア 仲裁　イ 忠実　ウ 抽象　エ 支柱　オ 駐留

3 堅実　ア 機嫌　イ 貢献　ウ 堅固　エ 健在　オ 権限

4 利潤　ア 循環　イ 純粋　ウ 巡回　エ 従順　オ 湿潤

5 悼　ア 惜別　イ 追悼　ウ 後悔　エ 悲惨　オ 悲哀

二 (ことわざ・慣用句，敬語・その他，文学史，漢文)

基本 問1 1は不意の知らせに驚く，2は簡単に金もうけをする，3は気持ちを引き締めるという意味。

問2 アは「なりました」，イは「起きられなかった」が正しい。ウは「たら」ではなく「ても」，エは「汚名を返上」，あるいは「名誉を挽回」が正しい。

問3 「言有る者は必ずしも徳有らず。」と読む。

問4 エの『羅生門』の作者は，芥川龍之介。

三 (論説文一大意・要旨, 内容吟味, 文脈把握, 指示語の問題, 脱文・脱語補充, 表現技法)

やや難 問1 同じ文の「そこ」は, 直前の「『愛すること』よりも『愛されること』を優先してしまっている」ことを指し示している。直後の段落に「誰かに愛されれば幸せでしょう。高い評価を得られれば幸せでしょう。しかし, 実際にはなかなかそうならないのが人生です」と理由を述べており, この内容を「愛され評価されるのは難しい」と言い換えているイが最も適切。アの「世の中を見る視野」やウの「本来の自分を歪めて卑屈になっている」, エの「周りから見て幸せだと思われる」, オの「努力の必要がない」ことについては述べていない。

問2 空欄[b]を含む部分は「世界の偉人と言われる人」について述べており, 直前の段落の「たとえ周囲からの愛が一時期途絶えても, 自分の中に愛があれば耐えられる」例として挙げている。この「自分の中に愛がある」という表現を用いたものが入る。

問3 c 直後の「生きる気力を失ってしまう」に着目する。がっくりして元気がなくなるという意味の語句が入る。 f 同じ文の「愛が得られた, 評価が得られたといって喜び, それが失われたといって悲しみ」に着目する。喜んだり悲しんだりという意味の語句が入る。

問4 同じ段落の「他者からの評価, 誰かから愛されるかどうかだけ」を気にしていたら,「人生はもっと輝かしく, 喜びに満ちたもの」であることに気づけないという内容をふまえて,「もったいなさすぎます」とする理由を読み取る。アの「愛される方法」やウの「他者からの目線」に通じる叙述はない。筆者は「愛すること」への転換を提案しているので, イは適切ではない。筆者は「愛すること」で人生の喜びを感じられると言っており, エの「愛されること」の喜びについて述べているわけではない。

問5 同じ段落で「愛されることから愛することへの, 愛される人から愛する人への大変換」によって, 傍線部e「あなたの人生は……喜びに満ちたものになり得る」と述べているので,「愛される喜びが大きくなる」とあるアは適切ではない。他の選択肢については,「愛すること」で始まる段落と「たくさんの残念な人たち」で始まる段落に書かれている。

やや難 問6 一つ後の文の「誰かに配役を振り分けられ, 脚本家と演出家の意のままに操られる存在から, あなた自身の創造した人生の大舞台の主人公となる」という表現の意味を考える。「『愛されたい』」で始まる段落の, 人からの評価を気にしすぎるあまり「がんじがらめになってしまう」という内容から, 人からの評価を気にせず自分本来の思いに従って生きることができるからだとわかる。この内容を述べているウを選ぶ。「主人公」という表現に, アの「生きる喜び」やイの「自信を持つ」, オの「前向きに生きる」は十分ではない。エは,「愛される条件を満たすことで」の部分が適切ではない。

問7 傍線部h「そういう人たち」は, 同じ段落の「評価ばかり気にしていて……人生の大きな意味に気づかず, 苦しそうにしている人たち」を指し示している。「人の評価」や「愛されること」に囚われているという意味において, ウの「愛の奴隷」という表現がふさわしい。

重要 問8 筆者は「人を愛さずに周りの評価ばかり気にして自分で幸せを感じていない人」は「残念」と言っているが, エにあるように「社会にとって無意味な存在」とまでは言っていない。最終段落の内容にアが,「愛すること」で始まる段落の内容にイが,「もちろん」で始まる段落の内容にウが,「世界の偉人」で始まる段落の内容にオが適切。

四 (小説一情景・心情, 内容吟味, 文脈把握, 脱文・脱語補充)

やや難 問1 傍線部aの「苦笑」や「彼の頬を歪めた」という表現には, アの「気恥ずかしさ」が適切。ウの「寂しく」やエの「驚き」, オの「愛しさ」は適切ではない。亡き妻と火の関連は「彼」にとって忘れられないものなので,「すっかり忘れていた」とあるイも適切ではない。

問2 直前の文「それしきの音で, 六年生の女の子が, まるで胸を突かれたようにひっくり返るはずがない」から，「彼」は里子がみんなを笑わせようとして派手に倒れてみせたと思ったのである。アの「自分を心配させ気を引こうとして」が読み取れる描写はない。直後の文に「彼の見当は外れていた」とあるので，ウは適切ではない。里子の「ひっくり返る」という様子に，エの「驚いている」はおおげさで，オの「恐れおののいている」は合わない。

問3　同じ段落の冒頭に「彼は……すべてを理解した。彼がそっとたきびへ投げ入れた生栗の一つが到底信じ難い勢いで爆ぜ飛んで，しゃがんでいた里子の右目を激しく直撃した」から，「彼」は里子の目を傷つけてしまったことを自覚し罪悪感に責められているとわかる。里子の家族がうろたえる様子を目の当たりにして，大変さに改めて気づいた行動であることから，エが適切。「彼」の動揺や自責の念に，アの「逃げよう」や，イの「諦め」はそぐわない。また，ウの「別の機会にしよう」やオの「礼を尽くす」という冷静さや余裕も感じられない。

基本　問4　「たきびに生栗を入れたのは誰かが問題になっていると聞いた」にも関わらず，「なんのお咎めもない」ことに対して「まことに薄気味の悪いこと」と言っているので，エが適切。「お咎めもない」に，アとウは合わない。「彼」が犯人だとは知られていないので，イは適切ではない。この時点で「彼」は里子が気づいていたことを知らないので，オも適切ではない。

問5　里子の「笑顔」について，同じ段落で「義眼になったが，彼女の表情の豊かさがまるで違和感を感じさせなかった。以前の明るさも活撥さも，すこしも失われた気配がなかった」とある。再会した里子が当時と変わらない笑顔だったと述べているイが適切。エの里子の楽しい生活や，オの「罪の意識」によって「眩しく」感じているわけではない。「笑顔」とあるので，アの「学業にはげむ姿」は適切ではない。後で「彼」は里子に罪を告白しているので「知りながら」とあるウも適切ではない。

問6　「彼」は里子の言葉を聞き「思わず……手を取った」とある。「彼」の「自責の念」が，里子の言葉によって好意に変わったので，ずっと里子に好意を持っていたとあるアは適切でない。

問7　直前の「あたしを片目にした」には，オの「責任」「同情」が適切。

重要　問8　直後の「『風邪をひきますよ。新しい薪をもう一本足したら？』『わかってるさ。』彼は，独り言を呟いて……薪の小山から，一本取りに立ち上がる」は，「彼」が亡くなった妻と一緒に火を楽しんでいる様子を描いている。この様子に，アの「批判的な妻の目」やイの「罪悪感」は適切ではない。オの「深い信頼で結ばれている」は，この場面の描写からは読み取れない。エの「燃やし方のこだわり」について言っているわけではない。

五　**(古文―大意・要旨，内容吟味，文脈把握，指示語の問題)**

〈口語訳〉　昔，漢の王朝の時に戴淵といった賊が，ある時，大臣が，船に乗って通り過ぎるのを(見て)，悪党を大勢率いて，その財産を奪い取ろうとした。(戴淵は)岸にいて悪党どもに命令を下した。計画といい，能力といい，(戴淵は)人より優れて見えたので，この大臣は，「ああ，優れた能力で，愚かな振る舞いをするものだなあ」と言ったところ，(戴淵は)心を入れ替えて，この大臣にしたがって，帝王にお目にかかり，将軍になったのだった。縁に巡り会って心を入れ替えた事を思うと，尊いことであった。

問1　「戴淵と云ひける賊」は，だれの「財産」を取ろうとしたのか。

問2　b　「悪党あまた率ゐて」「岸に居てぞ下知したる」戴淵の能力について言っている。　c　「拙き」は，卑しい，愚かなという意味。戴淵が大臣の財産を「掠め取る」ことを言っている。

やや難　問3　直前の「この大臣に付きて，帝王の見参に入りて」に着目する。戴淵が将軍になったのは，大臣に能力を認められ，大臣にしたがったからである。アとウ，オが読み取れる内容は書かれていない。戴淵が認められたのは「統率力」で，エの「政治的な手腕」のためではない。

重要　問4　直前の「縁に逢ひて心を改めける事」の意味を読み解く。戴淵が大臣という「縁」に巡り会って，心を改めたことと述べているエが最も適切。他の選択肢は，文章の内容に合わない。

★ワンポイントアドバイス★

読解問題の選択肢には，例年通り紛らわしいものが多い。いったん正解だと思っても，他の選択肢も確認する慎重さが必要だ。

MEMO

大切なことはメモしておこうネ!

2022年度

★★★★★★★★★★★★★★★★★★★★★★★★

入　試　問　題

2022年度

流通経済大学付属柏高等学校入試問題（1月17日）

【数　学】（50分）　＜満点：100点＞

【注意】 1．解答が分数の形で求められているときは，約分した形で答えること。
2．解答が比の形で求められているときは，最も簡単な整数の比で答えること。
3．問題の図は略図である。

全問とも，$\boxed{}$ の中に当てはまる数字を求めなさい。

$\boxed{1}$ 次の問いに答えなさい。

(1) $\left(-\dfrac{3}{2}\right)^3+\dfrac{9}{8}\div 0.75$を計算すると，$-\dfrac{\boxed{\text{アイ}}}{\boxed{\text{ウ}}}$である。

(2) $\sqrt{108}\left(\sqrt{2}+\dfrac{1}{\sqrt{3}}\right)-(\sqrt{7}-1)(\sqrt{7}+1)$ を計算すると，$\boxed{\text{エ}}\sqrt{\boxed{\text{オ}}}$である。

(3) 連立方程式 $\begin{cases}\dfrac{2}{5}x-0.2y=1\\ 3x+2y=39\end{cases}$ を解くと，$x=\boxed{\text{カ}}$，$y=\boxed{\text{キ}}$ である。

(4) 2次方程式$3x^2+2x-8=0$の解は，$x=-\boxed{\text{ク}}$，$\dfrac{\boxed{\text{ケ}}}{\boxed{\text{コ}}}$である。

(5) ある縄の長さを測ったとき，小数第2位を四捨五入すると8.4mという近似値が得られた。
真の値をa mとして，aの範囲を不等号を使って表すと，
$\boxed{\text{サ}}.\boxed{\text{シス}}\leqq a<\boxed{\text{セ}}.\boxed{\text{ソタ}}$となる。
また，誤差の絶対値は$\boxed{\text{チ}}.\boxed{\text{ツテ}}$m以下となる。

(6) 体積が36π cm^{3}である球の半径は$\boxed{\text{ト}}$ cmである。また表面積は，$\boxed{\text{ナニ}}\pi$ cm^{2}である。ただし，πは円周率とする。

(7) $5\leqq\sqrt{a}<2\sqrt{10}$を満たす自然数$a$は全部で$\boxed{\text{ヌネ}}$個ある。

(8) 3つの数a，b，cがあり，$a:b=3:5$，$b:c=7:3$である。$c=4$ならば$a=\dfrac{\boxed{\text{ノハ}}}{\boxed{\text{ヒ}}}$である。

$\boxed{2}$ 次の問いに答えなさい。

(1) 1個110円のおにぎりと，1個140円のサンドイッチをあわせて20個買ったところ代金は2530円であった。買ったおにぎりは$\boxed{\text{ア}}$個，サンドイッチは$\boxed{\text{イウ}}$個である。
ただし，消費税は考えないものとする。

(2) 5％の食塩水150gを入れた容器がある。この状態での食塩の量は$\boxed{\text{エ}}.\boxed{\text{オ}}$gである。
この容器にx gの水を加えたところ，濃度は3％となった。このとき，$x=\boxed{\text{カキク}}$である。

(3) 次のページの図のようにAB＝10cm，BC＝18cm，∠Bが直角の直角三角形ＡＢＣがある。点P，Qはそれぞれ頂点A，Bを同時に出発し，点Pは毎秒1cmで点Bへ，点Qは毎秒2cmで点Cへ向

かって移動する。

点P，Qがそれぞれ頂点A，Bを同時に出発した x 秒後に△PBQの面積が 21cm^2 となったとすると，$x=$ [ケ]，[コ] である。

ただし，$0<x<9$，[ケ] ＜ [コ] であるとする。

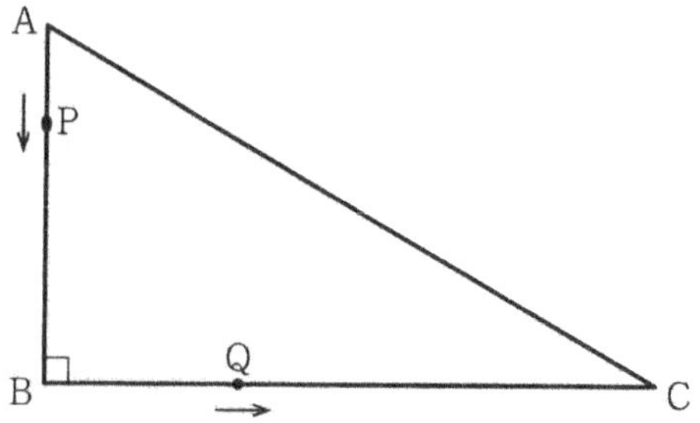

⑷　下の表はあるクラス40人が受けた５点満点の数学の小テストの結果である。

空欄a，b，cにあてはまる値を求めると，

aは [サ]，bは [シ]，cは [ス].[セソタ] である。得点の平均値は [チ].[ツ]（点）である。また，最頻値（モード）は [テ]（点）で，中央値（メジアン）は [ト].[ナ]（点）となる。

得点が２点以下の生徒は全体の [ニヌ] %である。

得点（点）	度数（人）	相対度数
0	3	0.075
1	7	0.175
2	6	0.150
3	**a**	0.100
4	15	**c**
5	**b**	0.125
計	40	1.000

3　次の問いに答えなさい。

⑴　７人の生徒A，B，C，D，E，F，Gの中から３人の代表を選ぶとき，Aは選ばれてBは選ばれない場合の数は全部で [アイ] 通りである。

⑵　大小２つのさいころを同時に投げ，大きいさいころの出た目を a，小さいさいころの出た目を b とする。このとき，a と b の積が偶数になる確率は，$\frac{\boxed{ウ}}{\boxed{エ}}$ である。

また，$a \leqq -2b+11<7$ となる確率は，$\frac{\boxed{オ}}{\boxed{カ}}$ である。

4 次の問いに答えなさい。

⑴ 図において，$\angle x$ を求めると，[ア][イ]°である。

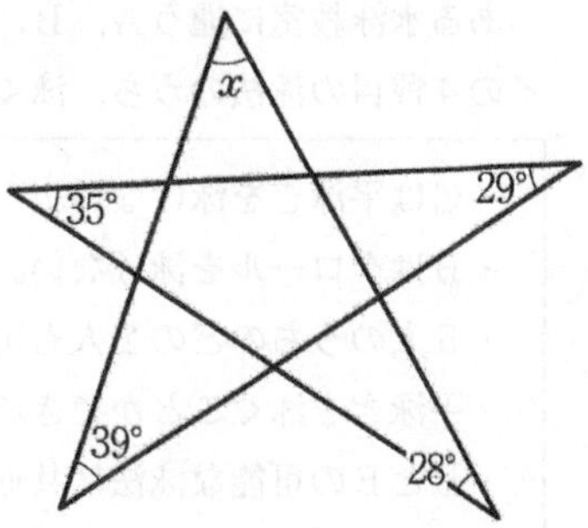

⑵ 図のような直角三角形を，直線 ℓ を軸として1回転したときできる立体の体積は [ウ][エ] π cm³である。

ただし，π は円周率とする。

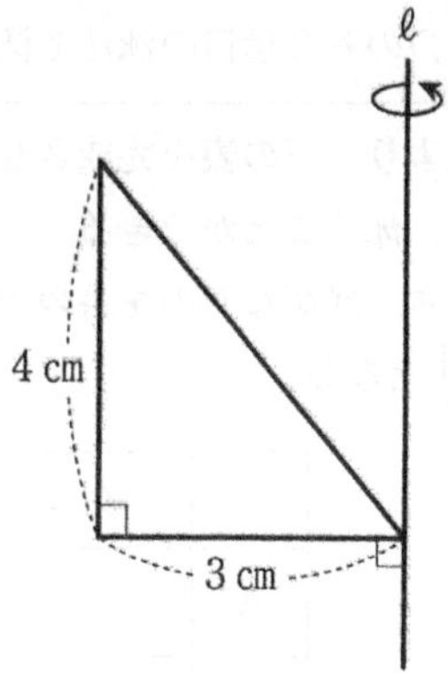

⑶ 図のような直方体がある。

頂点Aから辺BC，CG上の点を通り，頂点Hまで通る線を引くとき，最短となる線の長さは $\sqrt{[オ][カ]}$ cmである。

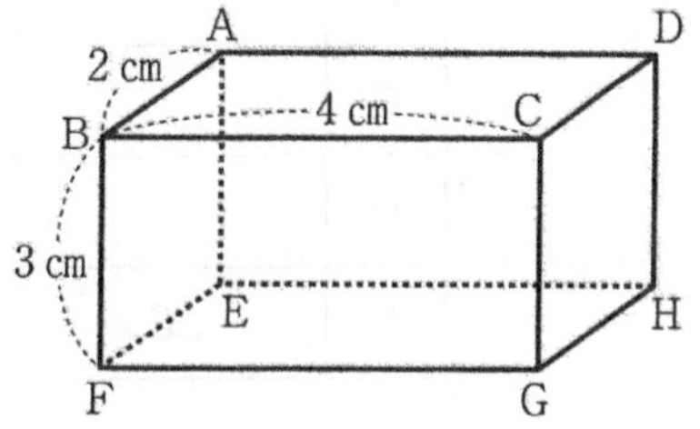

5 図のように，関数 $y=ax^2$ のグラフ上に2点A（p，ap^2），B（4，8）がある。このとき，次の問いに答えなさい。

ただし，$p<4$ とする。

⑴ $a=\dfrac{[ア]}{[イ]}$ である。

⑵ $p=2$ のとき，直線ABの式は，$y=$ [ウ] $x-$ [エ] であり，△OABの面積は [オ] である。

⑶ 点Bから x 軸に下ろした垂線と x 軸との交点をC，点Bから y 軸に下ろした垂線と y 軸との交点をDとする。△ABCと△ABDの面積の比が4：3になるとき，$p=-$ [カ] である。

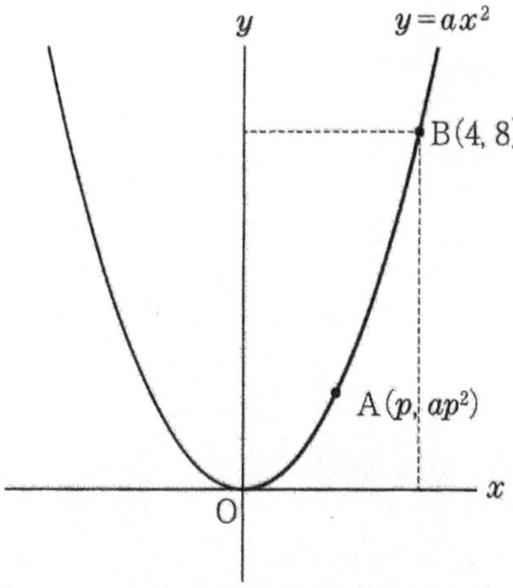

6 次の問いに答えなさい。

ある水泳教室に通うA，B，C，D，Eの5人について，クロール，背泳ぎ，平泳ぎ，バタフライの4種目の泳法のうち，泳ぐことができる泳法を調べたところ次のことが分かった。

・Cは平泳ぎを泳げない。
・Bはクロールを泳げない。
・5人のうちのどの2人も可能な泳法と不可能な泳法が完全に一致することはなかった。
・平泳ぎを泳ぐことができるのは3人で，バタフライを泳ぐことができるのはBだけである。
・BとEの可能な泳法に共通のものは1種目もなかった。
・A，B，Cが泳ぐことができる泳法の中に3人共通なものが1種目だけある。
・Dのみ3種目の泳法で泳ぐことができ，他の4人は2種目の泳法で泳ぐことができる。

以上より，下の表を完成させるとき，ア～オに当てはまるのはどれか。

1．泳ぐことができる　2．泳ぐことができない　3．上記の条件では判断できない

のうち，適切なものを番号で答えると，アは ア ，イは イ ，ウは ウ ，エは エ ，オは オ となる。

	クロール	背泳ぎ	平泳ぎ	バタフライ
A				イ
B				
C			ア	
D		ウ		
E	エ		オ	

【英　語】（50分）　＜満点：100点＞　　※リスニングテストの音声は弊社HPにアクセスの上，音声データをダウンロードしてご利用ください。

1　放送を聞いて答えなさい。

1．1．It was last Saturday.　2．It was next Monday.
　3．It was not held.　4．It was last Sunday.

2．1．Because she was sick.
　2．Because she had to finish her homework.
　3．Because she was at Sergio's party.
　4．Because she had a fever.

3．1．She is reading a book written by Takashi Saito.
　2．She is reading a book sold by Takashi Saito.
　3．She is reading a book given by Takashi Saito.
　4．She is reading a book sent by Takashi Saito.

4．1．He enjoyed reading books.　2．He taught English to many students.
　3．He studied Japanese.　4．He visited many restaurants.

5．1．Mr. Saito told him where to go when he read books.
　2．Mr. Saito told him how to read books.
　3．Mr. Saito told him which university he should go to.
　4．Mr. Saito told him what to read in the plane.

2　次の英文を読んで後の問いに答えなさい。（＊印の語は（注）を参考にすること）

In the old days, when wishes often came true, there lived a king. All his daughters were beautiful. The youngest princess was so beautiful that even the sun was surprised *every time ①it kissed her face.

A dark forest was close to the king's home. A *well was in the forest under an old tree. The princess often went to the well on hot days. She sat on the *bank by the cool water. She loved playing with a special golden ball. She would throw the ball high in the air and then catch it.

One day, *instead of falling into her little hands, the princess's golden ball rolled along the ground into the well. The princess went to the well to look for her ball. The well was so deep, however, that she could not see the *bottom. ②She began to cry. She cried *louder and louder. Then a voice called out. "Why, princess, (1) You cry so loudly that even a stone would feel sorry for you." She looked round to see (2) was talking and saw a frog.

The frog was not very pretty, but the princess told him about her problem.

"Well, stop your crying right now," said the frog, "I can help you. What will you give me if I get your ball for you?"

"Anything you like, my dear frog," she said: "I would give you my clothes, or even my crown."

The frog thought about this for a moment and then said, "Thank you princess, but I don't want any of these things. All that I want is your love. I (3) your friend. I want you to play with me. And I want to share food and your little bed with you. If you do, I will get your golden ball from the bottom of the well."

"Okay," she said. "I'll promise anything you like if you get my ball back for me." The frog disappeared into the well and the princess thought, "What a *fool the frog is! He can only sit in the water and talk to other frogs. He can't be friends with humans."

In a little while the frog came back with the ball in his mouth. He threw it to the princess. She was so happy to get it back. She picked it up and ran away.

"Stop! Stop! Take me with you. I can't run so fast," *shouted the little frog. *It was no use. *Even though he shouted as loudly as he could, the princess *ignored him. Soon she got home and she quickly forgot all about the little frog who helped her. The frog sadly went back into his ③<u>well</u>.

The next day the princess sat down to eat with the king and the rest of her family. She was *eating off her little gold dish when she heard a strange noise. Something jumped up the stairs, knocked on the door and said, "Young princess, *let me in!" She ran to the door and saw the frog. She shut the door quickly and went back to her seat. She was very afraid.

The king saw this and said, "Child, why are you afraid? What is at the door?"

"A frog," she answered. "What does the frog want with you?" asked the king.

"Well, dear father, yesterday, when I (4) in the forest, my golden ball fell into the well. I started crying and the frog heard me. He got the ball back for me. I promised him he (5) be my friend, but I never thought he would come so far out of his water. Now he is outside and wants to come in." There was another knock at the door and the frog called: "Open the door, my princess, dear. Open the door to your true love here! Remember the promise you made yesterday, by the cool well, in the old tree's shade." Then the king said, "You must not break your promise. Go and let him in." She went and opened the door, and the frog jumped in. He followed her to her chair and said, "*Lift me up."

She did not want to lift him up, but the king ordered her ④<u>to do so</u>. The frog got on the table and said, "Push your little gold dish near me to eat together." The princess pushed her plate near the frog but the princess ate nothing. At last the frog said, "I am full. Now I am tired. Take me to your little room, put me in your bed and we will lie down and go to sleep."

The princess began to cry. She could not bring herself even to touch the cold frog. She did not want to sleep with him in her pretty clean bed. The king became（ ア ）with her and said, "We must not forget the people who have helped us."

So, the princess lifted up the frog, carried him *upstairs and put him in a corner of her room. When she was in bed, the frog came over to her and said, "I am tired. I would like to go to bed too. Lift me up, please, or I'll tell your father." Then the princess got really（ ア ）. She picked the frog up and threw him against the wall. "You bad frog," she shouted.

When he fell to the ground, however, he was *no longer a frog. He was a prince, with beautiful, smiling eyes. He said to the princess, "An old *witch changed ⑤me into a frog." Nobody *except the young princess had the power to change him back.

（注） every time：～する度に　well：井戸　bank：土手　instead of：～の代わりに　bottom：底
louder and louder：ますます大きな声で　fool：馬鹿者　shout：叫ぶ　it was no use：無駄だった
even though：たとえ～しても　ignore：～を無視する　eat off：～で食べる
let me in：私を中に入れて　lift up：～を持ち上げる　upstairs：上の階へ
no longer：もはや～ない　witch：魔女　except：～を除いて

問1 （ ）内に入るものをそれぞれ選びなさい。

（1）：1 here you are.　2 you're welcome.
　　3 of course.　4 what is the matter?

（2）：1 which　2 whose　3 where　4 who

（3）：1 wanting　2 want to　3 want to be　4 want to being

（4）：1 play　2 playing　3 was played　4 was playing

（5）：1 can　2 can't　3 could　4 couldn't

問2 下線部①が指すものとして，最も適切なものを下の選択肢から1つ選びなさい。

1．a king　2．a frog　3．the youngest princess　4．the sun

問3 下線部②の理由として，最も適切なものを下の選択肢から1つ選びなさい。

1．カエルが彼女のボールを井戸の中に落としてしまったから。
2．カエルが井戸の中に姿を消してしまったから。
3．彼女がカエルとの約束を守ることが出来なかったから。
4．彼女が自分のボールを井戸の中に落としてしまったから。

問4 下線部③と異なる意味のwellを下の選択肢から1つ選びなさい。

1．The ball which a boy played with dropped into a well.
2．We can draw water from the well.
3．Well, I guess 15 dollars is a good price for a pair of shoes.
4．The students raised money to build a well.

問5 下線部④の内容を表すものを下の選択肢から1つ選びなさい。

1．to play with a special golden ball　2．to buy a special golden ball
3．to lift up the frog　4．to push her little gold dish

問６　空所（ア）に入る最も適切な語を下の選択肢から１つ選びなさい。

１．angry　　２．hungry　　３．sick　　４．fine

問７　下線部⑤が表す人物を下の選択肢から１つ選びなさい。

１．a princess　　２．an old witch　　３．a prince　　４．a king

問８　次の英文の下線部に入るものとして最も適切なものを１つ選びなさい。

１．After the frog came back from the well, the princess felt very happy because ________.

　１．she got back a special golden ball
　２．she made friends with the frog
　３．a prince was changed into a frog
　４．her golden ball rolled along the ground into the water

２．The promise the princess made to the frog was that ________.

　１．she would give a king a lot of money
　２．she would be the frog's friend
　３．she would give the frog a special golden ball
　４．she would get her ball back for the frog

３．The truth in this story was that ________.

　１．the frog which the princess didn't like was a prince
　２．the young princess had the power to turn a prince into a frog
　３．many people were changed into frogs by an old witch
　４．many people believed the magic power which the princess had

3　次の英文を読んで，後の問いに対する答えとして最も適切なものを選びなさい。
（＊印の語は（注）を参考にすること）

Oxford is ninety *kilometres from London—about an hour by car, bus or train—and only sixty-four kilometres from Heathrow Airport. The River Thames *runs through Oxford, and the River Cherwell *joins it there. The Thames then runs south-east *towards London. The land is low, but there are hills to the west. Much of the city is old and very beautiful.

More than 110,000 people have their homes in Oxford. But in some months of the year there are a lot more people in the city; thousands of students come from other towns for parts of the year.

The city is an important *centre for work, shopping and nightlife. But people from all over the world, and from different parts of Britain, come to Oxford to see the fine buildings, the museums, and the parks and gardens. Oxford is a very interesting city, and many visitors fall in love with it.

Oxford is not as old as some other English cities. London, York and Cambridge were already towns in *Roman times. But by the tenth century Oxford was an important town. At that time, Oxford was *a market town, on the river and with main roads running through it. There were walls around the town, and about five thousand people lived inside them.

The town got bigger in the twelfth century, when a lot of new houses were built. It was a rich business centre by selling cloth and wool. By the year 1200, there were new walls, three stone bridges across the river, a castle, sixteen churches and a *palace. There were also the beginnings of a university.

Before that time, *religious people went to the University of Paris to study; now they started to come to Oxford. Three colleges were built in the thirteenth century: University College, Balliol College and Merton College. They looked like religious buildings, and you can still see parts of these old buildings today. By the end of the thirteenth century there were 1500 students, and the university was already famous all over Europe.

New business for *shopkeepers and other townspeople *came from the larger number of university students, but there were also problems between the people of the town and those at the university. In 1209 some students killed a woman; angry townspeople then killed two students, and many others moved away from Oxford. Some went to Cambridge and started the university there. In 1355 there was fighting in the streets for days, and sixty-two students died.

So there were problems, but Oxford was still getting bigger, and by the early fourteenth century it was a rich country town. Then a terrible illness called the Black Death killed nearly a third of the people there. Many who died were important businessmen, and *the cloth industry did not bring as much money into the town as before.

The townspeople needed to find new work, and many more people began to work for students and the university. Students started to live in their houses and to eat the food they cooked. So the townspeople now needed the university more than in earlier times.

In his famous book ***The Canterbury Tales***, the fourteenth-century writer, Geoffrey Chaucer *describes a poor student, The Clerk of Oxford. The Clerk is one of the first of many examples of Oxford students in English writing.

Under the Protestant queen Elizabeth I (1558-1603), life in Oxford was easier than under her older, Catholic sister, “Bloody Mary”; in Mary’s time, three men were burned to death outside Balliol College for their *religion. They are called the Oxford Martyrs.

In Elizabethan England there were still problems between Protestants and Catholics in Oxford, but the queen liked the city and visited it a number of times. It was *fashionable for rich and important men to send their sons to the university; they used the town’s *facilities for eating, drinking and sports, and new colleges and university buildings were built.

The Bodleian Library, for example, opened in 1602. The library now has over 120 kilometres of books. Readers cannot take books out of the building, but they can find any British book there.

The Sheldonian Theatre was also built at this time. It was the *work of Christopher Wren. He built St Paul's Cathedral in London. The university uses the Sheldonian on special days, but it is also open to visitors and for talks and concerts.

Oxford already had a *cathedral (in Christ Church College) and was, by now, called a city. In the 1630s ten thousand people lived there; two thousand of these worked or studied at the university.

Between 1642 and 1646 there was *a civil war in England; King Charles I's soldiers were fighting Oliver Cromwell's. Charles and his soldiers moved to Oxford. The king lived in one of the colleges, because most people at the university were on his side. Colleges also gave him their gold and silver. Important people from the city who were against the king went away until the war ended. There was fighting all around Oxford, and in the end Cromwell's soldiers controlled the city. The king got away, but in 1649 they cut off his head.

（注） kilometre：キロメートル　run through：～を流れる　join：～と合流する
toward：～に向かって　centre：中心地　Roman times：古代ローマ時代
a market town：市場を中心に発達した町　palace：宮殿　religious people：信仰心のある人
shopkeeper：商人　come from：～から来る　the cloth industry：繊維産業
describe：～を述べる　religion：信仰　fashionable：流行の　facility：施設　work：作品
cathedral：大聖堂　a civil war：内戦

1．Why do people from all over the world, and from different parts of Britain, come to Oxford?
　1．Because they want to see the fine buildings, the museums, the parks, and gardens.
　2．Because they want to see many performers.
　3．Because they were only interested in work, shopping, and nightlife.
　4．Because they were going to study English at the University of Paris.

2．What were people in Oxford selling in the twelfth century?
　1．They were selling cloth and wool.　2．They were selling new cars.
　3．They were selling three stones.　4．They were selling new houses.

3．Where did religious people go for studying before 1200?
　1．Merton College.　2．University College.
　3．Balliol College.　4．The University of Paris.

4．What is the Black Death?
　1．It's a bad sickness.
　2．It's fighting between businessmen.
　3．It's fighting in the University in Cambridge.
　4．It's an event in a rich country.

5．Who is the sister of Elizabeth I?

1．"Bloody Mary."　2．The Oxford Martyrs.

3．Christopher Wren.　4．King Charles I.

6．When did the Bodleian Library open?

1．In 1602.　2．In 1642.　3．In 1646.　4．In 1649.

7．Who built the Sheldonian Theatre?

1．"Bloody Mary."　2．The Oxford Martyrs.

3．Christopher Wren.　4．King Charles I.

8．What is true of Oxford?

1．It was not peaceful around 1649.

2．It is nineteen kilometers from London.

3．It has less than ten thousand people.

4．It has just ten people.

4　次の英文の（　）内に入れるのに最も適した語句を，後の語群からそれぞれ選びなさい。

1．(　　　) make your health better, you should get more sleep.

1　To　　2　For　　3　In　　4　As

2．It was very difficult (　　　) to play the violin.

1　that she　　2　for her　　3　her　　4　she

3．The man (　　　) is playing the piano is my friend.

1　what　　2　whose　　3　which　　4　who

4．This old temple (　　　) about 500 years ago.

1　built　　2　was build　　3　was building　　4　was built

5．We will stay here (　　　) three months.

1　for　　2　at　　3　between　　4　on

6．How many (　　　) of paper do you need?

1　sheets　　2　sheet　　3　seats　　4　seat

5　日本文を参考にして正しい英文になるように（　）内の語を並べかえ，（　）内で3番目と6番目に来るものをそれぞれ選びなさい。(文頭に来る語も小文字で書かれています)

1．今朝，母親が電話した時には，ボブは朝食を作っていた。

Bob was (1　breakfast　2　called　3　his　4　him　5　making　6　mother　7　when) this morning.

2．今夜外出してもいいが，10時までには帰らなければいけない。

You may go out tonight, (1　but　2　by　3　come　4　home　5　must　6　ten　7　you) o'clock.

3．2日前に鍵を拾ってあげた女の子を覚えていますか？

Do you remember the (1　girl　2　key　3　picked　4　two　5　up　6　whose　7　you) days ago?

4．ゲームは見ているより遊んでいる方がワクワクする。
Playing a (1 exciting 2 game 3 is 4 more 5 one 6 watching 7 than).

5．次の電車が何時に来るのか私に教えていただけますか。
Could you (1 me 2 next 3 tell 4 the 5 time 6 train 7 what) comes?

6．私達はできる限り早く宿題を終わらせなければならない。
We (1 as 2 finish 3 have 4 our 5 soon 6 to 7 homework) as possible.

6　次のメッセージのやり取りに関して，質問に対する答えとして，最も適切なものを一つ選びなさい。

Dave
Hi, Mike. Are you going to the meeting in Las Vegas in June?
10:26

Mark
Hi, Dave. Yes, I am. I hear you are going, too. Are you flying there?
10:29

Dave
Yes, I am flying US Air, and it leaves Cleveland at 7:30 a.m. on Tuesday the 13th.
10:32

Mark
Really? That's the same flight I'm on! Do you want to share a taxi?
10:38

Dave
Actually, I'm going to drive and leave my car at the airport. Do you want a ride?
10:42

Mark
That would be amazing! Thanks, Dave.
10:44

Dave
No problem. I'll pick you up from your house at 6:00 a.m.
10:45

1．Where are Dave and Mark going?
1．To a meeting.　2．To a party.　3．To a park.　4．To a museum.

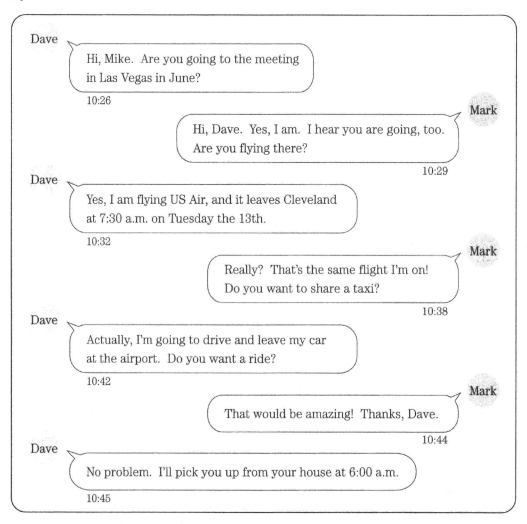

2．How do they go to the airport?
　1．In Dave's car.　2．By taxi.　3．By train.　4．By bus.

次の航空券とメールに関して，質問の解答として最も適切なものを選びなさい。
（＊印の語は（注）を参考にすること）

AIR UK
MR. TONNY HARRISON
MISS LISA PARK

Flight No: UK905

LONDON Heathrow → TOKYO Narita
12/5/2021
13:10
Please be at the gate at least 30 minutes before departure.
*Luggage *limit 27kg.
If you need a special meal, please tell us as soon as possible.

To: parklisa@smail.com
From: tonyharr@smail.com
Date: October 11
Subject: Flight
: UK905TICKET.pdf
Hi Lisa,

I just got our flight tickets for the big meeting in Tokyo. I think we will have time to make the jet lag better this time!

It's also not too early, and it is good. I'll call before we fly and tell them you need a *vegetarian meal. I'll also try to get some seats with lots of space.

I'll get the bus to the airport now.

All the best for now,

Tonny

（注） luggage：手荷物　limit：制限　vegetarian meal：菜食主義者の食事

3．Where will they fly from?

1．London. 2．Oxford. 3．Liverpool. 4．Birmingham.

4．How will Tonny get to the airport ?

1．By train. 2．By taxi. 3．By bus. 4．By bicycle.

5．What do we know about Lisa?

1．She is short. 2．She is a manager.

3．She needs a special meal. 4．She is a flight attendant.

切なものを次の中から選び、記号で答えなさい（解答番号は５）。

ア　妻と娘が自分を深く恨んでいたと知ってひどく傷ついたから。
イ　馬と牛が働かないので家業はもう続けられないと思ったから。
ウ　妻と娘が家畜を売るのに反対で手の打ちようがなかったから。
エ　家は豊かで自分がいなくても困ることはないと知ったから。
オ　今まで家畜を酷使していたという罪の意識に苦しんだから。

五　次の文章を読み、後の各問いに答えなさい。

唐土にはべりし時《(いました時に)》、人の語りはべりしは《(人が語りましたことは)》、昔、aこの国にいやしからぬ人ありけり。その家きはめてゆたかなり。秋夜、高楼に登りて、月を眺めてありけるに、夜静まり、人寝さだまりで、音する物なし。かかりけるに《(このような時に)》、そこなりける《(そこにいた)》馬と牛と、物語をなんしける。馬のいふやう、「あな、悲し。わびし。いかなる罪の報にて《(どのような前世の報いで)》、この人に使はれて、昼は日暮しといふばかりに、かく使はれ居るらん。夜も、心よくうち休むべきに、b杖目ことにいたくわびしく、あまり苦しくて、心のままにもえ休まず《(休むことができない)》。明日また、いかさまに使はれんとすらん。cこれを思ふにとにかくに寝ねも安からず」といふ。また、牛のいふやう、「さればこそ《(そうそのことですよ)》。あはれ、悲しきものかな。d我かかる身を受けたるとは思へども、さしあたりては、ただこの人の恨めしさ、するかたなく覚ゆる《(どうしようもなく思われる)》」といひけり。これを聞くに、心もあられず《(心も平静に保てず)》悲しくて、妻と娘とにいふやう、「我は、今夜忍びてeこの家を出でんと思ふ事あり。」

（『閑居友』より）

問1　傍線部a「この国」とは今でいうどこの国のことか。適切なものを次の中から選び、記号で答えなさい（解答番号は1）。

ア　日本　　イ　韓国　　ウ　中国　　エ　モンゴル　　オ　インド

問2　傍線部b「杖目ことにいたくわびしく」とはどのようなことを言っているのか。適切なものを次の中から選び、記号で答えなさい（解答番号は2）。

ア　むちで打たれた傷が痛むこと。
イ　つえで体を支えないと歩けないこと。
ウ　年老いて目がうまく開かないこと。
エ　騒がしくて夜もよく眠れないこと。
オ　寂しい思いが募っていること。

問3　傍線部c「これ」が指し示す内容として適切なものを次の中から選び、記号で答えなさい（解答番号は3）。

ア　明日はどこかに連れていかれること。
イ　明日もまた寝不足になること。
ウ　明日もひどい扱いをされること。
エ　明日も食べ物を探し求めること。
オ　明日も歩き続けなくてはならないこと。

問4　傍線部d「我かかる身を受けたる」とは具体的にどのようなことを言っているのか。適切なものを次の中から選び、記号で答えなさい（解答番号は4）。

ア　ひどい扱いを受けながら働かされること。
イ　馬から愚痴を聞かされて眠れないこと。
ウ　妻や子と引き離されてしまったこと。
エ　前世の報いで牛に生まれかわったこと。
オ　働いても食べ物を与えてもらえないこと。

問5　傍線部e「この家を出でんと思ふ」とあるが、それはなぜか。適

イ　今後は理不尽な言動を改めてもらうため、祖母には更なる反省を促したいという気持ち。

ウ　自分から目を逸らしながら話しかけて来る祖母の態度を、いぶかしく感じる気持ち。

エ　前夜からの祖母の言動が自分への不信感を表しているように思え、反発したいという気持ち。

オ　子供扱いする祖母と対等に渡り合い、自分は大人であることを気づかせたいという気持ち。

問６　傍線部f「信太郎は急に可笑しくなった」とあるが、それはなぜか。適切なものを次の中から選び、記号で答えなさい（解答番号は６）。

ア　自分が気をつかってやると祖母も素直になって少し気持ちが和んだから。

イ　自分は意地を張っていたのに祖母が素直になって拍子抜けしたから。

ウ　祖母が坊さんに渡す筆を真剣に探している姿にいとおしさを感じたから。

エ　年老いた祖母に故意に冷たくしている自分は愚かだったと気づいたから。

オ　筆を探す祖母の口ぶりや態度が子供のようでほほえましく思ったから。

問７　傍線部g「彼は胸のすがすがしさを感じた」とあるが、それはなぜか。適切なものを次の中から選び、記号で答えなさい（解答番号は７）。

ア　祖母への反抗を続け相手が折れて素直になったことで、自分の思いを貫いたという達成感を持ったから。

イ　素直になった祖母の様子を見るうちに自分の幼い言動を自覚し、涙を流す中で素直な自分に戻れたから。

ウ　お塔婆を書いてもらう筆のことで祖母に頼りにされたことで、少なからず優越感を感じ素直になれたから。

エ　涙を流したことで祖母への反抗心がうすらぎ、自分がどれだけ子供じみた言動をしていたのかを悟ったから。

オ　子供のような意地を張った自分を恥じ、祖母へのお詫びとして蒲団をたたむことで晴れ晴れした気持ちになったから。

問８　傍線部h「少し淋しい笑顔をして立っていた信太郎」とあるが、「淋しい笑顔」だったのはなぜか。適切なものを次の中から選び、記号で答えなさい（解答番号は８）。

ア　無邪気な弟と妹を見つめているうちに、家族を守らねばならない兄としての責任を感じたから。

イ　子供らしくはしゃぐ弟と妹を見ながら、もう自分には彼等のような無邪気さはないことに気づいたから。

ウ　弟や妹の子供らしくはしゃぐ様子を見ていて、彼らのような無邪気な姿にもどりたいと思ったから。

エ　弟や妹が無邪気にはしゃぐ姿を見ていて、自分にも子供の頃があったと懐かしく思い出したから。

オ　無邪気にはしゃぐ弟と妹を見ていて、兄なのに祖母に対し意固地だったと恥じる気持ちがあったから。

髭《ひげ》をひねる真似をした。和らいだ、しかしh少し淋しい笑顔をして立っていた信太郎が、「西郷隆盛に髭はないよ」と云った。妹二人が、「わーい」とはやした。信三は、「しまった！」といやにませた口をきいて、櫓を飛び下りると、いきなり一つでんぐり返しをして、おどけた顔をわざと皆の方へ向けて見せた。

（志賀直哉　『或る朝』より）

問1　傍線部a「あまのじゃく！」とあるが、本文中で信太郎が「あまのじゃく」であることがうかがわれる表現として適切なものを次の中から選び、記号で答えなさい（解答番号は1）。

ア　彼はもっと毒々しい事が云いたかったが、失策った

イ　もう起しに来まいと思うと楽々と起きる気になれた

ウ　今祖母がそこにほうったように自分もその小夜着をほうった

エ　自分が行っている間少なくとも心配するだろう

オ　彼は少しどいてやった。そして夜具の山に腰を下して足袋を穿いていた

問2　傍線部b「大きな眼を開いてまだ横になっていた。」とあるが、この時の信太郎の心情として適切なものを次の中から選び、答えなさい（解答番号は2）。

ア　もう目は覚めているが、祖母の言うとおりにして素直に起きることは出来ず、起きるきっかけを探している。

イ　何度もしつこく起こしに来た祖母に対して腹が立ち、なんとかして仕返しをしてやろうと方法を考えている。

ウ　祖母に対してくだらない意地を張り続けているうちに、本当にいつ起きたら良いのか分からなくなっている。

エ　もう眠たくはないのだが、祖母に言われるがまま起きるのは癪なので、もう一度寝てしまおうと思っている。

オ　祖母の言う通りにするのは気に食わないが、何度も起こしに来る祖母に、さすがに申し訳ないと感じている。

問3　本文中の空欄 c に入るものとして適切なものを次の中から選び、記号で答えなさい（解答番号は3）。

ア　重くてとても持ち上がらないだろう

イ　信太郎はまた寝始めるのだろう

ウ　お坊さんがもう来てしまうだろう

エ　信太郎が起きて手伝うだろう

オ　信太郎はなぜ怒っているのだろう

問4　傍線部d「あしたから一つ旅行をしてやろうかしら」と信太郎が考えたのはなぜか。適切なものを次の中から選び、記号で答えなさい（解答番号は4）。

ア　祖母との喧嘩で気持ちが晴れず、気分を変えたかったから。

イ　祖母と離れもう一度自分を見つめ直したいと思ったから。

ウ　祖母に対して腹を立て、家出をしてやろうと思ったから。

エ　祖母に不孝者と言われたので、不孝者としてふるまおうとしたから。

オ　祖母と喧嘩してお互いに冷却期間が必要だと思ったから。

問5　傍線部e「信太郎の方はわざとまだ少しむっとしている」とあるが、この時の信太郎の心情として適切なものを次の中から選び、記号で答えなさい（解答番号は5）。

ア　和解を図ろうと歩み寄ってきた祖母を、素直に受け入れるのはいやだという気持ち。

十分ある」と云った。「どうしてこうやくざだか……」祖母は溜息をついた。「一時にねて、六時半に起きれば五時間半だ。やくざでなくても五時間半じゃあ眠いでしょう」「宵に何度ねろと云っても諾《き》きもしないで……」信太郎は黙っていた。「すぐお起き。おっつけ福吉町からも誰か来るだろうし、坊さんももうお出でなさる頃だ」祖母はこんな事を言いながら、自身の寝床もたたみ始めた。祖母は七十三だ。よせばいいのにと信太郎は思っている。祖母は腰の所に敷く羊の皮をたたんでから、大きい敷蒲団をたたもうとして息をはずませている。祖母は［　C　］と思っている。ところが信太郎はその手を食わずに故意に冷かな顔をして横になったまま見ていた。とうとう祖母は怒り出した。「不孝者」と云った。「年寄の云いなり放題になるのが孝行なら、そんな孝行は真っ平だ」彼も負けずと云った。彼はもっと毒々しい事が云いたかったが、失策《しくじ》った。文句も長過ぎた。しかし祖母をかっとさすにはそれで十二分だった。祖母はたたみかけをそこへほうり出すと、涙を拭きながら、烈《はげ》しく唐紙《からかみ》をあけたてして出て行った。

彼もむっとした。しかしもう起しに来まいと思うと楽々と起きる気になれた。彼は毎朝のように自身の寝床をたたみ出した。大夜着から中の夜着、それから小夜着をたたもうとする時、彼は不意に「ええ」と思って、今祖母がそこにほうったように自分もその小夜着をほうった。彼は枕元に揃えてあった着物に着かえた。dあしたから一つ旅行をしてやろうかしら。諏訪へ氷滑りに行ってやろうかしら。諏訪なら、この間三人学生が落ちて死んだ。祖母は新聞で聴いているはずだから、自分が行っている間少なくとも心配するだろう。押入れの前で帯を締めながらこんな事を考えていると、また祖母が入って来た。祖母はなるべくこっちを見ないようにして乱雑にしてある夜具のまわりを廻って押入れを開けに来た。彼は少しどいてやった。そして夜具の山に腰を下して足袋を穿いていた。祖母は押入れの中の用簞笥《ようだんす》から小さい筆を二本出した。五六年前信太郎が伊香保から買って来た自然木のやくざな筆である。「これでどうだろう」祖母は今までの事を忘れたような顔をわざとして云った。「何にするんです」e信太郎の方はわざとまだ少しむっとしている。「坊さんにお塔婆を書いて頂くのっさ」「駄目さ。そんな細いんで書けるもんですか。お父さんの方に立派なのがありますよ」「お祖父さんのも洗ってあったっけが、どこへ入ってしまったか……」そう云いながら祖母はその細い筆を持って部屋を出て行こうとした。「そんなのを持っていったって駄目ですよ」と彼は云った。「そうか」祖母は素直にもどって来た。そして叮嚀にそれをまた元の所に仕舞って出て行った。f信太郎は急に可笑《おか》しくなった。旅行もやめだと思った。彼は笑いながら、そこに苦茶苦茶にしてあった小夜着を取り上げてたたんだ。敷蒲団も。それから祖母のもたたんでいると彼には可笑しい中に何だか泣きたいような気持が起って来た。涙が自然に出て来た。物が見えなくなった。それがポロポロ頬へ落ちて来た。彼は見えないままに押入れを開けて祖母のも自分のも無闇に押し込んだ。間もなく涙は止まった。g彼は胸のすがすがしさを感じた。

彼は部屋を出た。上の妹と二番目の妹の芳子とが隣の部屋の炬燵《こたつ》にあたっていた。信三だけ炬燵櫓《やぐら》の上に突っ立って威張っていた。信三は彼を見ると急に首根を堅くして天井の一方を見上げて、「銅像だ」と力んで見せた。上の妹が、「そう云えば信三は頭が大きいから本当に西郷さんのようだわ」と云った。信三は得意になって、「偉いな」と臂《ひじ》を張ってしまうようになっている。

ウ　「なれ合い型」の学級が増えていき、教師の権威が失われたことでいじめが生まれた。

エ　怒ることは他人との「優しい関係」を崩すことになるので、自分の中に抑え込まねばならなくなる。

オ　若者が不快感を持った時には、「むかつく」という生理的な感覚を表す言葉を使うようになった。

四　次の文章を読み、後の各問いに答えなさい。

祖父の三回忌の法事のある前の晩、信太郎は寝床で小説を読んでいると、並んで寝ている祖母が、「明日坊さんのおいでなさるのは八時半ですぞ」と云った。しばらくした。すると眠っていると思った祖母がまた同じ事を云った。彼は今度は返事をしなかった。「それまでにすっかり支度をしておくのだから、今晩はもうねたらいいでしょう」「わかってます」間もなく祖母は眠ってしまった。どれだけか経った。信太郎も眠くなった。時計を見た。一時過ぎていた。彼はランプを消して、寝返りをして、そして夜着《よぎ》の襟に顔を埋めた。

翌朝〔中略〕信太郎は祖母の声で眼を覚した。「六時過ぎましたぞ」驚かすまいと耳のわきで静かに云っている。「今起きます」と彼は答えた。「すぐですぞ」そう云って祖母は部屋を出て行った。彼は帰るようにまた眠ってしまった。また、祖母の声で眼が覚めた。「すぐ起きます」彼は気安めに、唸《うな》りながら夜着から二の腕まで出して、のびをして見せた。「このお写真にもお供えするのだからすぐ起きておくれ」お写真と云うのはその部屋の床の間に掛けてある擦筆画の肖像で、信太郎が中学の頃習った画学の教師に祖父の亡くなった時、描いてもらったものである。黙っている彼を「さあ、すぐ」と祖母は促した。「大丈夫、すぐ起きます。──むこうへ行ってて下さい。すぐ起きるから」そう云って彼は今にも起きそうな様子をして見せた。祖母は再び出て行った。彼はまた眠りに沈んでいった。「さあさあ。どうしたんだっさ」今度は角のある声だ。信太郎はせっかく沈んでいく、まだその底に達しない所を急に呼び返される不愉快から腹を立てた。「起きると云えば起きますよ」今度は彼も度胸を据えて起きると云う様子もしなかった。「本当に早くしておくれ。もうお膳も皆出てますぞ」「わきへ来てそうぐずぐず云うから、なお起きられなくなるんだ」「aあまのじゃく!」祖母は怒って出て行った。信太郎ももう眠くはなくなった。起きてもいいのだが余り起きろ起きろと云われたので実際起きにくくなっていた。彼はボンヤリと床の間の肖像を見ながら、それでももう起しに来るかもう起しに来るかという不安を感じていた。起きてやろうかなと思う。しかしもう少しと思う。もう少しこうしていて起しに来なかったら、それに免じて起きてやろう、そう思っている。彼はb大きな眼を開いてまだ横になっていた。

いつも彼に負けない寝坊の信三が、今日は早起きをして、隣の部屋で妹の芳子と騒いでいる。「お手玉、南京玉、大玉、小玉」とそんな事を一緒に叫んでいる。そして一段声を張り上げて、「その内大きいのは芳子ちゃんの眼玉」と一人が云うと、一人が「信三さんのあたま」と怒鳴った。二人は何遍も同じ事を繰り返していた。また、祖母が入って来た。信太郎はまた起きられなくなった。「もう七時になりましたよ」祖母はこわい顔をしてかえって叮嚀《ていねい》に云った。信太郎は七時のはずはないと思った。彼は枕の下に滑り込んでいる懐中時計を出した。そして、「まだ二

オ　相手との違いを感じることにより、不快感を感じることが多くなる関係。

問3　傍線部ｃ「『管理型』学級」の特徴には**当たらないもの**を次の中から選び、記号で答えなさい（解答番号は3）。

ア　生徒の中で非行サブカルチャーが形成される

イ　教師が教師らしく演じる

ウ　教師が煙たい存在としてふるまう

エ　教師が「大きな生徒」として溶け込む

オ　教師と生徒間にタテの関係が働く

問4　空欄［ｄ］に入る語句として適切なものを次の中から選び、記号で答えなさい（解答番号は4）。

ア　支配関係　イ　役割関係　ウ　親交関係　エ　従属関係

オ　共犯関係

問5　傍線部ｅ「潜在的な対立の火種を多く孕んでしまう」とあるが、その理由として適切なものを次の中から選び、記号で答えなさい（解答番号は5）。

ア　言葉によって練られた思想や信条などとは違って相手との感覚の共有に基づく移ろいやすい関係であるため。

イ　互いの葛藤から生じる怒りは生理的な不快感なので、言葉によって適切に表現できず誤解を残した関係になるため。

ウ　優しい関係は一度崩れてしまうと修復するのは難しく、お互いの心にしこりを残したままの関係になるため。

エ　相手に優しくしようとすることを優先してしまい、本質的な理解ができずにお互いに冷めた関係になるため。

オ　衝動的で安定感がなく、軋轢を生みやすいにも関わらず、それを発散することの許されない関係であるため。

問6　空欄［ｆ］に入るものとして適切なものを次の中から選び、記号で答えなさい（解答番号は6）。

ア　自己暗示　イ　自己満足　ウ　自己完結　エ　自己啓発

オ　自己嫌悪

問7　傍線部ｇ「いじめのターゲット」とあるが、筆者はその「ターゲット」はどのような存在から選ばれると考えているか。適切なものを次の中から選び、記号で答えなさい（解答番号は7）。

ア　対立の表面化を避けることや、他人と適切な距離感を保つことを心がけない存在。

イ　直感による関係を築き、「むかつく」という言葉で怒りの矛先を明確にしない存在。

ウ　相手との空気感を大事にし、問題に早めに対処することを優先しようとしない存在。

エ　自分の思想や信条を持っていたとしても他人とそれを共有することを願わない存在。

オ　葛藤の中で生まれる感情を抑えて対立を避け、責任を引き受けようとしない存在。

問8　本文の内容と**合致しないもの**を次の中から選び、記号で答えなさい（解答番号は8）。

ア　今日の生徒どうしの関係は直感的な感覚によって成り立っているので、不安定なものだと言える。

イ　「優しい関係」を守ることで対立は回避されるが、「むかついて」

は、基本的にその当人や事物に怒りを向けられなかった時、その後に使う言葉』」だと述べている（『「ムカツク」構造』一九九八年）。

いじめに限らず、他人に対する否定的な態度が差別や偏見にもとづくものなら、たんなる生理的な不快感とは違い、言葉によって作り上げられた思想や信条の歪みにその根拠があるわけだから、その理不尽さについて言葉をつくして生徒たちに訴えることもできるだろう。しかし、生理的に「むかついて」しまうという相手に対して、「むかついてはいけない」と教育的な指導を行なうことは難しい。トイレへ行きたいと訴える生徒に対して、我慢しろと言っているのに等しいからである。当人たちも、自分の感情を言葉にして整理し、相対化することができないから、もやもやとした感情のエネルギーはどんどん溜まっていく。怒りの表明によってそれが小出しにされることもない。こうして、各自の内部に溜め込まれた感情のエネルギーは、その放出先を求めて、gいじめのターゲットを探し回ることになる。

相手の事情を詮索して踏み込んだりしない、あるいは自分の断定を一方的に相手に押しつけたりしない、そういった距離感を保つ「相手に優しい関係」とは、ひるがえってみれば、自分の立場を傷つけかねない危険性を少しでも回避し、自分の責任をできるだけ問われないようにする「自分に優しい関係」でもある。だから、意図せずしてこの「優しい関係」の規範に抵触してしまった者には激しい反発が加えられる。いじめの対象もそのなかから選ばれるのである。

（土井隆義『友だち地獄』より）

※ 先ほど述べたように…筆者はこの設問文の前に一九八〇年代の「個性化教育」により、自分で自分の価値観を作り上げる「自分さがし」をしなければならなくなったと述べている。

問1 傍線部a「相対的に風通しがよく」とあるが、その説明として適切なものを次の中から選び、記号で答えなさい（解答番号は1）。

ア 教師が生徒の仲を良くしようと尽力していたことで、生徒達の和が保たれていたということ。

イ 生徒同士が一方的な断定を押し付け合わない、よい距離感を保てるようになったということ。

ウ 教師が生徒共通の敵となることによって、生徒同士の結びつきは強くなっていたということ。

エ 教師が生徒に敵対心を持っていたため、生徒同士が団結して教師に対峙していたということ。

オ 教師同士が対立構造を持っていたため、生徒同士の関係は良いように見えていたということ。

問2 傍線部b「生徒どうしの関係」とあるが、ここでの「関係」とはどのようなものか。その説明として**適切でないもの**を次の中から選び、記号で答えなさい（解答番号は2）。

ア 対等に付き合い、今後予想される問題に早めに対処することを優先する関係。

イ 「自分さがし」をする者同士の、互いの考えをぶつけ合わない関係。

ウ 対立を嫌い、お互いの感情を表すことをなるべく避けようとする関係。

エ 衝動や直感といったものの共有に支えられた、その時々で変化する関係。

このような不安定な関係の下では、相手とのあいだに対立や軋轢《あつれき》が日常的に生まれる危険もまた高まってくる。かつてなら、互いの対立や軋轢が際立つことが少なかった浅い関係においてすら、昨今では、新たな葛藤が生じやすくなっている。「優しい関係」とは、主観的には対立の回避を最優先にする関係でありながら、皮肉にも現実には、e潜在的な対立の火種を多く孕《はら》んでしまう関係なのである。

しかし「優しい関係」とは、対立の回避を最優先にする関係だから、互いの葛藤から生まれる違和感や、思惑のずれから生まれる怒りの感情を、関係のなかでストレートに表出することはままならない。むしろそれらを抑圧することこそが、「優しい関係」に課せられた最大の鉄則である。したがって、その違和感や怒りの感情エネルギーは、小刻みに放出されることによる解消の機会を失い、各自の内部に溜め込まれていくことになる。

最近の若者たちは、「むかつく」という表現を頻繁に用いる。本来、「むかつく」とは、吐き気のような生理的な不快感を示す言葉である。しかし昨今は、かつて「腹がたつ」とか「頭にくる」などと表現していた精神状態に対して、すなわち対人関係にともなう社会的な嫌悪感を指して、この言葉を用いるようになっている。このような用法での「むかつく」が広まったのは、じつは一九八〇年代に入ってからである。『現代用語の基礎知識』にその意味が掲載されたのも、八五年版が最初だった。先に述べたように、いじめが社会問題となったのも八〇年代の半ば頃だったから、このことは、いじめ問題の高まりと「むかつく」人びとの増加とが、「優しい関係」という同じ根から生まれた現象であることを示唆している。

一般に「腹がたつ」にしても、「頭にくる」にしても、自分の怒りを向けるべき相手を必要とする。しかし、相手に対して怒りを示せば、当然リアクションが返ってくるだろうから、それにも対処しなければならなくなる。つまり、怒りを表明することは人間関係を複雑にしてしまう。これは、互いの対立点の表面化を避けることで滑らかさを維持している「優しい関係」にとって大きな脅威だろう。

それに対して「むかつく」とは、たとえば「胃がむかつく」と表現するように、そもそも自分自身の生理的な反応をさす言葉であり、必ずしも他人の存在を前提としない。その意味で「むかつく」は、「腹がたつ」とか「頭にくる」などとは違って、「〜に対して」という対象を必ずしも前提としない［　f　］した言葉である。昨今の若者たちは、他人とのあいだに軋轢や葛藤が孕まれやすい状況を生きているにもかかわらず、その他人と感情をぶつけあって対話を進めることができないまま、むしろそうした反感を抑え込まなければならなくなっている。そのため、現実に「むかつく」ようになっているのではないだろうか。

相手と対立する覚悟がなければ、人はとても本気で怒れるものではない。そして、本気であればあるほど、怒ることには多くのエネルギーを要する。したがって、怒れば不満のエネルギーはかなり発散されることになる。しかし、現在の「優しい関係」の下ではなかなか怒りを示すことができないため、じっさいに胸がつかえてスッキリとせず、「むかついて」しまうようになっているのだろう。このような用法について、教育学者の齊藤孝は、聞き取り調査を行なった学生の言葉を引用しながら、「怒りを爆発させにくい相手や状況において、こみあげたものが吐き出せないときに、『ムカつく』という感情はわきあがる〔中略〕『ムカつくび、記号で答えなさい（解答番号は8と9）。

8．黒い雨　9．斜陽

ア　志賀直哉　イ　夏目漱石　ウ　井伏鱒二
エ　島崎藤村　オ　太宰　治　カ　芥川龍之介
キ　川端康成

問5　次の和歌の作者として適切なものを次の中から選び、記号で答えなさい（解答番号は10）。

不来方のお城の草に寝ころびて空に吸われし十五の心

ア　正岡子規　イ　与謝野晶子　ウ　若山牧水
エ　石川啄木　オ　島木赤彦　カ　斎藤茂吉

三　次の文章を読み、後の各問いに答えなさい。

かつての教師と生徒のあいだにはタテの関係が強く働いており、社会秩序を体現する教師は、反発を含んだ生徒たちの視線を一身に集める存在でもあった。だから、学校内における対立軸も、まずは教師と生徒のあいだに設定されやすく、非行サブカルチャーが形成される土壌もそこにあった。したがって、かつての校内暴力は、まずは対教師暴力として表われることが多かった。見方を変えれば、生徒たちの攻撃的なまなざしが教師へと集中して向かっていた分だけ、生徒どうしの人間関係はa相対的に風通しがよく、軽かったともいえる。

しかし、今日の教師には、教師らしく演じることよりも、裸の人間として生徒と対等の目線で付き合うことが求められている。また、いじめ問題がそうであるように、さまざまな問題の芽を早い段階に発見して、予防的に対処することも期待されている。そのため、場合によっては生徒の前に立ちはだかる壁の役割を引き受け、煙たい存在としてふるまうのではなく、生徒たちの人間関係の空気を敏感に読みとり、あらかじめトラブルを回避するためなら生徒の機嫌すらもとり、むしろ「大きな生徒」として彼らの人間関係に積極的に溶け込んでいこうとする教師が増えている。

このような傾向のなかで、教師と生徒のあいだのタテの関係は崩れ、焦点を失った対立軸もb生徒どうしの関係のなかへと拡散し、それが今日のいじめ問題の土壌を形成するに至っている。教育心理学者の河村茂雄が行った調査でも、教師が生徒に友だち感覚で接する「なれ合い型」の学級のほうが、教師が厳しく指導する「管理型」よりも、いじめが発生しやすいという知見が得られている。しかも、一九九八年から二〇〇六年のあいだに、小学校では「なれ合い型」学級が倍増して半数近くを占めているのに対し、「管理型」学級は半減している。中学校ではc「管理型」学級が依然として主流ではあるが、「なれ合い型」学級も倍近くに増えている。

今日、学校を舞台に繰り広げられる生徒どうしの関係は、※先ほど述べたように「自分さがし」をする人間どうしの赤裸々な関係であって、思想や信条のような社会基盤を共有したものでもなければ、従来のような［　d　］に支えられたものでもない。いわば直感的な感覚の共有のみに支えられた関係である。そして、内発的な衝動や直感といったものには、言葉によって作り上げられる思想や信条とは異なって、持続性も安定性もない。その感覚の共有を根拠とする関係は、その時々の状況や気分に応じて移ろいやすく、一貫性に乏しい不安定なものとなりがちである。

【国語】（五〇分）〈満点：一〇〇点〉

一 次の1～5の傍線部と同じ漢字を使うものを次の中から選び、それぞれ記号で答えなさい（解答番号は1～5）。

1．詩をロウドクする。
ア　シンロウが挨拶した。　イ　ロウホウが届いた。
ウ　ロウカですれ違った。　エ　ロウデンによる火事。
オ　ホウロウの旅に出る。

2．歯磨きのレイコウ。
ア　コウレイ者の介護。　イ　町のレイサイ企業。
ウ　レイセイな対応。　エ　テイレイの会議。
オ　彼をゲキレイした。

3．タクエツした考え。
ア　二者タクイツ。　イ　コウタクのある壁。
ウ　ショクタクを囲む。　エ　シンタク銀行の預金。
オ　カンタク事業。

4．彼にサイソクされた。
ア　スイサイ画を描く。　イ　借金をヘンサイする。
ウ　大会をカイサイする。　エ　コクサイを購入する。
オ　それはテイサイが悪い。

5．彼は意見をヒルガエした。
ア　英語のホンヤク本。　イ　民衆をダンアツした。
ウ　ヤクドウ感がある。　エ　話にミャクラクがない。
オ　ロココ調のモホウ。

二 次のそれぞれの問いに答えなさい。

問1　次のそれぞれの傍線部の漢字を読み、読み仮名の一字目として適切なものを次の中から選び、記号で答えなさい（解答番号は1と2）。

1．為替相場　　2．時雨が降る

ア　じ　イ　か　ウ　と　エ　た　オ　な　カ　し
キ　す

問2　次のそれぞれの故事成語の意味として適切なものを次の中から選び、記号で答えなさい（解答番号は3と4）。

3．蛇足　　4．杞憂

ア　似たりよったりであること
イ　よけいな心配をすること
ウ　人生のはかないことのたとえ
エ　人にこびへつらうこと
オ　むだな行為であること
カ　文章をよく練って直すこと

問3　次の傍線部のそれぞれの接続語の働きとして適切なものをそれぞれ次の中から選び、記号で答えなさい（解答番号は5～7）。

5．曲がり角を曲がった。すると、そこには老人がうずくまっていた。
6．以上で会議は終わりにします。さて、次回はいつにしましょう。
7．その商品がこんなに売れるのも、つまり、品質がよいからだ。

ア　逆接　　イ　選択　　ウ　順接
エ　転換　　オ　要約　　カ　添加

問4　次のそれぞれの文学作品の作者として適切なものを次の中から選

MEMO

大切なことはメモしておこうネ！

2022年度

流通経済大学付属柏高等学校入試問題（１月18日）

【数　学】（50分）　＜満点：100点＞

【注意】１．解答が分数の形で求められているときは，約分した形で答えること。
　　　　２．解答が比の形で求められているときは，最も簡単な整数の比で答えること。
　　　　３．問題の図は略図である。

全問とも，$\boxed{}$ の中に当てはまる数字を求めなさい。

1 次の問いに答えなさい。

⑴　$0.01\div0.25-\left(-\dfrac{3}{5}\right)^2$ を計算すると，$-\dfrac{\boxed{\text{ア}}}{\boxed{\text{イ}}\boxed{\text{ウ}}}$ である。

⑵　$-\dfrac{2\sqrt{27}+6}{\sqrt{3}}+\sqrt{12}$ を計算すると，$-\boxed{\text{エ}}$ である。

⑶　連立方程式 $\begin{cases}\dfrac{2}{3}x+y=-2\\ 3x+2y=-19\end{cases}$ を解くと，$x=-\boxed{\text{オ}}$，$y=\boxed{\text{カ}}$ である。

⑷　２次方程式 $4x^2-2x-2=0$ の解は，$x=-\dfrac{\boxed{\text{キ}}}{\boxed{\text{ク}}}$，$\boxed{\text{ケ}}$ である。

⑸　30178000kmを有効数字３けたで表すと（$\boxed{\text{コ}}.\boxed{\text{サ}}\boxed{\text{シ}}\times10^{\boxed{\text{ス}}}$）kmである。

⑹　1200円の１割５分は $\boxed{\text{セ}}\boxed{\text{ソ}}\boxed{\text{タ}}$ 円である。

⑺　対角線の長さが10cmである正方形の面積は，$\boxed{\text{チ}}\boxed{\text{ツ}}$ cm^2 である。

⑻　方程式 $\dfrac{1}{2}x+3=3x-2$ の解が２次方程式 $x^2-ax+10=0$ の１つの解であるとき，$a=\boxed{\text{テ}}$ で，この２次方程式のもう１つの解は $\boxed{\text{ト}}$ である。

2 次の問いに答えなさい。

⑴　箱の中に同じ大きさの赤玉がたくさん入っている。この箱の中に赤玉と同じ大きさの白玉を100個入れてよくかき混ぜたあと，その箱から50個の玉を無作為に取り出すと，赤玉は48個，白玉は２個であった。初めに箱の中に入っていた赤玉はおよそ $\boxed{\text{ア}}\boxed{\text{イ}}\boxed{\text{ウ}}\boxed{\text{エ}}$ 個であったと推定される。

⑵　ある自然数を２乗するところを間違って２倍してしまったため，正しい答えよりも35だけ小さくなった。このような自然数は $\boxed{\text{オ}}$ である。

⑶　下の資料は，あるクラス13人が受けた10点満点の数学の小テストの結果である。

単位（点）

0　3　4　5　5　6　6　7　7　7　9　9　10

(i)　得点の平均値は $\boxed{\text{カ}}$（点）である。

(ii)　得点の最頻値（モード）は $\boxed{\text{キ}}$（点）である。

(iii)　得点の中央値（メジアン）は $\boxed{\text{ク}}$（点）である。

3 次の問いに答えなさい。

⑴　１個のさいころを１回投げるとき，素数の目が出る確率は $\dfrac{\boxed{ア}}{\boxed{イ}}$ である。

⑵　A，Bの２人が１回ずつ１個のさいころを投げるとき，A，Bの目の出方は全部で $\boxed{ウ}\boxed{エ}$ 通りで，２人とも偶数の目が出る場合の数は $\boxed{オ}$ 通りである。

⑶　A，Bの２人が１回ずつ１個のさいころを投げ，偶数であり素数でない目が出たら20点，素数であり偶数でない目が出たら30点，偶数かつ素数の目が出たら60点をそれぞれが獲得できるゲームを行う。なお，偶数でも素数でもない目が出たときは獲得点は０点であるとする。

Aの得点がBの得点より大きくなる確率は $\dfrac{\boxed{カ}\boxed{キ}}{\boxed{ク}\boxed{ケ}}$ である。

4 次の問いに答えなさい。

⑴　図のように，直線ＰＡ，ＰＢは円Oの接線で，点A，Bはその接点である。

このとき，$\angle x$ を求めると，$\boxed{ア}\boxed{イ}$°である。

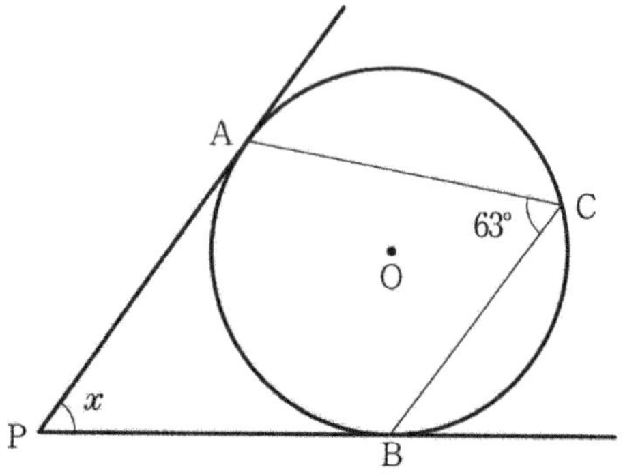

⑵　図のように，円Oの周上にある４点A，B，C，Dを頂点とする四角形ＡＢＣＤがある。

ＡＤ//ＢＣであり，ＯＢ＝６㎝であるとき，ＡＤの長さは $\boxed{ウ}\sqrt{\boxed{エ}}$ ㎝である。

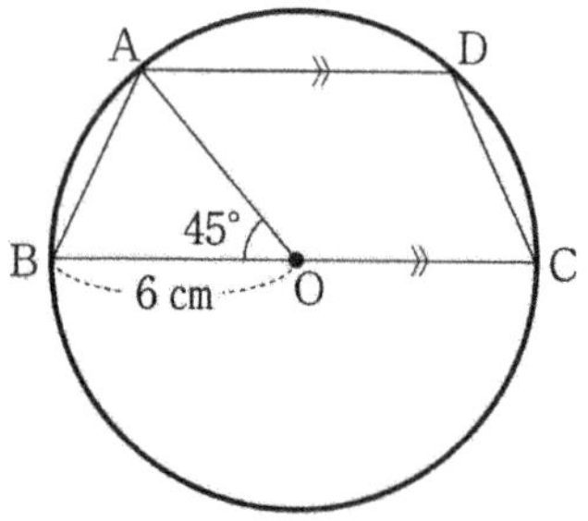

⑶　図のように，△ＡＢＣの辺ＢＣ，ＡＢの中点をそれぞれD，Eとする。直線ＡＤとＣＥの交点をFとする。点D，Eを直線で結んだとき，ＡＦ：ＦＤ＝$\boxed{オ}$：$\boxed{カ}$ である。また，△ＥＤＦの面積は△ＡＢＣの $\dfrac{\boxed{キ}}{\boxed{ク}\boxed{ケ}}$ 倍である。

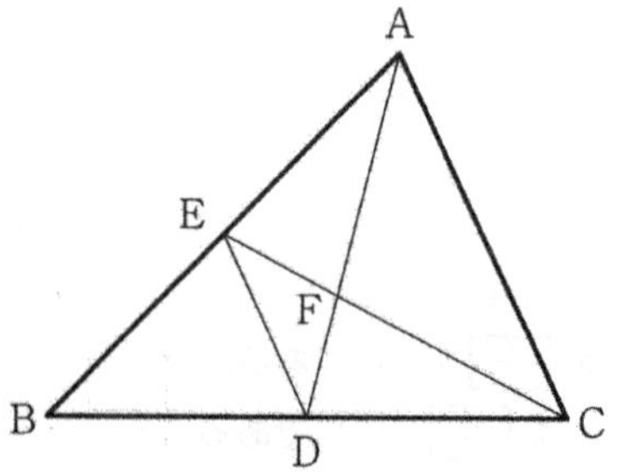

5 図のように，関数$y=x^2$のグラフ上に２点A（－１，１），B（３，９）がある。点Bを通る直線をℓとする。次の問いに答えなさい。

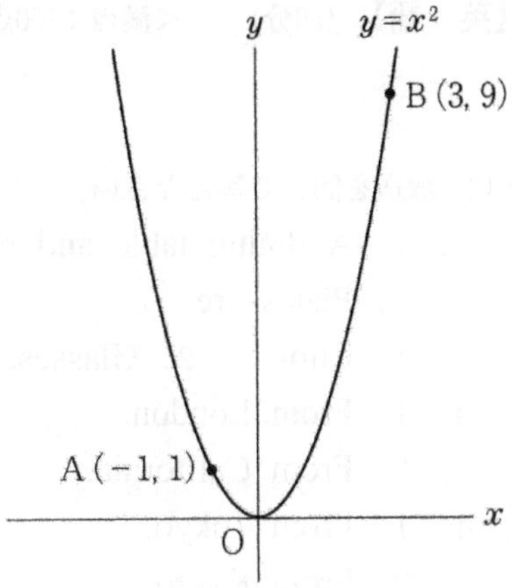

⑴　直線ℓが点Aを通るとき，直線ℓの式は$y=\boxed{ア}x+\boxed{イ}$であり，△ＯＡＢの面積は$\boxed{ウ}$である。

⑵　直線ℓとy軸との交点をCとする。ただし点Cのy座標は正とする。△ＯＢＣの面積が△ＯＡＢの面積と等しくなるとき，直線ℓの式は$y=\dfrac{\boxed{エ}}{\boxed{オ}}x+\boxed{カ}$である。

⑶　２点A，Bからx軸に下ろした垂線とx軸との交点をそれぞれD，Eとするとき，四角形ＡＤＥＢの面積は$\boxed{キ}\boxed{ク}$であり，直線ℓが四角形ＡＤＥＢの面積を半分にするとき直線ℓの式は$y=\dfrac{\boxed{ケ}\boxed{コ}}{\boxed{サ}\boxed{シ}}x-\dfrac{\boxed{ス}\boxed{セ}}{\boxed{ソ}\boxed{タ}}$である。

6 図のように３本の線分ＡＢ…①，ＢＣ…②，ＣＤ…③があり，その長さはそれぞれ８㎝，６㎝，４㎝である。また①と②は点Bで，②と③は点Cでつながっている。①は固定されていて動かないが，②と③はそれぞれ点B，点Cを中心に自由に回転することができる。このとき，次の問いに答えなさい。

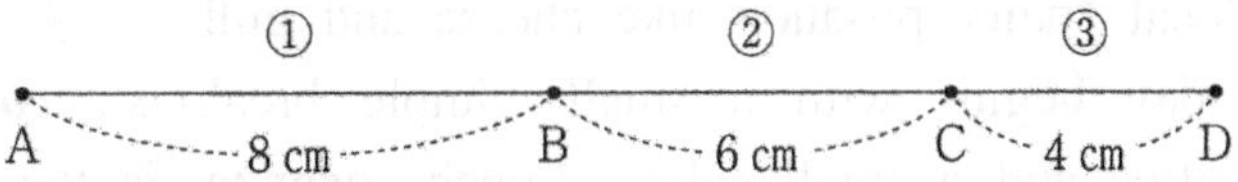

⑴　図のように①と②がまっすぐになるように固定して，③を自由に回転させる。点Aと点Dの距離が最短になるとき，その長さは$\boxed{ア}\boxed{イ}$㎝である。

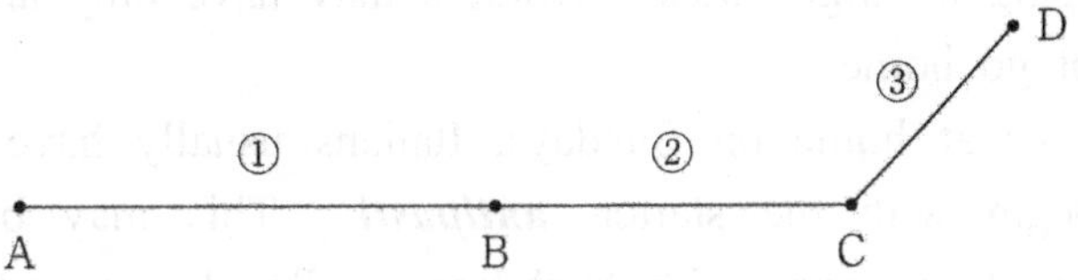

⑵　図のように∠ＡＢＣ＝120°となるように①と②を固定して，③は自由に回転させる。
点Aと点Dの距離が最長になるとき，その長さは（$\boxed{ウ}\sqrt{\boxed{エ}\boxed{オ}}+\boxed{カ}$）㎝である。

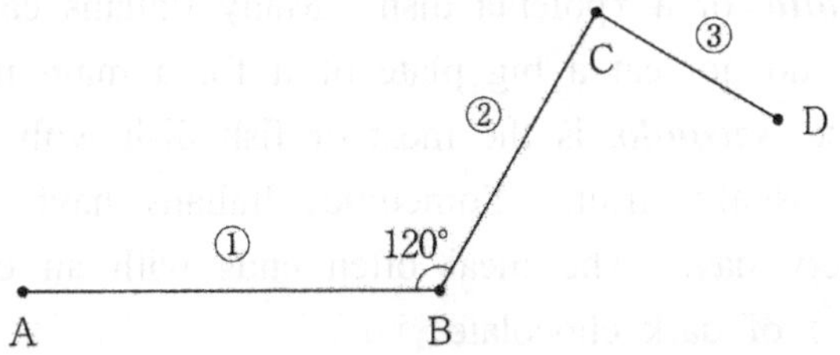

⑶　②と③を自由に動かしたとき，点Dが通ることができる部分の面積は$\boxed{キ}\boxed{ク}\pi$㎠である。ただし，πは円周率とする。

【英　語】（50分）　＜満点：100点＞

※リスニングテストの音声は弊社HPにアクセスの上，音声データをダウンロードしてご利用ください。

1　放送を聞いて答えなさい。

1．1．A dining table and chairs are.　2．Knives and forks are.
　3．Plates are.　4．Windows are.

2．1．Cups.　2．Glasses.　3．Spoons.　4．Mirrors.

3．1．From London.　2．From Paris.
　3．From California.　4．From Sydney.

4．1．From Tokyo.　2．From Osaka.
　3．From Kyoto.　4．From Okinawa.

5．1．They are in Paris now.　2．They are in California now.
　3．They are in London now.　4．They are in New York now.

2　次の英文を読んで，後の問いに対する答えとして最も適切なものを選びなさい。
（＊印の語は（注）を参考にすること）

Italian food is best when it is cooked by Italians in their own country. Eating outside with family and friends (　1　) it even better. The Italian *cuisine is healthy because it *includes (　2　) of local fresh fruit and vegetables, fresh fish and meat, and local *dairy products like cheese and milk.

In Italy, the day begins with a small, simple breakfast, ***colazione***. This is usually just a coffee and a small cake. Lunch, ***pranzo***, is the main meal. This is eaten at home with the family when it is possible. Almost all Italians *used to take two or three hours away from work to enjoy lunch and then have a rest. But this is changing in large cities. Workers may have only an hour, or less, for lunch and do not go home.

In restaurants, or at home on Sundays, Italians usually have (　3　) steps for lunch. They begin with the starter, ***antipasti***. This may be cold meats and bread, or a salad of tomatoes with fresh mozzarella cheese and basil leaves. Or some people begin with ①***bruschetta***: it is *grilled bread with fresh tomatoes and garlic. Next is the first course, ***primo***. This may be a small plate of pasta, or a rice dish called ***risotto***, or a *polenta dish. Many Italians eat pasta often, perhaps every day, but they do not eat a big plate of it for a main meal.

The second course, ***secondo***, is the meat or fish dish with vegetables and bread. The last course is usually fruit. Sometimes Italians have special *desserts and sweets, but not every day. The meal often ends with an espresso coffee and a biscuit, or a (　4　) of dark chocolate.

Italians drink a lot of coffee! Espresso is always black, without milk, and is drunk any time of the day. Cappuccino and caffe latte have a lot of milk in

②them, and are drunk for breakfast. Italians drink water with meals, and some adults enjoy wine. More than two thousand different types of grape are grown in Italy, and wine has been an important part of Italian life since the *Ancient Romans. ***Aperitivi*** is a drink in a *bar, with a snack of cold or hot food. ③This is usually had between 5 p.m. and 8 p.m.

Pizza was first made in Naples, and ***Pizza Napoletana*** is perhaps the simplest with only tomato, garlic, and basil. Pizzas are eaten all over Italy and the best pizzas are always cooked over a wood-burning fire. In southern Italy, grilled meat, fish and vegetables are simple but very good with a little olive oil and lemon over them.

Puglia makes more olive oil than (5) area in Italy and it is famous for its seafood. Calabria grows wonderful oranges and lemons, and their lemon cake is a special dessert. Calabria used to be a poor area and the people needed a way to keep food for the winter months, so ④they dried or salted food. *Sundried tomatoes and *anchovies continue to be popular in Italy today.

Everywhere in Italy, visitors enjoy the food that Italians have eaten for hundreds and even thousands of years.

（注） cuisine：料理　include：～を含む　dairy product：乳製品　used to：以前は～
grill：～を焼く　polenta dish：ポレンタ（料理の名前）　dessert：デザート
Ancient Roman：古代ローマ時代　bar：居酒屋　sundried：日干しした
anchovies：anchovy（料理の名前）の複数形

問1 （1）～（5）に入るものを下の選択肢からそれぞれ1つずつ選びなさい。

（1）：	1 make	2 makes	3 making	4 to make
（2）：	1 a lots	2 lot	3 lots	4 little
（3）：	1 two	2 three	3 four	4 five
（4）：	1 glass	2 piece	3 cup	4 pair
（5）：	1 any	2 other	3 any other	4 any others

問2 イタリアの昼食について間違って述べられているものを1つ選びなさい。

1．イタリアでは ***pranzo*** と呼ばれている。
2．昼食をコーヒーやケーキなどの軽食で済ますのがほとんどである。
3．昔は昼食時に2～3時間の休憩を取っていた。
4．大きな都市で働いている人は時間が無いので，自宅で昼食を取れない人もいる。

問3 下線部①に含まれないものを全て選びなさい。

1．a small cake　　2．cold meat
3．grilled bread with fresh tomatoes　　4．grilled bread with garlic
5．pasta

問4 下線部②の指しているものの組み合わせとして，正しいものはどれか。あとの選択肢から1つ選びなさい。

1．espresso – cappuccino　　2．espresso – caffe latte

3．cappuccino − wine　　4．caffe latte − cappuccino

問5　下線部③は何を指しているか。下の選択肢から1つ選びなさい。

1．Italian　2．the Ancient Romans　3．***Aperitivi***　4．a bar

問6　下線部④は何を指しているか。下の選択肢から1つ選びなさい。

1．people in Puglia　　2．people in Calabria

3．oranges and lemons　　4．the winter months

問7　各文の下線部に入るものとして最も適切なものをそれぞれ下の選択肢から1つずつ選びなさい。

1　Italian food ________.

1．is enjoyed by only Italian people
2．is healthy because many kinds of fresh fruit and vegetables are used
3．doesn't have a long history
4．can be eaten not at home but at restaurants

2　When you eat lunch at a restaurant in Italy, ________.

1．you will start with ***antipasti***.
2．you can eat a large plate of pasta
3．you can eat meat or fish at the first course
4．you can't eat desserts there

3　It is true that ________.

1．pizzas in Naples are with many kinds of vegetables
2．you can eat pizzas only in Naples
3．most of pizzas are cooked by a carpenter
4．sundried foods are popular in Italy

3　次の英文を読んで，後の問いに対する答えとして最も適切なものを選びなさい。
（＊印の語は（注）を参考にすること）

Over thousands of years the *tribes of the Amazon have learned to live in this unique place, the Amazon rain forest. The rain forest is a *dense, *lush environment. The *climate is hot and *humid. The average temperature is about 26℃. The temperature between seasons doesn't change so much, but there is a big difference in temperature between night and day.

The area gets a lot of *rainfall — over 200 cm a year! In many areas it rains every day, and there is also a rainy season: it rains almost *constantly. In the United States, Seattle, Washington, is known as a rainy city. But it is drier than the Amazon rain forest. Seattle has rain about 150 days a year and gets about 93 cm of rain every year.

Because of the tropical climate and the large amount of rainfall, the Amazon is a perfect place for plants to grow. *Vines *twist from the branches, and very little sunlight reaches the floor of the rain forest. Every rain forest is *split into four different *layers. Each layer has special conditions and *is home to certain kinds of plants.

The emergent layer is the tallest layer in the rain forest. The trees in this layer can be 38 meters tall. That's as tall as a twenty-story building! They have *trunks more than 4 meters across. Sunlight and rain are rich in this top layer. But these trees have to *endure strong winds. Butterflies, insects, birds, bats, and some small monkeys live in this layer. Most animals don't *venture up so high, because the branches are *unsteady and it's a long way down to the forest floor.

The next layer down is the canopy. The trees in this layer are around 28 to 30 meters high. They form a natural roof over the two layers below. The plants and animals that live in the canopy are specially *adapted for life in the trees. Dense leaves and branches make it hard to see this layer of the rain forest, so some animals and birds depend on loud calls or songs to communicate with each other. And many canopy *creatures such as toucans, bats, and spider monkeys fly, glide or jump from tree to tree.

Below the canopy is the understory. It is dark and filled with vines, *shrubs, and smaller trees. The trees in this layer *rarely grow more than 16 meters tall. In some places, this layer is so dense and it is impossible for people to get through. Only 5% of the sunlight that reaches the canopy makes it down to the understory. So, the leaves in this layer are very large to collect as much sunshine as possible. Well-camouflaged jaguars spend time in this layer, since they can't climb much higher. It's also home to tree frogs, owls, snakes, and lots of insects.

The forest floor is the *bottom layer. Giant anteaters and many types of snakes live here. Almost no sunlight reaches the forest floor. This makes the quality of the *soil poor, and almost no plants grow in this layer. However, many types of *fungi live on the forest floor. The fungi help dead plants and animals to *decay. So does the climate. A dead leaf that might take a year to decay in a regular climate will disappear in 6 weeks on the forest floor. The quick decay of old plants helps new, younger plants to grow quickly, and keeps the rain forest lush and green.

（注）tribe：部族　dense：密集した　lush：青々とした　climate：気候　humid：湿度のある
rainfall：降雨量　constantly：絶えず　vine：つる状の植物　twist：巻きつく
split：分裂する　layer：層　be home to：～が存在する　trunk：幹　endure：～に耐える
venture：危険を冒す　unsteady：安定しない　adapt：～を適応させる　creature：生き物
shrub：灌木（かんぼく）　rarely：ほとんど～ない　bottom：底　soil：土壌
fungi：fungus（菌類）の複数形　decay：腐敗する・～を腐敗させる

1．What doesn't live in the Amazon rain forest?

1．People in the Amazon.　2．Insects.
3．Snakes.　4．Pandas.

2．What is true of the climate and weather in the Amazon rain forest?
　1．It rains much but it doesn't rain in winter.
　2．It is as dry as Seattle.
　3．Its temperature is almost the same all year.
　4．It rains about 150 days a year.
3．What does "twenty-story" in the fourth paragraph mean in Japanese?
　1．20話の　2．20冊の　3．20階の　4．20本の
4．What doesn't live in the emergent layer?
　1．Butterflies.　2．Birds.　3．Bears.　4．Bats.
5．What is true of the canopy?
　1．The layer of the canopy is very light because of much sunlight.
　2．The canopy looks like a natural roof for the other layers below.
　3．Animals in this layer don't have communication with each other.
　4．Animals in this layer can't jump from tree to tree because of dense leaves.
6．What is true of trees in the understory?
　1．All of them are more than 16 meters tall.
　2．They must endure strong winds.
　3．The leaves are very large because they get much sunlight.
　4．The leaves are very large in order to get much sunlight.
7．Which is the same meaning as "So does the climate" in the last paragraph?
　1．The climate helps dead plants and animals to decay.
　2．The climate lives on the forest floor.
　3．The climate makes the quality of the soil poor.
　4．The climate grows in this layer
8．What is true of the forest floor?
　1．Much sunlight reaches there.
　2．There are no creatures because sunlight can't reach.
　3．A dead leaf there will disappear in a year.
　4．The fungi help to grow younger plants quickly.

4　次の英文の（　）内に入れるのに最も適した語句を，後の語群からそれぞれ選びなさい。
1．I don't like this jacket.　Please show me (　　).
　1　one　2　it　3　another　4　other
2．A minute has sixty (　　).
　1　seconds　2　hours　3　times　4　weeks
3．Don't cross the street (　　) the light is red.
　1　and　2　but　3　during　4　while
4．A："Our train leaves at nine."
　B："We will get (　　) Kashiwa at noon."

1 from　2 with　3 on　4 to

5．I have known him (　　) he was a child.

1 for　2 since　3 while　4 before

6．A：“(　　　) do you come to school every day?”

B：“By bus.”

1 What　2 Why　3 Where　4 How

5　日本文を参考にして正しい英文になるように（　）内の語を並べかえ，（　）内で3番目と6番目に来るものをそれぞれ選びなさい。(文頭に来る語も小文字で書かれています)

1．最近はこのタイプの自動車が良く売れている。

This (1 car　2 days　3 sells　4 well　5 of　6 type　7 these).

2．2～3分歩けば，私たちの学校に着きます。

(1 take　2 our school　3 minutes'　4 few　5 walk　6 to　7 you　8 will　9 a).

3．タカシは昨日までに宿題をやらなければならなかった。

(1 had　2 finish　3 homework　4 Takashi　5 to　6 his　7 by) yesterday.

4．この2つの物語は100年以上前に書かれたものです。

(1 two stories　2 years　3 more　4 were　5 these　6 written　7 than　8 one hundred) ago.

5．私の姉は今朝，始発電車に間に合うように早く起きた。

My sister (　1 to　2 this　3 up　4 train　5 catch　6 got　7 early　8 the first) morning.

6．札幌は私が今までに訪れた都市の中で一番きれいです。

Sapporo (1 the most　2 visited　3 beautiful　4 city　5 ever　6 is　7 have　8 I).

6　次のメールの内容に関して，あとの質問に答えなさい。(＊印の語は（注）を参考にすること)

To: allenf@fortress.com
From: Icock@kmail.com
Date: September 12
Subject: Paris Dress Fair

Dear Allen,

I am a young dress designer from Los Angeles. I recently saw your news for the Paris Dress Fair 2023.

I am really excited about the sound of the fair and would love to join. I recently did a fair in New York and would love to come to Europe and do a show.

Please could you tell me the price for a table?

Also, are there any *extra costs I should know about?

Sincerely,
Lisa Cook

To: Icock@kmail.com
From: allenf@fortress.com
Date: September 12
Subject: Re: Paris Dress Fair

Thank you for your interest in the dress fair. I had a look at your website and your *work is really beautiful! We'd love you to join.

If you join the fair, you need tables. We can lend them to you. Tables start at $500. Most young designers find these are large enough. But we also have large *stands that start at $750.

The only extra cost would be for the cloth to cover the table. I will put a *document about this on this e-mail.

With best wishes,
Allen Fourier

（注） extra：余分な　work：作品　stand：台　document：書類

１．Where is Lisa from?
　１．Paris.　２．Europe.　３．Los Angeles.　４．New York.

２．What does Lisa ask the price of?
　１．A table.　２．A stand.　３．A desk.　４．A chair.

３．Where did Lisa have a fair recently?
　１．In Paris.　２．In New York.
　３．In Los Angeles.　４．In Europe.

４．How much is a stand?
　１．It starts $500.　２．It starts $700.

3．It starts $750.　　4．It starts $5,000.

5．What will cost extra?

1．The cloth.　2．A document.　3．Signs.　4．Posters.

オ　勘内が狐の神様の怒りに触れて湖に落とされたこと。

問５　傍線部ｅ「皆々見違へける」であったのはなぜか。適切なものを次の中から選び、記号で答えなさい（解答番号は５）。

ア　若かった勘内が急に年老いていたから。
イ　暴れ者だった勘内が立派な姿でいたから。
ウ　死んだと思った勘内が姿を現したから。
エ　荒くれ者だった勘内が大人しかったから。
オ　浅はかだった勘内が賢くなっていたから。

オ　夫に対して何も言い返せない生活が続いていたが、ボランティアを批判する夫に言い返せたことによって、気分が晴れやかになるのを感じている。

問９　傍線部ｉ「うつむき、長い時間顔を上げなかった」のはなぜか。適切なものを次の中から選び、記号で答えなさい（解答番号は９）。

ア　いつもは気弱な妻がいつになく強気であったから。
イ　実は心の底で思っていたことを妻に指摘されたから。
ウ　妻の反論にどう答えればいいか即答しかねたから。
エ　妻と久しぶりに分かり合えた思いになったから。
オ　妻が仕事の辛さを理解しないことに唖然としたから。

五　次の文章を読み、後の各問いに答えなさい。

　ａ信濃の国諏訪の湖に、毎年氷の橋かかつて、狐の渡り初めて（狐の渡り初めと言うことがあって）、その跡は人馬ともに、ｂ自由に通ひをする事ぞかし。春また、狐の渡りかへると、そのまま氷とけて、往来を止めけるに、この里のあばれ者、根引《ねびき》の勘内《かんない》といふ馬方「［ｃ］」と、人の留むるにもかまはず、我が心ひとつに、渡りけるに、真ん中過ぎ程になりて、にわかに風暖かに吹きて、跡先より氷消えて、浪の下に沈みける。ｄこの事隠れもなく（知らぬ人はなく）、哀れと申し果てぬ。同じ年の七月七日の暮に、星を祭るとて、梶の葉に歌を書きて、湖に流し遊ぶとき、沖のかたより、ひかり輝く舟に、見なれぬ人あまた、取り乗りける。その中に勘内、高き玉座に居て、そのゆゆしさ、むかしに引き替へ、ｅ皆々見違へける。（『西鶴諸国ばなし』から）

問１　傍線部ａ「信濃」とは今の何県にあたるか。適切なものを次の中から選び、記号で答えなさい（解答番号は１）。

ア　山梨県　イ　福井県　ウ　滋賀県　エ　岐阜県
オ　長野県

問２　傍線部ｂ「自由に通ひをする」とあるが、なぜか。適切なものを次の中から選び、記号で答えなさい（解答番号は２）。

ア　星を祭る時に橋が架けられたから。
イ　狐の神様が霊力を与えたから。
ウ　湖面が凍って行き来できたから。
エ　狐にだけ湖を渡れる道があったから。
オ　信濃の国には関所がなかったから。

問３　本文中の［ｃ］は「勘内」の言葉であるが、入るものとして適切なものを次の中から選び、記号で答えなさい（解答番号は３）。

ア　行けば危ふし　イ　廻れば遠し　ウ　休めば遅し
エ　走れば早し　オ　渡れば遅し

問４　傍線部ｄ「この事」とはどのようなことか。適切なものを次の中から選び、記号で答えなさい（解答番号は４）。

ア　諏訪の湖には毎年狐が渡ると氷の橋がかかること。
イ　勘内が湖を渡った時に氷が溶けて落ちてしまったこと。
ウ　狐の神様によって諏訪の湖には毎年橋が架けられたこと。
エ　勘内は暴れ者で人の言うことを聞かないということ。

るが、ここでの私の心情の説明として、最も適切なものを次の中から選び、記号で答えなさい（解答番号は５）。

ア　仕事も出来ず夫に負担をかけている身でありながら、他人の手助けをするボランティアを行なっていることに引け目を感じている。

イ　生活のために新しい職場で奮闘している夫と異なり、自分の楽しみのためにボランティアをしていることに負い目を感じている。

ウ　毎日私の体調を心配して優しくしてくれる夫は、家を出てボランティア活動することにリスクを感じ賛成しないと思っている。

エ　ボランティア活動に参加する経緯を説明する中で、活動に誘ってくれた高野さんとの出逢いを話すことは気が進まないでいる。

オ　家から出て活動していることは、「家にいていいよ」と言う夫の気持ちを無駄にしているようで、申し訳ないと感じている。

問６　[ｆ]に入るものとして適切なものを次の中から選び、記号で答えなさい（解答番号は６）。

ア　人に迷惑をかけていない

イ　人とうまくやっていける

ウ　人に評価されている

エ　人の役に立っている

オ　人とわかりあえる

問７　傍線部ｇ「彼の孤独が今わかった気がした」とあるが、その説明として適切なものを次の中から選び、記号で答えなさい（解答番号は７）。

ア　「家にいていい」と言われる私も、実家の世話になって暮らす「彼」も、期待されない虚しさの中で苦しんでいたことに気づいたから。

イ　自分の抱えて来た「苦しみを理解してくれる人がいない」という寂しさと不満を、「彼」も同じように感じていることに気づいたから。

ウ　私が夫に優しくされる度に感じていた自分を責める気持ちと申し訳なさを、妻の実家に頼る「彼」も抱えていることに気づいたから。

エ　自分は何もできないと周囲からいつのまにか思いこまされていたという点が、私と「彼」との共通点なのではないかと気づいたから。

オ　ボランティアの私に無理難題を押し付けようとする「彼」は、私がどれほどの覚悟を持っているか試していたのだと気づいたから。

問８　傍線部ｈ「夫の痩せた顔がクリアに見えた」とあるが、その説明として適切なものを次の中から選び、記号で答えなさい（解答番号は８）。

ア　夫の顔色を伺いながら生活してきたが、ボランティアを否定する夫に反論したことで、数年ぶりに真正面から夫と向き合うことが出来たと感じている。

イ　ボランティアを否定されたことに腹が立ち、思わず夫の仕事を批判してしまったが、何も反論してこない夫を見て、言い過ぎてしまったと感じている。

ウ　夫の機嫌を取ることを気にして生きてきたが、夫の仕事に対する皮肉を口にしたことで、夫婦は対等な関係であったということを思い出している。

エ　夫が仕事に追われて疲弊していることは知っていたが、夫の痩せた顔を見て、自分が想像している以上に夫が追い込まれていることに気づいている。

れていたのだ。奪われていることにすら気がつかなかった。皮肉なことに、気がついたとたん涙は止まり、本当は何年かぶりに私は正気に返った。h夫の痩せた顔がクリアに見えた。「そんな会社、辞めていいのに」私の台詞に夫は反論せずにiうつむき、長い時間顔を上げなかった。

（山本文緒『ボランティア』より）

問1　傍線部a「落胆している」とあるが、その理由として適切なものを次の中から選び、記号で答えなさい（解答番号は1）。

ア　もうこれ以上夫に迷惑をかけられないと、いつも以上に気合を入れて受けた面接だったが、不採用という結果となったため。

イ　思いがけない出会いによって、いつもと違い前向きに面接を受けることが出来たにも関わらず、不採用の通知を受けたため。

ウ　不採用となっても夫は優しい言葉をかけてくれるとは分かっているが、その夫の優しさを重荷だと感じてしまっているため。

エ　不採用の通知を受けるのにはもう慣れてはいたが、この結果を夫にどのように弁解したらよいのか悩ましく感じているため。

オ　新しい土地で人間関係を構築しようと、積極的に面接を受けることが出来たつもりだったが、不採用となってしまったため。

問2　傍線部b「嬉しいはずなのに涙が溢れた」とあるが、「涙が溢れた」のはなぜか。適切なものを次の中から選び、記号で答えなさい（解答番号は2）。

ア　辛いことが多い中で、会えないと思っていた高野さんに会えて幸運だと思ったから。

イ　高野さんは恋人ではなく甘えられなかったので、泣くことしかできなかったから。

ウ　行方を聞いてもわからなかった高野さんにやっとめぐり合えて素直になれたから。

エ　だめな自分を理解し受け止めてくれそうな高野さんに会えてほっと安堵したから。

オ　自分を抑え日々生活している中で、旧知の高野さんに会えて心が解き放されたから。

問3　傍線部c「声で覚えていてくれたことが嬉しくて」とあるが、「私」はなぜこのように感じたのか。その説明として適切なものを次の中から選び、記号で答えなさい（解答番号は3）。

ア　高野さんが限られた情報で自分を認識してくれたことが、私の話や私自身に関心を持っていることを示すように思えたから。

イ　高野さんが毎日多くの人の声を聞く中で自分の声を忘れずにいたことは、私を特別扱いしているのかもしれないと考えたから。

ウ　高野さんと自然に会話ができる自分と、普段はほとんど人と話さない自分とを比べて新鮮な驚きと喜びを感じたから。

エ　高野さんがすぐに私を思い出してくれたことから、彼もまた私との出逢いを特別なものだと考えていると確信したから。

オ　覚えていてくれているかを心配しながら声をかけたが、高野さんは私を長い知り合いであるかのように認識してくれたから。

問4　[d] に入るものとして適切なものを次の中から選び、記号で答えなさい（解答番号は4）。

ア　手に余った　　イ　舌を巻いた　　ウ　尻に火がついた
エ　腰が引けた　　オ　足をすくわれた

問5　傍線部e「夫にはなんとなく言いづらく黙ったままだった」とあ

いうものだった。「ボランティア」という単語を聞いた時、正直言って［d］。家庭のことや、自分自身のことさえちゃんとできない人間が、そんなことをしている場合だろうかという疑問が頭をよぎった。それにただ通りすがりの高野さんの手助けをしたのと違って、団体に登録するからには責任も発生するだろう。それを負う覚悟もなく、ただ気晴らしにやるのであれば、それは偽善なのではないかとも思った。高野さんは「気が向いたら電話してください」と言って喫茶店で別れたきりだ。それから一週間たっても十日たっても返事の催促めいた電話はない。考えてみれば当たり前だ。そういうことは強制ではなく、自発的にやるものなのだろうから。私は二週間目にやっと高野さんに連絡し、そのボランティアをやってみることにした。彼はとても喜んでくれたが、「頼まれても嫌なことはやらないでいいんだよ。いつやめても構わないんだよ」と念を押した。翌週から私は平日二日間をボランティアの日にあてた。e夫にはなんとなく言いづらく黙ったままだった。最初は不安ばかりが先に立ったが、始めてみればそれは驚くほど楽しかった。伝えられた住所に迎えに行き、その人が行きたい場所を聞いて一緒に出掛けた。いろんな人がいた。年配のご婦人と洋服を買いに行ったり、十代の男の子と電気街にパソコンを選びにも行った。人見知りする私が彼らとは普通に話をすることができ、夕方に自宅まで送って行くと、本人と家族から大袈裟なくらい感謝され疲れも吹き飛んだ。感謝したいのはこちらの方だった。

　けれど私はたった一ヶ月で、もうつまずくことになった。同年代の男性の散歩に付き合った日、彼がまるで子供のようにわがままを言い、わざと売っていない菓子を買ってこさせようとしたり、私の歩き方や風景の説明の仕方が親切じゃないとなじったりした。最後には「あんたみたいな幸せな人に暇つぶしで助けられても嬉しくない」とまで言われた。ただの八つ当たりだと思おうとしたが、［f］と舞い上がっていた私は激しく落ち込んだ。高野さんに電話をしたが不在で、涙が止まらなかった。そんな弱い自分が情けなくて、さらに落ち込みは深くなった。

　夫が帰って来るまでには落ち着かなければと思っていたのに、彼が帰ってきたとたん堪らず大声泣いてしまった。最近ずっと元気そうにしていたのにどうしたんだ、と夫は尋ね、私は内緒でやっていたボランティアのことを話した。話を聞き終わると夫は深く息を吐き、ボランティアなんて余裕がある人がすることで、君がしているのは、人を救うことで自分も救われたいと逃げているだけなんじゃないかと冷たい声で言った。どんなに疲れている時でも優しい言葉をかけてくれていた夫だったので、私は目を見開いた。「そんなことでめそめそするくらいなら、何もしないで家にいてくれよ」吐き捨てるように言い、彼は立ち上って寝室に入って行こうとした。「やめない」何だか分からないが、頭の芯が冷えていくのを感じた。「あなたの会社のイベントだって寄付目的だって言っていたけど、タレント呼んだり揃いのTシャツ作ったりする予算を、最初から丸ごと寄付すればいいことじゃない」「おい、話がずれてるぞ」「めそめそして悪かったわね」夫の驚く顔を見ながら、私は今日会った同い年の男性のことを思い出していた。数年前に事故で突然視力を奪われた彼は、幸い女房の実家が金持ちだったので何もしないでいいのだと言っていた。聞いた時は自慢にしかとらなかったが、g彼の孤独が今わかった気がした。私は泣いたり落ち込んだりする自由も奪わテンを縫い直し、生活費のためというよりはその土地で人間関係を作るためパートを捜して働き、慣れた頃にはまた転勤の辞令が下りるという不毛な繰り返しは想像以上に疲れるものだった。だんだんと激しく気分が塞ぐ日が増えはじめ、医者にかかって軽い安定剤をもらってはいるが、本当にひどい時になると最低限の家事もこなせないようになってしまった。訳もなく悲しくなって泣いているだけで一日が終わってしまう。私をそんなふうにしたのは自分の責任だと夫は心配してくれたが、彼も転勤の度、新しい職場で新しいストレスに晒《さら》されているのは分かっているので、あまり構ってくれとも言えなかった。だから私は何も考えないことにしたのだ。何故かできない子供のことや、自分がここに居ることの意味や、周期的に襲ってくる鬱の原因を一切考えないことに決めたら少し楽になった。今日は街に出てパートの面接を受けてきた。引っ越し先でとりあえず何か仕事を捜して面接を受ける。私には学歴も職歴らしいものも殆どないし、何よりも覇気がないので不採用になることの方が多い。落とされれば夫は気落ちした私に「家にいていいよ」と言ってくれる。半分私はそれを期待していた。働きたくないわけではないが、新しい人間関係の中に入っていくのが面倒だった。けれど今日の面接は、行きがけに楽しい出来事があったので珍しくハキハキものが言えた。採用になるかもしれないなと、夫の使うシャワーの音を聞きながら私は目をつむった。

　翌週に届いたのは不採用通知だった。これで毎日家にいていいという免罪符《めんざいふ》をもらって安堵するところなのだが、a落胆している自分に気がついた。考えまいと買い物に出ると、足がつい図書館に向かっていた。高野さんにばったり会えないかな、と思った。図書館で朗読テープのコーナーを見たり雑誌をめくったりしていたが彼は現れず、教わったクリーニング屋とケーキ屋も覗《のぞ》いてみた。別に恋愛感情をもっているわけでもないのに何をやってるんだろうと首を振り、少し休もうとランチタイムを過ぎた喫茶店に入った。すると入り口近くの席に思いもよらず高野さんの姿を見つけた。b嬉しいはずなのに涙が溢れた。洟《はな》をすすりながら「高野さん」と呼びかける。「ああ、この前の奥さんですか」c声で覚えていてくれたことが嬉しくて、私は子供のようにしゃくりあげてしまった。店の人がこちらの様子を窺っている。「泣いてるんですか？　まあ、座って」「すみません。迷惑ですよね」「迷惑だったらそう言いますよ。泣いてないで、ほら」彼はちょうどランチを済ませたところらしく、きれいに食べ終えた皿をウェイトレスが下げにきて代わりにコーヒーを置いていった。今日は用事もなくてぶらぶらしてただけだからと言って、高野さんは私の話を聞いてくれた。何をそんなに動揺してしまったのか、話に脈絡をつけることができなくて自分でも呆れた。でも彼は相槌《あいづち》を打つだけでただじっと耳を傾けてくれた。自分の中に吐き出したいものがいっぱい溜まってるように思っていたが、いざ言葉にして話してみると、それほど時間はかからなかった。ただ些細な不満ばかりが口をついて出るだけだった。「で、パートは不採用だったんですね？」高野さんはそれだけ質問し直した。私はしゅんとして「そうです」と返事をした。「お時間があるなら、試しにボランティアでもしてみませんか」盲目の彼は私の顔に焦点をあわすことなく、ただにこにこ笑ってそう言った。

　高野さんが紹介してくれたのは、彼の知人がやっているボランティア団体に登録して、都合のよい時に目の不自由な人の外出に同行すると

エ　諸外国は自国の文化は他の国より優れているという自負心を持っているから。

オ　外国の教育では他の国の言語の習得よりも自国の文化を重視しているから。

問７　傍線部ｇ「『国際社会の中でのオリジナリティー』はないのです」とあるが、その説明として適切なものを次の中から選び、記号で答えなさい（解答番号は７）。

ア　日本人は自国に存在している誇るべき文化的産物から目を背けようとしているから。

イ　日本人は外国に気を取られすぎているため、自国の発展が疎かになってしまうから。

ウ　自国の文化を軽視する日本人が、日本と外国を相対化して捉えることは不可能だから。

エ　自国の文化や伝統を軽視している日本人に、本当の国際競争力は身に付かないから。

オ　日本が英語を重視した入試を続けている限り、自国文化への理解は深まらないから。

問８　本文の内容と合致するものを次の中から選び、記号で答えなさい（解答番号は８）。

ア　『枕草子』のすばらしさは先進国と言われるヨーロッパ諸国に先立って、千年前の日本の女性が奔放で自由な筆致で文章を書いたことだと現代の多くの日本人は考えている。

イ　『枕草子』のような優れた文章を書ける女性は稀であるのに、今の日本人の多くはアメリカやヨーロッパの経済力に関心を向けてしまい日本の文化に関心を持たない人が多い。

ウ　現代の日本人は英語などの外国語には興味を持つが、日本の伝統文化には興味を向けないのは日本の教育課程のあり方自体に問題があると考えられる。

エ　日本人が日本人としての「オリジナリティー」を持つためにはただ外国語を学び話せるようになるだけではなく、日本の伝統文化に造詣を深めることが必要である。

オ　資源に乏しく輸出大国である日本にとって外国との貿易は重要であり、そのためには英語を中心とする外国語のコミュニケーション能力の習得が今後も不可欠だと言える。

カ　外国人に日本を理解してもらうために国際交流は欠かせないものであり、伝統文化を広く紹介することのできる外国語が堪能な人材を育成することが必要である。

四

次の文章を読み、後の各問いに答えなさい。

（なお本文中の「高野さん」は、パートの面接を受けた日に駅で切符を買おうとした時に、「私」が手を貸して知り合った目が不自由な年配の男性である。）

夫はいわゆる転勤族で、結婚してからほぼ二年単位で全国の主要都市に転勤になっていた。この街の支社に配属になったばかりなのに、福祉イベントの責任者を任され、毎晩終電で帰宅し休日出勤までしている。転勤が多いことと仕事が忙しいことは、結婚をした時に覚悟していたつもりだった。この優しい夫さえいれば、どこに住んでも何とかやっていけるだろうと考えていた。だが、引っ越す度に違う窓の寸法のためカー次の中から選び、記号で答えなさい（解答番号は２）。

ア　千年も昔の日本に、高度で優れた文化が存在していたこと。

イ　『枕草子』が英語に翻訳され、世界中で読まれていること。

ウ　日本人が自国の文化を軽んじ、海外に目を向けていること。

エ　千年前のヨーロッパが、今とは違って粗野な国だったこと。

オ　千年も昔の日本に、清少納言という優れた作家がいたこと。

問３　傍線部ｃ「日本人はよくわからない」とあるが、このように言われる要因はどこにあると筆者は考えているのか。その説明として適切なものを次の中から選び、記号で答えなさい（解答番号は３）。

ア　自国の歴史や文化を説明できない日本人が多いため、外国人に日本のオリジナリティーが伝わっていかないところ。

イ　日本人が他国の文化を取り入れることを優先したことで、日本のオリジナリティが失われてしまったところ。

ウ　日本の経済進出が盛んになり、日本文化が世界に紹介されるよりも先に経済大国のイメージが広まったところ。

エ　日本人が普通は優先すべき自国の文化の保護には興味を示さず、他国の文化や言語を取り入れることに熱心であるところ。

オ　日本が歴史的に様々な異国の文化を受け入れて来たことで、本来の日本文化とはどのようなものかが分かりにくいところ。

問４　傍線部ｄ「金儲けだけの日本人」とあるが、そのように言われる理由として適切なものを次の中から選び、記号で答えなさい（解答番号は４）。

ア　日本人は勤勉な性格で、かつ高い技術力を有することで、世界一の経済大国へと成長したため。

イ　日本人は経済成長のためだけに、日本史や古典ではなく、英語を学ぶことに注力しているため。

ウ　日本人は輸出大国としての発展を考えすぎて、国内消費の拡大には全く目を向けなかったため。

エ　日本人は古典を軽視しているのにも関わらず、『枕草子』を外国に向けて商品化しているため。

オ　日本人は経済の成長を追い求めるあまり、自国の歴史や文化を学ぶことを疎かにしているため。

問５　文中の空欄［ｅ］に入るものとして適切なものを次の中から選び、記号で答えなさい（解答番号は５）。

ア　あまり古典のことを知らないから

イ　あまり他国のことを知らないから

ウ　あまり経済のことを知らないから

エ　あまり教育のことを知らないから

オ　あまり日本のことを知らないから

問６　傍線部ｆ「『自分たちの国の文化』というものをちゃんと学習している」とあるが、それはなぜか。適切なものを次の中から選び、記号で答えなさい（解答番号は６）。

ア　外国では経済活動よりも文化を重んじる考え方の土壌が伝統的にあるから。

イ　自国の文化を知った上で外国文化に触れることで新たな文化が築けるから。

ウ　外国では文化はその国の独自性を示す大切なものだという認識があるから。

［　e　］」ということです。外国の人とつきあうのなら、外国語――とくに英語ができるという条件が必要になるでしょう。日本では、義務教育の中学段階から英語が必修になります。高校や大学の入試で、受験科目に英語がないというところは、いたって珍しい少数派でしょう。日本人は、とってもよく英語を勉強していて、町へ出れば英語の看板は氾濫しています。テレビでも新聞や雑誌でも、アメリカやヨーロッパ由来のカタカナ言葉がいっぱいです。「それだけ英語が氾濫していて、どうして日本人は英語が下手なのか」という話もありますが、でも、英語を熱心に勉強してちゃんと英語が話せるようになった日本人はいっぱいいます。英語が話せて、外国語にくわしくて、外国人とよくつきあう人たちです。でも、そういう人たちが、一転して「日本のこと」になったらどうでしょう？　日本の古典や日本の歴史や日本の伝統文化のことをきちんと理解している人たちは、どれくらいいるでしょう？　理解して知っている人たちよりも、ぜんぜん知らない人の方が、私は多いと思います。「アメリカやヨーロッパの新しい文化こそが重要で、古い日本のことなんか昔のこと」と思いこんでいる人たちは、とても多いのです。「新しいアメリカやヨーロッパのことを知るためには、どうでもいい日本のことなんか切り捨てよう」です。それでいいと思って外国へ行った人たちが、「あなたのお国のことを教えてください」と言われて、どれくらい正確に日本のことを説明できるでしょうか？　外国に行ったり、あるいは外国に関する勉強ばかり続けて、その結果日本のことをぜんぜん知らないでいる自分に気がついた人たちは、とても多いのです。

　輸出大国の日本で、社会の関心は「先進国」であるようなアメリカやヨーロッパにだけ向いています。あるいは、そこから一転した「アジア志向」とか。なんであれ、国際社会の中の経済大国日本の関心は、「外国語」を中心とする〝外〟へと向かいました。そういう日本社会の傾向を反映して、大学は「外国語重視」を言いますし、受験勉強は「英語重視」です。そういう傾向の中で、子供たちはあまり受験の中で比重の高くない「日本語」や「日本史」や「日本文化に関する常識」というものを、あっさりと欠落させています。どこの国の人だって、「f自分たちの国の文化」というものをちゃんと学習しているのに、日本人は平気でそれを欠落させています。「自分の国のことを平気でわからないで、自分の国の文化のことをちゃんと説明できなくて、でも英語だけはちゃんと話せる」ということになったら、ずいぶんへんでしょう。

　「オリジナリティー」という言葉があります。「自分の出てきたところ＝オリジン」に由来するものです。「オリジナリティー」とは、「自分が本来持っているはずの独自性」なのです。日本人が、自分の足もとにある日本の歴史や文化や古典を軽視したらどうなるでしょう？　自分が生まれてきたところをなんにも知らないままでいる日本人に、「g国際社会の中でのオリジナリティー」はないのです。「顔の見えない日本人」という悪口は、こういうところに由来しているのではないかと思います。

（橋本　治『これで古典がよくわかる』より）

問1　［a］に入る人物として適切なものを次の中から選び、記号で答えなさい（解答番号は1）。

ア　紫式部　イ　和泉式部　ウ　清少納言　エ　小野小町
オ　小式部内侍

問2　傍線部b「そんなこと」とあるが、その説明として適切なものを

えなさい（解答番号は８）。

銀も金も玉も何せむにまされる宝子にしかめやも

ア　天智天皇　イ　山上憶良　ウ　柿本人麻呂

エ　山部赤人　オ　大伴家持　カ　額田王

問５　次の文学作品の中で成立した時代が**違うもの**を次の中から選び、記号で答えなさい（解答番号は９）。

ア　たけくらべ　イ　舞姫　ウ　坊ちゃん　エ　みだれ髪

オ　破戒　カ　金閣寺　キ　一握の砂

三　次の文章を読み、後の各問いに答えなさい。

ピーター・グリーナウエイというイギリス人の映画監督がいます。かなり凝った画面の〝芸術映画〟を作る人です。日本での知名度はそんなに高くないのかもしれませんが、世界的に有名な映画監督です。この人が、日本の[a]の『枕草子』にほれこんで、『枕草子』という映画を作ってしまいました。日本でも公開された作品ですから、ごらんの方もあるかもしれません。私は、その映画の製作準備のために日本にやって来たピーター・グリーナウエイ監督と会って、話をしたことがあります。

私は、（中略）『枕草子』の現代語訳をしていましたから、「映画を作るうえで、日本のいろんな人と会って話を聞いて参考にしたい」という監督と会って、いろいろな話をしたのです。その時に監督の言ったことで印象に残っているのは、「なぜ『枕草子』がすばらしいか」ということです。

『枕草子』は、今から一千年ばかり前に書かれた随筆ですが、ピーター・グリーナウエイ監督は、そのことにびっくりしているのです。「今から一千年前といえば、我が英国がほとんど〝野蛮人の国〟と同様だった時代なのに、どうしてこれだけ自由に文章を書ける女性がいたのか」ということです。『枕草子』は『ＰＩＬＬＯＷ　ＢＯＯＫ』というタイトルで、英語に翻訳されています。それを読んで[a]という女性の存在を知って、その奔放自在な書き方に、彼はびっくりしたのです。なにしろ彼女は、今から一千年前の女性で、今から一千年前のヨーロッパといったら、どこだって「野蛮人の国」とそんなに変わらないような時代です――あんまりはっきり言ったらきっと怒られるでしょうが。この当時の世界の先進地域は中国やアラビアで、ヨーロッパに「文章を書く女性」を求めるのなんか酷です。でも、そんな時代に日本の[a]という女性は、ずいぶん奔放に自由な文章を書いています。それを読めば、どれだけ高度で進んだ文化が日本にあったかは分かります。イギリス人のピーター・グリーナウエイ監督が感動したところはそこなのです。ところが、今の日本人は、あまり[b]そんなことを考えません。「進んだ文化」といったら、あいかわらずヨーロッパやアメリカだと思っていて、自分たちの足もとにそういうすぐれた過去があることを忘れているのです。これは、とても残念なことじゃないでしょうか？　私は、とても残念なことだと思います。

日本の経済進出が盛んになって、日本が世界一の金持ち大国になってしまった時、「[c]日本人はよくわからない」という声が外国のあちこちから起こりました。「顔の見えない日本人」とか、「[d]金儲けだけの日本人」とか。どうして外国の人が日本のことを「わからない」というのか？

理由はいろいろあるでしょうが、私には「もしかして」と思うことがあります。それは、「外国に行って外国の人とよくつきあう日本人が、

【国語】（五〇分）〈満点：一〇〇点〉

一 次の1～5の傍線部と同じ漢字を使うものを次のア～オの中からそれぞれ選び、記号で答えなさい（解答番号1～5）。

1．ガイサンの見積もり。
ア 不幸なショウガイ。　イ キガイある新人。
ウ ガイトウする項目。　エ 海に面したダンガイ。
オ カンガイにふける。

2．期待と不安がコウサクする。
ア 陰でカクサクする。　イ インターネットのケンサク。
ウ 経費のサクゲン。　エ 資本家にサクシュされた。
オ 試行サクゴを繰り返す。

3．あの映画はフキュウの名作だ。
ア 困難なフッキュウ作業。　イ 難民のキュウサイ。
ウ 不正をキュウダンする。　エ 校舎のロウキュウ化。
オ 教育は国家のキュウムだ。

4．脱税のテキハツ。
ア 油断タイテキ。　イ 誤りをシテキする。
ウ テキセイな評価。　エ テキカクな判断。
オ 病院でテンテキする。

5．行く手をハバむ吹雪。
ア ソボウな振舞い。　イ 関係がソエンになる。
ウ カンソな結婚式。　エ 侵入をソシする。
オ 社長にジキソする。

二 次のそれぞれの問いに答えなさい。

問1 次の語句の対義語を漢字で書き、その読み仮名の一字目として適切なものを次の中から選び、記号で答えなさい（解答番号は1と2）。

1．倹約　2．創造
ア ぎ　イ た　ウ ひ　エ も　オ ろ　カ き
キ せ

問2 次の文の傍線部の品詞を次の中から選び、それぞれ記号で答えなさい（解答番号は3～5）。

最近の若者は3大きな夢は持たずに、現実的に行動する4そうだが、私は5少し残念に思う。

ア 名詞　イ 動詞　ウ 形容詞　エ 形容動詞
オ 副詞　カ 連体詞　キ 接続詞　ク 感動詞
ケ 助詞　コ 助動詞

問3 次のそれぞれのことわざの意味として適切なものを次の中から選び、記号で答えなさい（解答番号は6と7）。

6．二階から目薬　7．案ずるより産むが易し
ア 直接自分に利害関係のないこと
イ 遠回りで効果がないこと
ウ 心配するよりやってみる方がよいこと
エ ひどく油断していること
オ 人の好みはさまざまであること
カ 念には念を入れて確かめること
キ 思いがけない幸運に出会うこと

問4 次の和歌の作者は誰か。適切なものを次の中から選び、記号で答

1月17日

2022年度

解答と解説

《2022年度の配点は解答欄に掲載してあります。》

<数学解答>

[1] (1) ア 1 イ 5 ウ 8 (2) エ 6 オ 6 (3) カ 7 キ 9
(4) ク 2 ケ 4 コ 3 (5) サ 8 シ 3 ス 5 セ 8 ソ 4
タ 5 チ 0 ツ 0 テ 5 (6) ト 3 ナ 3 ニ 6
(7) ヌ 1 ネ 5 (8) ノ 2 ハ 8 ヒ 5

[2] (1) ア 9 イ 1 ウ 1 (2) エ 7 オ 5 カ 1 キ 0 ク 0
(3) ケ 3 コ 7 (4) サ 4 シ 5 ス 0 セ 3 ソ 7 タ 5
チ 2 ツ 9 テ 4 ト 3 ナ 5 ニ 4 ヌ 0

[3] (1) ア 1 イ 0 (2) ウ 3 エ 4 オ 1 カ 4

[4] (1) ア 4 イ 9 (2) ウ 2 エ 4 (3) オ 6 カ 1

[5] (1) ア 1 イ 2 (2) ウ 3 エ 4 オ 4 (3) カ 1

[6] ア 2 イ 2 ウ 1 エ 1 オ 1

○推定配点○

[1] 各3点×10(サ～タ・チ～テ・ト・ナニ各3点) [2] (1)・(3) 各4点×2
(2) エオ 2点 カ～ク 3点 (4) 各1点×7 [3] 各4点×3 [4] 各4点×3
[5] 各4点×4 [6] 各2点×5 計100点

<数学解説>

基本 [1] (数の計算，平方根の計算，連立方程式，2次方程式，近似値，球，平方根の大小，比例式)

(1) $\left(-\frac{3}{2}\right)^3+\frac{9}{8}\div0.75=-\frac{27}{8}+\frac{9}{8}\times\frac{4}{3}=-\frac{27}{8}+\frac{12}{8}=-\frac{15}{8}$

(2) $\sqrt{108}\left(\sqrt{2}+\frac{1}{\sqrt{3}}\right)-(\sqrt{7}-1)(\sqrt{7}+1)=6\sqrt{3}\left(\sqrt{2}+\frac{1}{\sqrt{3}}\right)-(7-1)=6\sqrt{6}+6-6=6\sqrt{6}$

(3) $\frac{2}{5}x-0.2y=1$ 両辺を5倍して，$2x-y=5$…① $3x+2y=39$…② ①×2＋②から，$7x=49$ $x=7$ これを①に代入して，$2\times7-y=5$ $y=14-5=9$

(4) $3x^2+2x-8=0$ $(x+2)(3x-4)=0$ $x=-2,\ \frac{4}{3}$

(5) 小数第2位を四捨五入して8.4になることから，$8.35\leqq a<8.45$ 誤差の範囲は，$8.4-8.35=0.05$(m以下)

(6) 球の半径を$r$cmとすると，$\frac{4}{3}\pi r^3=36\pi$ $r^3=36\pi\times\frac{3}{4\pi}=27$ $r=3$(cm) 表面積は，$4\pi\times3^2=36\pi$ (cm^2)

(7) $5\leqq\sqrt{a}<2\sqrt{10}$ 2乗すると，$25\leqq a<40$ aは自然数だから個数は，40－25＝15(個)

(8) $b:4=7:3$から，$3b=28$ $b=\frac{28}{3}$ $a:\frac{28}{3}=3:5$から，$5a=28$ $a=\frac{28}{5}$

2 （方程式の応用問題，2次方程式の利用，統計）

基本 (1)　買ったおにぎりをx個，サンドイッチをy個とすると，$x+y=20$…①　$110x+140y=2530$…②　①×140−②から，$30x=270$　$x=9$　これを①に代入して，$9+y=20$　$y=11$

(2)　$150\times\dfrac{5}{100}=\dfrac{15}{2}=7.5$(g)　$\dfrac{7.5}{150+x}\times100=3$から，$750=3(150+x)$　$3x=750-450=300$　$x=100$

(3)　$\triangle \mathrm{PBQ}=\dfrac{1}{2}\times(10-x)\times2x=10x-x^2$　$10x-x^2=21$から，$x^2-10x+21=0$　$(x-3)(x-7)=0$　$x=3,\ 7$

基本 (4)　$\dfrac{a}{40}=0.100$から，$a=0.100\times40=4$　$\dfrac{b}{40}=0.125$から，$b=0.125\times40=5$　$\mathrm{C}=\dfrac{15}{40}=0.375$　平均値は，$\dfrac{0\times3+1\times7+2\times6+3\times4+4\times15+5\times5}{40}=\dfrac{116}{40}=2.9$(点)　最頻値は，度数が15人の4点，中央値は得点が低い方から20番目と21番目の平均だから，$\dfrac{3+4}{2}=3.5$(点)　得点が2点以下の生徒は，$3+7+6=16$(人)　よって，$\dfrac{16}{40}\times100=40$(%)

3 （場合の数，確率）

(1)　C，D，E，F，Gの5人から2人を選ぶ場合を考えればよいから，(C，D)，(C，E)，(C，F)，(C，G)，(D，E)，(D，F)，(D，G)，(E，F)，(E，G)，(F，G)の10通り。

重要 (2)　大小2つのさいころの目の出方は全部で，$6\times6=36$(通り)　そのうち，aとbの積が奇数になる場合は，$(a,\ b)=(1,\ 1)$，$(1,\ 3)$，$(1,\ 5)$，$(3,\ 1)$，$(3,\ 3)$，$(3,\ 5)$，$(5,\ 1)$，$(5,\ 3)$，$(5,\ 5)$の9通り。よって，aとbの積が偶数になる確率は，$1-\dfrac{9}{36}=1-\dfrac{1}{4}=\dfrac{3}{4}$　$-2b+11<7$から，$4<2b$　$2<b$　$b=3,\ 4,\ 5,\ 6$　$a\leqq-2b+11$から，$b=3$のとき，$a\leqq5$より5通り。$b=4$のとき，$a\leqq3$より3通り。$b=5$のとき，$a\leqq1$より1通り。$b=6$のときなし。よって全部で，$5+3+1=9$通り　したがって，求める確率は，$\dfrac{9}{36}=\dfrac{1}{4}$

4 （平面・空間図形の計量問題―角度，回転体の体積，最短距離，三平方の定理）

(1)　$\angle x+35°+39°+28°+29°=180°$から，$\angle x=180°-131°=49°$

(2)　求める立体の体積は，底面が半径3cmの円で高さが4cmの円柱の体積から，底面が半径3cmの円で高さが4cmの円すいの体積をひいたものになるから，$\pi\times3^2\times4-\dfrac{1}{3}\times\pi\times3^2\times4=36\pi-12\pi=24\pi$ (cm^3)

重要 (3)　展開図の一部をかいて考える。$2+3=5$，$4+2=6$　求める長さは直角を挟む2辺が5cm，6cmの直角三角形の斜辺の長さになるから，$\sqrt{5^2+6^2}=\sqrt{61}$ (cm)

5 （図形と関数・グラフの融合問題）

基本 (1)　$y=ax^2$に点Bの座標を代入して，$8=a\times4^2$　$16a=8$　$a=\dfrac{8}{16}=\dfrac{1}{2}$

(2)　$y=\dfrac{1}{2}x^2$に$x=2$を代入すると，$y=\dfrac{1}{2}\times2^2=2$　よって，A(2，2)　$\dfrac{8-2}{4-2}=\dfrac{6}{2}=3$から，直線ABの傾きは3　直線ABの式を$y=3x+b$として点Aの座標を代入すると，$2=3\times2+b$　$b=2-6=-4$　よって，直線ABの式は，$y=3x-4$　直線ABとx軸との交点をPとすると，$0=3x-4$，$3x=4$，$x=\dfrac{4}{3}$から，$\mathrm{P}\left(\dfrac{4}{3},\ 0\right)$　$\triangle\mathrm{OAB}=\triangle\mathrm{OPB}-\triangle\mathrm{OPA}=\dfrac{1}{2}\times\dfrac{4}{3}\times8-\dfrac{1}{2}\times\dfrac{4}{3}\times2=\dfrac{16}{3}-$

$\frac{4}{3}=\frac{12}{3}=4$

重要 (3) $\triangle ABC=\frac{1}{2}\times 8\times(4-p)=16-4p$ $\triangle ABD=\frac{1}{2}\times 4\times\left(8-\frac{1}{2}p^2\right)=16-p^2$ $(16-4p):(16-p^2)=4:3$から，$3(16-4p)=4(16-p^2)$ $48-12p=64-4p^2$ $4p^2-12p-16=0$ $p^2-3p-4=0$ $(p+1)(p-4)=0$ $p<4$から，$p=-1$

6 (表の作成)

ア：Cは平泳ぎを泳げないので，2 イ：バタフライを泳ぐことができるのはBだけだから，2 ウ：Dはバタフライ以外泳ぐことができるので，1 エ：BとEの可能な泳法に共通のものは1種目もないこととBはクロールを泳げないということから，Eはクロールを泳ぐことができることになるので，1 オ：Cはクロールと背泳ぎは泳ぐことができて，平泳ぎとバタフライが泳ぐことができない。Eはクロールが泳げてバタフライが泳げないので，どの二人も可能な泳法と不可能な泳法が完全に一致することはなかったということから，背泳ぎは泳ぐことができなくて平泳ぎは泳ぐことができることになるので，1

★ワンポイントアドバイス★

4 (3)では，頂点Aと頂点Hを直線で結んだとき，辺BCとCGを通るような展開図の一部をかいて考えよう。

<英語解答>

1 1 4　2 3　3 1　4 3　5 2

2 問1 (1) 4　(2) 4　(3) 3　(4) 4　(5) 3　問2 4　問3 4
問4 3　問5 3　問6 1　問7 3　問8 (1) 1　(2) 2　(3) 1

3 1 1　2 1　3 4　4 1　5 1　6 1　7 3　8 1

4 1 1　2 2　3 4　4 4　5 1　6 1

5 1 3番目 7　6番目 2　2 3番目 5　6番目 2　3 3番目 2　6番目 5
4 3番目 4　6番目 6　5 3番目 7　6番目 2　6 3番目 2　6番目 1

6 1 1　2 1　3 1　4 3　5 3

○推定配点○

4・5 各3点×12(5各完答)　他 各2点×32　計100点

<英語解説>

1 (リスニングテスト)

Steve : Hi, Emma. How are you?
Emma : Fine. Were you at Carole's party last Sunday?
Steve : Yes, I was.
Emma : Was it good?
Steve : Well, it was OK. The food was good.
Emma : Were there many people at the party?

Steve ：Yes, there were. There were about 30 people.
Emma：Was Paul there?
Steve ：No, he wasn't. And where were you?
Emma：Oh … I couldn't go because I was at Sergio's party! It was great.
Steve ：Oh!

(1) When was Carole's party?
 1 It was last Saturday.
 2 It was next Monday.
 3 It was not held.
 4 It was last Sunday.

(2) Emma was not at Carole's party. Why?
 1 Because she was sick.
 2 Because she had to finish her homework.
 3 Because she was at Sergio's party.
 4 Because she had a fever.

Peat ：What are you reading, Jenny?
Jenny：Hi, Peat. It's a book by Takashi Saito.
Peat ：Oh, Saito. I met him once a long time ago. Interesting man.
Jenny：You actually met Professor Saito?
Peat ：Yes, this was when I was in university. I was living in Yokohama at that time. I went to Tokyo to study Japanese, and he was giving a talk. He told me how we should read books.
Jenny：That's surprising! Was the talk really exciting?
Peat ：Yes, I'll never forget it. He certainly was a great man.

(3) What is Jenny reading?
 1 She is reading a book written by Takashi Saito.
 2 She is reading a book sold by Takashi Saito.
 3 She is reading a book given by Takashi Saito.
 4 She is reading a book sent by Takashi Saito.

(4) What did Peat do when he was in Tokyo?
 1 He enjoyed reading book.
 2 He taught English to many students.
 3 He studied Japanese.
 4 He visited many restaurants.

(5) What did Professor Saito tell Peat?
 1 Mr. Saito told him where to go when he read books.
 2 Mr. Saito told him how to read books.
 3 Mr. Saito told him which university he should go to.
 4 Mr. Saito told him what to read in the plane.

（全訳） スティーブ：やあ，エマ。元気？
エマ　　　：元気よ。あなたはこの前の日曜日のキャロルのパーティーにいた？
スティーブ：うん，いたよ。

エマ　　　：よかった？
スティーブ：えーと，まあまあだったよ。料理は良かった。
エマ　　　：パーティーには大勢の人がいたの？
スティーブ：うん。30人くらいいたよ。
エマ　　　：ポールはいた？
スティーブ：いや，彼はいなかった。で，君はどこにいたの？
エマ　　　：あ…，私は行けなかったの，セルジオのパーティーにいたから。すごくよかったよ。
スティーブ：えー！

(1)　キャロルのパーティーはいつだったか。
　1　この前の土曜日だった。
　2　次の月曜日だった。
　3　開催されなかった。
　4　この前の日曜日だった。

(2)　エマはキャロルのパーティーにいなかった。なぜか。
　1　彼女は具合が悪かったから。
　2　彼女は宿題を完成させなくてはならなかったから。
　3　彼女はセルジオのパーティーにいたから。
　4　彼女は熱があったから。

ピート　：ジェニー，何を読んでいるの？
ジェニー：こんにちは，ピート。齋藤孝の本よ。
ピート　：ああ，齋藤か。僕はずっと前に彼に会ったことがある。おもしろい人だよ。
ジェニー：あなたは実際に齋藤教授に会ったの？
ピート　：うん。僕が大学にいた頃だよ。僕は当時横浜に住んでいた。僕は日本語を学ぶために東京に行き，彼が講演会をしていた。彼は我々はどのように本を読むべきか，ということを僕に教えてくれた。
ジェニー：それはびっくりね！　その講演会は実際にわくわくした？
ピート　：うん，僕はそれを決して忘れないよ。彼は本当にすごい人だった。

(3)　ジェニーは何を読んでいるか。
　1　彼女は齋藤孝によって書かれた本を読んでいる。
　2　彼女は齋藤孝によって売られた本を読んでいる。
　3　彼女は齋藤孝にもらった本を読んでいる。
　4　彼女は齋藤孝によって送られた本を読んでいる。

(4)　ピートは東京にいた時，何をしたか。
　1　彼は読書を楽しんだ。
　2　彼は多くの学生に英語を教えた。
　3　彼は日本語を勉強した。
　4　彼はたくさんのレストランに行った。

(5)　齋藤教授はピートに何と言ったか。
　1　齋藤氏は彼に，本を読むときにはどこへ行くべきか話した。
　2　齋藤氏は彼に，どのように本を読むべきか話した。
　3　齋藤氏は彼に，どの大学へ行くべきか話した。
　4　齋藤氏は彼に，飛行機の中では何を読むべきか話した。

2 (長文読解問題・物語文：語句補充・選択，口語表現，疑問詞，不定詞，進行形，助動詞，指示語，内容吟味，単語，語句解釈)

(大意) 昔，願い事がかなう時代に，王様がいた。末の姫はとても美しく，太陽が彼女の顔にキスをするたびに驚くほどだった。王様の家の近くには暗い森があり，その森の中に井戸があった。その姫はよくその井戸に行き，特別な金色のボールで遊んだ。彼女はボールを空高く投げ，それをキャッチしたものだった。ある日，姫の金色のボールは地面を転がり，井戸に落ちた。②彼女は泣き出した。すると，ある声が呼びかけた。「お姫様，(1)どうしたの？」 彼女が(2)誰が話しているのかと周りを見ると，1匹のカエルがいた。カエルは「僕があなたを助けてあげる。もし僕があなたのボールを取ってきたら，あなたは僕に何をくれる？」と言った。姫が「あなたが望むものを何でも」と言うと，カエルは「僕が欲しいものはあなたの愛だ。僕はあなたの友達(3)になりたい。僕はあなたに僕と一緒に遊んでほしい。食べ物とベッドをあなたと共有したい。もしあなたがそうしてくれるなら，僕は井戸の底からあなたの金色のボールを取ってくるよ」と言った。彼女は「わかったわ」と言った。しばらくしてカエルは口にボールを加えて戻ってきた。彼女はボールを拾い上げ，走って逃げた。カエルが「とまれ！ 僕を一緒に連れて行って」と叫んでも，姫は彼を無視した。カエルは悲しそうに③井戸に戻った。翌日，姫は家族と食事をしていた。何かがドアをたたき，「お姫様，僕を中に入れて！」と言った。彼女はドアまで走り，あのカエルを見つけた。彼女は急いでドアを閉めて席に戻った。王様がこれを見て「娘よ，何を恐れている？ ドアに何がいる？」と言った。彼女は「カエルです。昨日，私が森で(4)遊んでいた時，私の金色のボールが井戸に落ちて，カエルがそのボールを取ってきてくれました。私は彼が私の友達になっ(5)てもいいと約束したんです」と言った。王様は「約束を破ってはいけない。彼を中に入れなさい」と言った。彼女がドアを開けるとカエルが飛び込んできて，「僕を持ち上げて」と言った。彼女は彼を持ち上げたくなかったが，王様が彼女に④そうするよう命じた。カエルはテーブルの上に乗り，「あなたのお皿を僕に近づけて，一緒に食べよう」と言った。カエルは「僕はおなかがいっぱいだ。僕をあなたの部屋に連れて行って，あなたのベッドに寝かせてくれ」と言った。姫は泣き出した。彼女はカエルと一緒に寝たくなかった。王様は(ア)怒って「私たちを助けてくれた人々を忘れてはいけない」と言った。そこで姫はカエルを持ち上げ，上の階に連れて行き，自分の部屋に入れた。彼女がベッドに入ると，カエルが「僕もベッドに行きたい。僕を持ち上げてよ，さもないとあなたのお父さんに言いつけるぞ」と言った。姫は本当に(ア)怒って，カエルを拾い上げて壁に投げつけ，「あんたは最悪のカエルよ」と叫んだ。彼は倒れこんだが，もはやカエルではなく，王子だった。彼は姫に「魔女が⑤僕をカエルに変えてしまったんです」と言った。

重要 問1 大意下線部参照。(1) What is the matter?「どうしましたか」 (3) want to be ～「～になりたい」 (4) 過去進行形。

問2 この it は同文中の the sun を指す。「太陽が彼女の顔にキスをする」とは「太陽の光が彼女の顔を照らす」という意味。

問3 下線部②を含む段落の第1文参照。roll into ～「転がって～に入る」

問4 下線部③の well は「井戸」の意味。3は「えーと，まあ，さて」という間投詞。

問5 下線部④の直前にある不定詞句 to lift him up を表す。him は the frog を指す。

問6 2つ目の(ア)の直後にカエルを投げつけ，“You bad frog” と言っていることから，angry「怒った」が適当。

問7 この文は前文の a prince が話した言葉で，「私」は prince のことである。

重要 問8 (1) 1「カエルが井戸から戻った後，姫は特別な金色のボールを取り戻したのでとてもうれしかった」 (2) 2「姫がカエルにした約束は，彼女がカエルの友達になることだった」

(3) 1「この話の真実は，姫が気に入らなかったカエルは王子だった」

重要 3 **(長文読解問題・紹介文：英問英答，内容吟味)**

(大意) オックスフォードはロンドンから90キロの距離で，車や電車でおよそ1時間かかり，テムズ川が流れる。人々が世界中から，そして英国の他の場所から，素晴らしい建物や博物館，公園や庭園を見るためにオックスフォードにやってくる。オックスフォードは10世紀までに重要な町になり，市場を中心に発達した町だった。町は12世紀に拡大し，布や羊毛を売ることで豊かな商業の中心地だった。1200年までに石造の橋や城，教会や宮殿ができ，大学も始まった。その時より前には，信仰心のある人々はパリ大学に学びに行ったが，今やオックスフォードに来るようになった。3つのカレッジ，すなわちユニバーシティ・カレッジ，ベリオール・カレッジ，マートン・カレッジが13世紀に建設され，その大学は13世紀末にはすでにヨーロッパ中で有名だった。町の人々と学生の間にトラブルもあったが，オックスフォードは拡大し続け，14世紀初めまでには豊かな地方の町になった。その後，黒死病と呼ばれる恐ろしい病気が3分の1近くの住民の命を奪った。死亡した人の多くは重要な商人で，繊維産業は前よりもお金をもたらさなくなった。人々は新しい仕事を見つける必要があり，学生や大学のために働く人々が増えた。プロテスタントの女王であるエリザベス1世の時代のオックスフォードでの暮らしは，彼女の姉のカソリックの『流血のメアリー』の時代よりも楽だった。エリザベスの時代のイングランドでも，まだプロテスタントとカソリックの間にトラブルはあったが，女王はオックスフォードを気に入り何度も訪れた。裕福で有力な親が息子をオックスフォード大学に入れることが流行し，新しいカレッジや大学の建物が建設された。例えば1602年にボドリアン図書館が開かれ，シェルドニアン劇場もこの頃建設された。それはクリストファー・レンの作品である。1642年から1646年にはイングランドで内戦が起き，チャールズ1世の兵士たちがオリバー・クロムウェルの兵士たちと戦った。戦いはオックスフォード中で起き，最後にクロムウェルの兵士たちが街を掌握した。王は逃げたが1649年に斬首された。

1「なぜ人々は世界中から，そして英国の別の場所から，オックスフォードに来るのか」 1「素晴らしい建物や博物館，公園，庭園を見たいから」 2「12世紀にオックスフォードの人々は何を売っていたか」 1「彼らは布と羊毛を売っていた」 3「1200年より以前，信仰心のある人々はどこに学びに行ったか」 4「パリ大学」 4「黒死病とは何か」 1「ひどい病気」 5「エリザベス1世の姉は誰か」 1「『流血のメアリー』」 6「ボドリアン図書館が開いたのはいつか」 1「1602年」 7「シェルドニアン劇場を建てたのは誰か」 3「クリストファー・レン」 8「オックスフォードについて正しいのはどれか」 1「1649年頃まで平和ではなかった」

基本 4 **(語句補充・選択：不定詞，構文，関係代名詞，受動態，前置詞)**

1 「健康を良くするために，あなたはもっと寝るべきだ」 目的を表す副詞的用法の不定詞。

2 「彼女にとってバイオリンを弾くことはとても難しかった」 形式主語構文〈It is … for ＋人＋to ＋動詞の原形〉「(人)にとって～することは…」

3 「ピアノを弾いている男性は私の友人だ」 who は主格の関係代名詞。

4 「この古い寺は500年ほど前に建てられた」 受動態〈be動詞＋過去分詞〉「～された」

5 「私たちはここに3か月間滞在するつもりだ」 〈for ＋期間〉「～の間」

6 「紙は何枚必要ですか」 〈how many ＋複数名詞〉は数を尋ねる。sheet「(紙・板の)1枚」

重要 5 **(語句整序：進行形，接続詞，助動詞，前置詞，関係代名詞，動名詞，比較，間接疑問，熟語)**

1 (Bob was) making breakfast when his mother called him (this morning.) 過去進行形の文。when は「～した時」を表す接続詞。

2 (You may go out tonight,) but you must come home by ten (o'clock.) must「～しなければならない」 by は「～までに」と期限を表す前置詞。

3 (Do you remember the) girl whose key you picked up two (days ago?)　whose は所有格を表す関係代名詞。whose 以下は「(その女の子の)鍵をあなたが2日前に拾った」となる。

4 (Playing a) game is more exciting than watching one.　Playing a game「ゲームをすること」と watching one「それを見ること」(one は a game を指す)を比較した文。

5 (Could you) tell me what time the next train (comes?)　what time は時間を尋ねる。what time 以下は間接疑問で〈疑問詞＋主語＋動詞〉の語順。

6 (We) have to finish our homework as soon (as possible.)　〈have to ＋動詞の原形〉「～しなくてはならない」 as soon as possible「できるだけ早く」

基本 6 (長文読解問題・メール文：英問英答，内容吟味)

(大意)　デイブ：やあ，マイク。君は6月のラスベガスの会議に行く？

マーク：やあ，デイブ。うん，行くよ。君も行くよね。飛行機で行くの？

デイブ：うん，USエアーで行く。クリーブランドを13日木曜日の朝7：30に出発するよ。

マーク：僕と同じフライトだ！　タクシーに同乗したい？

デイブ：僕は車を運転して空港に車を置いておくつもりだ。乗りたい？

マーク：すばらしい，ありがとう。

デイブ：問題ないよ。君の家に朝6時に迎えに行くよ。

1「デイブとマークはどこに行くか」「会議」 2「彼らはどうやって空港へ行くか」「デイブの車で」

USエアー
トニー・ハリソン様
リサ・パーク様
ロンドン　ヒースロー　→　東京　成田
2021年12月5日　13時10分
出発の30分前までに搭乗口にお越しください。特別食が必要ならなるべく早くご連絡ください。

リサへ
僕は東京の会議のために，僕たちの飛行機のチケットを買ったよ。出発前に電話して，君がベジタリアン・メニューが必要だと伝えるつもりだ。これから，空港行きのバスも手配するよ。
トニーより

3「彼らはどこから飛行機に乗るか」「ロンドン」 4「トニーはどうやって空港へ行くか」「バスで」
5「リサについて何がわかるか」「彼女は特別な食事が必要だ」

★ワンポイントアドバイス★

3はイングランドの都市，オックスフォードを紹介する文章。英国の地理や歴史になじみがないため，内容を把握しにくい。問いを先に読み，読み取るべきポイントを把握してから本文を読もう。

<国語解答>

一　1　イ　2　オ　3　ウ　4　ウ　5　ア

二　問1　1　イ　2　カ　問2　3　オ　4　イ　問3　5　ウ　6　エ　7　オ
問4　8　ウ　9　オ　問5　エ

三　問1　ウ　問2　ア　問3　エ　問4　イ　問5　オ　問6　ウ　問7　ア
問8　ウ

四　問1　イ　問2　ア　問3　エ　問4　エ　問5　ア　問6　イ　問7　イ
問8　イ

五　問1　ウ　問2　ア　問3　ウ　問4　エ　問5　オ

○推定配点○

一　各2点×5　二　各1点×10　三　各4点×8　四　問1　2点　他　各4点×7
五　問1　2点　他　各4点×4　計100点

<国語解説>

一　(漢字の読み書き)

1　朗読　ア　新郎　イ　朗報　ウ　廊下　エ　漏電　オ　放浪
2　励行　ア　高齢　イ　零細　ウ　冷静　エ　定例　オ　激励
3　卓越　ア　択一　イ　光沢　ウ　食卓　エ　信託　オ　干拓
4　催促　ア　水彩　イ　返済　ウ　開催　エ　国債　オ　体裁
5　翻した　ア　翻訳　イ　弾圧　ウ　躍動　エ　脈絡　オ　模倣

二　(接続語の問題，漢字の読み書き，熟語，文学史)

基本　問1　1の読みは「かわせ」で，2の読みは「しぐれ」。いずれも特殊な読み方をする熟字訓。
問2　3の読みは「だそく」で，4の読みは「きゆう」。
問3　5　前から当然予想される内容が後に続いている。　6　後で新しい話題を提示している。
7　前を後でわかりやすく言い換えている。
問4　8　他の作品に「山椒魚」などがある。　9　他の作品に「人間失格」「津軽」などがある。
問5　「不来方」の読みは「こずかた」。作者は，生活に根ざした三行書きの和歌を多く詠んだ。

三　(論説文—大意・要旨，内容吟味，文脈把握，脱文・脱語補充)

問1　傍線部aを含む「相対的に風通しがよく，軽かった」は，「生徒どうしの人間関係」は良かったことを意味している。同じ文の「生徒たちの攻撃的なまなざしが教師へと集中して向かっていた」ことが原因にあたり，この内容を「教師が生徒共通の敵」と言い換えて説明しているウが適切。「教師が生徒共通の敵」に，アイオは合わない。エの「教師が生徒に敵対心を持っていた」わけではない。

問2　傍線部bの後「今日のいじめの問題の土壌を形成するに至っ」た「生徒どうしの関係」とは，どのような関係なのか。直前の段落に「さまざまな問題の芽を早い段階に発見して，予防的に対処することも期待されている」のは「今日の教師」に対してなので，この内容を述べるアは適切ではない。他の選択肢は，「今日，学校を舞台に繰り広げられる生徒どうしの関係」で始まる直後の段落の内容に合っている。

問3　「しかし，今日の教師には」で始まる段落で，「『大きな生徒』として彼らの人間関係に積極的に溶け込んでいこうとする教師」を挙げ，このような教師を傍線部cと同じ段落で「教師が生徒に友だち感覚で接する『なれ合い型』」と述べている。したがって，傍線部cの「『管理型』学級」

の特徴に当たらないものは,「教師が『大きな生徒』として溶け込む」とあるエ。

やや難 問4 同じ文の文脈から,「学校を舞台に繰り広げられる生徒どうしの関係」は,従来は何に「支えられたもの」であったのかを考える。直後の文の「直感的な感覚の共有のみに支えられた関係」とは対照的で,一つ後の文の「言葉によって作り上げられ」「持続性や安定性」がある関係が入る。それぞれに割り当てられた役目による関係という意味を表す語句が入る。

問5 傍線部e「潜在的な対立の火種を多く孕んでしまう」は,外からは見えないが対立の原因となるという意味。同じ文の「優しい関係」について述べており,同じ段落で「不安定な関係の下では,相手とのあいだに対立や軋轢が日常的に生まれる危険もまた高まってくる」と同じ内容を述べている。さらに,直後の段落で「『優しい関係』とは,対立の回避を最優先にする関係だから,互いの葛藤から生まれる違和感や,思惑のずれから生まれる怒りの感情を,関係のなかでストレートに表出することはままならない」と述べており,これらの内容を理由としているオが適切。アの「うつろいやすい関係である」のは,火種の原因とはならない。イの「言葉によって適切に表現できず誤解を残した関係」,ウの「修復するのは難しく」,エの「本質的な理解ができず」とは述べていない。

問6 直前の「『~に対して』という対象を必ずしも前提としない」や,直前の文の「自分自身の生理的な反応をさす言葉であり,必ずしも他人の存在を前提としない」に通じるものを選ぶ。自分だけで終わるという意味のウの「自己完結」が入る。

やや難 問7 直後の段落に「いじめの対象もそのなかから選ばれる」とあるので,この前に着目する。「自分の立場を傷つけかねない危険性を少しでも回避し,自分の責任をできるだけ問われないようにする『自分に優しい関係』でもある。だから……この『優しい関係』の規範に抵触してしまった者には激しい反発が加えられる」と説明しており,ここから「優しい関係」を心がけず自分を傷つける恐れがある存在から「いじめのターゲット」は選ばれるとわかる。この内容を「対立の表面化を避けることや,他人との適切な距離感を保つことを心がけない存在」と言い換えているアが適切。他の選択肢は「『優しい関係』の規範に抵触してしまった存在」には当たらない。

重要 問8 「このような傾向」で始まる段落の「教師と生徒のあいだのタテの関係は崩れ,焦点を失った対立軸も生徒どうしの関係のなかへと拡散し,それが今日のいじめの問題の土壌を形成する」という「いじめ問題」の原因と,ウの「教師の権威が失われたことでいじめが生まれた」が合致しない。

四 (小説―情景・心情,内容吟味,文脈把握,脱文・脱語補充,語句の意味)

問1 「あまのじゃく」は,わざと人に逆らう行動をする人を言う。信太郎が祖母に対してわざと逆らっているものを選ぶ。祖母が怒ってもう起こしに来ないと思ったら起きる気になったとあるイが適切。他の選択肢は,わざと人に逆らおうとするものではない。

問2 同じ段落の「信太郎ももう眠くはなくなった。起きてもいいのだが余り起きろ起きろと云われたので実際起きにくくなっていた」に着目する。この信太郎の心情を「起きるきっかけを探している」と言い換えているアが適切。イの「なんとか仕返しをしてやろう」や,エの「もう一度寝てしまおう」,オの「さすがに申し訳ない」という心情は読み取れない。傍線部bの直前の文に「もう少しこうしていて……それに免じて起きてやろう」と起きる時を自分で決めようとしているので,「本当にいつ起きたらよいのか分からなくなっている」とあるウも適切ではない。

問3 いつまでも寝ている信太郎の前で,祖母は「大きい敷布団をたたもうとして息をはずませている」状況である。直後の文以降で「信太郎はその手を食わずに故意に冷かな顔をして横になったまま見ていた。とうとう祖母は怒り出した。『不孝者』と云った」から,信太郎が孝行することを期待するものが入る。

問4　直後に「諏訪へ氷滑りに行ってやろうかしら。諏訪なら，この間三人学生が落ちて死んだ。祖母は新聞で聴いているはずだから，自分が行っている間少なくとも心配するだろう」とあるように，信太郎は祖母を心配させようとしている。直前の段落の「不孝者」という祖母の言葉をきっかけに「旅行をしてやろうかしら」と考えていることから，信太郎は祖母の言葉通りに不孝者としてふるまおうとしたからだとわかる。

問5　同じ段落の「また祖母が入って来た……彼は少しどいてやった」から，信太郎は祖母に反抗しようとする気持ちはすでに薄れている。したがって，イの「更なる反省を促したい」や，エの「反発したい」は適切ではない。傍線部eの直前「『これでどうだろう』祖母は今までの事を忘れたような顔をわざとして云った」を受けて，「信太郎の方はわざとまだ少しむっとしている」というのであるから，祖母に対して怒ってはいないが素直に受け入れるのはいやだという心情が読み取れる。この心情を述べているアを選ぶ。この素直に受け入れるのはいやだという心情にウの「いぶかしく感じる」や，オの「自分は大人であることを気づかせたい」はそぐわない。

やや難　問6「信太郎の方はわざとまだ少しむっとして」，祖母に対して意地を張っている。そのような信太郎の「そんなのを持っていったって駄目ですよ」という言葉を聞いて，「『そうか』祖母は素直にもどって来た。そして叮嚀にそれをまた元の所に仕舞って出て行った」ので，「信太郎は急に可笑しくなった」のである。祖母が素直で張り合いがなくなったから，という内容を言い換えて述べているイが適切。信太郎の言葉は，祖母に気をつかったものではないので，アは適切ではない。ウの「いとおしさ」，エの「子供のようでほほえましかった」に通じる描写はない。「可笑しくなった」に，エの「自分は愚かだったと気づいた」はそぐわない。

重要　問7　祖母が筆を「仕舞って出て行った」後の，信太郎の心情や行動に注目する。「旅行もやめだと思った」は，祖母を心配させることをやめたことを意味する。さらに，自分と祖母の小夜着や敷布団をたたんで片づけているうちに「可笑しい中に何だか泣きたいような気持が起って来た。涙が自然に出て来た……ポロポロ頬へ落ちて来た」からは，信太郎が自分の幼い行動を反省する様子がうかがえる。さらに，傍線部gの直前に「間もなく涙は止まった」とあり，イにあるように信太郎は涙を流したことで素直な自分に戻れ「すがすがしさを感じた」のだと推察できる。この信太郎の心情や行動からは，アの「自分の思いを貫いた」やイの「優越感」は感じられない。エの「涙を流したこと」と「祖母への反抗心がうすら」いだこととはつながらない。オは，信太郎の「涙」について触れていない。

やや難　問8　祖母とのやり取りを通して信太郎が自分の幼い言動を反省した後の場面である。子供らしくはしゃぐ弟と妹と，自分との違いを感じて信太郎は「少し淋しい笑顔」となっている。「少し淋しい笑顔」にアの「兄としての責任」，オの「恥じる気持ち」は合わない。信太郎は，ウの「無邪気な姿にもどりたい」と思ってはいない。エの「懐かしく思い出した」ことが伺える描写はない。

五　**（古文―情景・心情，内容吟味，指示語の問題，口語訳）**

〈口語訳〉　唐の国にいました時に，人が語りましたことは，昔，この国に身分が低くない人がいた。その家はたいそう裕福であった。(その人が)秋の夜に，高い建物に登って，月を眺めていたところ，夜は静かで，人々も寝静まって，何の物音もしない。このような時に，そこにいた馬と牛とが，世間話をした。馬が言うには，「ああ，悲しい。つらい。どのような前世の報いで，この主人に使われて，昼は朝から晩までとばかりに，このように使われているのだろう。夜も，気持ちよく休むつもりなのに，むちで打たれた傷がたいそう痛み，あまりに苦しくて，思うように休むことができない。明日もまた，どんなふうに使われようとするのだろう。これを思うととにかく安心して寝られない」と言う。また，牛が言うには，「そうそのことですよ。ああ，悲しいものだなあ。私は(どのような因縁で)この(牛の)身を受けたのだろうとは思うけれども，さしあたっては，ただこの主人への恨めしさは，どうしようもなく思われる」と言ったのだった。これを聞いて，(主人は)心も平静に保てず悲しくて，妻と娘に言うには，「私は，今夜こっそりこの家を出ようと思うことがあった。」

基本 問1　同じ文の冒頭に「唐土とある。「唐」は中国の古い呼び名であることから判断する。

問2　「杖」は「つゑ(つえ)」と読む。馬が苦しがっているのはなぜかを考える。直前の文に「昼は日暮しといふばかりに，かく使はれ居るらん」とあり，馬は主人からひどく働かせられていることから判断する。

問3　後の「とにかくに寝ねも安からず」に着目する。馬が何を思うと，安心して寝られないのか。傍線部cは，直前の「明日また，いかさまに使はれんとすらん」を指し示している。この内容を述べているのはウ。馬はひどく働かされることを嘆いているので，オの「歩き続けなくてはならないこと」を嘆いているわけではない。

やや難 問4　「我」はこのような牛の「身」を授かった，と言っている。「我」が牛の「身」を授かった理由を述べているエが適切。馬の言葉の「いかなる罪の報にて」もヒントになる。

重要 問5　主人は夜中に馬と牛の嘆きを聞き，自分が家畜を酷使していたことに気づいたのである。「これを聞くに，心もあられず悲しくて」からは，主人が自分の罪の意識に苦しむ様子が読み取れる。

★ワンポイントアドバイス★

正誤問題には，「適切でないもの」や「合致しないもの」を選ばせるものがある。設問を慎重に読んで適切なものや合致するものをうっかり選ばないように気をつけよう。

1月18日

2022年度

解　答　と　解　説

《2022年度の配点は解答欄に掲載してあります。》

＜数学解答＞

1 (1) ア 8 イ 2 ウ 5 (2) エ 6 (3) オ 9 カ 4
(4) キ 1 ク 2 ケ 1 (5) コ 3 サ 0 シ 2 ス 7
(6) セ 1 ソ 8 タ 0 (7) チ 5 ツ 0 (8) テ 7 ト 5

2 (1) ア 2 イ 4 ウ 0 エ 0 (2) オ 7
(3) カ 6 キ 7 ク 6

3 (1) ア 1 イ 2 (2) ウ 3 エ 6 オ 9
(3) カ 1 キ 3 ク 3 ケ 6

4 (1) ア 5 イ 4 (2) ウ 6 エ 2
(3) オ 2 カ 1 キ 1 ク 1 ケ 2

5 (1) ア 2 イ 3 ウ 6 (2) エ 5 オ 3 カ 4 (3) キ 2
ク 0 ケ 8 コ 1 サ 2 シ 0 ス 6 セ 3 ソ 2 タ 0

6 (1) ア 1 イ 0 (2) ウ 2 エ 3 オ 7 カ 4
(3) キ 9 ク 6

○推定配点○

1 (1)～(7) 各3点×7 (8) 各2点×2 2 (1)・(2) 各4点×2 (3) 各2点×3
3 (1)・(2) 各3点×3 (3) 5点 4 各4点×4 5 (1) 各3点×2 (2) 4点
(3) キク 3点 ケ～タ 5点 6 (1)・(2) 各4点×2 (3) 5点 計100点

＜数学解説＞

基本 1 (数の計算，平方根の計算，連立方程式，2次方程式，有効数字，割合，面積)

(1) $0.01\div0.25-\left(-\frac{3}{5}\right)^2=\frac{1}{100}\times\frac{100}{25}-\frac{9}{25}=\frac{1}{25}-\frac{9}{25}=-\frac{8}{25}$

(2) $-\frac{2\sqrt{27}+6}{\sqrt{3}}+\sqrt{12}=-2\sqrt{9}-\frac{6}{\sqrt{3}}+2\sqrt{3}=-6-2\sqrt{3}+2\sqrt{3}=-6$

(3) $\frac{2}{3}x+y=-2$　$2x+3y=-6$…①　$3x+2y=-19$…②　②×3－①×2から，$5x=-45$　$x=-9$　これを①に代入して，$2\times(-9)+3y=-6$　$3y=12$　$y=4$

(4) $4x^2-2x-2=0$　$2x^2-x-1=0$　$(2x+1)(x-1)=0$　$x=-\frac{1}{2}$，1

(5) 30178000を上から4桁目で四捨五入して，$30200000=3.02\times10^7$(km)

(6) $1200\times0.15=180$(円)

(7) $10\times10\div2=50$(cm^2)

(8) $\frac{1}{2}x+3=3x-2$　両辺を2倍して，$x+6=6x-4$　$5x=10$　$x=2$　$x^2-ax+10=0$に$x=2$を代入すると，$4-2a+10=0$　$2a=14$　$a=7$　$x^2-7x+10=0$　$(x-2)(x-5)=0$

$x=2,\ 5$　よって，もう一つの解は5

2 (標本調査，2次方程式の応用問題，統計)

基本 (1) 初めに入っていた赤玉の数をx個とすると，$x:100=48:2$　$2x=4800$　$x=2400$(個)

(2) 求める自然数をxとすると，$2x=x^2-35$　$x^2-2x-35=0$　$(x+5)(x-7)=0$　$x>0$から，$x=7$

基本 (3) (i) $\frac{0+3+4+5+5+6+6+7+7+7+9+9+10}{13}=\frac{78}{13}=6$(点)

(ii) 最頻値は最も度数が多い点数だから，7点

(iii) 中央値は点数が低い(または高い)順から7番目の点数だから6点

3 (確率，場合の数)

基本 (1) さいころの目の出方は6通り。そのうち素数は，2，3，5の3通り。よって，求める確率は$\frac{3}{6}=\frac{1}{2}$

基本 (2) A，Bの目の出方は全部で$6\times6=36$(通り)　2人とも偶数の目が出る場合は，(A，B)＝(2，2)，(2，4)，(2，6)，(4，2)，(4，4)，(4，6)，(6，2)，(6，4)，(6，6)の9通り。

重要 (3) 1の目が出たとき0点，2の目が出たとき60点，3と5の目が出たとき30点，4と6の目が出たとき20点になるから，Aの得点がBの得点より大きくなる場合は，(A，B)＝(2，1)，(2，3)，(2，4)，(2，5)，(2，6)，(3，1)，(3，4)，(3，6)，(4，1)，(5，1)，(5，4)，(5，6)，(6，1)の13通り。よって，求める確率は$\frac{13}{36}$

4 (平面図形の計量問題―角度，円の性質，三平方の定理，中点連結定理，面積比)

(1) 補助線OA，OBを引くと，円周角の定理から，$\angle AOB=2\times63°=126°$　PA，PBは円Oの接線だから，$\angle PAO=\angle PBO=90°$　四角形OAPBの内角の和の関係から，$\angle x=360°-126°-90°\times2=54°$

(2) $OA=OB=6$　AD//BCから錯角は等しいので，$\angle DAO=\angle AOB=45°$　点OからADへ垂線OHを引くと，△OAHは直角二等辺三角形になるから，$AH=\frac{6}{\sqrt{2}}=\frac{6\sqrt{2}}{2}=3\sqrt{2}$　△OADは二等辺三角形なので，$AD=2AH=2\times3\sqrt{2}=6\sqrt{2}$(cm)

重要 (3) 中点連結定理から，$AC:ED=2:1$　AC//ED　△ACF∽△DEFなので$AF:DF=AC:DE=2:1$　$\triangle EDF=\frac{1}{3}\triangle EDA=\frac{1}{3}\times\frac{1}{2}\triangle ABD=\frac{1}{6}\times\frac{1}{2}\triangle ABC=\frac{1}{12}\triangle ABC$　よって，△EDFの面積は△ABCの$\frac{1}{12}$倍。

5 (図形と関数・グラフの融合問題)

基本 (1) 直線ℓの傾きは$\frac{9-1}{3-(-1)}=\frac{8}{4}=2$　直線ℓの式を$y=2x+b$として点Aの座標を代入すると，$1=2\times(-1)+b$　$b=1+2=3$　よって，直線ℓの式は$y=2x+3$　$\triangle OAB=\frac{1}{2}\times3\times(1+3)=6$

(2) C$(0,\ c)$とする。$\triangle OBC=\frac{1}{2}\times c\times3=\frac{3}{2}c$　$\frac{3}{2}c=6$から，$c=6\times\frac{2}{3}=4$　よって，C(0，4)　直線ℓの式を$y=ax+4$として点Bの座標を代入すると，$9=3a+4$　$3a=5$　$a=\frac{5}{3}$　よっ

て，直線ℓの式は$y=\frac{5}{3}x+4$

重要 (3)　DE=3−(−1)=4　四角形ADEB=$\frac{1}{2}\times(1+9)\times4=20$　直線ℓとx軸との交点をFとすると，△FBE=$\frac{1}{2}$(四角形ADEB)=$\frac{1}{2}\times20=10$　点Fのx座標をfとすると，△FBEの面積の関係から，$\frac{1}{2}\times(3-f)\times9=10$　$3-f=10\times\frac{2}{9}=\frac{20}{9}$　$f=3-\frac{20}{9}=\frac{7}{9}$　よって，F$\left(\frac{7}{9},\ 0\right)$　直線ℓの傾きは，$9\div\left(3-\frac{7}{9}\right)=9\div\frac{20}{9}=\frac{81}{20}$　直線ℓの式を$y=\frac{81}{20}x+d$として点Bの座標を代入すると，$9=\frac{81}{20}\times3+d$　$d=9-\frac{243}{20}=\frac{180-243}{20}=-\frac{63}{20}$　したがって，直線ℓの式は$y=\frac{81}{20}x-\frac{63}{20}$

6 （平面図形の計量問題ー動点，三平方の定理，面積）

基本 (1)　点Aと点Dの距離が最短になるのは，点DがBC上にあるときだから，AD=AB+BD=8+(6−4)=8+2=10(cm)

重要 (2)　点Cから直線ABへ垂線CHを引くと，△BCHは∠CBH=60°の直角三角形だから，BH=$\frac{6}{2}$=3，CH=$3\sqrt{3}$　△ACHにおいて三平方の定理を用いると，AC=$\sqrt{(8+3)^2+(3\sqrt{3})^2}=\sqrt{148}=2\sqrt{37}$　点Dは点Cを中心として半径4cmの円周上を動くので，点Aと点Dに距離が最長になるのは，点Dが直線AC上にあるときだから，AD=AC+CD=$2\sqrt{37}+4$(cm)

重要 (3)　6+4=10，6−4=2　点Dが通ることができる部分の面積は，点Bを中心として半径が10cmの円の面積から，点Bを中心として半径が2cmの円の面積をひいたものになるから，$\pi\times10^2-\pi\times2^2=100\pi-4\pi=96\pi$ (cm²)

★ワンポイントアドバイス★

6 (3)は，点Cの動く範囲，点Dの動く範囲をなるべく正確に作図してみると解法が浮かんでくるだろう。

＜英語解答＞

1　1 1　2 1　3 3　4 2　5 3

2　問1 (1) 2　(2) 3　(3) 3　(4) 2　(5) 3　問2 2　問3 1，2，5
問4 4　問5 3　問6 2　問7 (1) 2　(2) 1　(3) 4

3　1 4　2 3　3 3　4 3　5 2　6 4　7 1　8 4

4　1 3　2 1　3 4　4 4　5 2　6 4

5　1 3番目 1　6番目 7　2 3番目 3　6番目 1　3 3番目 5　6番目 3
4 3番目 4　6番目 7　5 3番目 7　6番目 8　6 3番目 3　6番目 7

6　1 3　2 1　3 2　4 3　5 1

○推定配点○

3・5　各3点×14(5各完答)　他　各2点×29(2問3完答)　計100点

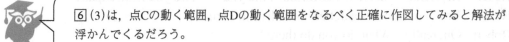

＜英語解説＞

1 （リスニングテスト）

A：And this is the kitchen.

B：Mmm, it's very nice.

A：Well, it's not very big, but there are a lot of kitchen shelves. And there's a new dining table and chairs. That's new too.

B：But what's there in all these shelves?

A：Well, not a lot. There are some cups, but there aren't any glasses. And I have some knives and forks, but I don't have any spoons!

B：Do you have any plates?

A：Yes, I do. Here they are.

B：Good. We can use those plates for this cake.

(1) What are new in the kitchen?

1 A dining table and chairs are.

2 Knives and forks are.

3 Plates are.

4 Windows are.

(2) What are in the kitchen shelves?

1 Cups.　2 Glasses.　3 Spoons.　4 Mirrors.

Keiko：Excuse me? Can I sit here?

Robert：Sure. There are many chairs to sit on. I'm Robert.

Keiko：Hi. My name's Keiko. Where are you from, Robert?

Robert：Hi, Keiko. I'm from California. And you …? Are you from Japan?

Keiko：Yes. I'm from Osaka, but now I live in Paris.

Robert：Oh, really? What do you do there?

Keiko：I work for a computer company. I'm so glad to be away from work.

Robert：Right.

Keiko：Do you have any ideas on fun things to do here in London?

Robert：Yeah. I'll take my guidebook. And my map. I'll be right back.

(3) Where is Robert from?

1 From London.

2 From Paris.

3 From California.

4 From Sydney.

(4) Where is Keiko from?

1 From Tokyo.

2 From Osaka.

3 From Kyoto.

4 From Okinawa.

(5) Where are they now?

1 They are in Paris now.

2 They are in California now.

3 They are in London now.
4 They are in New York now.

A：そしてこれがキッチンよ。
B：へー，すごく素敵だね。
A：あまり大きくはないけれど，棚がたくさんある。新しいダイニングテーブルとイスもある。それも新しいのよ。
B：でも，これらの棚の中には何が入っているの？
A：えーと，たくさんはないわ。カップがいくつかあるけどグラスは1つもない。そしてナイフとフォークはいくつかあるけれど，スプーンは1つもないわ！
B：お皿はある？
A：あるよ。ここよ。
B：よかった。このケーキ用にそれらのお皿を使えるね。

(1) キッチンの中で新しいものは何か。
1 ダイニングテーブルとイス。 2 ナイフとフォーク。 3 皿。 4 窓。

(2) キッチンの棚には何が入っているか。
1 カップ。 2 グラス。 3 スプーン。 4 鏡。

ケイコ ：すみません。ここに座ってもいいですか。
ロバート：もちろん。座る席がたくさんありますよ。僕はロバートです。
ケイコ ：こんにちは。私の名前はケイコです。ロバート，あなたはどこから来たのですか。
ロバート：やあ，ケイコ。僕はカリフォルニアから来ました。あなたは？ 日本からですか？
ケイコ ：はい。私は大阪出身ですが，今はパリに住んでいます。
ロバート：へえ，そうですか。そこで何をしているんですか。
ケイコ ：コンピュータ会社で働いています。私は仕事から離れてとてもうれしいです。
ロバート：ええ。
ケイコ ：ここロンドンでできる楽しいことについて，何かアイデアはありますか。
ロバート：うん。僕はガイドブックを持ってきます。そして地図も。すぐに戻ります。

(3) ロバートはどこの出身か。
1 ロンドン。 2 パリ。 3 カリフォルニア。 4 シドニー。

(4) ケイコはどこの出身か。
1 東京。 2 大阪。 3 京都。 4 沖縄。

(5) 彼らは今どこにいるか。
1 彼らは今パリにいる。
2 彼らは今カリフォルニアにいる。
3 彼らは今ロンドンにいる。
4 彼らは今ニューヨークにいる。

2 (長文読解問題・紹介文：語句補充・選択，熟語，単語，内容吟味，指示語)

(大意) イタリア料理はイタリア人によって彼らの国で調理されたものが一番だ。家族や友人と外で食べることがそれをさらに良く(1)する。イタリア料理は地元の新鮮な果物や野菜，魚，肉，乳製品を(2)たくさん含むので健康的だ。イタリアの1日は少量でシンプルな朝食，コラツィオーネで始まる。昼食のプランツォがメインの食事で，かつては2，3時間かけて自宅で食べて休息をとっていた。しかしこれは大都市では変化している。仕事をしている人は昼食に1時間ほどしか時間がなく，帰宅しない。イタリア人は昼食に(3)4つの段階を踏む。彼らは前菜であるアンティパストで始める。これは冷たい肉とパン，またはサラダだ。①ブルスケッタで始める人もいる。それは生のトマトとニンニクを乗せた，焼いたパンだ。次は第1の料理，プリモだ。これは小皿のパスタや米料理，またはポレンタという料理だ。第2の料理はセコンドで，肉か魚の料理だ。最後の料理はふつう果物である。食事はエスプレッソコーヒーやダークチョコレート1(4)個で終わる。イタリア人はたくさんコーヒーを飲む。エスプレッソは常にブラックで，カプチーノやカフェラテは②その中にたくさんミルクが入っている。ワインはイタリア人の生活にとって重要である。アペリティーボ(食前酒)はバー(居酒屋)で飲む飲み物で，③これはふつう午後5時から8時に飲まれる。ピザは最初にナポリで作られ，ピッツア・ナポリターナはトマト，ニンニク，バジルだけの最もシンプルなものだ。ピザはイタリア中で食べられている。プーリアは(5)他のどの地域よりもたくさんのオリーブオイルを作り，シーフードで有名だ。カラブリアはかつて貧しい地域で，人々は冬のために食品を保存する必要があり，④彼らは食品を干したり，塩漬けにしたりした。日干しのトマトやアンチョビは今でも人気だ。

重要 問1 (1) 〈make ＋目的語＋形容詞〉「～を…にする」 主語 Eating outside with family and friends「家族や友達と外で食べること」が単数扱いなので makes とする。 (2) lots of ～「たくさんの～」 (3) 前菜，第1の料理，第2の料理，果物，の4つ。 (4) a piece of ～「～1個」 (5) 〈比較級＋ than any other ＋単数名詞〉「他のどの～よりも…」

問2 第2段落参照。2が誤り。昼食ではなく，朝食をコーヒーや軽食で済ます。

問3 下線部①の直後参照。3，4が含まれ，1，2，5が含まれない。

問4 下線部②を含む文の冒頭の Cappuccino and caffe latte を指す。

問5 下線部③の前の文の主語 Aperitivi を指す。

問6 下線部④を含む文の前半の the people を指す。これは the people in Calabria「カラブリアの人々」のことである。

重要 問7 (1) 2「イタリア料理はたくさんの種類の新鮮な果物や野菜が使われているため健康的だ」

(2) 1「イタリアのレストランで昼食をとる時は，アンティパスト(前菜)から始まるだろう」

(3) 4「イタリアで日干しの食品が人気があることは正しい」

やや難 **3** **(長文読解問題・論説文：英問英答，内容吟味)**

(大意) アマゾンの熱帯雨林では，暑く湿度が高く，季節間の気温はあまり変化しないが，夜と昼の温度差が大きい。降雨量は多く，1年に200cm以上で，多くの地域で毎日雨が降り，雨季もある。熱帯の気候と降雨量の多さのため，アマゾンは植物が育つのに完璧な場所だ。熱帯雨林は4つの層に分かれ，各層に特別な状況があり，特定の種類の植物が存在する。超高木層は熱帯雨林の最も高い層だ。この層の木は高さ38メートルほど，20階建ての建物の高さと同じだ。日光と雨が豊富で，蝶，昆虫，鳥，コウモリなどがこの層に住む。次の下の層は林冠だ。これらは下の2つの層の上に天然の屋根を作る。林冠の下は中間層だ。そこは暗くてツルや灌木があり，木が16m以上の高さに育つことはめったにない。林冠に届く日光のわずか5%しか中間層に下りてこないので，この層の葉はできるだけたくさんの日光を集めるために葉がとても大きい。ジャガーやフクロウ，蛇，昆虫などがいる。林床は最も下の層だ。日光はほとんど全く届かず，植物が育たないが，多くの種類の菌が住んでいる。菌は死んだ植物や動物が腐敗するのを助ける。天候も同様だ。通常の天候で腐敗するのに1年かかる枯れ葉は，林床では6週間でなくなる。古い植物が早く腐敗することは新しい若い植物が成長するのを助ける。

1「アマゾンの熱帯雨林に住んでいないものは何か」 4「パンダ」 2「アマゾンの熱帯雨林の天候について正しいものはどれか」 3「気温が1年中ほぼ同じである」 3「第4段落の“twenty-story”は日本語でどんな意味か」 3「20階の」 4「超高木層に住んでいないものは何か」 3「熊」 5「林

冠について正しいものはどれか」 2「林冠は下の階層にとって自然の屋根のように見える」 6「中間層の木について正しいものはどれか」 4「たくさんの日光を得るために葉がとても大きい」 7「最終段落の『天候も同様だ』と同じ意味のものはどれか」 1「天候が死んだ植物や動物が腐敗するのを助ける」 8「林床について正しいのはどれか」 4「菌類が若い植物が速く育つのを助ける」

基本 4 (語句補充・選択：単語，接続詞，熟語，疑問詞)

1 「私はこのジャケットは好きではない。別のものを見せてください」 another「別のもの」
2 「1分は60秒ある」 second「秒」
3 「信号が赤の間は道路を横断してはいけない」 while は「～の間に」を表す接続詞。
4 「私たちの電車は9時に出発する」「12時には柏に着くだろう」 get to ～「～に到着する」
5 「私は彼が子供の頃から彼を知っている」 since ～「～以来ずっと」
6 「毎朝どうやって学校に来ますか」「バスで」 how は手段を尋ねる疑問詞。

重要 5 (語句整序：構文，助動詞，前置詞，受動態，熟語，不定詞，比較，関係代名詞，現在完了)

1 (This) type of car sells well these days. sell「(ものが)売れる」 these days「最近」
2 A few minutes' walk will take you to our school. 無生物主語の文。直訳は「数分の歩行があなたを私たちの学校に連れてくるだろう」となる。take ～ to …「～を…へ連れて行く」
3 Takashi had to finish his homework by (yesterday.) 〈had ＋ to ＋動詞の原形〉「～しなければならなかった」 by ～「～までに」
4 These two stories were written more than one hundred years (ago.) 受動態〈be動詞＋過去分詞〉「～された」 more than ～「～以上」
5 (My sister) got up early to catch the first train this (morning.) get up early「早起きする」 catch「～を捕まえる，～に間に合う」 the first train「最初の電車」⇒「始発電車」
6 (Sapporo) is the most beautiful city I have ever visited. 〈the ＋最上級＋名詞＋(that) I have ever ＋過去分詞〉「私が今までに～した中で最も…な(名詞)」

基本 6 (長文読解問題・メール文：英問英答，内容吟味)

(大意)

件名：パリのドレスフェア
アレンへ
　私はロサンゼルス出身の若手ドレスデザイナーです。私は最近，パリのドレスフェアについてのあなたのニュースを見ました。私も参加したいです。私は最近ニューヨークでフェアをしました。テーブル1台の値段を教えてくれませんか。また他にも費用がかかりますか。
リサ・クック

件名：Re: パリのドレスフェア
　ドレスフェアに関心を持っていただき感謝します。私はあなたのウェブサイトを見ました。あなたの作品は美しいですね。ぜひ参加してほしいです。フェアに参加するにはテーブルが必要です。テーブルの費用は500ドルからです。ほとんどの若いデザイナーはこれで十分な大きさだと思いますが，費用が750ドルからかかる，大きな台もあります。追加の費用はテーブルを覆う布用です。
アラン・フーリエ

1「リサはどこの出身か」「ロサンゼルス」 2「リサは何の値段を尋ねているか」「テーブル」

3「リサは最近どこでフェアをしたか」「ニューヨーク」 4「スタンドはいくらか」「最低750ドル」
5「何が追加で費用がかかるか」「布」

★ワンポイントアドバイス★

3は熱帯雨林に関する文章で，生物学の理解が必要とされる。

<国語解答>

一 1 イ　2 オ　3 エ　4 イ　5 エ

二 問1 1 オ　2 エ　問2 3 カ　4 コ　5 オ　問3 6 イ　7 ウ
問4 イ　問5 カ

三 問1 ウ　問2 ア　問3 ア　問4 オ　問5 オ　問6 ウ　問7 ウ
問8 エ

四 問1 イ　問2 エ　問3 ア　問4 エ　問5 ア　問6 エ　問7 ア
問8 ア　問9 イ

五 問1 オ　問2 ウ　問3 イ　問4 イ　問5 イ

○推定配点○

一 各2点×5　二 問5 2点　他 各1点×8　三 問1 2点　他 各4点×7
四 問4・問6 各2点×2　他 各4点×7　五 問1 2点　他 各4点×4　計100点

<国語解説>

一 (漢字の読み書き)

1 概算　ア 生涯　イ 気概　ウ 該当　エ 断崖　オ 感慨
2 交錯　ア 画策　イ 検索　ウ 削減　エ 搾取　オ 錯誤
3 不朽　ア 復旧　イ 救済　ウ 糾弾　エ 老朽　オ 急務
4 摘発　ア 大敵　イ 指摘　ウ 適正　エ 的確　オ 点滴
5 阻む　ア 粗暴　イ 疎遠　ウ 簡素　エ 阻止　オ 直訴

二 (同義語・対義語，ことわざ・慣用句，品詞・用法，文学史)

問1 1の読みは「けんやく」で対義語は「浪費」。2の読みは「そうぞう」で対義語は「模倣」。

問2 3 自立語で活用がなく「夢」という体言を修飾しているので，連体詞。 4 付属語で活用があるので，助動詞。 5 自立語で活用がなく用言を修飾しているので，副詞。

基本 問3 6 二階から一階にいる人に目薬をさすようだという意味からできたことわざ。 7 「あん(ずるより)う(むが)やす(し)」と読む。「案ずる」は，思案する，思い悩むという意味。

問4 「銀」の読みは「しろかね」で，「金」の読みは「くがね」。金銀や宝石も子という宝に及ぶだろうか，いや及ばないという意味の和歌。作者は『万葉集』第三期に活躍した山上憶良。

基本 問5 カは昭和時代に成立した三島由紀夫の小説で，他はすべて明治時代に成立した作品。

三 (論説文—大意・要旨，内容吟味，文脈把握，指示語の問題，脱文・脱語補充，文学史)

基本 問1 直後の『枕草子』の作者は，ウの「清少納言」。

問2 傍線部b「そんなこと」は，直前の文の「ピーター・グリーナウエイ監督が感動した」ことを指し示し，一つ前の文の「どれだけ高度で進んだ文化が日本にあったか」がその具体的な内容にあたる。「高度で進んだ」を「高度で優れた」と言い換えて説明しているアが適切。他の選択肢は，「どれだけ高度で進んだ文化が日本にあったか」に合わない。

問3　直後の文で「顔の見えない日本人」と言い換えているので，最終段落の「顔の見えない日本人」の前後に着目する。最終段落で「『顔の見えない日本人』という悪口は」「日本人が，自分の足もとにある日本の歴史や文化や古典を軽視し……自分が生まれてきたところをなんにも知らないままでいる」ことに由来していると述べている。この内容を踏まえて「自国の歴史や文化を説明できない日本人」と要因を述べているアが適切。イの「日本のオリジナリティが失われてしまった」，ウの「先に経済大国のイメージが広まった」，エの「他国の文化や言語を取り入れることに熱心」，オの「本来の日本文化とはどのようなものかが分かりにくい」とは述べていない。

問4　傍線部dの「日本人」の「金儲け」について述べている部分を探す。「輸出大国の」で始まる段落に「国際社会の中の経済大国日本の関心は『外国語』を中心とする〝外〟へ向かいました……そういう傾向の中で，子供たちはあまり受験の中で比重の高くない『日本語』や『日本史』や『日本文化に関する常識』というものを，あっさりと欠落させています」とあり，この内容を述べているオを選ぶ。筆者は，英語を学ぶことを否定していないので，イは合わない。「金儲けだけ」という表現に，アとウも合わない。エの内容は書かれていない。

問5　一つ前の文の「外国の人が日本のことを『わからない』という」理由について，筆者の考えをとらえる。同じ段落の「日本の古典や日本の歴史や日本の伝統文化のことをきちんと理解している人たちは，どれくらいいるでしょう？」という筆者の問いかけにふさわしいものを選ぶ。「日本の古典」「日本の歴史」「日本の伝統文化」に共通するのは，「日本のこと」である。

問6　直後の段落の「『オリジナリティー』とは，『自分が本来持っているはずの独自性』」という筆者の考えに着目する。傍線部fの「自分たちの国の文化」は，この「自分が本来持っているはずの独自性」に通じ，この内容を述べているウが適切。アの「経済活動よりも文化を重んじる」，イの「外国文化に触れることで新たな文化が築ける」，エの「他の国より優れているという自負心」，オの「他の国の言語の習得よりも自国の文化を重視している」とは述べていない。

やや難 問7　直前の「自分が生まれてきたところをなんにも知らないままでいる日本人」について述べているのは，イウエ。傍線部gの「『国際社会の中でのオリジナリティー』」は，他国にはない日本だけの独自性を意味しており，自国の独自性を知らなければ他国と比較することもできない。したがって，「日本と外国を相対化して捉えることは不可能」とあるウが適切。筆者は，イの「自国の発展が疎か」になることや，エの「本当の国際競争力は身に付かない」ことを危惧しているわけではない。

重要 問8　「日本の経済進出が」で始まる段落の「外国の人とつきあうのなら，外国語――とくに英語ができるという条件が必要になる」と最終段落の内容にエが合致する。「『枕草子』は」で始まる段落の「当時の世界の先進地域は中国やアラビアで，ヨーロッパに『文章を書く女性』を求めるのなんか酷です」とアは合致しない。イの内容が読み取れる部分はない。ウの「日本の教育課程のあり方」を問題視する叙述はない。オの「外国との貿易」，カの「外国語が堪能な人材の育成」については述べていない。

四　(小説―情景・心情，内容吟味，文脈把握，脱文・脱語補充，ことわざ・慣用句)

問1　直前の文の「不採用通知」が「落胆している」理由なので，ウとエは適切ではない。直前の段落の「今日の面接は，行きがけに楽しい出来事があったので珍しくハキハキものが言えた。採用になるかもしれないな」という様子を「いつもと違い前向き」と表現しているイが適切。この様子に，アの「いつも以上に気合を入れて」や，オの「積極的に」は合わない。

やや難 問2　同じ段落の「高野さんにばったり会えないかな，と思った」「別に恋愛感情をもっているわけでもないのに何をやってるんだろうと首を振り」「思いもよらず高野さんの姿を見つけた」とあるように，「私」は会えないと思っていた高野さんに会えて安堵したのである。後に「高野さんは私の話を聞いてくれた」とあるように，「私は」高野さんなら話を聞いてくれると思っていたという心情を加えて理由としているエを選ぶ。「嬉しいはずなのに涙が溢れた」様子に，アの「幸運だと思った」や，オの「心が解き放された」はそぐわない。「私」は高野さんに話を聞いてもらって甘えているので，イは合わない。ウの「行方を聞いても」が読み取れる描写はない。

問3　本文前の注釈から，「私」と高野さんが出会ったいきさつを確認する。「私」は一度会っただけの高野さんが「声で覚えていてくれたこと」を「嬉しく」思っている。この「声で覚えていてくれた」を，「限られた情報で認識してくれた」と言い換えているアが適切。イの「私を特別扱いしている」，エの「彼もまた私との出会いを特別なものだと考えている」，オの「長い知り合いである」ことは読み取れない。ウについては述べていない。

基本 問4　直後の文の「そんなことをしている場合だろうかという疑問が頭をよぎった」や，一つ後の文の「責任も発生するだろう」という心情に通じるものを選ぶ。自信がなく積極的になれなかったという意味のものが入る。

問5　「私」のボランティアに対する心情を述べている部分を探す。同じ段落に「家庭のことや，自分自身のことさえちゃんとできない人間が，そんなことをしている場合だろうかという疑問が頭をよぎった」とあり，この心情のために「私」はボランティアのことを夫に言えないでいる。この内容を述べているのはア。他の選択肢は，この「私」の心情にはそぐわない。

問6　「私」は，どのように「舞い上がっていた」のか。直前の段落の「本人と家族から大袈裟なくらい感謝され疲れも吹き飛んだ。感謝したいのはこちらの方だった」に着目する。「私」は，人の役に立っていると浮かれているので，エが適切。イの「人とうまくやっていける」ことや，ウの「人に評価されている」ことを喜んでいるわけではない。

やや難 問7　傍線部gの「彼」は，突然視力を奪われ「何もしないでいい」と言われている。同じ段落で「私」も夫から「何もしないで家にいてくれよ」と言われており，「私」も「彼」も「期待されない虚しさの中で苦しんでいた」とあるアが適切。

重要 問8　最終段落で，夫は「君がしているのは，人を救うことで自分も救われたいと逃げているだけなんじゃないか」「そんなことでめそめそするくらいなら，何もしないで家にいてくれよ」と「私」のボランティアを否定し，「私」は「やめない」「めそめそして悪かったわね」と反論している。傍線部hの直前に「何年かぶりに私は正気に返った」とあるように，反論することで，「私」は真正面から夫と向き合い，夫の「痩せた顔」に気づいたので，アが適切。イの「言い過ぎてしまった」という反省や，オの「気分が晴れやかになる」という爽快感は読み取れない。「私」は，夫にボランティアのことは言えないでいたが，ウにあるように「夫の機嫌を取ることを気にして生きてきた」わけではない。傍線部hの「クリアに見えた」という表現に，以前から知っていたという印象があるエの「夫が追い込まれていることに気づいている」はそぐわない。

問9　傍線部iは，「そんな会社，辞めていいのに」という「私」の言葉を聞いた夫の反応である。傍線部iの直前に「夫は反論せずに」とあることから，実は夫も会社を辞めたがっていたことがうかがえる。「夫は反論せずに」という様子に，他の選択肢は合わない。

五 （古文一内容吟味，文脈把握，指示語の問題，脱文・脱語補充）

〈口語訳〉　信濃の国の諏訪湖に，毎年(湖面が凍って)氷の橋がかかって，狐の渡り初めと言うことがあって，その(狐が通った)跡は人も馬も，自由に行き来をすることができたのだった。春になってまた，狐が渡ってかえると，そのまま氷が溶けて，(人の)行き来も止んだのだが，この里の暴れん坊で，根引の勘内という馬方が「(湖を)回ると遠い」と，人が引き留めるのにもかまわず，自分で決めて，渡ったところ，真ん中を過ぎたあたりで，急に暖かな風が吹き，足元から氷が消えて，(勘内は)波の下に沈んでしまった。このことを知らぬ人はなく，あわれとしか言いようがない。同じ年の七月七日の夕暮れに，(人々が)星祭りをしようと，梶の葉に歌を書いて，湖に流して楽しんでいるときに，沖の方から，光輝く舟に，見慣れない人がたくさん，乗り込んでいた。その中に勘内が，高い玉座に座っていて，そのおそれおおいことは，昔と比べて，皆は見違えたのであった。

基本 問1　「信濃」は今の長野県にあたる。

問2　同じ文の「毎年氷の橋かかつて」とは，どういうことかを考える。諏訪湖が凍って，湖面を自由に行き来できるようになったのである。

問3　勘内が，氷の橋が溶けたにもかかわらず湖面を渡ろうとしたのはなぜか。諏訪湖の周りを「廻る」と遠い，という意味の言葉が入る。

問4　直前の文の，「根引の勘内といふ馬方」が諏訪湖を渡ろうとした時に「跡先より氷消えて，浪の下に沈みける」ことを指し示している。オの「神様の怒りに触れて」という描写はない。

重要 問5　同じ文の「勘内，高き玉座に居て，そのゆゆしさ，むかしに引き替えへ」から，皆が見違えた理由を読み取る。皆が見違えたのは，「この里のあばれ者」であった勘内という馬方が，背の高い玉座に座って現れたからである。「ゆゆしさ」は，神聖でおそれおおい姿という意味であることから，イが適切。他の選択肢は「ゆゆしさ」の意味に合わない。

★ワンポイントアドバイス★

読解問題では，指示語や言い換えの表現に注目して，文脈を読み取ろう。言い換えられた表現の前後に着目することで，正答にたどりつける。

MEMO

大切なことはメモしておこうネ！

2021年度

★★★★★★★★★★★★★★★★★★★★★★★★

入　試　問　題

2021年度

流通経済大学付属柏高等学校入試問題（１月17日）

【数　学】（50分）　＜満点：100点＞

【注意】　(1)　解答が分数の形で求められているときは，約分した形で答えること。

(2)　解答が比の形で求められているときは，最も簡単な整数の比で答えること。

(3)　問題の図は略図である。

全問とも，$\boxed{}$ の中に当てはまる数字を求めなさい。

1　次の問いに答えなさい。

(1)　$\left(1.75-\dfrac{1}{4}\right)\div 0.02$ を計算すると，$\boxed{\text{ア}}\boxed{\text{イ}}$ である。

(2)　$(a+\sqrt{2}+3)(a-\sqrt{2}+3)$ を展開すると，$a^2+\boxed{\text{ウ}}a+\boxed{\text{エ}}$ である。

(3)　$\sqrt{48}-\dfrac{\sqrt{27}}{2}+\dfrac{1}{\sqrt{12}}$ を計算すると，$\dfrac{\boxed{\text{オ}}\sqrt{\boxed{\text{カ}}}}{\boxed{\text{キ}}}$ である。

(4)　連立方程式 $\begin{cases}3x+7y=32\\-2x+3y=-6\end{cases}$ を解くと，$x=\boxed{\text{ク}}$，$y=\boxed{\text{ケ}}$ である。

(5)　関数 $y=x^2$ において，x の変域が $-2\leqq x\leqq 3$ のとき，y の変域は $\boxed{\text{コ}}\leqq y\leqq\boxed{\text{サ}}$ である。

また，x が -3 から -1 まで増加するときの変化の割合は，$-\boxed{\text{シ}}$ である。

(6)　方程式 $3x^2-4x-7=0$ を解くと，$x=-\boxed{\text{ス}}$，$\dfrac{\boxed{\text{セ}}}{\boxed{\text{ソ}}}$ である。

(7)　$(x-15)^2+11(x-15)-80$ を因数分解すると，$(x+\boxed{\text{タ}})(x-\boxed{\text{チ}}\boxed{\text{ツ}})$ である。

(8)　$\sqrt{170}$ より小さい素数をすべて足すと $\boxed{\text{テ}}\boxed{\text{ト}}$ になる。

2　次の問いに答えなさい。

(1)　現在，父の年齢は42才である。20年後の長女と次女の年齢の和か，20年後の父の年齢と等しくなるという。また，長女と次女の年齢差は４才である。現在，長女は $\boxed{\text{ア}}\boxed{\text{イ}}$ 才である。

(2)　連続する３つの整数がある。一番小さい数の２乗と，二番目に小さい数の２乗の和は，一番大きい数の２乗に等しいという。このとき，連続する３つの整数を小さい順に並べると，$(-\boxed{\text{ウ}},\ \boxed{\text{エ}},\ \boxed{\text{オ}})$ または，$(\boxed{\text{カ}},\ \boxed{\text{キ}},\ \boxed{\text{ク}})$ である。

(3)　$\dfrac{42}{n}$ と $\dfrac{n}{7}$ がともに自然数となるような自然数 n は全部で $\boxed{\text{ケ}}$ 個ある。

3　次の問いに答えなさい。

(1)　大小２つのさいころを投げるとき，出た目の数の和が４の倍数になる場合の数は $\boxed{\text{ア}}$ 通りである。

⑵　A，B，Cの３人で１回だけじゃんけんをするとき，グー，チョキ，パーの出し方は全部で［イウ］通りある。また，Aが負けない確率は$\frac{\boxed{エ}}{\boxed{オ}}$である。

⑶　赤玉が２個，白玉が３個入っている袋の中から１個ずつ順に２個の玉を取り出すとき，２個とも同じ色である確率は$\frac{\boxed{カ}}{\boxed{キ}}$である。ただし，取り出した玉は元に戻さない。

4　次の問いに答えなさい。

⑴　右の図で，点C，Dは円Oの周上の点である。また，三角形OABは∠A＝∠B＝75°の二等辺三角形であり，点Cは辺OAのO側の延長線上，点Dは辺OB上にある。このとき，∠ODC＝［アイ］°である。

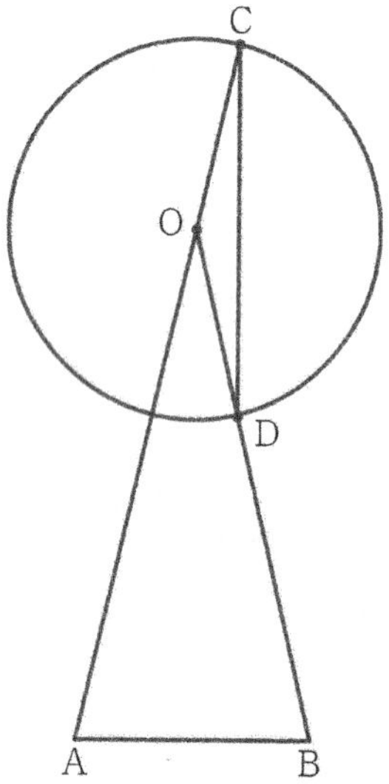

⑵　右の図で，∠EBD＝∠ECDである。また，BC＝６cm，CD＝５cm，DE＝２cm，EB＝４cmである。このとき，

(i)　AE：AD＝AB：AC＝［ウ］：［エ］であるから，△ABEと△ACDの面積比は［オカ］：［キク］である。

(ii)　△ADEと△ACBの相似比は［ケ］：［コ］である。

(iii)　△ABEと△ABCの面積比は［サ］：［シス］である。

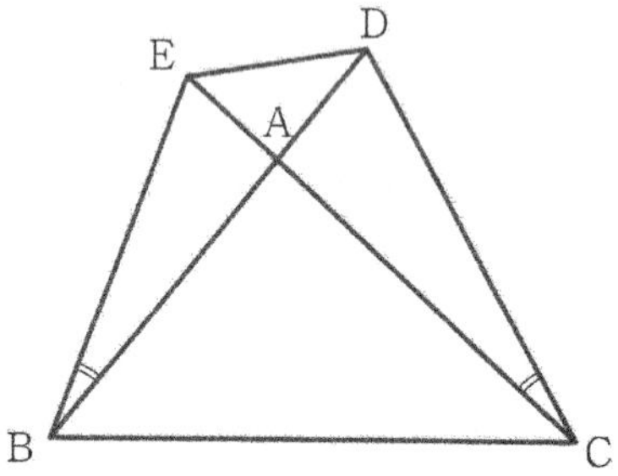

⑶　右の直方体で，AD＝２cm，AE＝３cm，対角線AG＝７cmである。

(i)　辺ABの長さは［セ］cmである。

(ii)　点Pを，辺EF上に，AP＋PGの長さが最小になるようにとる。
このとき，AP＋PGの長さは$\sqrt{\boxed{ソタ}}$cmである。

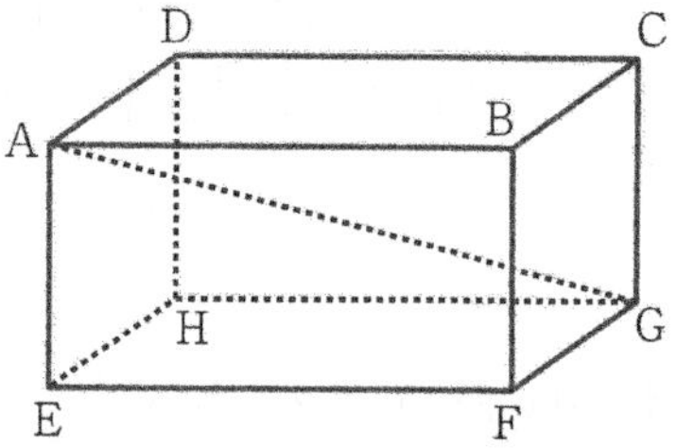

5 図のように，関数 $y=\frac{1}{4}x^2$…①のグラフがある。

点Ａ，Ｂは①上の点で，x 座標はそれぞれ－２，４である。

①上を動く点をＰとする。点Ｐは点Ａ，点Ｂとは重ならない。

また，②は点Ｐを通り傾き $\frac{1}{2}$ の直線である。②と y 軸の交点をＱとする。

このとき，次の問いに答えなさい。

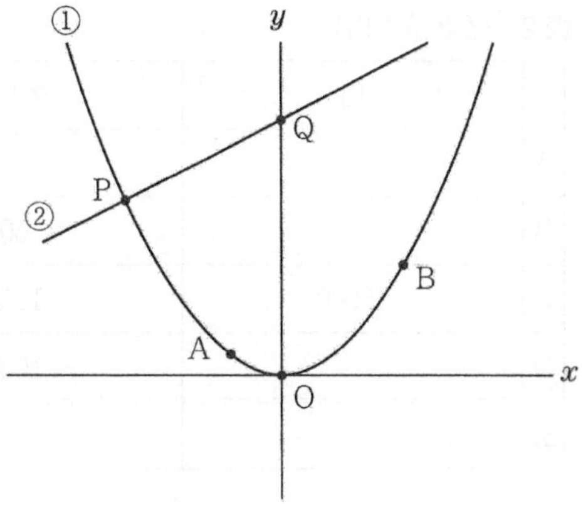

⑴ 点Ａ，点Ｂの y 座標はそれぞれ [ア]，[イ] であり，直線ＡＢの式は $y=\frac{[ウ]}{[エ]}x+$ [オ] である。

⑵ 直線ＰＢが x 軸と平行になったとき，

(i) 直線②の式は $y=\frac{1}{2}x+$ [カ] である。

(ii) 四角形ＰＡＢＱの面積は [キ|ク] である。

⑶ 点Ｐの x 座標は－２より小さいとする。△ＡＢＰの面積が15になったとき，点Ｑの y 座標はケであり，点Ｐの x 座標は [コ] $-\sqrt{[サ|シ]}$ である。

全問とも，[　] の中に当てはまる数字を求めなさい。

6 ある会社が白，グレー，青の３色のマスクを作った。３色とも同じ値段である。

このマスクをＡ，Ｂ，Ｃ，Ｄの４つの店で販売して，各色の売れ行きを調べた。

表１は店ごとに売れたマスクを色別の割合で表したもの，次のページの表２は各店で売れたマスクの色別の売上額を表したものである。表の空欄は自分で計算して求め，以下の問いに答えなさい。

⑴ [ア] から [エ] までに適する数字をいれよ。

⑵ Ｂ店の売上額の合計とＤ店の売上額の合計の比は [オ]：[カ] である。

⑶ Ｂ店の白のマスクの売上額とＢ店の青のマスクの売上額の比は [キ|ク]：[ケ] である。

⑷ マスクは４つの店で合計520枚売れた。１枚の値段は [コ|サ|シ] 円である。

表１（割合：%）

	白	グレー	青	計
A	[ア|イ]	40	10	100%
B		30		100%
C	30		[ウ|エ]	100%
D	30			100%

表2（売上額：円）

	白	グレー	青	計
A				40000
B		6000		
C	15000	12500		
D		10000	4000	
計			33500	

【英　語】（50分）　＜満点：100点＞　※リスニングテストの音声は弊社HPにアクセスの上，音声データをダウンロードしてご利用ください。

1 放送を聞いて答えなさい。

1．1．For 3 hours.　2．Kyoto's history and its culture.
3．Walking shoes and a camera.　4．The information center.

2．1．9：30　2．9：50　3．10：00　4．10：10

3．1．Ten minutes.　2．Thirteen minutes.
3．Thirty minutes.　4．Thirty-three minutes.

4．1．On foot.　2．By bus.　3．By bike.　4．By train.

5．1．Next to the park.　2．Near the station.
3．Across from the big building.　4．Across from the park.

2 次の英文を読んで，後の問いに対する答えとして最も適切なものを選びなさい。
（*印の語は（注）を参考にすること）

People often think of Marco Polo as the most famous *traveler of his time. But it is important to remember that Marco's father and uncle, Niccolo and Maffeo, traveled to the East before him. Without the earlier *journey of Niccolo and Maffeo Polo, we cannot imagine the travels of Marco and his book, ①*The Description of the World.*

Niccolo and Maffeo left Venice for Constantinople in 1253. They *sailed from the city in large ships which were full (1) goods to *trade. At this time, travel by sea was dangerous, (2), and very *uncomfortable, so the brothers were very pleased to arrive (3) last in Constantinople.

This great city was an important center for *merchants from around the world. The brothers busily traded ②here for six years and bought a lot of *jewels. But after some fighting between different groups in the city, the Polos decided to leave and take their jewels with them.

The brothers first sailed to Sudak in *modern-day Ukraine. They wanted to return to Venice, but travel from Sudak to Venice was too dangerous. So, they began to move east along the north *route of the Silk Road. The roads were safer in this area because they were under the *rule of the Mongols. On the journey, the brothers bought and sold goods like salt, animal skins, gold, and spices.

They traveled to Serai in a place now called Astrakhan. This was the summer home of the Mongol *ruler, Barka *Khan, and his people. When the Polos first met Barka Khan, they gave him their jewels from Constantinople as a present. But the ruler then gave them *twice the number of jewels in return!

The brothers were now rich and stayed in Serai for a year and traded. They then traveled to the famous Silk Road city of Bukhara in modern-day Uzbekistan. More fighting meant that they could not go *further, or return home, so they worked ③there as merchants for three years.

By luck, they met an *ambassador in Bukhara (4) was going to visit the great Mongol ruler of China, Kublai Khan. The ambassador agreed to take ④the two men to China to meet the Khan. In 1264 the Polos arrived at Kublai Khan's *palace in Khanbaliq, or modern-day Beijing. It was now (A) years since they first left Venice.

Later, in *The Description of the World*, Marco talked about this famous meeting between the Polos and Kublai Khan. We learn that the great ruler was very interested to hear about the *rest of the world. He asked the brothers about *the Pope, the Christian church, and the different rules in Europe.

The Khan liked Niccolo and Maffeo. The brothers traded in China for two years and learned to speak the Mongol language well. But in the end, they wanted to return home. Kublai Khan agreed, and he gave the two men a beautiful gold *passport. With ⑤this, they could travel freely in the larger Mongol *Empire and always get food and a place to sleep along the road.

But before the brothers left, the Khan asked them to take a message to the Pope and to return to China with a hundred Christian *priests! He also asked for some of the special oil from a famous church in Jerusalem. Niccolo and Maffeo agreed and said that they would return as soon (5) possible.

After a three-year journey along the Silk Road, the brothers arrived at Acre, a town on *the Mediterranean Sea. There they learned that the Pope was dead and they could not take the Khan's message to him. So they sailed straight home to Venice to see their families. In 1269, Niccolo and Maffeo arrived in Venice — (B) years after they began their journey. But life was now different. Niccolo's wife was already dead and his son welcomed them. His son, Marco, was fifteen years old at that time.

（注） traveler：旅行家　journey：旅行　sail：航海する　trade：～を売買する
uncomfortable：不快な　merchant：商人　jewel：宝石　modern-day：現在の
route：ルート・道　rule：統治（下）　ruler：統治者　Khan：支配者の称号
twice the number of：２倍の　further：far の比較級　ambassador：使者・大使
palace：宮殿　rest：残り　the Pope：ローマ教皇　passport：通行手形　Empire：帝国
priest：神父　the Mediterranean Sea：地中海

問１　（１）～（５）に入る単語を後の選択肢からそれぞれ選びなさい。

（１）：１ on　２ of　３ in　４ for
（２）：１ clean　２ safe　３ dirty　４ bright
（３）：１ at　２ in　３ on　４ for
（４）：１ which　２ who　３ whose　４ what

（5）：1　as　　2　for　　3　in　　4　to

問２　下線部①に該当する本の名前を下の選択肢から選びなさい。

１．旧約聖書　　２．新約聖書　　３．種の起源　　４．東方見聞録

問３　下線部②と③はそれぞれどこの場所か。下の選択肢からそれぞれ選びなさい。

１．Venice　　２．Constantinople　　３．Sudak

４．Serai　　５．Bukhara　　６．Khanbaliq

問４　下線部④の二人は誰のことか。正しい組み合わせを下の選択肢から選びなさい。

１．Marco ― Niccolo　　２．Marco ― Maffeo

３．Maffeo ― Niccolo　　４．Niccolo ― Barka Khan

問５　（A）と（B）に入る単語を下の選択肢からそれぞれ選びなさい。

１．eleven　　２．twelve　　３．thirteen

４．fourteen　　５．fifteen　　６．sixteen

問６　下線部⑤は何を指しているか。下の選択肢から選びなさい。

１．the great ruler　　２．the Mongol language

３．a beautiful gold passport　　４．a message to the Pope

問７　各文の下線部に入るものとして最も適切なものをそれぞれ下の選択肢から選びなさい。

１．Barka Khan ______.

　１．lived in Sudak and traded busily there

　２．was one of the ambassadors in Sudak

　３．didn't meet the Polos

　４．gave the Polos more jewels than the Polos gave him

２．Kublai Khan asked the Polos to ______.

　１．write *The Description of the World*

　２．speak the Mongol language

　３．take a message to the Pope

　４．trade between Mongol and Europe

３．When the Polos arrived in Venice in 1269, ______.

　１．they met the Pope

　２．Maffeo's wife was already dead

　３．they left for Jerusalem soon

　４．Niccolo's son lived there

3　次の英文を読んで，後の問いに対する答えとして最も適切なものを選びなさい。

（＊印の語は（注）を参考にすること）

Most Americans who have jobs live more *comfortably than people in almost any other country in the world. They usually work forty hours a week and they have two weeks' holiday a year as well as holidays like *Thanksgiving and Christmas. In 60% of families, the husband and the wife both work. Although more than 40% of the land is *farmed, there are few who work as farmers, and fewer Americans work in factories than in the past. Most jobs are now in places like hospitals, banks, hotels, and shops. If you do not have a job, life is hard. The government gives you a little money but it is not enough to buy everything that you need. How many Americans are poor? Around 13% of all Americans are poor, but of that number, 25% of black people and 22% of *Hispanic people are poor.

The money in the USA is the dollar, and it *contains a hundred cents. Some coins have special names: 5 cents is a nickel, 10 cents is a dime and 25 cents is a quarter. In taxis, restaurants and other places, people give a 'tip'—*extra money on top of the price. Without this extra money, many workers do not have enough money to live.

Because the USA is a very big country, the time changes as you travel from one side to the other. When it is 12 p.m. in New York, it is 11 a.m. in Kansas, 10 a.m. in Arizona, 9 a.m. in Seattle, 8 a.m. in Alaska and 7 a.m. in Hawaii.

If they do not want to go out, Americans can stay at home and watch television. *Nearly all families have a TV and an *ordinary family watches more than seven hours a day. There are over 10,000 TV stations, and most of them belong to businesses, not to the *government. American TV programs are sold all over the world. There are more than 1,500 daily newspapers but most of them are just for one city. The most popular newspaper is USA Today, and it sells five million *copies a day. You can buy papers like the *New York Times* and the *Washington Post* *everywhere, as well as the magazines *Time* and *Newsweek*.

Most Americans enjoy sports, and baseball, basketball, and football are popular. American football is a very different game from European football; players carry the ball more than they use their feet. But the most popular sport in the USA is baseball. Baseball is played by two teams of nine people. Each player from the first team tries to hit the ball and run round a big square from corner to corner. The players from the second team try to catch the ball. Players try to get the ball to a corner. After three players go 'out', it is the second team's turn to hit the ball. Some famous teams are the Los Angeles Dodgers, the New York Yankees, and the Boston Red Sox. Perhaps the greatest baseball player in history was Babe Ruth. He was born in 1895 and played with the Boston Red Sox and then with the New York Yankees. He died in 1948 but he is still remembered today.

If you visit the USA, you will be able to enjoy an American breakfast. In some restaurants, eggs are cooked in a lot of different ways; 'sunny side up' means with the yellow on top, and 'over easy' means with the yellow *underneath but still soft. With your breakfast, you can drink as much coffee as you want, all for the same price. In fact, you can drink coffee all day in the USA. It is of course the home of Starbucks. Since the 1990s, it has changed how people drink coffee. Now all over the world, you can go to a coffee shop and choose from a very long menu of coffees. You can also find *excellent American wine from the west coast, *particularly California. But Americans are not allowed to buy *alcohol until they are 21. In many states, you cannot smoke in places like restaurants, and places of work.

（注） comfortably：快適に　Thanksgiving：感謝祭　farm：～を耕作する
Hispanic：ラテンアメリカ系の　contain：～で構成される　extra：追加の　nearly：ほとんど
ordinary：一般の　government：国・地方公共団体　copy：（新聞などの）部数
everywhere：どこでも　underneath：下に　excellent：素晴らしい　particularly：特に
alcohol：お酒

1．How many holidays do most Americans have a year?
　1．More than two weeks.
　2．Less than two weeks.
　3．Just forty weeks.
　4．More than forty weeks.

2．Why is life hard for people if they don't have a job?
　1．Because farm lands are decreasing in number.
　2．Because the number of factories is decreasing.
　3．Because the number of hospitals and hotels is decreasing.
　4．Because the help from the government is not enough for people who don't have a job.

3．What is a 'tip'?
　1．It is another name for 5 cents.
　2．It is another name for the American dollar.
　3．It is given to workers only in shops.
　4．It is very important for workers because they are not given enough money.

4．What time is it in Seattle when it is at 7 p.m. in New York?
　1．3 p.m.　2．4 p.m.　3．5 p.m.　4．6 p.m.

5．What is true of TV in America?
　1．Most Americans watch TV more than 49 hours a week.
　2．Most of the TV programs are made by the government.
　3．People can watch American TV programs only in America.
　4．*USA Today* is one of the most popular TV programs in America.

6．What is true of sports in America?
　1．American football is the same as European football.
　2．Baseball is played by nine teams of two people.
　3．There are some famous baseball teams in America.
　4．Babe Ruth is one of the most famous baseball players and lives in New York.

7．What is true of 'sunny side up'?
1．It is another name of an American breakfast.
2．It can be cooked only on sunny days.
3．It is yellow on top like the sun.
4．It can be eaten only on sunny days.

8．What is true of eating and drinking in America?
1．People can drink coffee anytime.
2．People can enjoy fine American wine from the east coast.
3．Children can drink wine when their parents come to restaurants with them.
4．In restaurants, people can't smoke while they are eating but can smoke while drinking.

4 次の英文の（　）内に入れるのに最も適した語句を，後の語群からそれぞれ選びなさい。

1．(　　　) careful!　A car is behind you.
1 Be　2 Being　3 Is　4 Are

2．This smartphone is (　　　) popular than that one.
1 much　2 more　3 most　4 many

3．I have (　　　) money in my wallet.
1 little　2 few　3 a lot　4 low

4．May I have something (　　　)?
1 drink　2 drinking　3 to drink　4 for drinking

5．This desk is too heavy (　　　) me to carry.
1 to　2 for　3 of　4 with

6．Everyone in this class (　　　) very tired yesterday.
1 are　2 look　3 looks　4 looked

7．My brother (　　　) his homework just now.
1 finish　2 finished　3 have finished　4 has finished

8．(　　　) in the river is a lot of fun.
1 Swims　2 Swam　3 Swum　4 Swimming

9．Takashi is the boy (　　　) sister is a famous pianist.
1 what　2 when　3 which　4 whose

10．I know this city, (　　　) I have been there before.
1 when　2 but　3 because　4 or

5 日本文を参考にして正しい英文になるように（　）内の語を並べかえ，（　）内で３番目と６番目に来るものをそれぞれ選びなさい。（文頭に来る語も小文字で書かれています）

1．誰がこの手紙を書いたか教えてください。
(1 tell　2 wrote　3 this　4 you　5 can　6 me　7 who　8 letter)?

2．彼女は親切にも郵便局までの道のりを教えてくれた。

She（ 1 kind 2 show 3 was 4 enough to 5 me 6 way 7 the 8 to 9 the post office ）.

3．彼女は母が入ってきた時に手紙を書き終えた。

She（ 1 the letter 2 came 3 her 4 when 5 mother 6 writing 7 in 8 finished ）.

4．向こうに見える高い建物が私たちの学校です。

That（ 1 building 2 high 3 you 4 see 5 our 6 can 7 there is 8 over ）school.

5．いつも教室をきれいにしておかなければならない。

（ 1 have 2 clean 3 we 4 to 5 classroom 6 keep 7 our 8 all ）the time.

6 次のそれぞれの掲示の内容に関して，質問に対する答えとして最も適切なものを一つ選びなさい。（＊印の語は（注）を参考にすること）

English Club Dinner Party

Date: Thursday, October 22

Time: 7:00 p.m. – 9:00 p.m.

Place: the Student Hall

Guest Speaker: Dr. Jane Fitzgerald,

The writer of "English is Interesting"

For *reservations and more information,

please call Sandra Carden at 212-2334.

（注） *reservation：予約

1．What kind of group is getting together?

1．Sandra 2．212-2324 3．"English is Interesting" 4．English Club

2．If you would like to join, what do you need to do first?

1．Talk to the speaker.

2．Make a phone call.

3．Read the book, "English is Interesting."

4．Go to the Student Hall.

3．What is true of this event?
1．It ends at 9:00 p.m.
2．You have to call Sandra Carden after October 22.
3．You have to give some speech about English.
4．You have to go to the Student Hall as soon as possible.

Help Wanted at Danny's Restaurant

Come and work with us!

When: Any time after December 1
Pay: $60 an hour
Hours: 11:00 a.m. to 7:00 p.m. on weekdays
12:00 p.m. to 9:00 p.m. on weekends
Closed on Tuesdays

・Cooks and *delivery drivers must work at least three hours a day.
・You must work at least four days a week.
・We can teach you how to make the dishes pictured on the menu. But it's better if you already know how to cook.

Send an e-mail to Danny Jane by September 20.
manager@dannyrestaurant.com

（注） *delivery：配達

4．Which is true of this advertisement?
1．You have to call Danny Jane.
2．You must send an e-mail after December 1.
3．You don't have to work on Tuesdays.
4．You need to pay $60 an hour.

5．What can you learn when you work at this restaurant?
1．Where to find jobs.
2．How to send an e-mail.
3．How to drive cars.
4．How to make the foods on the menu.

問４　傍線部ｅ「優しい人物として描かれていますよね」とあるが、本文から読み取れる清盛の優しさとして適切ではないものを次から選び、記号で答えなさい（解答番号は５）。

ア　朝寝坊をしてしまった若侍のことを怒らない。

イ　自分の非を認めない者のことも許す。

ウ　知り合いのいるところでは顔を立ててあげる。

エ　冬の寒い日、自分の衣の下で寝かせる。

オ　嫌なことをされてもその人を気遣う。

問５　空欄ｆに入る文として最も適切なものを次から選び、記号で答えなさい（解答番号は６）。

ア　笑いというものの重要性

イ　戦における休息の重要性

ウ　調子にのらないことの重要性

エ　人を見る目の重要性

オ　人に対する思いやりの重要性

ところにては《とろでは、》、人数なる由をもてなし給ひければ《一人前の人物として接しなさったので》、いみじき面目にて、心にしみて、うれしとｂ思ひけり。かやうの情けにて《このような情けによって》、ありとあるたぐひ《ありとあらゆる者達が》思ひつきけり《尊敬したのだった。》。

人の心を感ぜしむとはこれなり。

（『十訓抄』第七「思慮を専らにすべき事」による）

※　かやうのかたは――こうしたことについては。前段の内容を受けたものである。前段では寛容（人を許し、受け入れること）の重要さを説いている。

※　福原大相国禅門のわかがみ――平清盛の若いころ。

※　小侍――年の若い侍。

【会話文】

この会話文は、先の本文を読んだ生徒と教師が交わしたものである。

生徒　先生、この話に出てくる平清盛というのは、この前授業で読んだ［ c ］に出てくる平清盛のことですか。

教師　その通りです。［ c ］の冒頭部分を暗唱したのを覚えていますか。

生徒　はい。「祇園精舎《ぎおんしょうじゃ》の鐘《かね》の声、諸行無常《しょぎょうむじょう》の響きあり。沙羅双樹《さらそうじゅ》の花の色、盛者必衰《しょうじゃひっすい》の理をあらはす」です。

教師　よく覚えていますね。「諸行無常」とは、「この世のあらゆるものは変化し続け、留まることがないこと」で、「盛者必衰」というのは、「勢いの強いものでも、必ず衰退するということ」でしたね。そしてそれらの言葉は、平清盛の生涯を象徴したものでもありました。一時は権勢を誇っていた清盛ですが、［ d ］なふるまいをしたことによって、恨まれることも多く、最終的には滅びゆくことになりました。まさに「盛者必衰」です。

生徒　でも先生、この話の平清盛は［ c ］の平清盛と違って、ｅ優しい人物として描かれていますよね。

教師　確かにそうですね。この話は『十訓抄』という、十個のテーマの教訓を掲げて、それぞれの教訓話を集めた説話集に載っています。では、この話の教訓は何だと思いますか。

生徒　うーん。「［ f ］」だと思います。

教師　その通り。しっかりと読解出来ていますね。このような描かれ方の違いなども、古文の面白さの一つかも知れませんね。

問１　傍線部ａ「寝させけり」・ｂ「思ひけり」の主語として適切な人物を次からそれぞれ選び、記号で答えなさい（解答番号はａが１・ｂが２）。

ア　平清盛　　イ　主　　ウ　小侍ども　　エ　末のもの

オ　かたざまのもの

問２　空欄ｃに入る作品として最も適切なものを次から選び、記号で答えなさい（解答番号は３）。

ア　伊勢物語　　イ　源氏物語　　ウ　落窪物語　　エ　平家物語

オ　竹取物語

問３　空欄ｄに入る四字熟語として最も適切なものを次から選び、記号で答えなさい（解答番号は４）。

ア　有名無実《ゆうめいむじつ》　　イ　本末転倒《ほんまつてんとう》　　ウ　傍若無人《ぼうじゃくぶじん》　　エ　付和雷同《ふわらいどう》

オ　泰然自若《たいぜんじじゃく》

るが、ここでの颯太の説明として最も適切なものを次から選び、記号で答えなさい（解答番号は６）。

ア　悔しそうな表情を浮かべている優一を見て、まぎれもなく優一との最後の勝負に勝ったのだということをあらためて実感し、嬉しく思っている。

イ　ベンチで喜ぶ国見と浅田を見て、自分の一振りによってチームに貢献できたことを実感するとともに、まだ試合が続くことを嬉しく思っている。

ウ　三塁まで走るという自分の判断が間違っていなかったことをあらためて実感するとともに、塁審に自分の雄姿を見てもらえたことを嬉しく思っている。

エ　優一の投げる球を打てたことをあらためて実感するとともに、野球と本気で向き合う自分の姿を三塁の塁審に見せられたことを嬉しく思っている。

オ　強豪校の蒲田実業に一矢報いることで、今までの厳しい練習が報われたことを実感し、その活躍を三塁の塁審に見せられたことを嬉しく思っている。

問７　本文中における三塁の塁審についての説明として最も適切なものを次から選び、記号で答えなさい（解答番号は７）。

ア　不注意から事故を起こしてしまい、進路を変更せざるを得なくなった相手への申し訳なさから、塁審という立場を利用して少しでも力になろうと考える人物。

イ　野球にたずさわってきた者として、夢を奪われた高校球児の挫折感に深く共感し、苦しさを乗り越えて成長していく姿をそっと見守る優しい人物。

ウ　一人の人間の進路を変えてしまった責任を重く受け止め申し訳なさを感じつつ、塁審としては公平な判断を下すように努め、職務に忠実であろうとする人物。

エ　タイミングを見はからいながら用意していた謝罪の言葉を繰り返しつつ、塁審という立場を逸脱しないように配慮することができる視野の広い人物。

オ　事故の原因は自分だけにあるのではないと思いながらも、野球が好きだという共通点を生かして被害者と加害者同士が理解し合えると考える友好的な人物。

五　次の文章と〔会話文〕を読んで後の各問いに答えなさい。

※かやうのかたは、※福原大相国禅門のわかがみ、いみじかりける《とても立派であった》人なり。折悪しく、にがにがしきことなれども《どれほど嫌なことであっても》、その主のたはぶれと《その人なりの戯れだと》思ひて、しつるをば、かれがとぶらひに《その人への慰めとして》、をかしからぬ《面白くなくても》ゑをも笑ひ、いかなる誤りをし、物をうち散らし、あさましきわざをしたれども、いひがひなしとて、荒き声をも立てず。

冬寒きころは、※小侍どもわが衣の裾の下に臥せて、つとめて《早朝に》は、かれらが朝寝したれば《朝寝坊をすると》、やをらぬき出でて、思ふばかりａ寝させけり。

召し使ふにも及ばぬ末のものなれども《身分の低い者であっても》、それがかたざまのものの見る《その者達の家族や知り合いが見ていると》

ていた情けない自分のことをごまかそうとして、必死になっている。

ウ　三振してしまった自分が不甲斐なく、何もできないことが悔しいため、せめて声を出してチームを勢いづけようとしている。

エ　うっかり三塁の塁審に声をかけて生じた自分の中の動揺をしずめるだけでなく、チームメイトたちを奮い立たせたいと思っている。

オ　忘れていた事故のことを思い出して心が乱れたが、声を出すことで試合に集中してチームを勝利に導こうと気持ちを新たにしている。

問３　本文中の空欄ｃにあてはまる内容として最も適切なものを次から選び、記号で答えなさい（解答番号は３）。

ア　国見を負け投手にしたくない

イ　優一に負けたくない

ウ　コールドにしたくない

エ　後悔したくない

オ　事故にとらわれたくない

問４　傍線部ｄ「そんな純粋な欲求」とはどのようなものか。その説明として最も適切なものを次から選び、記号で答えなさい（解答番号は４）。

ア　自分が優一の球を打ち返し試合で活躍することで、事故の責任を感じている塁審の罪悪感を少しでも和らげたいという思い。

イ　自分と優一の才能を比べたり、事故についてあれこれ考えたりするのではなく、野球そのものをひたむきに楽しみたいという思い。

ウ　優一や三塁の塁審に対して抱く複雑な想いをいったんすべて手放して、勝つことだけにこだわって野球に向き合いたいという思い。

エ　目の前の投手を、因縁のある優一ではなく単なる対戦相手として捉え、その球を打ち返すことだけを考えていたいという思い。

オ　事故の記憶に心を乱されたり、優一に対する劣等感を抱いたりすることなく、チームの一員として勝利に貢献したいという思い。

問５　傍線部ｅ「セカンドベースを躊躇なく蹴った」とあるが、颯太はなぜそうしたのか。その理由の説明として最も適切なものを次から選び、記号で答えなさい（解答番号は５）。

ア　野球を楽しめてはいても試合に勝つことはもはや困難であるとどこかで分かっていたが、そのあきらめの気持ちを三塁の塁審に悟られるわけにはいかないと思ったから。

イ　事故を起こした罪悪感からずっと自分を追い続けてくれていた三塁の塁審に対して、真剣に野球に取り組む姿を見せることで、何とか恩返しをしたいと思ったから。

ウ　事故の影響を感じさせないほど元気になった自分の姿を見せることで、自分の起こした事故のことを気にし続けている塁審の気持ちを楽にしたいと思ったから。

エ　自分が起こした事故のせいで不本意な進路を選択させたと責任を感じている塁審に劇的な逆転勝利を見せることで、彼の気持ちを和らげてあげたいと思ったから。

オ　自分に対する罪悪感を持ち続けていた塁審がいる三塁まで何とかして到達することで、真摯《しんし》に野球に取り組む自分の姿を見せ、彼の気持ちに応えたいと思ったから。

問６　傍線部ｆ「じわじわと、よろこびが体中に広がっていった」とあ中腰の姿勢をたもって、颯太を待ちかまえている。メガネの奥の光る瞳で、じっとこちらを見つめている。

なぜかこの瞬間、颯太はあの人のところまで何がなんでも行かなければいけないという、切迫した思いにとらわれていた。あきらめる瞬間の表情を、あの人に決して見せてはいけない気がした。それが、あの人の謝罪に対する、最低限の返答だ。

たとえ、アウトになってもいい。eセカンドベースを躊躇《ちゅうちょ》なく蹴った。こんなところでストップしたって、優一には痛くもかゆくもない。

走る。がむしゃらに、三塁を目指して走る。

右足を踏みきって、頭から三塁ベースに飛びこんでいった。

両手の先にベースの感触が当たった。すがるように、しがみつくように、ベースの角をしっかりとつかんだ。

もうもうと赤っぽい土煙が上がるなか、颯太は顔を上げた。

片膝を落としてかがみこんだ塁審は、颯太の両手と、その上に重なったサードのグラブをじっと見つめていた。厳粛な審判の表情で、がばっと両手を水平に開く。

「セーフ！」

颯太はゆっくりと立ち上がった。ベンチのなかで国見と浅田が抱きあっているのが見えた。サードベース後方までカバーに入っていた優一が、くやしそうな表情を浮かべて、サードからボールを受けとった。

fじわじわと、よろこびが体中に広がっていった。打ったんだ。俺が打ったんだ！　けれど、無意識のうちに出かけたガッツポーズを、颯太はおさえた。震える左手で、やはり震えている右の手首をつかんだ。

※　国見――颯太のチームのエース。後に登場する「浅田」はキャッチャーで、二人はバッテリーを組んでいる。

※　塁審――颯太は中学三年の秋に交通事故に遭い、予定していた蒲田実業のセレクションを受けられなかった。颯太はこの塁審が事故の相手ではないかと思っている。

問1　傍線部a「このままじゃいけない」とあるが、「このまま」とはどのような状況か。その説明として最も適切なものを次から選び、記号で答えなさい（解答番号は1）。

ア　優一の圧倒的な実力の前に手も足も出せず、相手のペースで試合が進んでいる状況。

イ　三塁の塁審に対する恨みを忘れることができず、目の前の試合に集中できていない状況。

ウ　三塁の塁審のことが気になって試合に集中できず、焦って冷静さを失っている状況。

エ　優一への対抗心が強すぎて思うようにプレーできず、チームに心配されている状況。

オ　主将であるにも関わらず冷静でいられず、優一に対する思いに振り回されている状況。

問2　傍線部b「何度も、何度も叫びつづける」とあるが、ここでの颯太の説明として最も適切なものを次から選び、記号で答えなさい（解答番号は2）。

ア　仲間たちを励ましたいが、それ以上にすべてを事故のせいにして逃げてきた自分の弱さを払拭《ふっしょく》しようとして、無我夢中になっている。

イ　チームに貢献できないばかりか、勝つことをなかば諦めてしまっびつづける。国見が怪訝《けげん》な表情を浮かべてもかまわず、喉がかれるほど、声出しをつづける。それ以外に、自分がいったい何をすべきなのかわからなかったからだ。

このまま［　c　］という、ただその一心だった。

この試合、颯太ははじめて集中していた。守備のときは、この三年間でいちばんというくらい、ボールがよく見えた。味方をはげます声も、出しつづけた。

でも、もうおそい。おそすぎる。

いや、まだ間にあう。終われない。終わりたくない。

せめぎあう思いとは裏腹に、チームの地力の差はあきらかだった。じりじりと点差を広げられ、七回の表を終わって〇対八。

「まだまだ！　これからだぞ！」ベンチに帰るやいなや、思いきり手をたたいて、この回先頭の一番バッターを送りだした。ここで点をとれなければ、コールドで試合終了だ。

颯太の気迫を感じたのか、チームメートたちがようやく声を出しはじめた。国見も「次の回、投げさせてくれ！」と、両手を胸の前でこすりあわせ、神様に祈るような格好で叫んでいる。

その願いが通じたのか、ねばったすえに、二番がフォアボールで出塁した。優一に、はじめて疲れが見えはじめていた。

ワンナウト・ランナー一塁。

勝負は、ここだ――。

颯太は自分の胸を拳でたたきながら、バッターボックスに入った。

監督のサインは「打て」。当たり前だ。この場面、バントはない。律義に一点返したところで、まだコールドの点差なのだ。

追いこまれたら、おそらく打てない。追いこまれる前にフルスイングする。優一の投げる球を打つのは、正真正銘、これが最後になってしまうかもしれない。バットに一度も当てられないまま、終わりたくない。

けれど、気負いはなかった。くやしさはなかった。優一への憎しみはなかった。ただただ、あいつの球を打ち返したい。もっと、わくわくする気持ちを味わいたい。dそんな純粋な欲求に突き動かされるように、無心でバットを構えた。

渾身のストレート。外角。このまま、真《ま》っ直《す》ぐ来る！

無我夢中で振りきった。

自分でも、一瞬、何が起こったのかわからなかった。投球後、マウンドに着地した優一が、背後を振り向く。自分の両手に、バットの芯がボールをとらえた、爽快な感触としびれが走った。あわててバッターボックスを飛び出した。

打球は、右中間に落ちる。一塁ベースを蹴る。ボールは勢いを失わず、センターの右を抜けていく。ライトが大きく後ろからまわりこむのを確認して、視界を切った。走ることだけに集中する。もうすぐ、セカンドベース。

颯太は、サードコーチャーを見た。ぐるぐると腕をまわし、一塁ランナーを本塁に突入させた直後、両手を上げて颯太に指示を出す。

「颯太さん、ストップ、ストップ！」サードコーチャーの後輩の声が聞こえる。颯太は二塁の手前で減速しかけた。

サードベースを見すえる。

その近くには、三塁の塁審が立っていた。

マウンドでは、国見がイニング間の投球練習をはじめていた。捕球した浅田が「いい球きてるよ！」と、声をかけて投げ返す。

「僕も高校球児だった。君の未来をつぶしてしまった重みが、痛いほどわかるから……」

「颯太、行くぞ！」と、声がかかり、我に返る。ファーストが投げたゴロが転がってくる。丁寧に膝をつけて捕球し、一塁へ投げ返す。

「あのときは、急いでて……。本当にすまなかったと、思ってる」

　しずかではあるけれど、低く、太く、心によくしみとおってくる声が、依然として背後から響いてくる。

「そんなに、何度も……」颯太は、それでも振り返らなかった。観客席のざわめきに負けないよう、少しだけ声のボリュームを上げた。「何度も、希望の試合に派遣されるものなんですか？」

　ショート、セカンドと、内野間の送球練習が一周して、ふたたびファーストがゴロを投げてくる。颯太は腰を落として、そのボールをがっちりと捕球した。

「最初は、偶然だったんだ。秋季大会。君が一年のとき。名前ですぐわかった」

　途切れ途切れに話す塁審の声を聞きながら、ファーストにダイレクトで投げ返した。相手のミットに白球が吸いこまれるのを見届けてから、颯太は自分のスパイクで荒れた赤土をふたたびならした。

　浅田が「ボールバック！」と、叫ぶ。国見の投球練習と内外野のキャッチボールが終わり、ショートがセカンドベースに入る。

「とくに平日は審判員がたりないし、希望の球場に派遣されることも多いんだ。いつかあやまろうと思って、でもそれは立場上許されないことで、とうとう君が三年になっ……」

　ショートがキャッチャーからの送球を捕って、内野のボールまわしに入る。塁審の言葉は途中で聞こえなくなった。

　最後にボールを受けとった颯太は、マウンドにゆっくりと近づいた。一度グラブをはずし、祈りをこめるように、両手で公式球をこねる。

「ここ、踏ん張っていこう」と、国見に声をかけ、下手でボールを投げた。

「おう！　まだ、コールドにはさせねぇぞ」と、国見も試合前の緊張を感じさせない笑顔を見せた。

　マウンド付近から、ふたたびサードの定位置に戻る。そのとき、颯太は相手の顔を見た。目深にかぶった帽子の下で、申し訳なさそうに塁審が目を伏せた。強豪校への進学のチャンスをつぶした罪悪感を背負いつづけ、ずっと謝罪するタイミングをうかがってきたのかもしれない。

「僕は何とも思ってませんから」それだけをつたえて、ふたたび前に向きなおった。蒲田実業の打者と相対す。「さぁ、来い！」と、大声を張り上げた。

　やっぱり何度思い返してみても、事故の瞬間、自分から車のほうに近づき、接触したかどうかは記憶があやふやだった。けれど、自分の体裁だけを考えて、逃げたことにかわりはない。セレクションから、優一の才能から逃げていた。その罪悪感を、知らず知らずのうちに赤の他人の肩に押しつけた。そして、俺は一般の都立高校野球部で、唯一のシニアリーグ出身で、お山の大将気取りで、ここまでのうのうと生きてきてしまった。

「サード、打ってこい！」チームを鼓舞するべく、b何度も、何度も叫

エ　主題に対する筆者の問題意識が説明されることで論点が明らかになるとともに、この問題を解決に導くための考え方がどのようなものであるかが順を追って説明されている。

オ　あえて一般的な認識を先に取り上げることで、それとは異なる見解をより明確にするとともに、主張を抽象的に述べた後に具体例を示すことで、より正確な読み手の理解を促している。

四　次の文章は、朝倉宏景《あさくらひろかげ》の小説「絶対的最後」の一節である。高校三年生の道宮颯太《みちみやそうた》は、甲子園出場の最有力候補である蒲田《かまた》実業との試合に臨んでいた。颯太は、蒲田実業エースで主将の優一《ゆういち》と中学時代にシニアチームでバッテリーを組んでいた。試合は完全に相手チームのペースで進み、四回の裏、颯太に二度目の打席が回ってきた。本文はこれに続く場面である。読んで、後の各問いに答えなさい。

三球目。

一瞬の静止状態から、優一が上げていた左足を大きく前へ踏み出す。テイクバックをとった右腕をたたきつけるように、真上から振り下ろす。

速球。来る。速い。高い。釣り球か？

颯太は一度出しかけたバットをとめようとした。

ところが、優一の投げた球はそこから急速に沈んでいった。あわてて、中途半端にとめていたバットを出す。今度は、高めのボールゾーンから、ストライクゾーンへ落ちてくるフォークだった。

クソ！　心のなかで叫んだはずの声が、バットが空を切った瞬間、実際に外にもれだしてしまった。

「クソ！」

バットの先で、思いきりヘルメットをたたいた。鈍い衝撃が、頭部につたわった。試合前は適当に流して、早く終えてしまおうと思っていたのに……。

「クソ！」

後輩が近づいてきて「道宮先輩……」と、おそるおそる声をかけた。見ると、一年生が帽子とグラブを差し出していた。

「おい、大丈夫か？」ベンチからマウンドに駆けだしてきた※国見も、心配そうに立ちどまる。「チェンジだぞ。気持ち切り替えろよ」

「ごめん、なんでもない」自分の帽子とグラブを受け取る。後輩に礼を言って、サードの守備位置に走る。

a このままじゃいけない。焦る気持ちがふくらんでいった。颯太はサードベース付近の土をスパイクでならしながら、自分でも驚くことに、三塁の※塁審に思いきって声をかけていた。

「あの……、いったい、何が目的なんですか？」周囲の誰にもさとられないよう、塁審のほうはまったく見なかった。

背後には、たしかに塁審が立っている。こちらの背中をじっと見つめている、その気配がつたわってくる。不自然な間があいた。もしかしたら、人違いかもしれないと思ったとき、ようやく返答があった。

「実は、君の公式戦に入るのは、五度目で……」

そう言った直後、言い訳するように、塁審がつけくわえた。

「あっ、その……、審判員はむかしからやってるんだ。二十年くらい」

颯太は記憶を掘り起こした。相手の名前は、どうしても思い出せなかった。

オ　同一のものが異なった名称で呼ばれるということは、その呼ばれるものの見え方が異なっているためだと言えるから。

問３　傍線部ｃ「私の立場」とあるが、筆者の立場の説明として最も適切なものを次から選び、記号で答えなさい（解答番号は３）。

ア　ものというのは、ことばによって他と区別されることで、細かく分類されていくのだという立場。

イ　ものというのは、ことばによって新たに生み出され、伝達される過程で、徐々に認知されるという立場。

ウ　ものというのは、ことばによって存在を定義されることによって、ものとして認識されているという立場。

エ　ものというのは、ことば以前に存在しており、そのあり方はどのようなことばより優先するという立場。

オ　ものというのは、その具体的な特徴から名前をつけられることによって、はじめて認識されるという立場。

問４　本文中の空欄ｄに入る内容として最も適切なものを次から選び、記号で答えなさい（解答番号は４）。

ア　そこにあるものが棚ではなく机であると、正確に判断できるだけの情報

イ　そこにあるものの見た目や手触りといった、具体的・物質的な特徴

ウ　そこにあるものの材質や色の正式名称など、人のみが認識できる要素

エ　そこにあるものに対する美的センスとか、人との親和性といったこと

オ　そこにあるものに対する利用目的とか、人との相対的位置といった条件

問５　傍線部ｅ「人間の視点」の説明として最も適切なものを次から選び、記号で答えなさい（解答番号は５）。

ア　普遍的に認められている要素でものを分類する視点。

イ　人との関わり方をもとにものを定義し認識する視点。

ウ　外見的特徴や使用目的からものを捉えようとする視点。

エ　自分にとって意味あるものを選び取ろうとする視点。

オ　ものの本来の利用価値を見極めようとする視点。

問６　本文の空欄ｆにあてはまる語句として最も適切なものを次から選び、記号で答えなさい（解答番号は６）。

ア　一貫性　　イ　多面性　　ウ　具体性　　エ　虚構性

オ　創造性

問７　本文の論理構成の説明として最も適切なものを次から選び、記号で答えなさい（解答番号は７）。

ア　「日本語と外国語」「人間と動物」といった複数の対立をつくることで主題が際立つとともに、筆者が言いたいことが間違いなく読み手に伝わるよう工夫されている。

イ　複数の具体例を示すことで、抽象的・哲学的な筆者の主張を分かりやすく説明するとともに、読み手が話題を身近なものとして捉えやすくなるように、筆者自身の経験が提示されている。

ウ　主題に対する間違った認識が広まってしまっていることを指摘したうえで、正しい認識を説明するとともに、比喩を繰り返し用いることによって、難解な話題をイメージしやすくしている。

こで机を、棚や床から区別するために、「その前で人がある程度の時間、座るか立止まるかして、その上で何かをする、床と離れている平面」とでも言わなければならない。

　注意してほしいことは、この長たらしい定義の内で、人間側の要素、つまり、[　d　]が大切なのであって、そこに素材として、人間の外側に存在するものの持つ多くの性質は、机ということばで表わされるものを決定する要因にはなっていないということである。

　e人間の視点を離れて、たとえば室内に飼われている猿や犬の目から見れば、ある種の棚と、机と、椅子の区別は理解できないだろう。机というものをあらしめているのは、全く人間に特有な観点であり、そこに机というものがあるように私たちが思うのは、ことばの力によるのである。

　このようにことばというものは、渾沌《こんとん》とした、連続的で切れ目のない素材の世界に、人間の見地から、人間にとって有意義と思われる仕方で、虚構の分節を与え、そして分類する働きを担っている。言語とは絶えず生成し、常に流動している世界を、あたかも整然と区分された、ものやことの集合であるかのような姿の下に、人間に提示して見せる[　f　]を本質的に持っているのである。

（鈴木孝夫《すずきたかお》『ことばと文化』による）

問1　傍線部a「このような前提」とはどういうことか。その説明として最も適切なものを次から選び、記号で答えなさい（解答番号は1）。

ア　日本語の「イヌ」に英語の「dog」が対応するように、異なる言語を用いる人同士であっても、同じものを同じように認識しているということ。

イ　日本語の「イヌ」と英語の「dog」が全く違ったことばであったとしても、辞書でその対応関係を規定することで、同じものについて語れるということ。

ウ　日本語の「イヌ」を英語の「dog」に置き換えることができるように、異なる文化圏の人同士でも、翻訳《ほんやく》することで意思疎通が図れるということ。

エ　日本語の「イヌ」と英語の「dog」では表現が異なるように、言語の違いは認識の違いであり、それぞれのことばが示すものは同じではないということ。

オ　日本語の「イヌ」を英語の「dog」と訳せるように、あることばの外国語での言い方は、辞書を引いて調べることが可能であるということ。

問2　傍線部b「かなりちがったものを、私たちに提示していると考えるべきだ」とあるが、「考えるべきだ」と筆者が言うのはなぜか。その理由の説明として最も適切なものを次から選び、記号で答えなさい（解答番号は2）。

ア　認識される対象が変化することによって、人間が世界を認識する窓口である言語もまた変化していく必要があるから。

イ　言語が異なれば世界の区切り方も変化するため、ことばによって存在を示されているものの見え方もまた異なっていくから。

ウ　対象に名前を付与しようとするとき、たとえ全く同じ対象を見ていても、言語が異なればその呼び名もまた変わるから。

エ　各文化やそこにある価値観が言語の構造やしくみを規定している以上、異なった文化に同じものが存在するはずがないから。

名称の違いは、単なるレッテルの相違にすぎないのではなく、異った名称は、程度の差こそあれ、bかなりちがったものを、私たちに提示していると考えるべきだというのである。

この第一の問題は、哲学では唯名論と実念論の対立として、古くから議論されてきているものである。私は純粋に言語学の立場から、唯名論的な考え方が、言語というもののしくみを正しく捉えているようだということを述べてみようというわけである。

c私の立場を、一口で言えば、「始めにことばありき」ということにつきる。

勿論《もちろん》始めにことばがあると言っても、あたりが空々漠々《くうくうばくばく》としていた世界の始めに、ことばだけが、ごろごろしていたという意味ではない。またことばがものをあらしめるといっても、ことばがいろいろな事物を、まるで鶏が卵を生むように作り出すということでもない。ことばがものをあらしめるということは、世界の断片を、私たちが、ものとか性質として認識できるのは、ことばによってであり、ことばがなければ、犬も猫も区別できない筈《はず》だというのである。

ことばが、このように、私たちの世界認識の手がかりであり、唯一の窓口であるならば、ことばの構造やしくみが違えば、認識される対象も当然ある程度変化せざるを得ない。

なぜならば、以下に詳しく説明するように、ことばは、私たちが素材としての世界を整理して把握する時に、どの部分、どの性質に認識の焦点を置くべきかを決定するしかけに他ならないからである。いま、ことばは人間が世界を認識する窓口だという比喩を使ったが、その窓の大きさ、形、そして窓ガラスの色、屈折率などが違えば、見える世界の範囲、性質が違ってくるのは当然である。そこにものがあっても、それを指す適当なことばがない場合、そのものが目に入らないことすらあるのだ。

抽象的な議論はこのくらいにして、具体的なことばの事実から考えて行くことにしよう。先ず身近にあるものの例として机のことを考えてみる。机とは一体なんだろうか。机はどう定義したらよいのだろうか。

机には木でできたのも、鉄のもある。夏の庭ではガラス製の机も見かけるし、公園には、コンクリートのものさえある。脚の数もまちまちだ。第一私がいま使っている机には脚がない。壁に板がはめ込んであって、造りつけになっている。また一本足の机があるかと思えば、会議用の机のように何本もあるのを見かける。形も、四角、円形は普通だし、部屋の隅で花びんなどを置く三角のものもある。高さは日本間で座って使う低いものから、椅子用の高いものまでいろいろと違う。

こう考えてみると、机を形態、素材、色彩、大きさ、脚の有無及び数といった外見的具体的な特徴から定義することは、殆《ほと》んど不可能であることが分ってくる。

そこで机とは何かといえば、「人がその上で何かをするために利用できる平面を確保してくれるもの」とでも言う他はあるまい。ただ生活の必要上、常時そのような平面を、特定の場所で確保する必要と、商品として製作するためのいろいろな制限が、ある特定の時代の、特定の国における机を、ほぼある一定の範囲での形や大きさ、材質などに決定しているにすぎない。

だが、人がその上で何かをする平面はすべて机かといえば、必ずしもそうでない。たとえば棚は、いま述べた机とほぼ同じ定義があてはまる。家の床も、その上で人が何かをするという意味では同じである。そ問５　次の文の「ばかり」と、同じ意味・用法の「ばかり」が使われている文を、後のア～オから一つ選び、記号で答えなさい（解答番号は５）。

昨日先生に怒られたばかりなので元気がでない。

ア　あの道を曲がって五分ばかりすると学校に着く。
イ　先生が今にも怒り出さんばかりの顔をしている。
ウ　僕が出場したばかりに、優勝を逃してしまった。
エ　今日の試験は、昨日解いたばかりの問題が出た。
オ　夏休みは家にこもって、勉強ばかりしていました。

問６　次の各古文の傍線部を音読したとき、**表記通りの読み方をしないもの**を一つ選び、記号で答えなさい（解答番号は６）。

ア　人ごとに、我が身にうとき事のみぞ好める。
イ　世に語り伝ふる事、まことはあいなきにや。
ウ　人の語り出でたる歌物語の、歌のわろきこそ本意なけれ。
エ　すこしのことにも先達はあらまほしき事なり。
オ　人の心すなほならねば、偽りなきにしもあらず。

問７　次の陰暦月と月の異名の組み合わせとして**誤っているもの**を次から一つ選び、記号で答えなさい（解答番号は７）。

ア　二月ー如月　　イ　四月ー卯月　　ウ　六月ー文月
エ　八月ー葉月　　オ　十月ー神無月

問８　『万葉集』についての説明として適切なものを次から**三つ**選び、記号で答えなさい（解答番号は８）。

ア　奈良時代に成立した。
イ　現存する最初の勅撰和歌集である。
ウ　千五百首あまりの和歌を集めた。
エ　藤原定家が編纂《へんさん》に関わった。
オ　様々な身分の人々の和歌が入集している。
カ　ますらをぶりの力強い歌が多い。

三　次の文章を読み、後の各問いに答えなさい。

多くの人は「同じものが、国が違い言語が異《こと》なれば、全く違ったことばで呼ばれる」という認識を持っている。犬という動物は、日本語では「イヌ」で、中国語では「狗」、英語でdog、フランス語でchien、ドイツ語ではHund、ロシア語でсобáka、トルコ語でköpekといった具合に、さまざまな形のことばで呼ばれる。

私たちが学校で外国語を勉強する時や、辞書を引いて、日本語の或《あ》ることばは、外国語ではなんと言うのかを調べる時は、この同じものが、言語が違えば別のことばで呼ばれるという、一種の信念とでもいうべき、大前提をふまえているのである。

ところが、ことばとものの関係を、詳しく専門的に扱う必要のある哲学者や言語学者の中には、aこのような前提について疑いを持っている人たちがいる。私も言語学の立場から、いろいろなことばと事物の関係を調べ、また同一の対象がさまざまな言語で、異った名称を持つという問題にも取組んできた結果、今では次のように考えている。

それは、ものという存在が先《ま》ずあって、それにあたかもレッテルを貼るような具合に、ことばが付けられるのではなく、ことばが逆にものをあらしめているという見方である。

また言語が違えば、同一のものが、異った名で呼ばれるといわれるが、

【国語】（五〇分）〈満点：一〇〇点〉

一 次の1～5の傍線部と同じ漢字を使うものを、後のア～オの傍線部からそれぞれ一つずつ選び、記号で答えなさい（解答番号は1～5）。

1．ローマはハンエイを極めた。
ア スイハンキを購入する。　イ ハンガを作成する。
ウ 生涯のハンリョとなる。　エ 植物がハンモしている。
オ お米をハンバイする。

2．鉄のガンユウ率が高い。
ア ネンガンがかなう。　イ チームがイチガンとなった。
ウ ガンチクのある言葉。　エ エンガンの警備に当たる。
オ 子供のガングを買う。

3．カンケツに説明する。
ア 計画をケッコウする。　イ セイケツを保つ。
ウ ケッシュツした作品。　エ 彼とケツエン関係はない。
オ 注意力のケツジョ。

4．ヨクヨウをつけて話す。
ア 子どもをヤシナう。　イ 美しくオドる。
ウ 風にユれる。　エ 天ぷらをアげる。
オ 砂糖をトかす。

5．申し出をココロヨく受け入れる。
ア ユカイな仲間。　イ 地元のカンゲイを受ける。
ウ 卒業式のシュクデン。　エ メイロウな性格。
オ カイゼン点を示す。

二 次の各問いに答えなさい。

問1 次の各四字熟語のうち、□に**数字以外**が入るものを一つ選び、記号で答えなさい（解答番号は1）。
ア □寒□温　イ □載□遇　ウ □者択□　エ □人□色
オ □明□大

問2 次のア～エのうち**構成が異なる**熟語の入った組み合わせであるものを一つ選び、記号で答えなさい（解答番号は2）。
ア（明暗・慶弔・寒暖）
イ（年長・賢母・厚志）
ウ（駐車・観劇・超人）
エ（仁愛・絵画・価値）

問3 次の文における傍線部の意味として最も適切なものを選び、記号で答えなさい（解答番号は3）。
彼のふるまいはいつも天衣無縫だ。
ア 無邪気で飾り気がなく、自然である様子。
イ 人への気遣いができ、信頼されている様子。
ウ 自分がしていることについて、意識が薄い様子。
エ 常識から外れ、自分の思うままに動き回る様子。
オ 気持ちが大きく、細かいことにこだわらない様子。

問4 次の文の自立語の数として最も適切なものを選び、記号で答えなさい（解答番号は4）。
小学校にいる時分、学校の二階から飛んで、一週間腰を抜かしたことがある。
ア 9　イ 10　ウ 11　エ 12　オ 13

MEMO

大切なことはメモしておこうネ！

2021年度

流通経済大学付属柏高等学校入試問題（1月18日）

【数　学】(50分)　＜満点：100点＞

【注意】 (1) 解答が分数の形で求められているときは，約分した形で答えること。

(2) 解答が比の形で求められているときは，最も簡単な整数の比で答えること。

(3) 問題の図は略図である。

全問とも，□の中に当てはまる数字を求めなさい。

1 次の問いに答えなさい。

(1) $24-12\div3\times2-(-2)^2\times(-3)$ を計算すると，$\boxed{ア}\boxed{イ}$ である。

(2) $0.48\times\dfrac{5}{12}-0.3\div\dfrac{9}{5}$ を計算すると，$\dfrac{\boxed{ウ}}{\boxed{エ}\boxed{オ}}$ である。

(3) $(\sqrt{3}-\sqrt{18}+\sqrt{12})^2$ を簡単にすると，$\boxed{カ}\boxed{キ}-\boxed{ク}\boxed{ケ}\sqrt{\boxed{コ}}$ である。

(4) $ab-10-5a+2b$ を因数分解すると，$(a+\boxed{サ})(b-\boxed{シ})$ である。

(5) 連立方程式 $\begin{cases} x-3y=30 \\ 0.2x-\dfrac{3y-1}{2}=\dfrac{64}{5} \end{cases}$ を解くと，$x=\boxed{ス}$，$y=-\boxed{セ}$ である。

(6) 方程式 $3x^2-2x-1=0$ を解くと，$x=-\dfrac{\boxed{ソ}}{\boxed{タ}}$，$\boxed{チ}$ である。

(7) 図はある円すいの側面の展開図である。

この円すいの高さは $\boxed{ツ}$ cm，体積は $\boxed{テ}\boxed{ト}\pi\ \mathrm{cm}^3$ である。

ただし，円周率を π とする。

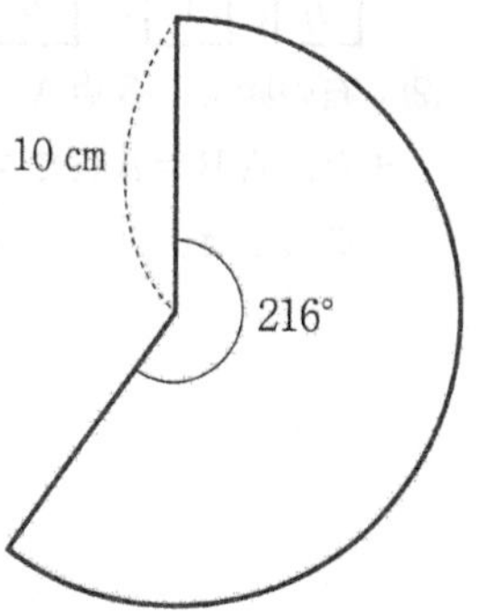

2 次の問いに答えなさい。

(1) A君が徒歩で家から公民館まで行くとき，時速6kmで行くと予定時刻より20分早く到着し，時速4kmで行くと予定時刻より5分遅く到着する。

このとき，家から公民館までの距離は $\boxed{ア}$ kmで，午前9時に家を出るときの到着予定時刻は $\boxed{イ}\boxed{ウ}$ 時 $\boxed{エ}\boxed{オ}$ 分である。

(2) たての長さが横の長さより8cm長い長方形がある。この長方形のたての長さを6cm短くして，横の長さを3倍にすると面積は2倍になったという。もとの長方形のたての長さは $\boxed{カ}\boxed{キ}$ cmで面積は $\boxed{ク}\boxed{ケ}\boxed{コ}\ \mathrm{cm}^2$ である。

⑶　ある自然数 n がある。18を n で割ると自然数になり，$\dfrac{n}{50}$ はもうこれ以上約分できない分数である。このとき，最大の n は $\boxed{サ}$ である。

3　次の問いに答えなさい。

⑴　1，2，3，3 の４個の数字から３個を使って３桁の整数を作るとき，異なる整数は全部で $\boxed{ア}\boxed{イ}$ 個できる。

⑵　大小２個のさいころを投げるとき，少なくとも１個は３以上の目が出る確率は $\dfrac{\boxed{ウ}}{\boxed{エ}}$ である。

⑶　１から100までの番号が１つずつ書かれた100枚のカードから１枚のカードを引くとき，番号が５の倍数または７の倍数である確率は $\dfrac{\boxed{オ}}{\boxed{カ}\boxed{キ}}$ である。

4　次の問いに答えなさい。

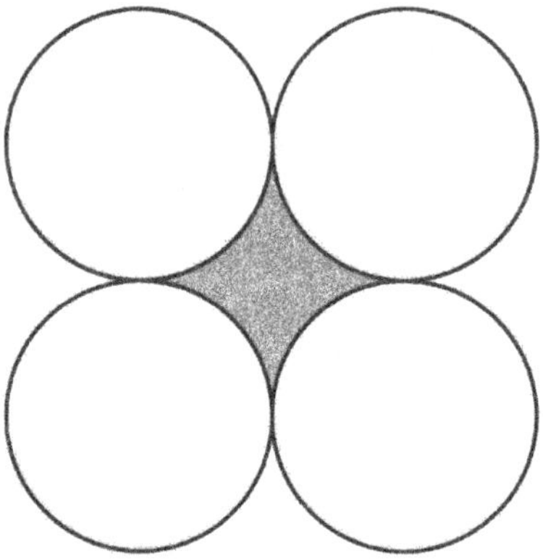

⑴　右の図で，４個の円は全て半径５cmで，互いに接している。

(i)　４個の円で囲まれた部分（色の濃い部分）の面積は，円周率を π として，

$\boxed{ア}\boxed{イ}\boxed{ウ} - \boxed{エ}\boxed{オ}\pi$（cm^2）である。

(ii)　４個の円で囲まれた部分（色の濃い部分）に小さい円を１個おき，４個の大きい円とこの小さい円が接するようにする。このとき，小さい円の半径は

$\boxed{カ}\sqrt{\boxed{キ}} - \boxed{ク}$（cm）である。

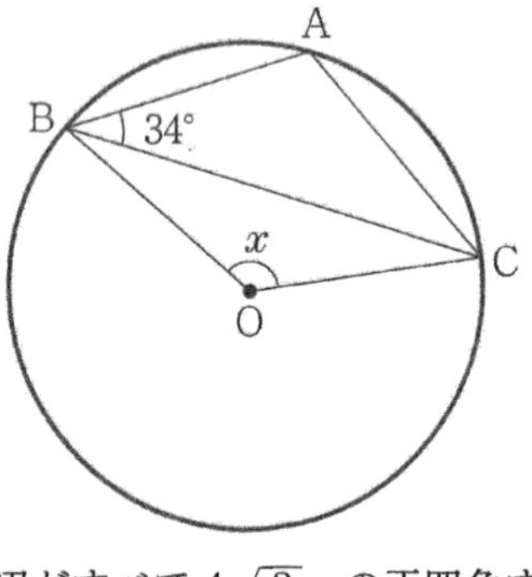

⑵　右の図で，３点A，B，Cは円Oの周上の点である。また，AB＝ACである。

このとき，$\angle x = \boxed{ケ}\boxed{コ}\boxed{サ}$°である。

⑶　次のページの図のように，底面が１辺４cmの正方形で他の辺がすべて $4\sqrt{3}$ cmの正四角すいO－ABCDがある。

底面の正方形ABCDの対角線の交点をHとし，辺OA，ODの中点をそれぞれP，Qとする。

(i)　正四角すいO－ABCDの体積は $\dfrac{\boxed{シ}\boxed{ス}\sqrt{\boxed{セ}\boxed{ソ}}}{\boxed{タ}}$ cm^3 である。

(ii)　三角すいOPBQの体積は $\dfrac{\boxed{チ}\sqrt{\boxed{ツ}\boxed{テ}}}{\boxed{ト}}$ cm^3 である。

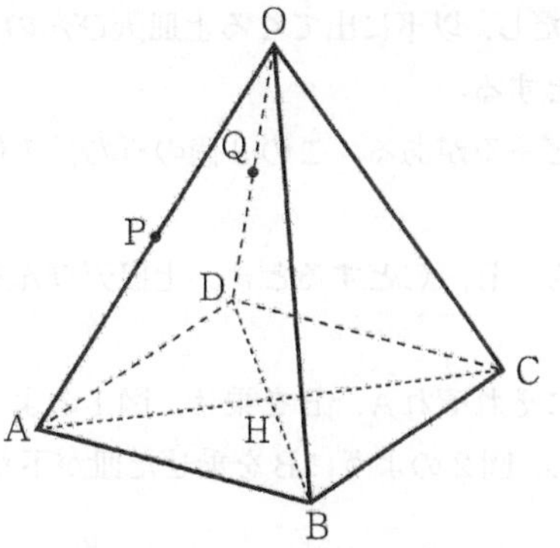

5　図のように，２つの関数 $y = x^2$…①，$y = \frac{1}{4}x^2$…②のグラフがある。

①，②のグラフの $x \geqq 0$ の部分にある４点A，B，C，Dについて，

①のグラフ上にある点Aの x 座標は１である。

②のグラフ上にある点Bは，点Aと y 座標が等しい。

①のグラフ上にある点Cは，点Bと x 座標が等しい。

②のグラフ上にある点Dは，点Cと y 座標が等しい。

このとき次の問いに答えなさい。

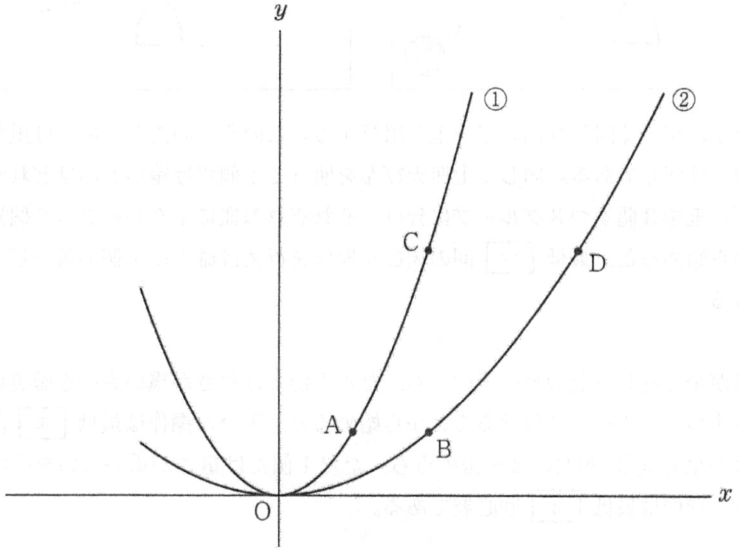

⑴　点Aの座標は（ ア ， イ ），点Bの座標は（ ウ ， エ ），点Cの座標は（ オ ， カ ），点Dの座標は（ キ ， ク ）である。

⑵　四角形ＡＢＤＣの面積は $\frac{\boxed{ケ}}{\boxed{コ}}$ である。

⑶　x 座標，y 座標がともに整数である点を格子点という。①，②，線分ＡＢ，線分ＣＤで囲まれた領域について，領域の内部および周上に存在する格子点の個数はそれぞれ，内部に サ 個，周上に シ 個である。

[6] 次の問いに答えなさい。ただし，以下に出てくる上皿天びんの皿には，各問いで扱うビー玉をすべて乗せることができるものとする。

(1) 見かけが全く同じ３個のビー玉がある。この３個のうち，１個だけ重さが重く，残りの２個は重さが同じである。

３個のビー玉をそれぞれA，B，Cとするとき，上皿天びんを使って１個だけ重いものはどれか見つけ出す。

例えば，上皿天びんの皿にそれぞれA，Bを乗せ，図１のように天びんがつり合ったとき，重いものは当然 [ア] であるし，図２のようにBを乗せた皿が下がったとき，重いものは当然 [イ] である。

（ [ア]，[イ] に関しては，下記より当てはまるものを番号で答えよ。
1. A，　2. B，　3，C ）

このように，３個のビー玉から，１個の重いビー玉を見つけるとき，天びん操作は１回で済む。

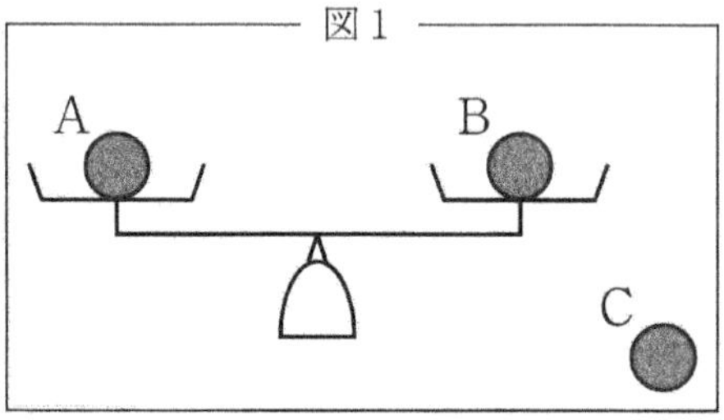

図１

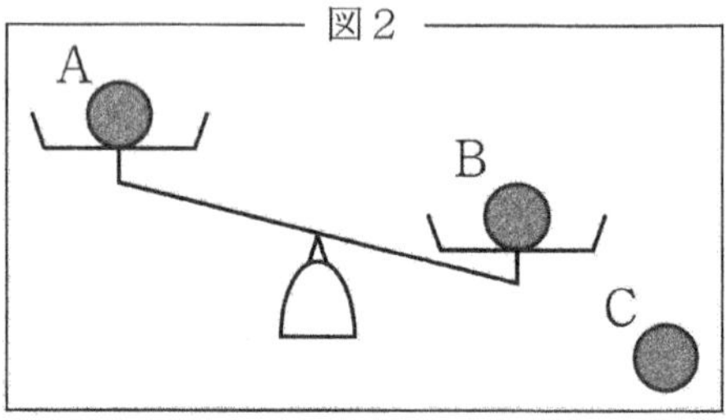

図２

(2) 次に，見かけが全く同じ９個のビー玉を用意する。このうちのただ１個だけ重さが重く，残りの８個の重さは同じである。同じく上皿天びんを使って１個だけ重いものはどれか見つけ出す。

９個のビー玉を３個ずつ３グループに分け，それぞれの皿に１グループ（３個）ずつ乗せて調べることから始めると，最低 [ウ] 回の天びん操作を行えば確実に１個の重いビー玉を見つけることができる。

(3) 同様に，

(i) 見かけが全く同じ18個のビー玉のうち，ただ１個だけ重さが重いものを確実に見つけるために，６個ずつ３グループに分けることから始めると，天びん操作は最低 [エ] 回必要である。

(ii) 見かけが全く同じ486個のビー玉のうち，ただ１個だけ重さが重いものを確実に見つけるために天びん操作は最低 [オ] 回必要である。

【英　語】（50分）　＜満点：100点＞　※リスニングテストの音声は弊社HPにアクセスの上，音声データをダウンロードしてご利用ください。

1　放送を聞いて答えなさい。

1．1．13 dollars.　2．30 dollars.　3．60 dollars.　4．90 dollars.

2．1．The Sky Tower.　2．A person.　3．A camera.　4．1 dollar.

3．1．John's family.　2．How to get to the station.
　3．How to get to the park.　4．How to get to John's house.

4．

5．

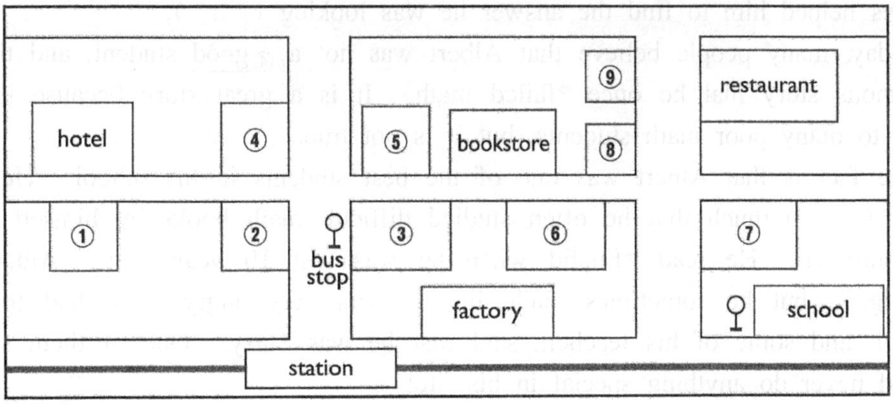

2　次の英文を読んで後の問いに答えなさい。（＊印の語は（注）を参考にすること）

Albert Einstein was born on March 14, 1879, in the city of Ulm, Germany. His parents' names were Hermann and Pauline.

Albert's father Hermann was friendly, kind, and *intelligent. He was also very good at math when he was young. Albert's mother Pauline was the boss in the family. She came from a rich family, and she was very intelligent. She loved music and was a very good piano player.

His parents *ran a company. However, when Albert was born, they decided to close it and to move. They soon moved to the big city of Munich. In Munich, Hermann opened a new company with his brother Jakob.

Albert was not like other children. When he was a baby, he did not say his first words until after he was two years old. ①Hermann and Pauline were very worried about him, and they took him to see many doctors, but nobody knew what the problem was. People around him worried that he would never learn to speak well!

Until he was 10 years old, Albert was not very good at talking. Even when he became an *adult, he said, "I *rarely think in words at all."

Albert was very different (　1　) other boys. When he was young, he did not like to play sports and games with the other children. He liked to go and sit by himself to think and dream.

Albert really liked *blocks, and he also liked to build houses from playing cards. They say that he could make a house that was ②14 stories tall! He did not worry about how many times the houses *fell down, and he worked on them for hours and hours. Albert also loved music and started to play the violin when he was very young. He loved Mozart, and he practiced playing ③his music for hours and hours.

Albert was better (2) science than music, but they say that if he ever found a question he could not answer, he went and listened to music. Music always helped him to find the answer he was looking (3).

Today, many people believe that Albert was not a ④good student, and there is a famous story that he once *failed math. It is a great story because it gives hope to many poor math students, but it is not true.

The fact is that Albert was one of the best students in his school. He loved math (4) much that he often studied difficult math books by himself during the summer. He read *Euclid when he was just 10 years old. Albert was intelligent, but he sometimes made his teachers very angry. He had to leave school, and some of his teachers said that he was *lazy. One of them said he would never do anything special in his life!

Albert liked to spend a lot of time alone, and it was very easy to make him angry. He often used to throw things at the other children, and one time he threw a chair at his violin teacher! When Albert was nine, he started going to the school that was well known for teaching math and science.

Albert was not interested in *space and time until he got older. Many children think about space and time when they are very young, but Albert did not start thinking about them until he was an adult. Because he was an adult, Albert could think about them deeply. Albert once said that he believed that being a slow child helped him to *explain ⑤the theory of relativity.

Albert's favorite toy was a *compass. One day, when he was sick in bed, his father gave it to him as a present. Albert loved seeing the way the *needle always moved to point north. It made him very interested in nature. Young Albert learned (5) the compass moved because of *magnetic fields, and in his future work, the *fields were always at the center of his science.

This was the first time that Albert had the idea; there was more to the world than just the things you could see and touch.

（注） intelligent：聡明な　run：経営する　adult：大人・成人　rarely：めったに～ない
block：ブロック・積み木　fall down：落ちる　fail：～の単位を落とす
Euclid：ユークリッド原論（ユークリッドが書いた数学書）　lazy：怠惰な
space and time：時空　explain：明らかにする　compass：羅針盤・方位磁石　needle：針
magnetic field：磁界・磁場　field：分野

問1　(　) 内に入るものをそれぞれ選びなさい。

(1)：1　for　　2　down　　3　on　　4　from

(2)：1　at　　2　among　　3　between　　4　over

(3)：1　for　　2　near　　3　of　　4　off

(4)：1　to　　2　too　　3　so　　4　space

(5)：1　whose　　2　which　　3　who　　4　that

問2　下線部①の理由として最も適切なものを下の選択肢から1つ選びなさい。

1．他の子どもと違ってアルバートは一人で過ごす時間が多かったから。

2．他の子どもと違ってアルバートは音楽や科学に没頭していたから。

3．アルバートは10歳になるころにはユークリッド原論を読んでいたから。

4．アルバートは2歳になるまで言葉を口にしなかったから。

問3　下線部②が表す意味として最も適切なものを下の選択肢から1つ選びなさい。

1．14個の物語　　2．14冊の短編集　　3．14冊の高さ　　4．14階の高さ

問4　下線部③が指しているものを下の選択肢から1つ選びなさい。

1．Hermann's　　2．Jakob's　　3．Albert's　　4．Mozart's

問5　下線部④と同じ意味を表す単語を下の選択肢から1つ選びなさい。

1．famous　　2．lazy　　3．friendly　　4．intelligent

問6　下線部⑤は何と呼ばれているか。下の選択肢から1つ選びなさい。

1．ユークリッド原論　　2．オームの法則　　3．質量保存の法則　　4．相対性理論

問7　次の英文の下線部に入るものとして最も適切なものを1つ選びなさい。

(1) Albert and Pauline _______.

1. loved to build houses from playing cards
2. were interested in nature
3. were good at playing the piano
4. loved music and they were intelligent

(2) Listening to music _______.

1．made Albert angry　　2．gave Albert some answers

3．gave Albert some questions　　4．made Albert a famous musician

(3) When he was nine, he went to the school which _______.

1. gave students a lot of free time
2. had so much space and time
3. was well known for an old tree
4. was well known for science and math

[3]　次の英文を読んで，後の問いに対する答えとして最も適切なものを選びなさい。

（＊印の語は（注）を参考にすること）

Fifteen thousand people made the ship called "Titanic". They made it in 1912, in Belfast, Northern Ireland. It was the biggest ship in the world — 24,900 *tons. It was 265 meters long, and 28 meters across. It could go at 46 kilometers an hour, so it was one of the fastest ships in the world, too.

The Titanic was very beautiful. The rooms for the first class *passengers, like Mr. and Mrs. Jacob Astor, were like rooms in a very expensive hotel. Mrs. Astor was nineteen years old, and her husband was one of the richest men in the world. They had two big bedrooms, *a sitting room and three more rooms. They could eat with their friends in a beautiful restaurant, and there were more rooms for the first class passengers to walk, talk, read, smoke, and listen to music.

The rooms for second class passengers were beautiful too. They were better than first class rooms on most ships.

But there were a lot of third class passengers on the Titanic, too. These people were not rich. They were *working people from England and Ireland. They had small rooms, a long way under the first and second class passengers, on *E-Deck. Sometimes the first class passengers went down to E-Deck, to take their dogs for a walk. But they didn't talk to the third class passengers. They had nothing to say to them.

One of the first class passengers was Thomas Andrews. He was the designer of the Titanic. "I know all about her," he said to young Mrs. Astor. "She is big and beautiful, and she is safe, too. This ship can never *sink."

On April 10, 1912, the Titanic went from Southampton, in England, to Cork, in Ireland. Then she went west, *towards New York. There were 2,207 people on the ship. For four days, they were excited and happy.

On the night of April 14th, the sea was quiet. The weather was good and there were *thousands of stars in the night sky. But it was very cold, so most of the passengers stayed in their rooms, while talking, drinking, and listening to music.

Higher up on the ship, two *sailors—Frederick Fleet and Reginald Lee—looked out at the black sea and sky. They were very cold. At 11:40 p.m., Fleet saw something in front of the ship. It was very big and white, and it was not far away.

"Iceberg! Iceberg!" he said on the telephone. "There's an iceberg in front of the ship!"

"Thank you," *First Officer Murdoch answered, quietly. And then, for 37 seconds, nothing happened. As Fleet and Lee watched, the iceberg came nearer and nearer. It was very big, a million tons of ice. The Titanic, one of the fastest ships in the world, went towards it at 40 kilometers an hour. And her 2,000 passengers talked and listened to music.

Then, slowly, the ship went left, and the iceberg went along the right of the ship. Fleet and Lee watched it. They were very surprised. They heard a noise, and the ship moved a little. Then the iceberg went behind the ship, away into the black night.

Some passengers came out and saw some ice on the *deck. They laughed. "Let's put it in our drinks!" they said. They played with the ice for a few minutes and then went back in, out of the cold.

But down in the third class rooms at the front of the ship, the iceberg made more noise. Water came into the passengers' rooms, and they came out of their doors. "What's happening?" they asked. "What's wrong?"

The Titanic's Captain Smith asked that question too. He was a tall man, fifty-nine years old. "What's wrong?" he asked First Officer Murdoch. "An iceberg, sir," Murdoch answered. "Close the *emergency doors, quickly!" said Captain Smith.

"They are closed, sir."

Thomas Andrews *designed the Titanic with sixteen *compartments and fifteen emergency doors. They made the ship safe. The captain could close the emergency doors, then the water could not move along inside the ship. Water in one of the ship's compartments could not go into the next one.

"Stop the ship," said Captain Smith. Slowly, the Titanic stopped. The big, beautiful ship waited on the quiet black sea, under a thousand stars.

（注） ton：トン（重量の単位）　passenger：乗客　a sitting room：居間　working people：労働者
E-Deck：（船の）デッキＥ　sink：沈む　towards：～へ向かって　thousands of：何千もの
sailor：船乗り・船員　First Officer：一等航海士　deck：甲板　emergency：緊急の
design：～を設計する　compartment：区画

１．How many passengers were in the Titanic?
　１．About 15,000.　２．About 25,000.　３．About 2,000.　４．About 270.

２．What is true of Mr. and Mrs. Jacob Astor?
　１．They liked a very expensive hotel made by many people.
　２．They stayed in more rooms than the second class passengers.
　３．They made a lot of rooms like a beautiful restaurant.
　４．They were famous because they had one of the fastest ship in the world.

３．What is true of the first and third class passengers?
　１．The first class passengers never went down E-Deck.
　２．The third class passengers had to stay in their rooms.
　３．The first class passengers didn't talk with the third class passengers.
　４．The third class passengers were people who worked in the Titanic.

４．What is true of Tomas Andrew?
　１．He knew all about young Mrs. Astor.
　２．He thought that Mrs. Astor was beautiful.
　３．He was captain of the Titanic.
　４．He believed that the Titanic would never sink.

5．What does “Iceberg” mean in Japanese?

1．氷山　　2．氷点下　　3．冷蔵庫　　4．冷風機

6．Why did some passengers laugh and play with ice?

1．Because they did not know what happened in the Titanic.

2．Because they closed emergency doors.

3．Because they were working in England and Ireland.

4．Because they were happy to know that emergency doors were closed.

7．What didn’t Captain Smith say?

1．“What’s wrong?”

2．“Close the emergency doors.”

3．“This ship can never sink.”

4．“Stop the ship.”

8．What is true of the Titanic?

1．It had fifteen compartments.

2．It had sixteen emergency doors.

3．It was twenty-eight meters across.

4．It could go at two hundred sixty-five kilometers an hour.

4　次の英文の（　）内に入れるのに最も適した語句を，後の語群からそれぞれ選びなさい。

1．My mother usually (　　) home from work at 7:00 p.m.

1　has come　　2　comes　　3　come　　4　coming

2．Let’s (　　) the problem later.

1　talk　　2　discuss of　　3　discuss　　4　talk with

3．The winner’s name (　　) in gold letters on the cup.

1　wrote　　2　writes　　3　writing　　4　was written

4．We were unhappy (　　) the fact.

1　know　　2　knows　　3　knew　　4　to know

5．Tom is able (　　) a horse.

1　ride　　2　riding　　3　to ride　　4　rode

6．Most children (　　) in this neighborhood are very active and cheerful.

1　live　　2　lives　　3　living　　4　lived

7．Some women like window-shopping, but (　　) don’t.

1　the other　　2　some other　　3　another　　4　others

8．The old car (　　) Bob bought last month already has engine problems.

1　when　　2　whose　　3　which　　4　what

9．She comes not from France, (　　) from England.

1　always　　2　although　　3　also　　4　but

10. The movie starts (　　) 9 o’clock.

1　at　　2　from　　3　in　　4　with

5 日本文を参考にして正しい英文になるように（ ）内の語を並べかえ，（ ）内で3番目と6番目に来るものをそれぞれ選びなさい。(文頭に来る語も小文字で書かれています)

1．カナダで話されている主な言語は英語とフランス語である。
（ 1 and 2 are 3 Canada 4 English 5 languages 6 in 7 the main 8 spoken ）French.

2．あの時，メアリーは何をすべきかわからなかった。
Mary（ 1 at 2 do 3 did 4 know 5 to 6 not 7 that time 8 what ）.

3．先生は授業の後，何人かの生徒に残るようにと伝えた。
The（ 1 after 2 class 3 told 4 students 5 some 6 stay 7 teacher 8 to ）.

4．腐っていることを知るために，腐ったリンゴを食べる必要がありますか？
（ 1 a 2 bad 3 do 4 apple 5 have 6 to know 7 to eat 8 you ）that it is bad?

5．あいにくデスクに時計を忘れた。
（ 1 afraid 2 that 3 my 4 I'm 5 left 6 I 7 on 8 watch ）my desk.

6 次のそれぞれの掲示の内容に関して，質問に対する答えとして最も適切なものを一つ選びなさい。

Missionbay Park World Food Festival

Tuesday, December 22nd to Sunday, December 27th

You can eat salads, soups, and sandwiches. Also, you can make them with us. We will tell you how to do it.

Play games, get points and learn about other cultures. There are dances, music, and Bingo every day.

At Missionbay Play Fields

Dances:	11:00
Music:	1:00
Bingo:	4:00

Missionbay Junior High School's members will make the food and talk about the cultures of other countries. Ask them about the recipes, the dance steps or the game rules. They will explain.

To get more information, call 343-6202
or visit www. missionbaypark.com.

Volunteers for the Kashiwanoha Road Race

On June 8th, over 3,000 runners will join the Kashiwanoha Road Race. Around 500 volunteers are needed.

Jobs are :

at the starting area（Kashiwa West Road）
at the runner water stations
along the course
at the finishing area（Kashiwa Stadium）

Volunteers must attend a meeting on the last Sunday in May. On that day, we will give every volunteer worker a T-shirt to wear on race day.

If you're interested, please e-mail Jim Wilson by April 30.
volunteerinfomation@kashiwanohamarathon.org

Show your Kashiwanoha pride.
Runners and 30,000 viewers are waiting!

1．How can people get to know about the recipes?
  1．Ask the members.　　2．Play games and get points in the festival.
  3．Visit the festival website.　　4．Buy foods.

2．What is true of this event?
  1．Dances will start at 1:00 at Missionbay Play Fields.
  2．The festival will start from Thursday.
  3．You can join a Bingo game every morning.
  4．You can learn the dance steps from the members.

3．If you would like to work, what should you do first?
  1．Visit the website and get more information.
  2．Contact Jim Wilson.
  3．Get a T-shirts.
  4．Show Jim Wilson your phone.

4．Where WON'T the volunteers work?
  1．At the starting point.　　2．At the meeting place.
  3．At the runner water stations.　　4．Along the course.

5．How many volunteers are needed?
  1．Over 3,000.　　2．Under 8.　　3．Just 30,000.　　4．About 500.

問1　傍線部ａ「陸奥の国」とは今の何県が中心になるか。次から一つ選び、記号で答えなさい（解答番号は1）。

ア　栃木県　イ　新潟県　ウ　群馬県　エ　長野県
オ　青森県

問2　傍線部ｂ「その値を得て世を渡りけり」の現代語訳として最も適切なものを次から選び、記号で答えなさい（解答番号は2）。

ア　その対価を得て世間の注目をあびていた。
イ　その地方の名士として知れ渡っていた。
ウ　その代金を受け取って生活をしていた。
エ　その値段をつり上げて世間の人をだました。
オ　その料金を得て莫大な財産を築いた。

問3　傍線部ｃ「見置きて」・ｅ「くはずして」の主語として最も適切なものを次からそれぞれ選び、記号で答えなさい（解答番号はｃが3・ｅが4）。

ア　男　イ　鷹の子　ウ　要にする人　エ　母の鷹
オ　作者

問4　傍線部ｄ「このこと」の内容の説明として最も適切なものを次から選び、記号で答えなさい（解答番号は5）。

ア　都に行けずに男が長年田舎に留まっていること。
イ　人が行けないような場所に巣を作ったこと。
ウ　今までと比べて鷹の価値が下がってしまったこと。
エ　自分の巣から男にひなを奪われ続けていること。
オ　男がひなを大切に育てようとしないこと。

問5　傍線部ｆ「巌の屏風を立てたるやうなる崎に、下は大海のそこひも知らぬ荒磯にてあり」とはどういうことか。その説明として最も適切なものを次から選び、記号で答えなさい（解答番号は6）。

ア　男が鷹のひなを捕まえたのは見てみたくなるような絶景の場所だったこと。
イ　母の鷹がその後に巣を作ったのは人が近寄れない断崖絶壁の場所だったこと。
ウ　男が鷹のひなを探しに行ったのは二度と戻れない恐ろしい場所だったこと。
エ　鷹のひなが母に会えないような断崖絶壁に追いやられてしまったこと。
オ　母の鷹が男に仕返しをしようとして近寄れない断崖の上に巣を作ったこと。

び、記号で答えなさい（解答番号は5）。

ア　鐵次郎がこれまでの自分の態度を振り返るさまを、「胸の中」「背中」という肉体に関わる語句を連続させることで表現している。

イ　鐵次郎の心が深く傷つけられたさまを、「音を」「濡れた」「重く」といった感覚描写を複数挿入することによって表現している。

ウ　鐵次郎が自信を喪失していくさまを、「歯車のようなもの」「雨に濡れたように」といった直喩を繰り返すことで表現している。

エ　鐵次郎の心情が目まぐるしく移り変わるさまを、「ほんの数分」「その替りに」という時間の経過の指摘によって直接的に表現している。

オ　鐵次郎が老いた自分自身を自覚していくさまを、「気がした」「感じられた」という間接的な心情表現を用いて表現している。

(2)「落ちてしまった」とあるが、何が「落ちて」しまったというのか。その説明として最も適切なものを次から選び、記号で答えなさい（解答番号は6）。

ア　監督として周囲に厳しく接することで、選手やチームを良い方向へ導いてきたのだという自負。

イ　監督として厳しく指導することで選手を成長させ、チームを勝利に導かなくてはならないという重圧。

ウ　監督として選手を育て上げてきたという自信と、引退後も野球に関わっていこうという決意。

エ　監督として自分の出す指示さえ素直に聞いていれば、選手は成長できるはずだという信念。

オ　監督として家庭をもかえりみずに選手とチームのことだけを考えてきた、野球に対する一途な思い。

問6　本文の表現と内容についての説明として明らかに**誤っているもの**を次から一つ選び、記号で答えなさい（解答番号は7）。

ア　引退試合前日の夜とその翌朝という短い時間の中に起こった複数の出来事が、鐵次郎の経験した順に描き出されている。

イ　鐵次郎の心情は内面的に、その他の登場人物の心情は外面的に描写されるように、一貫して鐵次郎の視点で物語世界が展開する。

ウ　初めに家族で鍋を囲むという温かい場面があることによって、その後の練習場での鐵次郎の感じる冷たい孤独感が一層際立っている。

エ　主として鐵次郎とその他の登場人物との会話によって物語が進み、その合間に状況の説明や心情描写が挿入されている。

オ　夜になるにつれて鐵次郎の心情は沈んでいくが、夜空に現れる月は、この後鐵次郎が救われるという展開の伏線になっている。

五　次の文章読んで後の各問いに答えなさい。

今は昔、a陸奥《むつ》の国に住みける男、年ごろ鷹《たか》の子を下ろして《たかのひなを巣から下ろして》、要にする人に与へて、bその値《あたひ》を得て世を渡りけり。鷹の巣をくひたる《作っている》所をc見置きて、年ごろ下ろしけるに、母の鷹、dこのことを思ひわびけるにやありけむ。もとの所に巣をeくはずして、人の通ふべきやうもなき所を求めて、巣をくひて卵を生みつ。f巌《いはほ》の屏風《びやうぶ》を立てたるやうなる崎《さき》に、下は大海のそこひも知らぬ荒磯《あらいそ》にてあり。

（『今昔物語集』による）

とあるが、「言葉をかき消した」理由の説明として最も適切なものを次から選び、記号で答えなさい（解答番号は２）。

ア　単なる野球と人の生死を同列に語るのは、さすがに乱暴すぎると思い直したから。

イ　病に苦しんでいる夫を案じるさやかに対して、死という言葉を掛けるのが憚《はばか》られたから。

ウ　死ぬという言葉をはっきりと言うことで、不吉なことが起きてしまうのを恐れたから。

エ　命がけで野球をやっている自分の思いは、誰にも分かってもらえないと思ったから。

オ　野球をやったことのないさやかには、野球のたとえは通じないだろうと考えたから。

問３　傍線部ｃ「手首に赤と白で編んだ紐が巻きつけてあった」とあるが、このようにした江島の心情として考えられる最も適切なものを次から選び、記号で答えなさい（解答番号は３）。

ア　かつてそれを付けて甲子園で勝利した経験から、大事な試合のときは古いジンクスの紐を巻くことで、自分をふるい立たせたいという気持ち。

イ　ゲン担ぎをしたところで実力以上の力が出ないことは分かってはいたが、鐵次郎の引退試合を勝利で飾るために最善を尽くしたいという気持ち。

ウ　縁起を気にするような行動を鐵次郎が嫌うことは知っていたのだが、なかなか調子があがらないので、ジンクスに頼らざるを得ない必死な気持ち。

エ　常日頃の鐵次郎の強引な指導方法にはついていけないと感じていたので、引退試合では自分が思うやり方でやってみたいという気持ち。

オ　鐵次郎がゲン担ぎを嫌っていることは知っていたが、鐵次郎の引退試合で勝利を収めるためには、なりふりかまっていられないという気持ち。

問４　傍線部ｄ「訳のわからない淋しさ」とあるが、鐵次郎の感じた「淋しさ」とはどのようなものと考えられるか。その説明として最も適切なものを次から選び、記号で答えなさい（解答番号は４）。

ア　江島が少しも成長していないことで実感した自分の力不足と、チームとの不和を抱えたまま明日の試合の指揮を執《と》ることへの不安。

イ　長年かけて築き上げてきた自分の野球の理論が簡単に否定されてしまったことへの落胆と、今後のチームの行く末を憂《うれ》う気持ち。

ウ　監督であるにもかかわらず選手に反抗的な態度をとられたことへの困惑と、自分の居場所はもうどこにもないのだという喪失感。

エ　自分の野球に対する考え方が受け入れられていない事実を知った混乱と、自身の存在価値が失われてしまったかのような空虚感。

オ　すべてを野球に捧げた人生が無駄だったのかもしれないという疑念と、誰も自分の気持ちに寄り添わないことに対する悲しみ。

問５　傍線部ｅ「胸の中でいつも音を立てて動いていた歯車のようなものが、ほんの数分の間にどこかへ落ちてしまった気がした。その替りに背中が雨に濡れたように重く感じられた」とあるが、これについて、

(1)　この文に含まれる表現の説明として最も適切なものを次から選

――終ったのか、わしの野球は……。

言い出しそうで、胸の奥に無理矢理とどめておいた言葉がぽつりと口に出た。

鐵次郎はジャンパーのポケットから煙草を取り出すと、ゆっくりと火を点けた。ほろ苦い味がした。ふいにd訳のわからない淋しさが鐵次郎を襲った。e胸の中でいつも音を立てて動いていた歯車のようなものが、ほんの数分の間にどこかへ落ちてしまった気がした。その替りに背中が雨に濡れたように重く感じられた。

月は冴え冴えとかがやいて、鐵次郎の寂寥《せきりょう》など知らぬ顔で空にかかっていた。ちいさな吐息がこぼれた。空を見上げて泣いていた孫娘の横顔が浮んだ。

合宿所の方から歌を歌いながら戻って来た選手たちの声が聞えた。鐵次郎は煙草を草むらに放ると、家の方へむかって歩き出した。

引退試合の朝、鐵次郎は沙やに寄るところがあると言って、いつもより一時間早く家を出た。

山手へむかう住宅街の坂道を歩きながら、胸のポケットに入ったお守りが気になった。

昨夜、沙やが寝所で渡してくれたものだった。そんなものを忌み嫌う鐵次郎の性分を知っているはずの沙やが、

「どうかちゃんと持っていて下さい」

と口調をあらためて言った。

沙やと孫娘は※京都へ遊びに行ったのではなく、大病快気に効く神社を七社も回って来たのだと妻は打ち明けた。

「あの子はあの子の命と雄一さんの命を取り替えてもいいからと祈っています。明日の手術が終るまで、どうか持っていてやって下さい」

「………」

鐵次郎は黙って、目を閉じていた……。

※　沙や――鐵次郎の妻。

※　石井久一――鐵次郎が指導した元社会人野球選手であり、現在はこの企業の専務。

※　ひとりほど蚤《のみ》の心臓がいる――この後に登場する、新人投手の江島のこと。

※　京都へ遊びに行ったのではなく――この少し前、沙やとさやかは二人で京都に旅行に行っている。

問１　傍線部a「沙やの目が笑っている」とあるが、ここでの沙やについての説明として最も適切なものを次から選び、記号で答えなさい（解答番号は１）。

ア　引退するにも関わらず、なお野球にしがみつこうとしている夫のことを情けなく思っている。

イ　引退が決まっても相変わらず頑固一徹な夫の言葉に呆れつつも、その性格には理解を示している。

ウ　勝負には意地や度胸が大切であるという考えを改めようとしない夫の態度に、幻滅している。

エ　引退間際になっても選手のことを心配し、指導に当たろうとする夫のことを誇りに感じている。

オ　いつもは頑固な夫が孫のさやかにだけは心を開いて本音で話す姿に、ほほえましさを抱いている。

問２　傍線部b「鐵次郎は生きるか、死ぬか、と言う言葉をかき消した」

チに帰って来るもんだ。大丈夫だ。雄一君を信じろ。おまえが選んだ男じゃないか」

鐵次郎は孫のお尻を叩いた。

「そうだね、私か選んだ人だものね」

さやかは鼻をくしゅんとさせて笑った。

合宿所の隣りにある雨天練習場の電灯が点っていた。

ひとりの投手が投球練習をしていた。球を受けているのは助監督の内村である。

「何度言ったらわかるんだ。ミットから目を離すな。もっと自信を持って投げ込め」

鐵次郎の声が響く。その声に萎縮したわけではあるまいが、投手の投げたボールはホームベースでワンバウンドして捕りそこなった内村の背後に転がった。

「江島」

鐵次郎が投手の名前を呼んで立ち上った。

〈中　略〉

「は……」

「もっと大きな声で返事をしろ」

「はい」

鐵次郎はうつむいている江島のグローブに入れた方の手を見た。C手首に赤と白で編んだ紐《ひも》が巻きつけてあった。

「何だ、それは?」

「はっ、こ、これは……」

「はっきり言え」

「高校の時からずっとしているものです。これをつけていて甲子園が勝てましたから」

「外せ」

江島が鐵次郎を見た。

「外せ、そんなものに頼ろうとするから、おまえは駄目なんだ」

鐵次郎は江島の手を取ると、その紐を引き千切った。千切った紐を江島に投げつけようと手を振り上げた。

その手を背後から摑《つか》まえられた。

内村だった。

「何だ!」

「おやじさん、そのくらいにして下さい。江島もよくわかっています。江島はおやじさんの引退を飾りたいから、古いジンクスの紐まで出して来たんです」

「わしがこういうことを」

「わかってます。自分がそうしたいなら、しろと言ったんです。江島も必死でやってますから、どうかあと少し見ていてやって下さい」

鐵次郎は振り上げた腕を下ろした。

鐵次郎は黙って練習場を引き揚げた。

外に出ると、木枯《こがら》しが風音を立てていた。児島湾《こじまわん》の方に月が夜雲を切ってあらわれた。月光がグラウンドを紫色に浮び上らせた。冷たい風景だった。もう何十年とこんな時刻のグラウンドを見て来たのだが、背中が冷たくなるような夜のグラウンドを眺めるのは初めてのことだった。

「夜はやっぱりお茶屋さんへ行ったの」
「どうだったかな」
「あっ、その顔は遊んでるんだ」
「遊ばない男がいるか」
「沙やさん、不公平だよね。まあ鐵さんが引退したら、二人で旅行でもしたらいいね」
「馬鹿を言うな。何かと用がある」
「何かあるの？」
「※ひとりほど蚤《のみ》の心臓がいる。そいつを治さにゃならん」
「心臓が悪いの？」
　さやかが真顔になった。
「いや、そうじゃない。度胸をつけにゃいかんということだ」
「それは新しい監督さんがやればいいんでしょう」
「そうもいかん」
　さやかは沙やの顔を見た。a沙やの目が笑っている。
「お茶をくれ。出かけるからジャンパーを出してくれ」
「どちらへ？」
「合宿所だ。決まってるだろう」
「ねえ、鐵さん。ちょっと聞いていい」
　隣りで自転車を押しながら歩くさやかが言った。
「何だ？」
「人がさ、自分でない人のために祈る時はさ。どんなふうにしたら通じるのかな」
「何のことだ」
「だから、私は毎日雄一さんのためにお祈りをしてるのよ。ところがさ、私は元気で雄一さんは身体の具合が悪いわけでしょう。お祈りのしかたが悪いのかなって、思って……」
　鐵次郎は生れてからこのかた何かを祈るということをしたことがなかった。祈るという行為が、すでにそこで人間を弱者にしていると考えていた。
　さやかが立ち止まった。
　空を見上げていた。冬の星座がきらめいていた。
「星を見てもさ、山を見てもさ、私毎日祈ってるの。どうか早く雄一さんが元気になりますようにって。でもちっとも通じない。私の身体の半分が、いいえ、全部を雄一さんのとっかえてもいいですよって、祈ってるのに……」
　孫の頬に涙が伝っていた。
「大馬鹿者。おまえがそんな弱気でどうする。おまえが病気をひっぱたいて雄一君と二人で生還するんだ」
　鐵次郎は孫のそばに寄ると、
「涙は最後に流すもんだ。おまえと雄一君なら、きっと乗り切れる。信じろ、わしを」
　と半コートの肩を抱いた。
「わしは野球しか知らんが、野球には……」
　そこまで言いかけて、b鐵次郎は生きるか、死ぬか、と言う言葉をかき消した。
「野球だって、乗り切るんだと信じてグラウンドに立つ奴は笑ってベン

イ　専門的で複雑な概念が、誰にでも理解されるようになる。
ウ　その概念がひとり歩きすることで、世間に広まるようになる。
エ　人々の生活に馴染み、世の中で広く認知されるようになる。
オ　人々がその概念を真に理解し、正しく使用されるようになる。

四　次の文章は、伊集院静《いじゅういんしずか》の小説「受け月」の一節である。主人公の谷川鐵次郎《てつじろう》は、ある企業の社会人野球チームの監督であり、鉄拳制裁も辞さない厳しいやり方で長い間指導をしてきたが、今期での引退が決まっている。本文は、鐵次郎の引退試合の前日の場面から始まる。これを読み、後の各問いに答えなさい。なお、設問の都合上、省略した箇所がある。

鐵次郎が夕刻家に戻ると、さやかが家に来ていた。
　夫の雄一が入院している大学病院がこの町にあるので、さやかは週末になると老夫婦の家に泊りに来る。さやかは鐵次郎の長男の娘である。孫娘が家を出て恋人と所帯を持つようになったことは※沙《さ》やから聞いていたが、その相手が※石井久一の息子と知ったのはあとのことだった。
　鐵次郎の五人の孫の中で、さやかは妻の沙やと妙に気が合うようだった。父親が海外向けプラントのエンジニアで家を空けることが多く、母親も働いていたせいか休日になると遊びにやって来た。名前が似ているのも二人は気に入っているようだった。
「お帰んなさい。鐵さん」
　玄関にエプロン姿のさやかが迎えに出た。さやかが幼い頃から鐵次郎は爺さんとは呼ばせなかった。年寄りくさくて嫌だった。

〈中　略〉

「これは何と言う料理だ。寄せ鍋か」
　卓袱台《ちゃぶだい》の中央の銅鍋を見て鐵次郎が言った。
「ブイヤベースって言うのよ」
　さやかが小皿に魚身をよそいながら言った。
「さやかさんがこしらえてくれたんですよ。今夜はお祝いだから。あっ、私がやるわ。あなた火傷《やけど》するといけないから」
　沙やがさやかに鍋をよそってやった。
「おおきに」
　さやかがこたえた。
「ばあさんを遅くまで連れ出すんじゃないぞ。もう齢《とし》なんだからな」
「かんにんどす」
　さやかがまた京都弁で言った。沙やは笑って二人を見ている。ひと昔前、子供たちが食卓で話をすると、黙って食べろ、と怒鳴っていた鐵次郎が、さやかには何も言わない。
「あとひとつで引退なんだってね」
　さやかが言った。沙やが鐵次郎を見た。
「淋しくないの？　ユニホームを脱ぐって」
　鐵次郎は黙って海老を食べている。雰囲気を察してか、さやかもそれ以上は野球のことを話題にしなかった。
「ねぇ京都っていいよね、沙やさん」
「ほんとにね」
「鐵さん、京都に行ったことあるの」
「昔、京都大丸というデパートのチームと野球の試合をしに行ったことがあったな」

(1) この具体例として適切なものを次から**二つ**選び、記号で答えなさい（解答番号は３）。

ア スマホの画面が割れてしまったので修理に出す。というときの「スマホ」。

イ デートの前日というのはいつもわくわくするものだ。というときの「デート」。

ウ 日本は高校への進学率がほぼ一〇〇パーセントだ。というときの「高校」。

エ 初めて出場した大会は準決勝で惜しくも敗退した。というときの「大会」。

オ 家から会社までは電車を乗り継いで二時間かかる。というときの「会社」。

(2) 「ラベルを貼る」という比喩的な表現をしたときの、本文中にある語句を用いた言い換えとして最も適切なものを次から選び、記号で答えなさい（解答番号は４）。

ア 単語を用いる　　イ 分類をおこなう　　ウ 概念を知る

エ 体系をつくる　　オ 名前をつける

問４ 本文中の空欄ｅに入る語句として最も適切なものを次から選び、記号で答えなさい（解答番号は５）。

ア 具体的　　イ 一般的　　ウ 限定的　　エ 抽象的

オ 類似的

問５ 傍線部ｆ「内包的な定義を必要かつ十分におこなうことは、ひじょうにむずかしい」とあるが、これについて、

(1) 「内包的な定義」のここでの意味として最も適切なものを次から選び、記号で答えなさい（解答番号は６）。

ア 他の動物と犬とでは明らかに性質が異なることを示しつつ、犬のみが持つ特徴を可能な限り列挙すること。

イ 他の動物と区別される犬に共通の性質を述べたうえで、さらにポチという個体固有の特徴を示すこと。

ウ 多くの犬の中からポチという個体を探し出せるだけの、ポチという個体の十分すぎる特徴を挙げること。

エ 犬に共通する外見的な特徴を述べたうえで、さらにポチであると判断できる機能的な性質を挙げること。

オ 見た目では分からない犬に内在する性質を述べ、さらにポチを説明するのに不可欠な特徴を示すこと。

(2) 「ひじょうにむずかしい」とあるが、なぜか。その理由として最も適切なものを次から選び、記号で答えなさい（解答番号は７）。

ア 対象となるものの本質的特徴は具体的場面によって異なるから。

イ 対象となるものの本質的特徴は他との比較によって明らかになるから。

ウ 対象となるものの本質的特徴の定義を明確にしづらいから。

エ 対象となるものの表面的特徴はいろいろと変わりうるから。

オ 対象となるものの表面的特徴を全て挙げるのは不可能だから。

問６ 傍線部ｇ「うまく名前をつける」とあるが、この結果生じる利点の説明として最も適切なものを次から選び、記号で答えなさい（解答番号は８）。

ア 間違ったことば遣いが正され、適切に表現できるようになる。

遺伝子配列だということになるだろう。しかし遺伝子配列がまったく同じ動物はクローンであり、同じ種類の動物でも遺伝子配列はすべて異なる。では、配列のどこが同一であれば同じ動物とするかという問題になるが、いまのところそれに明確な答えを与えることはむずかしいようである。ようするに、つきつめていったとき、本質的特徴とは何かということには、明確な答えがないのである。ほとんどの場合、遺伝子配列のこのあたりは同じであるといった程度にしかいえず、そういう意味では表面的特徴と本質的特徴を区別することはむずかしい。つまりここでも不確定性、あいまい性が残る。

科学技術の世界だけでなく、学問一般において新しい概念に名前をつけるということは、ひじょうに大切なことである。しかも、gうまく名前をつけることが、その概念の流布に大きな影響をおよぼす。たとえば、ＤＮＡやエイズは、それぞれデオキシリボ核酸、後天性免疫不全症候群という正式名称しか与えられていなかったら、これらの概念は社会にこれほど浸透しなかっただろうといわれている。

ある複雑な概念は、それを短い名称でさししめすことができるようにすれば、さまざまな場所で気軽に使えるようになる。そのかわり、その名称に対応する概念の微妙な部分は忘れ去られたり、場合によっては、その本質的部分もいろいろと誤って理解されてしまったりする。また、その内容についてほとんど理解されず、言葉だけがひとり歩きするということもある。

一般的には、欧米の学者は、名前を与えることによって、ある概念を他の概念から明確に区別するということに関心が高く、こうした名称の体系によって学問を体系的につくりあげていくことが上手である。

（長尾《ながお》真《まこと》『「わかる」とは何か』による）

問１　傍線部ａ「『私はご飯を食べた』という単純な文をとりあげよう」とあるが、「私はご飯を食べた」という例文で筆者が言いたいのはどのようなことか。その説明として最も適切なものを次から選び、記号で答えなさい（解答番号は1）。

ア　単語の意味と用法は、抽象的な概念に過ぎず、文全体をみることではじめて規定されるということ。

イ　単語の意味と用法は、扱う主体の言語能力の水準によっては、正しく使用されない場合もあるということ。

ウ　単語の意味と用法は、辞書的な意味だけでは成り立たず、相手の受け取り方によっても変化するということ。

エ　単語の意味と用法は、文全体におけるはたらきや文脈、場面によって解釈が異なるものだということ。

オ　単語の意味と用法は、指し示す範囲が時代や文化で異なり、個人の感覚に負う部分が多いということ。

問２　本文中の空欄ｂ・ｃに入る内容の組み合わせとして最も適切なものを次から選び、記号で答えなさい（解答番号は2）。

ア　（ｂ　新幹線のシステム全体・ｃ　ある特定の時刻の新幹線列車）

イ　（ｂ　新幹線のシステム全体・ｃ　数ある移動手段の中の新幹線）

ウ　（ｂ　数ある移動手段の中の新幹線・ｃ　新幹線のシステム全体）

エ　（ｂ　数ある移動手段の中の新幹線・ｃ　新幹線の優れた安全性）

オ　（ｂ　ある特定の時刻の新幹線列車・ｃ　新幹線の優れた安全性）

カ　（ｂ　ある特定の時刻の新幹線列車・ｃ　新幹線のシステム全体）

問３　傍線部ｄ「ラベル」について、

種です」というときのスイカは、具体的なものをさすのではなく、抽象的な分類概念としてのスイカをいっているのであって、まさに d ラベルとしてのはたらきしかしないわけである。

　このように一つの単語にはいろいろな意味と用法があり、多くの場合は文全体を見ることによって正しく解釈できるが、そうではない場合もひじょうに多い。たとえば、

　ご飯をいただきましょう

というとき、これだけではご飯はお米の炊いたものか、食事をさすのかはわからない。「私はパンにします」と言うときには前者であり、「もう一時だものね」という場合は後者ということになる。つまり、ある［ e ］な場面が解釈を規定するのである。

　言葉あるいは文のあらわす意味は、文の表現からだけでは決定できず、場面や文脈という、より広い世界のなかで理解され、解釈されることはとうぜんであるが、ここではもとにもどって、言葉とそれがさししめすものとのあいだの関係について考えてみよう。かんたんのために、まず外界に存在する具体的なものについて考えよう。

　ここにポチと名づけられた犬がいたとする。すなわち、目の前にいる犬がポチである。これは集合論などでいわれる外延的定義である。「ポチとは何か、説明してください」といわれたときに、ポチをつれてきて「ハイ、これです」と見せるというわけである。しかし、これはふつうの意味での説明にはなっていない。

　説明とはこの場合、「四つ足の動物で大きさは……で、尻尾がついていて、……」というように、まずは犬というものと他の動物の区別を説明しなければならない。そして、犬のなかでもこれがポチだという固有の特徴を述べる必要がある。「左目のふちにホクロがあって、背中に白い斑点が四個一列に並んでいる」といったことを述べる。つまり、この記述をたよりに多くの犬のなかからポチが唯一見つけ出せねばならないのである。これがいわゆる内包的定義である。

　f 内包的な定義を必要かつ十分におこなうことは、ひじょうにむずかしい。分類学は、どのような特徴に着目すれば妥当な分類をおこなえるかについての学問であり、顕著な特徴から細微な特徴まで、特徴についての体系をつくる必要がある。特徴といっても、外見上の形状、色、大きさなどの特徴のほかに、機能的な特徴についても着目する。鳴き声の特徴（人の発話の場合にはアクセントの特徴などを含んで）、動作の特徴、他との相互関係的な特徴などについての記述も場合によっては重要である。

　ここで注意しなければならないのは、犬といっても、子猫のような小さな犬もいれば、人間ほど大きな犬もいる。尻尾がほとんどないような犬もいるだろう。ケガをして足を一本なくしている犬がいるかもしれない。それでも犬であると判断することができる必要があるので、犬についてのさまざまな観点からの説明のある部分が適合しなくても、なおかつ他の動物と区別できるだけの、いわば十分すぎる特徴を調べることが必要となる。

　これについては、表面的特徴と本質的特徴とがあって、本質的特徴が一致していればよいといったことがよくいわれる。尻尾がなくても犬は犬とわかる。このように表面的特徴はいろいろと変わりうるので、そういったことに影響されない本質的特徴を知ることが大切となる。そこで本質的特徴とは何かが大切となるが、これをつきつめていくと、それは

合、最も適切なものを次から選び、記号で答えなさい（解答番号は６）。

ア　今日は｜部活に｜行かなかった。
イ　今日は｜部活に｜行か｜なかった。
ウ　今日｜は｜部活｜に｜行か｜なかった。
エ　今日は｜部活に｜行か｜なかっ｜た。
オ　今日｜は｜部活｜に｜行か｜なかっ｜た。

問５　次の文の「られる」と、同じ意味・用法の「れる・られる」が使われている文を、後のア～オから一つ選び、記号で答えなさい（解答番号は７）。

まだ着られる服がたくさん捨ててあった。

ア　楽しみにしているプリンを妹に取られる。
イ　何年経ってもあの試合のことが思い出される。
ウ　野菜は苦手だがニンジンは食べられる。
エ　明日の全校集会では校長先生が話される。
オ　みんなから好かれる人間でありたい。

問６　次の各漢文のうち「復《ま》た自《みづか》ら禁ずる能《あた》はず。」と訓読できるものを一つ選び、記号で答えなさい（解答番号は８）。

ア　不㆔復《タ》能《ハ》㆓自《ラ》禁《ズル》㆒。　　イ　不㆓復《タ》能《ハ》㆒自《ラ》㆑禁《ズル》。
ウ　不㆑復《タ》能《ハ》㆓自《ラ》禁《ズル》㆒。　　エ　不㆓復《タ》㆑能《ハ》自《ラ》禁《ズル》㆒。
オ　不㆑復《タ》能《ハ》㆑自《ラ》㆑禁《ズル》。

問７　次のそれぞれの（　）に入る漢字の並びとして正しいものを後のア～オから一つ選び、記号で答えなさい（解答番号は９）。

子・丑・寅・（　　）・辰・巳・（　　）・未・（　　）・（　　）・戌・（　　）

ア　卯　午　亥　申　酉　　イ　卯　午　申　酉　亥
ウ　酉　卯　亥　申　午　　エ　酉　亥　午　卯　申
オ　申　午　亥　卯　酉

三　次の文章を読み、後の各問いに答えなさい。

a「私はご飯を食べた」という単純な文をとりあげよう。

ご飯という単語は『広辞苑』によれば、単に「めし・食事の丁寧な言い方」と書かれているだけであるが、けっして一つの意味だけを担っているものではない。せまい意味では、お米を炊いてお茶わんに盛って出されたものをさすのであろうが、「ご飯が炊けた」という場合には、お釜か電気炊飯器で炊きあがった状態のお米をさしている。また、ご飯粒というのはその一つ一つをさしている。しかし「一二時になった。ご飯を食べに行こう」というときは「昼食に行こう」という意味で使われているのであって、かならずしもお米のご飯を食べるとは限らない。うどんを食べる場合もあるだろう。つまりこの場合、ご飯は食事一般をさすと解すべきである。

「新幹線に乗り遅れた」という場合は、［　b　］をさしているのに対して、「新幹線は世界にほこる鉄道である」という場合は［　c　］をさしている。また、「スイカを食べたい」というときのスイカは、よく熟れたあまいスイカをさしているのであって、未熟なウリのようなスイカを意味しているのではない。「これはスイカの

【国　語】（五〇分）〈満点：一〇〇点〉

一　次の１～５の傍線部と同じ漢字を使うものを、後のア～オの傍線部からそれぞれ一つずつ選び、記号で答えなさい（解答番号は１～５）。

１．皆の前でチンジュツする。
ア　彼はいつも冷静チンチャクだ。　イ　争いをチンアツする。
ウ　チンプな表現。　エ　チンキャクが訪れる。
オ　チンタイ物件を問い合わせる。

２．サッソク連絡しよう。
ア　健康をソクシンする。　イ　彼とのヤクソクを守る。
ウ　バッソクを強める。　エ　借りたお金のリソク。
オ　フウソクを測る。

３．作家にシジして修業する。
ア　筆記用具をジサンする。　イ　ジジ問題を論じる。
ウ　山にジセイする植物。　エ　ジダンが成立する。
オ　ジキ大統領を選ぶ。

４．会社のエンカクを記す。
ア　成功のカクリツが上がる。　イ　カクシキを重んじる。
ウ　道路をカクチョウする。　エ　問題のカクシンに触れる。
オ　カクメイ的な発明。

５．白熱した試合にコウフンする。
ア　急な出来事にアワてる。　イ　要点をシボる。
ウ　タクみな話術。　エ　新しい国をオコす。
オ　言葉をヒカえる。

二　次の各問いに答えなさい。

問１　次の各慣用句の□にはそれぞれ動物を表す漢字が入る。その慣用句の意味を後のア～キから一つずつ選び、記号で答えなさい（解答番号は１・２）。
１．□も食わぬ　２．□も杓子も
ア　わけがわからない　イ　何もかもすべて
ウ　ほんのわずか　エ　意気投合する
オ　あつかましい　カ　不機嫌である
キ　全く相手にしない

問２　次の各熟語の対義語をカタカナ表記したものを後のア～キから一つずつ選び、記号で答えなさい（解答番号は３・４）。
３．理論　４．寛容
ア　キョゼツ　イ　ハカイ　ウ　ジッセン
エ　タイサク　オ　ゲンカク　カ　キョウキュウ
キ　コウドウ

問３　次の文の傍線部の敬語と同じ種類の敬語が使われている文を後のア～オから一つ選び、記号で答えなさい（解答番号は５）。
あなたにお目にかかることが出来て、嬉しく思います。
ア　佐藤さんは何でも召しあがる人でした。
イ　今日の料理はどなたが作ってくださったのでしょうか。
ウ　先生が作曲なさった曲を演奏します。
エ　これより試合を開始いたします。
オ　教科書の五ページをご覧になってください。

問４　「今日は部活に行かなかった。」という文を－単語－に区切った場

1月17日

2021年度

解　答　と　解　説

《2021年度の配点は解答欄に掲載してあります。》

＜数学解答＞

1　(1)　ア　7　イ　5　(2)　ウ　6　エ　7　(3)　オ　8　カ　3　キ　3
(4)　ク　6　ケ　2　(5)　コ　0　サ　9　シ　4　(6)　ス　1　セ　7
ソ　3　(7)　タ　1　チ　2　ツ　0　(8)　テ　4　ト　1

2　(1)　ア　1　イ　3　(2)　ウ　1　エ　0　オ　1　カ　3　キ　4　ク　5
(3)　ケ　4

3　(1)　ア　9　(2)　イ　2　ウ　7　エ　2　オ　3　(3)　カ　2　キ　5

4　(1)　ア　1　イ　5　(2)　(i)　ウ　4　エ　5　オ　1　カ　6　キ　2
ク　5　(ii)　ケ　1　コ　3　(iii)　サ　4　シ　1　ス　5
(3)　(i)　セ　6　(ii)　ソ　6　タ　1

5　(1)　ア　1　イ　4　ウ　1　エ　2　オ　2　(2)　(i)　カ　6
(ii)　キ　2　ク　0　(3)　ケ　7　コ　1　サ　2　シ　9

6　(1)　ア　5　イ　0　ウ　4　エ　5　(2)　オ　1　カ　1
(3)　キ　1　ク　1　ケ　3　(4)　コ　2　サ　5　シ　0

○推定配点○

1　各3点×9　2　各3点×3　3　各3点×4　4　(2)　(i)　各2点×2
他　各3点×5　5　各3点×6　6　各3点×5　計100点

＜数学解説＞

基本　1　（数の計算，式の展開，平方根，連立方程式，2乗に比例する関数，2次方程式，因数分解）

(1)　$\left(1.75-\frac{1}{4}\right)\div 0.02=\left(\frac{7}{4}-\frac{1}{4}\right)\times\frac{100}{2}=\frac{6}{4}\times\frac{100}{2}=75$

(2)　$(a+\sqrt{2}+3)(a-\sqrt{2}+3)=(a+3+\sqrt{2})(a+3-\sqrt{2})=(a+3)^2-(\sqrt{2})^2=a^2+6a+9-2=a^2+6a+7$

(3)　$\sqrt{48}-\frac{\sqrt{27}}{2}+\frac{1}{\sqrt{12}}=4\sqrt{3}-\frac{3\sqrt{3}}{2}+\frac{1}{2\sqrt{3}}=4\sqrt{3}-\frac{3\sqrt{3}}{2}+\frac{\sqrt{3}}{6}=\frac{(24-9+1)\sqrt{3}}{6}=\frac{16\sqrt{3}}{6}=\frac{8\sqrt{3}}{3}$

(4)　$3x+7y=32$…①　$-2x+3y=-6$…②　①×2+②×3から，$23y=46$　$y=2$　これを①に代入して，$3x+7\times2=32$　$3x=18$　$x=6$

(5)　$y=x^2$…①　①に$x=3$を代入して，$y=3^2=9$　①は$x=0$のとき最小値0をとり，$x=3$のとき最大値9をとるから，$0\leqq y\leqq 9$　$\frac{(-1)^2-(-3)^2}{-1-(-3)}=\frac{-8}{2}=-4$から，求める変化の割合は，$-4$

(6)　$3x^2-4x-7=0$　$(x+1)(3x-7)=0$　$x=-1,\ \frac{7}{3}$

(7)　$x-15=\mathrm{M}$とおくと，$\mathrm{M}^2+11\mathrm{M}-80=(\mathrm{M}+16)(\mathrm{M}-5)=(x-15+16)(x-15-5)=(x+1)(x-20)$

(8)　$169<170$から，$\sqrt{169}<\sqrt{170}$　$13<\sqrt{170}$　よって，$\sqrt{170}$より小さい素数をすべて足すと，

$2+3+5+7+11+13=41$

2 (方程式の応用問題，2次方程式の利用，数の性質)

(1)　長女の現在の年齢をx才とすると，次女の現在の年齢は，$x-4$(才)　仮定から，$x+20+x-4+20=42+20$　$2x=26$　$x=13$(才)

(2)　連続する3つの整数を$x-1$，x，$x+1$とすると，仮定から，$(x-1)^2+x^2=(x+1)^2$　$x^2-2x+1+x^2=x^2+2x+1$　$x^2-4x=0$　$x(x-4)=0$　$x=0$，4　よって，求める連続する3つの整数は，(−1，0，1)，(3，4，5)

(3)　nは42の約数で7の倍数でもある数になる。よって，7，14，21，42の4個

3 (場合の数と確率)

基本 (1)　(1，3)，(2，2)，(2，6)，(3，1)，(3，5)，(4，4)，(5，3)，(6，2)，(6，6)の9通り

(2)　3人のグー，チョキ，パーの出し方は全部で，$3\times3\times3=27$(通り)　そのうち，Aが負ける場合は，(A，B，C)=(グー，グー，パー)，(グー，パー，グー)，(グー，パー，パー)，(チョキ，グー，グー)，(チョキ，グー，チョキ)，(チョキ，チョキ，グー)，(パー，チョキ，チョキ)，(パー，チョキ，パー)，(パー，パー，チョキ)の9通り　よって，Aが負けない場合は，$27-9=18$から18通りになるので，求める確率は，$\frac{18}{27}=\frac{2}{3}$

(3)　赤玉をA，B，白玉をX，Y，Zとすると，玉の取り出し方は全部で，$5\times4=20$(通り)　そのうち，2個とも同じ色である場合は，(A，B)，(B，A)，(X，Y)，(X，Z)，(Y，X)，(Y，Z)，(Z，X)，(Z，Y)の8通り　よって，求める確率は，$\frac{8}{20}=\frac{2}{5}$

4 (平面・空間図形の計量問題―円の性質，角度，三角形の相似，三平方の定理，最短距離)

基本 (1)　$\angle AOB=180^\circ-75^\circ\times2=30^\circ$　△OCDは二等辺三角形だから，$\angle OCD=\angle ODC$　△ODCの内角と外角の関係から，$\angle ODC=\frac{\angle AOB}{2}=\frac{30^\circ}{2}=15^\circ$

(2)　(ⅰ)　△ABE∽△ACDから，AE：AD=AB：AC=BE：CD=4：5　よって，△ABE：ACD=4^2：5^2=16：25

(ⅱ)　△ADE∽△ACBで相似比は，DE：CB=2：6=1：3

(ⅲ)　AD：AE=5：4，AD：AC=1：3=5：15から，AE：AC=4：15　よって，△ABE：△ABC=AE：AC=4：15

重要 (3)　(ⅰ)　$\sqrt{2^2+3^2+AB^2}=7$から，$4+9+AB^2=49$　$AB^2=36$　AB>0から，AB=6(cm)

(ⅱ)　展開図においてAGとEFの交点をPとすると，AP+PGは最小になる。よって，AP+PG=AG=$\sqrt{(2+3)^2+6^2}=\sqrt{61}$(cm)

5 (図形と関数・グラフの融合問題)

基本 (1)　①に$x=-2$，4を代入して，$y=\frac{1}{4}\times(-2)^2=1$，$y=\frac{1}{4}\times4^2=4$　よって，A(−2，1)，B(4，4)　$\frac{4-1}{4-(-2)}=\frac{3}{6}=\frac{1}{2}$から，直線ABの傾きは，$\frac{1}{2}$　直線ABの式を$y=\frac{1}{2}x+b$として点Aの座標を代入すると，$1=\frac{1}{2}\times(-2)+b$　$b=2$　よって，直線ABの式は，$y=\frac{1}{2}x+2$

(2)　(ⅰ)　直線PBがx軸に平行になるとき，点Pはy軸に関して点Bと対称な点になるから，P(−4，4)　直線②の式を$y=\frac{1}{2}x+c$として点Pの座標を代入すると，$4=\frac{1}{2}\times(-4)+c$　$c=6$　よって，直線②の式は，$y=\frac{1}{2}x+6$

(ⅱ) BP$=4-(-4)=8$ Q(0, 6) (四角形PABQ)$=\triangle$ABP$+\triangle$QBP$=\frac{1}{2}\times8\times(4-1)+\frac{1}{2}\times8\times(6-4)=12+8=20$

重要 (3) 直線ABと②の傾きが等しいことから，AB//② よって，△ABQ=△ABP=15 点Qのy座標をqとすると，$\frac{1}{2}\times(q-2)\times\{4-(-2)\}=15$ $q-2=5$ $q=7$ ②の式は，$y=\frac{1}{2}x+7$ この式と①の式からyを消去すると，$\frac{1}{4}x^2=\frac{1}{2}x+7$ 両辺を4倍すると，$x^2=2x+28$ $x^2-2x-28=0$ 二次方程式の解の公式から，$x=\frac{-(-2)\pm\sqrt{(-2)^2-4\times1\times(-28)}}{2\times1}=\frac{2\pm\sqrt{116}}{2}=\frac{2\pm2\sqrt{29}}{2}=1\pm\sqrt{29}$ $x<-2$から，$x=1-\sqrt{29}$

6 (統計の問題)

基本 (1) $100-40-10=50$から，A店の白は50% C店のマスクのグレーの割合をx%とすると，$30:x=15000:12500$ $x=25$ よって，C店のマスクの青の割合は，$100-(30+25)=45$(%)

(2) A店の売上額は，白が$40000\times\frac{50}{100}=20000$，グレーが$40000\times\frac{40}{100}=16000$，青が$40000\times\frac{10}{100}=4000$ C店の青の売上額をx円とすると，$30:45=15000:x$から，$x=22500$ よって，Bの青の売上額は，$33500-(4000+22500+4000)=3000$(円) B店の青の割合を$x$とすると，$30:x=6000:3000$から，$x=15$ よって，B店の白の割合は，$100-(30+15)=55$(%) B店の白の売上額をxとすると，$55:30=x:6000$から，$x=11000$(円) したがって，B店の総売上額は，$11000+6000+3000=20000$(円) D店のグレーと青の割合は，$10000:4000=5:2$ よって，D店のグレーの割合は，$70\times\frac{5}{7}=50$(%)，青の割合は，$70\times\frac{2}{7}=20$(%) D店の白の売上額をx円とすると，$x:10000=30:50$から，$x=6000$ よって，D店の総売上額は，$6000+10000+4000=20000$(円) したがって，求める比は，$20000:20000=1:1$

(3) $11000:3000=11:3$

(4) C店の総売上額は，$15000+12500+22500=50000$(円) よって，4つの店の総売上額は，$40000+20000+50000+20000=130000$(円) したがって，1枚の値段は，$130000\div520=250$(円)

★ワンポイントアドバイス★

2 (2)では，真ん中の数をxとした方が計算しやすいが，答えるときに一番小さい数にしないように気をつけよう。

<英語解答>

1 1 2　2 2　3 1　4 1　5 4

2 問1 (1) 2　(2) 3　(3) 1　(4) 2　(5) 1　問2 4
問3 ② 2　③ 5　問4 3　問5 A 1　B 6　問6 3
問7 (1) 4　(2) 3　(3) 4

3 1 1　2 4　3 4　4 2　5 1　6 3　7 3　8 1

4 1 1　2 2　3 1　4 3　5 2　6 4　7 2　8 4　9 4　10 3

5　1　3番目　1　6番目　2　　2　3番目　4　6番目　7　　3　3番目　1　6番目　5
4　3番目　3　6番目　8　　5　3番目　4　6番目　5

6　1　4　　2　2　　3　1　　4　3　　5　4

○推定配点○

2　問6・問7　各3点×4　他　各2点×44(5各完答)　計100点

<英語解説>

1 (リスニングテスト)

A　: Excuse me. Could you tell me about the city walking tour?

Clerk : Sure. It takes about 3 hours. You learn about Kyoto's history and its culture. It's very interesting.

A　: It sounds good. Do I need to take anything with me?

Clerk : Wear walking shoes. And take your camera.

A　: Right. When does it start?

Clerk : In ten minutes! It starts at 10 o'clock. The meeting point is in front of this information center.

A　: Oh, we don't have much time, then! How much is it?

Clerk : Twenty-eight dollars. You should run.

1. What can people learn about by joining the tour?
2. What time is it now?

(全訳) A：すみません。市内ウォーキングツアーについて教えてくれませんか。

係員：もちろんです。それは3時間ほどかかります。京都の歴史と文化が学べます。とても興味深いですよ。

A　：良さそうですね。何か持参する必要がありますか。

係員：ウォーキングシューズを履いてください。そしてカメラを持ってきてください。

A　：そうですね。いつ始まりますか。

係員：10分後です！　10時に始まります。集合場所はこのインフォメーションセンターの前です。

A　：ああ，それなら私たちは時間があまりない！　いくらですか。

係員：28ドルです。走ったほうがいいですよ。

1　そのツアーに参加することによって何を学ぶことができるか。

1　3時間。　2　京都の歴史と文化。　3　ウォーキングシューズとカメラ。
4　インフォメーションセンター。

2　今は何時か。

1　9時30分。　2　9時50分。　3　10時。　4　10時10分。

A　: Excuse me, policeman. I'm lost. Do you know where the city hall is?

Policeman : Yes. It's far from here, though. It would take about 30 minutes to walk, or 10 minutes by bus.

A　: No problem. I like walking. Could you tell me how to get there?

Policeman : OK. Go straight down this road for about four blocks. Then turn right onto Chuo street. It's a big road.

A　: Oh, OK.

Policeman：And the city hall is the big building, across from the park!
A　　　：Across from the park? I see. Thank you, policeman.

3. How long does it take by bus to the city hall?
4. How will the man go to the city hall?
5. Where is the city hall?

A　：すみません，おまわりさん。迷ってしまいました。市役所はどこかご存じですか。
警官：はい。でもここから遠いですよ。歩いて約30分，バスでは10分かかります。
A　：問題ありません。私は歩くのが好きです。そこへの行き方を教えてくれませんか。
警官：わかりました。この道路をまっすぐ4区間ほど行ってください。次に，右に曲がって中央通りに行きます。大きな道路です。
A　：ああ，わかりました。
警官：そして市役所は公園の向かいの大きな建物です。
A　：公園の向かいですか？　わかりました。ありがとう，おまわりさん。

3　市役所までバスでどのくらい時間がかかるか。
　1　10分。　2　15分。　3　30分。　4　33分。
4　その男性はどのようにして市役所に行くか。
　1　徒歩で。　2　バスで。　3　自転車で。　4　電車で。
5　市役所はどこか。
　1　公園の隣。　2　駅の近く。　3　大きな建物の向かい。　4　公園の向かい。

2　(長文読解問題・歴史：語句補充・選択，前置詞，関係代名詞，指示語，語句解釈，内容吟味)

(大意)　マルコ・ポーロは彼の時代で最も有名な旅行家と思われているが，マルコの父親とおじのニコロとマフェオが彼よりも前に東洋へ旅した。ニコロとマフェオは1253年にベニスを出発しコンスタンティノープルへ向かった。彼らは商品(1)でいっぱいの大きな船に乗って航海した。当時，海の旅は危険で(2)汚く不快だったので，ポーロ兄弟は(3)ついにコンスタンティノープルに到着して喜んだ。この大都市は世界中の商人の中心地で，兄弟は②ここで6年間売買をし，たくさんの宝石を買った。ポーロ兄弟は現代のウクライナにあるスダクへ向かい，シルクロードの北ルートに沿って東へ移動した。彼らは現在アストラハンと呼ばれている場所にあるセライへ行った。ここはモンゴルの統治者ベルケ・ハーンの避暑地だった。ポーロ兄弟が初めてベルケ・ハーンに会った時，彼らは彼にコンスタンティノープルから持ってきた宝石を贈ったが，その統治者はお返しに2倍の宝石を与えた！　兄弟は裕福になり，セライに1年間滞在して売買をした。その後彼らは現在のウズベキスタンにある有名なシルクロードの都市ブハラに行き，③そこで3年間商人として働いた。彼らはブハラでフビライ・ハーンに会いに行こうとしている大使に会った。その大使は④2人をつれて中国へ行き，フビライ・ハーンに会うことを同意した。1264年，ポーロ兄弟は現在の北京にあるフビライ・ハーンの宮殿に到着した。彼らが最初にベニスを出発してから(A)11年が経っていた。後に『東方見聞録』において，マルコはポーロ兄弟とフビライ・ハーンの面会について語っている。ハーンはニコロとマフェオを気に入り，彼らは中国で2年間売買をしてモンゴル語も話せるようになった。しかし彼らは故郷に戻りたくなったので，フビライ・ハーンは2人に金のパスポートを渡した。⑤これがあれば，彼らは自由にモンゴル帝国内を旅することができ，食料と寝る場所が与えられた。しかし兄弟が出発する前に，ハーンは彼らに教皇へメッセージを届け，100人のキリスト教神父を連れて中国に戻ってくるように頼んだ。ニコロとマフェオは同意し，できるだけすぐに戻ってくると言った。シルクロードに沿って3年間旅した後，兄弟は地中海の都市アクレに到着し，教皇が亡くなったのでハーンのメッセージを届けることができないとそこで知った。そのため彼らはベニスへ航海し，1269年，ニコロとマフェオはベニスに到着した。彼らが最初に旅を始めてから(B)16年が経っていた。ニコロの妻はすでに亡くなっており，息子のマルコは15歳だった。

問1 (1) be full of ～「～でいっぱいだ」 (2) dirty「汚い」 (3) at last「ついに」

(4) who は ambassador「大使」を先行詞とする主格の関係代名詞。

(5) as soon as possible「できるだけすぐに」

問2 マルコ・ポーロの著書『東方見聞録』のこと。

重要 問3 ② 2つ前の文の Constantinople を指す。 ③ 前文の Bukhara を指す。

問4 ポーロ兄弟，つまりマルコの父とおじの Niccolo and Maffeo を指す。

やや難 問5 (A) 第2段落第1文より彼らがベニスを最初に出発したのは1253年。1264年はその11年後。

(B) 彼らが旅を始めたのは，ベニスを最初に出発した1253年であるから，1269年はその16年後。

問6 直前の文の a beautiful gold passport を指す。with this は「これがあれば，これを持っていれば」という意味。

重要 問7 (1) 4「ベルケ・ハーンはポーロ兄弟が彼に贈ったよりも多くの宝石をポーロ兄弟に与えた」

(2) 3「フビライ・ハーンはポーロ兄弟に教皇へメッセージを届けてほしいと頼んだ」

(3) 4「ポーロ兄弟が1269年にベニスに到着した時，ニコロの息子がそこに住んでいた」

重要 3 (長文読解問題・紹介文：英問英答，内容吟味)

(大意) 職のあるアメリカ人のほとんどは他の国の人々よりも快適に暮らしている。週に40時間働き，1年間に2週間の休暇があり，感謝祭やクリスマスの休暇もある。職がなければ，生活は厳しい。政府が少しのお金をくれるが，必要なものをすべて買うには足りない。アメリカの通貨はドルで，タクシーやレストランで人々はチップを渡す。この追加のお金がないと，多くの労働者は生活するのに十分なお金がない。アメリカは非常に大きな国なので，時差がある。ニューヨークで午後12時なら，シアトルでは午前9時だ。アメリカの一般家庭は1日に7時間以上テレビを見る。1万以上のテレビ局があり，アメリカのテレビ番組は世界中で売られている。ほとんどのアメリカ人はスポーツを楽しみ，野球，バスケットボール，フットボールが人気だ。アメリカンフットボールはヨーロッパのフットボールとは非常に異なる競技だ。最も人気があるスポーツは野球で，有名なチームはロサンゼルス・ドジャーズ，ニューヨーク・ヤンキース，ボストン・レッドソックスだ。アメリカを訪問すればアメリカンブレックファーストが楽しめる。卵は様々な方法で調理され，「サニーサイドアップ」は黄身が上になっている。朝食ではコーヒーは同じ値段で好きなだけ飲める。アメリカではコーヒーを1日中飲める。1990年代以降，スターバックスが人々のコーヒーの飲み方を変え，非常に長いメニューからコーヒーを選べるようになっている。

1「ほとんどのアメリカ人は1年に何日の休暇を取るか」「2週間以上」 2「職がないと，なぜ生活が人にとって大変になるのか」「政府からの支援は職がない人々にとって不十分だから」 3「『チップ』とは何か」「それらは労働者にとって非常に重要である，なぜなら彼らは十分なお金を得ていないから」 4「ニューヨークが午後7時の時，シアトルは何時か」「午後4時」 5「アメリカのテレビについて正しいものはどれか」「ほとんどのアメリカ人が週49時間以上テレビを見る」 6「アメリカのスポーツについて正しいものはどれか」「アメリカにはいくつかの有名な野球チームがある」 7「『サニーサイドアップ』(目玉焼き)について正しいものはどれか」「上が太陽のように黄色である」 8「アメリカでの飲食について正しいものはどれか」「人はいつでもコーヒーが飲める」

基本 4 (語句補充・選択：命令文，比較，不定詞，前置詞，時制，動名詞，関係代名詞，接続詞)

1「気を付けて！ 車が後ろにいる」 命令文〈Be ＋形容詞〉

2「このスマートフォンはあのスマートフォンより人気がある」 popular の比較級は more popular。

3 「私は財布の中にほとんどお金を持っていない」〈little ＋数えられない名詞〉「ほとんど～ない」
4 「何か飲み物をもらえませんか」 something to drink「何か飲み物」
5 「この机は私には重すぎて運べない」〈too … for ＋人＋ to ＋動詞の原形〉「…すぎて(人)には～できない」
6 「昨日，このクラスの全員がとても疲れているように見えた」〈look ＋形容詞〉「～に見える」 yesterday とあるので過去形にする。
7 「兄はたった今宿題を終えた」 just now「たった今」は過去時制の文で使う。
8 「川で泳ぐことはとても楽しい」 動名詞句 swimming in the river「川で泳ぐこと」が文の全体の主語である。
9 「タカシは姉が有名なピアニストである少年だ」 whose は所有格の関係代名詞。
10 「私はこの都市を知っている，なぜなら今までに行ったことがあるからだ」 because は理由を導く接続詞。

重要 2 5 （語句整序：助動詞，間接疑問，不定詞，動名詞，接続詞，熟語，関係代名詞）

1 Can you tell me who wrote this letter?　Can you ～?「～してくれませんか」
2 (She) was kind enough to show me the way to the post office.　直訳は「彼女は郵便局への道を教えてくれるほど親切だった」。〈形容詞＋ enough to ＋動詞の原形〉「～するほど…」
3 (She) finished writing the letter when her mother came in.　finish ～ing「～するのを終える」 when は時を表す接続詞。come in「入ってくる」
4 (That) high building you can see over there is our (school.)　you の前に目的格の関係代名詞が省略されており，you can see over there「向こうに見える」が building を後ろから修飾する。
5 We have to keep our classroom clean all (the time.)　〈have to ＋動詞の原形〉「～しなくてはならない」〈keep ＋目的語＋形容詞〉「～を…に保つ」

基本 6 （長文読解問題・資料読解：内容一致）

英語部ディナーパーティー 日付：10月22日(木) 時間：午後7時—午後9時 場所：生徒会館 ゲストスピーカー：『英語はおもしろい』の著者，ジェーン・フィッツジェラルド博士 予約と詳しい情報は，サンドラ・カーデンに電話してください。(212－2334)

1「どんな種類のグループが集まるか」「英語部」
2「参加したければ，最初に何をする必要があるか」「電話する」
3「このイベントについて正しいものはどれか」「午後9時に終わる」

求人　ダニーズレストラン
時：12月1日以降いつでも
給与：1時間60ドル
時間：平日　午前11時から午後7時
週末　午後12時から午後9時
火曜休み
・コックと配達ドライバーは1日に少なくとも3時間働かなくてはならない。
・少なくとも週に4日働かなくてはならない。
・メニューにある料理の作り方を教えるが，あなたがすでに調理方法を知っているとさらに良い。
9月20日までにダニー・ジェーンへメールしてください。

4「この広告について正しいのはどれか」「火曜日には働かなくてよい」　5「このレストランで働いたら，何を学ぶことができるか」「メニューに載っている料理の作り方」

★ワンポイントアドバイス★
2は『東方見聞録』の著者マルコ・ポーロの父親とおじに関する歴史的文章。地名や人名の把握が難しく，丁寧な読み取りが必要だ。

<国語解答>

一　1　エ　2　ウ　3　イ　4　エ　5　ア
二　問1　オ　問2　イ　問3　ア　問4　ウ　問5　エ　問6　オ　問7　ウ
問8　ア・オ・カ
三　問1　ア　問2　イ　問3　ウ　問4　オ　問5　イ　問6　エ　問7　オ
四　問1　ウ　問2　ア　問3　エ　問4　イ　問5　オ　問6　エ　問7　ウ
五　問1　a　ア　b　エ　問2　エ　問3　ウ　問4　イ　問5　オ

○推定配点○
一　各2点×5　二　各1点×10　三　各4点×7　四　各4点×7　五　各4点×6
計100点

<国語解説>

一　(漢字の読み書き)
1　繁栄　ア　炊飯器　イ　版画　ウ　伴侶　エ　繁茂　オ　販売
2　含有　ア　念願　イ　一丸　ウ　含蓄　エ　沿岸　オ　玩具
3　簡潔　ア　決行　イ　清潔　ウ　傑出　エ　血縁　オ　欠如
4　抑揚　ア　養う　イ　踊る　ウ　揺れる　エ　揚げる　オ　溶かす
5　快く　ア　愉快　イ　歓迎　ウ　祝電　エ　明朗　オ　改善

二　(語句の意味，熟語，品詞・用法，仮名遣い，文学史)
基本　問1　ア　三寒四温　イ　千載一遇　ウ　二者択一　エ　十人十色　オ　公明正大
問2　イの「年長」は「年」が「長」じる，という主語と述語の構成。「賢母」は「賢」い「母」，「厚」い「志」，という上の語が下の語を修飾する構成。

問3 「てんいむほう」と読む。天人の衣服は縫い目がないように作られていることからできた語。

問4 自立語は単独でも文節を構成することができる語。「小学校」「いる」「時分」「学校」「二階」「飛ん」「一週間」「腰」「抜かし」「こと」「ある」が自立語。

問5 「怒られたばかり」の「ばかり」は動作が完了して間もないという意味を表し，同じ意味・用法はエ。アはおおよその程度，イはある動作が今にも行われようとする，ウは原因，オは限定の意味を表す用法。

基本 問6 オの「すなほ」は「すなお」と読む。

問7 ウの「六月」の異名は「水無月」。

やや難 問8 『万葉集』は奈良時代に成立した歌集で，全国各地，各階層の人の歌が約4500収められている。素朴で力強い歌が多い。現存する最古の歌集だが，勅撰和歌集ではない。藤原定家が編纂に加わったのは『新古今和歌集』。

三 (論説文―大意・要旨，内容吟味，文脈把握，段落・文章構造，脱文・脱語補充)

問1 傍線部a「このような前提」は，直前の段落の「この同じものが，言語が違えば別のことばで呼ばれるという……大前提」を指示している。日本語の「イヌ」は英語では「dog」と呼ぶということになる。異なる言語を用いるだけで，同じものを同じように認識しているとするアが適切。

問2 傍線部bは，名称が異なればちがったものを提示しているということ。この根拠を述べている部分を探す。「ことばが」で始まる段落の「ことばの構造やしくみが違えば，認識される対象も当然ある程度変化せざるを得ない」は，イの言語が異なれば世界の区切り方も変化すればものの見え方もまた異なっていくと言い換えられる。「始めに言葉ありき」とする筆者の立場にアやウは合わない。エの「文化」について論じているわけではない。オは，「ことばの構造やしくみ」に触れていない。

問3 同じ文の「始めにことばありき」を，直後の段落で「世界の断片を，私たちが，ものとか性質として認識できるのは，ことばによってであり，ことばがなければ，犬も猫も区別できない筈だ」と説明している。この説明を述べているウが適切。エとオは「始めにことばありき」という筆者の立場に合わない。アの「細かく分類されていく」，イの「伝達される過程で，徐々に認知される」は本文では述べていない。

問4 直前の段落で述べている定義の中で「人間側の要素」は，「その前で人がある程度の時間，座るか立止まるかして，その上で何かをする」ことを意味している。この要素にふさわしいのは，「人との相対的位置」と「利用目的」とあるオ。「人との相対的位置」と「利用目的」に，アの「情報」，イの「見た目や手触り」，ウの「材質や色」，エの「美的センス」はそぐわない。

やや難 問5 直後の「たとえば室内に飼われている猿や犬の目から見れば，ある種の棚と，机と，椅子の区別は理解できないだろう。机というものをあらしめているのは，全く人間に特有な観点であり，そこに机というものがあるように私たちが思うのは，ことばの力による」から，「人間の視点」を読み解く。「人間の視点」はことばでものを定義し認識するもので，この内容に通じるイを選ぶ。筆者はことばでものを定義し認識することを「人間の視点」としているので，ウの「ものを捉えようとする」だけでは十分ではない。

重要 問6 空欄fを含む文は，直前の文の「ことばというものは，混沌とした，連続的で切れ目のない素材の世界に，人間の見地から，人間にとって有意義と思われる仕方で，虚構の文節を与え，そして分類する働きを担っている」を言い換えて説明している。「ことばというものは……人間の見地から，人間にとって有意義と思われる仕方で，虚構の文節を与え，そして分類する」が「言語とは……人間に提示して見せる［ f ］を本質的に持っている」に重なることから，エの「虚構性」があてはまる。

問7　冒頭の段落で「『同じものが，国が違い言語が異れば，全く違ったことばで呼ばれる』という認識」を取り上げた後，「それは」で始まる段落で「ものという存在が先ずあって，それにあたかもレッテルを貼るような具合に，ことばが付けられるのではなく，ことばが逆にものをあらしめているという見方」と異なる見解を述べている。この内容について「抽象的な議論」をした後で「机」という具体例を示して説明をしている。この論理構成に適切なのはオ。

四　**(小説—情景・心情，内容吟味，文脈把握，指示語の問題，脱文・脱語補充)**

問1　直後の「焦る気持ちがふくらんでいった」と，直後の文以降の「三塁の塁審に思いきって声をかけていた。『あの……，いったい，何が目的なんですか？』」という描写から，颯太の現在の状態を読み取る。三塁の塁審が気になって焦っていると述べているウが適切。塁審への「あの……，いったい，何が目的なんですか？」という問いかけにアやエ，オはそぐわない。塁審の目的がわからないので，「恨み」とあるイも適切ではない。

問2　直前の段落の「やっぱり何度思い返してみても，事故の瞬間，自分から車のほうに近づき，接触したかどうかは記憶があやふやだった。けれど，自分の体裁だけを考えて，逃げたことにかわりはない。セレクションから，優一の才能から逃げていた。その罪悪感を，知らず知らずのうちに赤の他人の肩に押しつけた」という心情と，傍線部bの一つ後の文「それ以外に，自分がいったい何をすべきなのかわからなかったからだ」という理由を合わせて述べているものを選ぶ。

やや難　問3　一つ前の段落に「お山の大将気取りで，ここまでのうのうと生きてきてしまった」とあるように，颯太は今までの自分を責めている。後の「でも，もうおそい……いや，まだ間にあう。終われない。終わりたくない」という描写から，颯太の後悔したくないという思いが読み取れる。

問4　傍線部dの「そんな」は，直前の「けれど，気負いはなかった。くやしさはなかった。優一への憎しみはなかった。ただただ，あいつの球を打ち返したい。もっと，わくわくする気持ちを味わいたい」を指示している。野球そのものをひたむきに楽しみたいとあるイを選ぶ。

問5　前の「その近くに三塁の塁審が立っていた……なぜかこの瞬間，颯太はあの人のところまで何がなんでも行かなければいけないという，切迫した思いにとらわれていた。あきらめる瞬間の表情を，あの人に決して見せてはいけない気がした。それが，あの人の謝罪に対する，最低限の返答だ」から，颯太が「セカンドベースを躊躇なく蹴っ」て三塁に向かった理由を読み取る。

問6　直後の「打ったんだ。俺が打ったんだ！」には，優一の投げた球を打った喜びが読み取れる。また，颯太は三塁の塁審に自分があきらめる瞬間を見せたくないという思いで三塁まで走っており，その心情を合わせて述べているエが適切。一つ後の文の「無意識のうちに出かけたガッツポーズを，颯太はおさえた」にアやイはそぐわない。本文の前半「適当に流して，早く終えてしまおう」という心情に「厳しい練習が報われた」とあるオは合わない。ウは優一の球を「打った」喜びではない。

重要　問7　三塁の塁審の言動に着目する。「僕も高校球児だった。君の未来をつぶしてしまった重みが，痛いほどわかるから……」や「あのときは急いでて……。本当にすまなかったと，思ってる」「とくに平日は審判が足りないし……いつかあやまろうと思って，でもそれは立場上許されないことで，とうとう君が三年になっ……」から，塁審が颯太の未来をつぶしてしまった責任を重く受け止め謝罪していることがわかる。また，「片膝を落として」で始まる段落の「厳粛な審判の表情」という描写からは，塁審が公平な判断をしようとしていることが読み取れる。この内容を述べているウが適切。塁審は事故の当事者で颯太に謝罪していることから，イの「苦しさを乗り越えて成長していく姿をそっと見守る優しい人物」は適切ではない。

五　**(古文—主題・表題，情景・心情，脱文・脱語補充，熟語，文と文節，文学史)**

〈口語訳〉　こうしたことについては，平清盛の若いころが，とても立派であった。間が悪く，どれほど嫌なことであっても，その人なりの戯れだと思って，しているのを，その人への慰めとして，面白くなくても笑い，どのような間違いをし，物を散らかして，あきれるようなことをしても，言っても仕方がないと，声を荒立てることはなかった。

冬の寒いときには，年の若い侍たちを自分の袖の下に寝かせて，早朝に彼らが朝寝坊をすると，そっと置き出して，(若い侍たちを)思う存分寝かせたのだった。

召し使うにも及ばないような身分の低い者であっても，その者達の家族や知り合いが見ているところでは，一人前の人物として接しなさったので，(身分の低い者であっても)たいそう面目が保たれ，心にしみて，うれしく思ったのだった。このような情けによって，ありとあらゆる者達が尊敬したのだった。

人の心を思いやるとはこういうことである。

問1　a　平清盛の「小侍ども」に対する扱いについて述べている部分である。「やをらぬき出でて」「小侍ども」を「思ふばかり寝させ」たのは，平清盛。　b　家族や知り合いの前で平清盛に「人数なる由をもてな」されて「うれしと思」ったのは，「召し使ふにも及ばぬ末のもの」。

基本　問2　「平清盛」が出てくるのは，鎌倉時代に成立した軍記物語である『平家物語』。

問3　後の「恨まれることも多く」に通じるのは，人のことを気にかけず自分勝手に振る舞う様子を表すウの「傍若無人」。アは名前ばかりで実質がない，イは重要なこととささいなことを取り違える，エは安易に他人に賛成する，オは落ち着いていて物事に動じない様子の意味。

やや難　問4　「かやうのかたは」で始まる段落からアとオ，「冬寒きころは」で始まる段落からエ，「召し使ふ」で始まる段落からウが読み取れる。イの内容は本文から読み取ることができない。

重要　問5　この話の教訓は最終文の「人の心を感ぜしむとはこれなり」で，「これ」は平清盛がどんなに身分の低い者であっても相手を思いやり一人前の人物として接したことを指している。

★ワンポイントアドバイス★

読解問題の選択肢は，五択でしかも紛らわしいものが多い。ふだんから選択肢が長めの練習問題に意識的に取り組もう。

1月18日

2021年度

解　答　と　解　説

《2021年度の配点は解答欄に掲載してあります。》

＜数学解答＞

[1] (1) ア 2　イ 8　(2) ウ 1　エ 3　オ 0　(3) カ 4　キ 5
ク 1　ケ 8　コ 6　(4) サ 2　シ 5　(5) ス 9　セ 7
(6) ソ 1　タ 3　チ 1　(7) ツ 8　テ 9　ト 6

[2] (1) ア 5　イ 1　ウ 0　エ 1　オ 0　(2) カ 1　キ 8　ク 1
ケ 8　コ 0　(3) サ 9

[3] (1) ア 1　イ 2　(2) ウ 8　エ 9　(3) オ 8　カ 2　キ 5

[4] (1) (i) ア 1　イ 0　ウ 0　エ 2　オ 5　(ii) カ 5　キ 2
ク 5　(2) ケ 1　コ 3　サ 6　(3) (i) シ 3　ス 2　セ 1
ソ 0　タ 3　(ii) チ 4　ツ 1　テ 0　ト 3

[5] (1) ア 1　イ 1　ウ 2　エ 1　オ 2　カ 4　キ 4　ク 4
(2) ケ 9　コ 2　(3) サ 3　シ 5

[6] (1) ア 3　イ 2　(2) ウ 2　(3) (i) エ 3　(ii) オ 6

○推定配点○

[1] 各3点×8　[2] (1) 2点，3点　(2) 2点，3点　(3) 4点　[3] 各4点×3
[4] 各4点×5　[5] (1) 各2点×4　(2) 4点　(3) 各2点×2　[6] (1) 各2点×2
(2) 3点　(3) 3点，4点　計100点

＜数学解説＞

基本 [1] (数の計算，平方根の計算，因数分解，連立方程式，2次方程式，空間図形の計量問題)

(1) $24-12\div3\times2-(-2)^2\times(-3)=24-8-4\times(-3)=24-8+12=36-8=28$

(2) $0.48\times\frac{5}{12}-0.3\div\frac{9}{5}=\frac{48}{100}\times\frac{5}{12}-\frac{3}{10}\times\frac{5}{9}=\frac{1}{5}-\frac{1}{6}=\frac{6}{30}-\frac{5}{30}=\frac{1}{30}$

(3) $(\sqrt{3}-\sqrt{18}+\sqrt{12})^2=(\sqrt{3}-3\sqrt{2}+2\sqrt{3})^2=(3\sqrt{3}-3\sqrt{2})^2=27-18\sqrt{6}+18=45-18\sqrt{6}$

(4) $ab-10-5a+2b=ab-5a+2b-10=a(b-5)+2(b-5)=(a+2)(b-5)$

(5) $x-3y=30$…①　$0.2x-\frac{3y-1}{2}=\frac{64}{5}$　両辺を10倍して，$2x-5(3y-1)=128$　$2x-15y=123$…②　②－①×2から，$-9y=63$　$y=-7$　これを①に代入して，$x-3\times(-7)=30$　$x+21=30$　$x=9$

(6) $3x^2-2x-1=0$　$(3x+1)(x-1)=0$　$x=-\frac{1}{3}$，1

(7) この円すいの底面の半径を$r$cmとすると，$\frac{2\pi r}{2\pi\times10}=\frac{216}{360}$　$r=\frac{3}{5}\times10=6$　よって，この円すいの高さは，$\sqrt{10^2-6^2}=\sqrt{64}=8$(cm)，体積は，$\frac{1}{3}\times\pi\times6^2\times8=96\pi$ (cm³)

2 (方程式の応用問題，数の性質)

(1) 20分$=\frac{1}{3}$時間，5分$=\frac{1}{12}$時間　家から公民館までの距離を$x$kmとすると，予定時刻の関係から，$\frac{x}{6}+\frac{1}{3}=\frac{x}{4}-\frac{1}{12}$　両辺を12倍して，$2x+4=3x-1$　$x=5$(km)　$\frac{5}{6}+\frac{1}{3}=\frac{5}{6}+\frac{2}{6}=\frac{7}{6}=1\frac{1}{6}$　$1\frac{1}{6}$時間$=$1時間10分より，到着予定時刻は，10時10分

(2) もとの長方形のたての長さを$x$cmとすると，横の長さは，$x-8$(cm)　仮定から，$(x-6)\times3(x-8)=2x(x-8)$　$3(x^2-14x+48)=2x^2-16x$　$x^2-26x+144=0$　$(x-8)(x-18)=0$　$x>8$から，$x=18$　もとの長方形の面積は，$18\times(18-8)=180$(cm^2)

(3) 18をnで割ると自然数になることから，$n=1$，2，3，6，9，18　$\frac{n}{50}$がもうこれ以上約分できないことから，$n=1$，3，9　よって，最大のnの値は，9

3 (場合の数，確率)

(1) 123，132，133，213，231，233，312，313，321，323，331，332の12個

(2) 大小2個のさいころの目の出方は全部で，$6\times6=36$(通り)　そのうち，2個とも3未満の目が出る場合は，(1，1)，(1，2)，(2，1)，(2，2)の4通り　よって，少なくとも1個は3以上の目が出る場合は，$36-4=32$(通り)　したがって，求める確率は，$\frac{32}{36}=\frac{8}{9}$

(3) $100\div5=20$，$100\div7=14$あまり2，$100\div35=2$あまり30　よって，1から100までの数で，5の倍数または7の倍数である数は，$20+14-2=32$(個)　よって，求める確率は，$\frac{32}{100}=\frac{8}{25}$

4 (平面・空間図形の計量問題−面積，円の性質，角度，三平方の定理，体積)

(1) (ⅰ) 求める面積は，4個の円の中心を結んでできる正方形の面積から，1個の円の面積をひいたものになるから，$10\times10-\pi\times5\times5=100-25\pi$(cm^2)

(ⅱ) 求める小さい円の半径は，(ⅰ)の正方形の1つの対角線の長さから，円の半径の2つ分を2で割ったものになるから，$\frac{10\sqrt{2}-5\times2}{2}=5\sqrt{2}-5$(cm)

(2) △ABCは二等辺三角形だから，$\angle BAC=180°-34°\times2=112°$　円周角の定理から，$\angle x=360°-112°\times2=136°$

重要 (3) (ⅰ) $AH=\frac{AC}{2}=\frac{4\sqrt{2}}{2}=2\sqrt{2}$　△OAHにおいて，三平方の定理を用いると，$OH=\sqrt{OA^2-AH^2}=\sqrt{(4\sqrt{3})^2-(2\sqrt{2})^2}=\sqrt{40}=2\sqrt{10}$　よって，求める体積は，$\frac{1}{3}\times4^2\times2\sqrt{10}=\frac{32\sqrt{10}}{3}$(cm^3)

(ⅱ) 辺OBの中点をRとすると，△PQR∽△ADBで相似比はPQ：AD＝OP：OA＝1：2だから，面積比は，△PQR：△ADB$=1^2:2^2=1:4$　△PQR$=$△ADB$\times\frac{1}{4}=\frac{1}{2}\times4\times4\times\frac{1}{4}=2$　求める体積は，三角すいO−PQRと三角すいB−PQRの和になるから，$\frac{1}{3}\times$△PQR$\times OH=\frac{1}{3}\times2\times2\sqrt{10}=\frac{4\sqrt{10}}{3}$(cm^3)

5 (図形と関数・グラフの融合問題)

基本 (1) ①に$x=1$を代入して，$y=1^2=1$　よって，A(1，1)　②に$y=1$を代入して，$1=\frac{1}{4}x^2$

$x^2=4$　$x>0$から，$x=2$　よって，B(2, 1)　①に$x=2$を代入して，$y=2^2=4$　よって，C(2, 4)　②に$y=4$を代入して，$4=\frac{1}{4}x^2$　$x^2=16$　$x>0$から，$x=4$　よって，D(4, 4)

(2)　AB＝2－1＝1，DC＝4－2＝2　四角形ABDCは台形になるから，(四角形ABDC)＝$\frac{1}{2}\times(1+2)\times(4-1)=\frac{9}{2}$

(3)　内部にある格子点は，(2, 2)，(2, 3)，(3, 3)の3個　周上にある格子点は，(1, 1)，(2, 1)，(2, 4)，(3, 4)，(4, 4)の5個

6　(規則性)

基本　(1)　図1でAとBは同じ重さになるので，重いものはCとなる。図2でBはAより重いので，AとCは同じ重さで，重いものはBとなる。

(2)　最初の操作で，3グループから1グループの重いものを見つけることができる。2回目の操作で，その重かったグループを(1)と同じ操作をすれば1個の重いビー玉を見つけることができる。よって，最低2回の操作を行えばよい。

重要　(3)　(i)　最初の操作で，3グループから1グループの重いものを見つけることができる。2回目の操作で，2個ずつ3グループに分けて(1)と同じ操作をすれば1グループの重いものを見つけることができる。3回目の操作で皿が下がったものが重いビー玉になる。よって，最低3回の操作が必要になる。

(ii)　$9=3^2$，$18=3^2\times2$，$486=3^5\times2$　これまでの結果から，ビー玉の数が486個の場合，5＋1＝6より，最低6回の操作が必要である。

★ワンポイントアドバイス★

4 (3)(ii)の三角すいOPBQの体積は，(三角すいOABDの体積)$\times\frac{OP}{OA}\times\frac{OQ}{OD}$で求めることもできる。$\frac{1}{2}\times\frac{32\sqrt{10}}{3}\times\frac{1}{2}\times\frac{1}{2}=\frac{4\sqrt{10}}{3}$(cm^3)

＜英語解答＞　《学校からの正答の発表はありません。》

1　1 4　2 3　3 4　4 5　5 9

2　問1　(1) 4　(2) 1　(3) 1　(4) 3　(5) 4　問2 4　問3 4
問4 4　問5 4　問6 4　問7　(1) 4　(2) 2　(3) 4

3　1 3　2 2　3 3　4 4　5 1　6 1　7 3　8 3

4　1 2　2 3　3 4　4 4　5 3　6 3　7 4　8 3　9 4　10 1

5　1　3番目 8　6番目 2　2　3番目 4　6番目 2　3　3番目 5　6番目 6
4　3番目 5　6番目 2　5　3番目 2　6番目 3

6　1 1　2 4　3 2　4 2　5 4

○推定配点○

3　各3点×8　他　各2点×38(5各完答)　計100点

＜英語解説＞

1 （リスニングテスト）

Clerk：This is ABC information center. Can I help you?
Man ：Yes. Could you tell me about the city bus tour?
Clerk：Certainly. What would you like to know?
Man ：How much does it cost?
Clerk：It's thirty dollars a person.
Man ：Great. There are two of us. So it'll be 60 dollars in total, right?
Clerk：Sure.
Man ：What time does it start?
Clerk：At nine o'clock.
Man ：OK. Where does it begin?
Clerk：At the Sky Tower.
Man ：And do I need to bring anything with me?
Clerk：Just your camera!
Man ：That's great. Thanks for your help.

1. How much does it cost when 3 people join this tour?
2. What does the man have to take with him?

（全訳） 係員：こちらはABCインフォメーションセンターです。ご用件をどうぞ。
男性：はい。シティバスツアーについて教えてくれませんか。
係員：かしこまりました。何が知りたいですか。
男性：料金はいくらですか。
係員：1人30ドルです。
男性：いいですね。私たちは2人です。それだと合計60ドルですね。
係員：そうです。
男性：何時に始まりますか。
係員：9時です。
男性：わかりました。どこで始まりますか。
係員：スカイタワーです。
男性：それと，何か持っていく必要がありますか。
係員：カメラだけです！
男性：それはすばらしい。ありがとうございました。

1　3人がこのツアーに参加すると費用はいくらかかるか。
　1　13ドル。　2　30ドル。　3　60ドル。　4　90ドル。
2　男性は何を持っていく必要があるか。
　1　スカイタワー。　2　人。　3　カメラ　4　1ドル。

John：Hello, Bob. This is John speaking. I'm going to show you how to get to my house from Kashiwa station.
Bob ：Thank you, John.
John：You walk straight from the station and you'll see a bus stop in front of the hospital.
Bob ：I see.
John：Turn right at the hospital. Then, you'll see a park on your left.

Bob ：Oh, I know this park. I went there before. The park has a big tree. It's a famous park.

John：And then there is a bookstore. It's between the park and the post office.

Bob ：Do I turn left at the post office?

John：That's right. Then go straight. There is a restaurant on your right, and you can see my house on your left.

Bob ：I see. I think I can find your house.

3. What is John talking about?

4. Which place has Bob been to before? Choose the number on the map.

5. Where is John's house? Choose the number on the map.

ジョン：もしもし，ボブ。ジョンだよ。柏駅から僕の家へ行く方法を君に教えるよ。

ボブ　：ありがとう，ジョン。

ジョン：駅からまっすぐ歩くと，病院の前にバス停が見える。

ボブ　：わかった。

ジョン：病院のところで右に曲がる。そうすると左側に公園が見える。

ボブ　：ああ，この公園は知っているよ。前に行ったことがある。その公園には大きな木がある。有名な公園だよ。

ジョン：そしてそこには書店がある。それは公園と郵便局の間だよ。

ボブ　：郵便局で左に曲がるの？

ジョン：その通り。そして直進する。右側にレストランがあり，左側に僕の家が見えるよ。

ボブ　：わかった。君の家を見つけられると思う。

3　ジョンは何について話しているか。

　1　ジョンの家族。　2　駅への行き方。　3　公園への行き方。

　4　ジョンの家への行き方。

4　ボブは今までにどの場所に行ったことがあるか。地図上の番号を選べ。

やや難　5　ジョンの家はどこか。地図上の番号を選べ。

2 **（長文読解問題・伝記：語句補充・選択，前置詞，関係代名詞，語句解釈，指示語，内容吟味）**

（大意）　アルバート・アインシュタインは1879年にドイツのウルムで生まれた。父親のヘルマンは親しみやすく聡明で，若い頃，数学が得意だった。母親のポーリーンは裕福な家庭の出身で，聡明であり，音楽を愛した。彼らは会社を経営していたが，アルバートが生まれるとミュンヘンに引っ越し，ヘルマンは新しい会社を創設した。アルバートは他の子供と違い，2歳を過ぎるまで言葉を話さなかった。①ヘルマンとポーリーンは彼をとても心配し，多くの医者に見せたが，誰にも何が問題かわからなかった。アルバートは他の少年たちとは異なり，1人で座って考えるのが好きだった。トランプを使って家を建てるのが好きで，②14階の高さの家を作れた。アルバートは音楽も大好きでバイオリンを弾き，モーツァルトが好きで③彼の音楽を演奏することを何時間も練習した。アルバートは音楽より科学のほうが得意だったが，答えられない問題があると音楽を聴いた。音楽は彼が探している答えを見つけるのに役立った。今日，多くの人がアルバートは④良い生徒ではなかったと信じているが，実際は学校で最も優れた生徒のうちの1人だった。彼は数学が(4)とても好きだったので，難しい数学の本を1人で勉強し，わずか10歳でユークリッド原論を読んだ。アルバートは聡明だったが，時々先生を怒らせ，退学しなくてはならなかった。9歳の時，数学と科学を教えることで有名な学校に通い始めた。アルバートは大人になるまで時空について考えなかった。アルバートは，ゆっくりとした子供だったことが⑤相対性理論の説明に役立ったと語った。アルバートの大好きなおもちゃは方位磁石で，方位磁石は磁界のために動く(5)<u>ということ</u>を学んだ。

問1 (1) be different from ～「～と異なっている」 (2) be good at ～「～が得意だ」 ここでは good が比較級 better になっている。 (3) look for ～「～を探す」 (4) so … that ～「とても…なので～」 (5) 接続詞 that ～「～ということ」

問2 直前の文参照。

重要 問3 この story は「(建物の)階」を表す。トランプを積み上げて14階の家を作った。

問4 同文前半の Mozart を指す。

問5 この good は「成績が良い」という意味なので intelligent「聡明な，知的な」が適切。

問6 「相対性理論」はアインシュタインの有名な学説である。

重要 問7 (1) 4「アルバートとポーリーンは音楽を愛し，聡明だった」 (2) 2「音楽を聴くことはアルバートに答えを与えた」 (3) 4「9歳の時，彼は科学と数学で有名な学校に通った」

やや難 3 **(長文読解問題・紹介文：英問英答，内容吟味)**

(大意) タイタニック号は1912年，北アイルランドのベルファストで作られた。24,900トンの世界最大の船で，長さ265メートル，幅28メートルだった。時速46キロメートルで進むことができ，世界最速の船でもあった。タイタニック号は非常に美しく，ジェイコブ・アスター夫妻のような1等の乗客のための部屋は高級ホテルの部屋のようだった。彼らには寝室2つ，居間1つ，さらに3つの部屋もあった。2等の乗客たちの部屋も美しく，ほとんどの船の1等船室より良かった。しかし，3等の乗客たちは裕福ではない労働者で，小さな部屋に泊まった。時々，1等の乗客が3等のデッキに犬を散歩させるために来ることがあったが，彼らは3等の乗客に話しかけなかった。タイタニック号の設計者トーマス・アンドリュースはアスター夫人に「私はタイタニック号の全てを知っています。この船が沈むことはあり得ません」と言った。1912年4月10日，タイタニック号はイングランドのサウサンプトンを出発し，ニューヨークへ向かった。船には2,207人が乗っていた。4月14日の夜，海は静かだったが寒かったので，多くの乗客が部屋にいた。午後11時40分，船員のフリートが「船の前方に氷山がある！」と電話で言った。そして船はゆっくりと左に行き，氷山が船の右側に沿って行った。音がして船が少し動いた。何人かの乗客が出てきて甲板の上の氷を見て笑い，「飲み物の中にその氷を入れよう」と言って氷で遊んだ。しかし，船の前方の3等船室では，水が客室に入ってきた。タイタニック号のスミス船長は「非常ドアを閉めろ，早く！」と言った。「閉まっています」と一等航海士のマードックが答えた。トーマス・アンドリュースはタイタニック号に16の区画と15の非常ドアを設計した。船長は非常ドアを閉めることができ，そうすれば水が船内で移動できないはずだった。

1「タイタニック号には何名の乗客がいたか」 3「約2,000人」 2「ジェイコブ・アスター夫妻について正しいものはどれか」 2「彼らは2等の乗客たちよりも多くの部屋に滞在した」 3「1等と3等の乗客たちについて正しいものはどれか」 3「1等の乗客たちは3等の乗客たちと会話しなかった」 4「トーマス・アンドリュースについて正しいものはどれか」 4「彼はタイタニック号は決して沈まないと信じていた」 5「“iceberg”は日本語でどんな意味か」 1「氷山」 6「なぜ何人かの乗客たちは笑って氷で遊んだのか」 1「彼らはタイタニック号に何が起きたか知らなかったから」

7「スミス船長は何を言わなかったか」 3「この船が沈むことはあり得ない」 8「タイタニック号について正しいものはどれか」 3「幅が28メートルだった」

基本 4 **(語句補充・選択：時制，動詞，受動態，不定詞，分詞，関係代名詞，熟語，前置詞)**

1 「母は普通午後7時に仕事から帰宅する」 習慣を表す文は現在時制。

2 「その問題は後で議論しましょう」 discuss「～を議論する」 他動詞なので前置詞は不要。

3 「勝者の名前がカップに金文字で書かれていた」 受動態〈be動詞＋過去分詞〉の文。

4 「私たちはその事実を知って不機嫌だった」 感情を表す形容詞の後の to 不定詞は「～して」と原因・理由を表す。

5 「トムは馬に乗ることができる」〈be able to ＋動詞の原形〉「～することができる」

6 「この近所に住んでいるほとんどの子供たちはとても活動的で元気だ」 形容詞的用法の現在分詞句 living in this neighborhood が children を後ろから修飾する。

7 「ウインドウショッピングが好きな女性もいるが，そうでない女性もいる」 Some ～, others …「～もいれば，…もいる」

8 「ボブが先月買った中古車はすでにエンジントラブルがある」 目的格の関係代名詞を入れる。

9 「彼女はフランス出身ではなくイングランド出身だ」 not A but B「AではなくB」

10 「その映画は9時に始まる」〈at ＋時間〉「～時に」 日本語で考えて from にしない。

重要 5 （語句整序：分詞，不定詞，助動詞，熟語）

1 The main language spoken in Canada are English and (French.) 形容詞的用法の過去分詞句 spoken in Canada が language を後ろから修飾する。

2 (Mary) did not know what to do at that time. what to do「何をすべきか」

3 (The) teacher told some students to stay after class. 〈tell ＋人＋ to ＋動詞の原形〉「(人)に～するように言う」

4 Do you have to eat a bad apple to know (that it is bad?) 〈have to ＋動詞の原形〉「～する必要がある」の疑問文。bad「腐っている」

5 I'm afraid that I left my watch on (my desk.) I'm afraid that ～「申し訳ありませんが～」

基本 6 （長文読解問題・資料読解：英問英答，内容一致）

> ミッションベイパーク　世界の料理フェスティバル
> 12月22日火曜日～12月27日日曜日
> サラダ，スープ，サンドイッチを食べることができ，作ることもできます。
> ゲームをしてポイントをゲットして他の文化について学んでください。
> ダンス　11時
> 音楽　1時
> ビンゴ　4時
> ミッションベイ中学校のメンバーが食べ物を作り，他の国の文化について話します。
> レシピ，ダンスステップ，ゲームのルールについて彼らに尋ねてください。

1「レシピについてどのように知ることができるか」「メンバーに尋ねる」 2「このイベントについて正しいものはどれか」「メンバーからダンスのステップを習うことができる」

> 柏の葉ロードレース　ボランティア
> 6月8日，3,000人以上のランナーが柏の葉ロードレースに参加し，ボランティア約500名が必要です。
> スタート地点(柏面通り)
> 給水所
> コース沿い
> ゴール地点(柏競技場)
> ボランティアは5月の最終日曜日のミーティングに出席しなければなりません。その日，レース当日に着用するTシャツを配布します。
> 興味があれば，4月30日までにジム・ウィルソンにメールしてください。

3「もし働きたければ，何を最初にすべきか」「ジム・ウィルソンに連絡する」 4「ボランティアはどこで働かないか」「集合場所」 5「何名のボランティアが必要か」「約500名」

★ワンポイントアドバイス★

2はアインシュタインの伝記。「相対性理論」などの用語を知っていると有利である。

<国語解答>

一 1 ウ 2 オ 3 イ 4 オ 5 エ

二 問1 1 キ 2 イ 問2 3 ウ 4 オ 問3 エ 問4 オ 問5 ウ
問6 ア 問7 イ

三 問1 エ 問2 カ 問3 (1) イ・ウ (2) オ 問4 ア
問5 (1) イ (2) ウ 問6 エ

四 問1 イ 問2 イ 問3 オ 問4 エ 問5 (1) ウ (2) ア 問6 オ

五 問1 オ 問2 ウ 問3 c ア e エ 問4 エ 問5 イ

○推定配点○

一 各2点×5 二 各1点×9 三 問三(1) 各2点×2 他 各4点×7
四 各4点×7 五 問3 各2点×2 問5 5点 他 各4点×3 計100点

<国語解説>

一 (漢字の読み書き)

1 陳述 ア 沈着 イ 鎮圧 ウ 陳腐 エ 珍客 オ 賃貸
2 早速 ア 促進 イ 約束 ウ 罰則 エ 利息 オ 風速
3 師事 ア 持参 イ 時事 ウ 自生 エ 示談 オ 時期
4 沿革 ア 確率 イ 格式 ウ 拡張 エ 核心 オ 革命
5 興奮 ア 慌てる イ 絞る ウ 巧みな エ 興す オ 控える

二 (同義語・対義語，ことわざ・慣用句，文と文節，品詞・用法，敬語・その他，漢文・漢詩)

問1 1は夫婦げんかは犬も食わない，2は最近は猫も杓子もスマホを使う，などと用いる。

問2 3 事象などを説明するための考えという意味なので，対義語は自分で実際に行うという意味のものとなる。 4 心が広く人の言動を受け入れるという意味なので，対義語は厳しく人の言動を許さないという意味のものとなる。

問3 「お目にかかる」は自分の動作をへりくだって言う謙譲語で，同じ種類の敬語はエ。他はすべて相手の動作をたかめて言う尊敬語。

問4 |単語|は，最小の言語単位。オは「名詞|助詞|名詞|助詞|動詞|助動詞|助動詞」。

基本 問5 「着られる」の「られる」は可能の意味を表す助動詞で，同じ意味・用法の「れる・られる」が使われているのはウ。アとオは受身，イは自発，エは尊敬の意味・用法が使われている。

やや難 問6 「5 1 4 2 3。」の順に訓読できるものを選ぶ。

問7 十二支は「ね・うし・とら・う・たつ・み・うま・ひつじ・さる・とり・いぬ・い」。

三 (論説文ー内容吟味，文脈把握，脱文・脱語補充)

問1 直後の段落以降で「ご飯」という語がいくつもの意味を担っていることを具体的に述べ，その後の「言葉あるいは」で始まる段落で「言葉あるいは文のあらわす意味は，文の表現からだけでは決定できず，場面や文脈という，より広い世界のなかで理解され，解釈される」と説明している。この説明にエが合致する。

基本 問2　b「新幹線に乗り遅れた」の「新幹線」は，ある特定の時刻の新幹線列車を意味している。c「新幹線は世界にほこる鉄道である」の「新幹線」は，新幹線のシステム全体を意味している。

問3　(1)　同じ文の内容から，「具体的なものをさすのではな，く抽象的な分類概念として」いっているものを選ぶ。イの「デート」とウの「高校」は，具体的な「デート」や「高校」をさしているわけではない。他はすべて，具体的に特定できる。　(2)「ラベル」は，そのものの名前などを記して品物に貼る紙片のこと。「ラベルを貼る」というのであるから，名前をつけるという意味になる。「レッテルを貼る」という同義語がある。

問4　前の「ご飯をいただきましょう」という言葉だけでは「ご飯はお米の炊いたものか，食事をさすのかはわから」ず，「私はパンにします」や「もう一時だものね」という会話がなされる「具体的」な場面によって，「ご飯」の解釈を規定することができると述べている。

問5　(1)「内包的定義」について，直前の段落で説明している。「まずは犬というものと他の動物の区別を説明しなければならない。そして，犬のなかでもこれがポチだという固有の特徴を述べる必要がある」という説明にふさわしいのはイ。　(2)　傍線部f「内包的な定義を必要かつ十分におこなうこと」について，一つ後の段落に「本質的特徴が一致していればよいといったことがよくいわれる」とあるが，その後で「つきつめていったとき，本質的とは何かということには，明確な答えがないのである」と述べている。ここから「内包的な定義を必要かつ十分におこなうことは，ひじょうにむずかしい」理由を読み取る。

問6　直後の文の「DNAやエイズは，それぞれデオキシリボ核酸，後天性免疫不全症候群という正式名称しか与えられていなかったら，これらの概念は社会にこれほど浸透しなかった」という例や，直後の段落の「ある複雑な概念は，それを短い名称でさししめすことができるようになれば，さまざまな場面で気軽に使えるようになる」に着目する。「うまく名前をつける」と，社会に認知されやすくなるという利点が生じる。この内容を述べているのはエ。社会に浸透や気軽に使えることを利点としているので，アの「適切に表現」やイの「複雑な概念が，誰にでも理解される」，オの「概念を真に理解」はそぐわない。ウの「概念がひとり歩き」とは述べていない。

四　(小説―情景・心情，内容吟味，文脈把握，表現技法)

問1　本文前の注釈から，「鐵次郎の引退試合の前日の場面」であることを確認する。傍線部aの直前の会話で「それは新しい監督さんがやればいいんでしょう」と言う沙やに対して，鐵次郎は「そうもいかん」と答えている。「目が笑っている」から，引退の前日であるにもかかわらず頑固に言い張る鐵次郎に，沙やは鐵次郎の頑固な性格を仕方がないと呆れていると推察できる。

問2　鐵次郎が話しかけているのは孫のさやかで，さやかの夫の雄一は大学病院に入院している。前の「私毎日祈ってるの。どうか早く雄一さんが元気になりますようにって。でもちっとも通じない。私の身体の半分が，いいえ，全部を雄一さんのととっかえてもいいですよって，祈ってるのに……」という夫を案じるさやかの切実な言葉を聞いた後の鐵次郎の反応である。鐵次郎が口にするのを憚ったのは「生きるか，死ぬか」という言葉であったことから判断する。

問3　後の「高校の時からずっとしているものです。これをつけていて甲子園が勝てましたから」という江島の言葉や，「おやじさん……江島はおやじさんの引退を飾りたいから，古いジンクスの紐まで出して来たんです」「わかってます……江島も必死でやってますから，どうかあと少し見ていてやって下さい」という江島をかばう内村の言葉に着目する。鐵次郎の引退試合にゲン担ぎをしてでも勝利を収めたいという江島の必死な気持ちが読み取れる。

問4　直前の段落の「――終わったのか，わしの野球は……。言い出しそうで，胸の奥に無理矢理とどめておいた言葉がぽつりと口に出た」から，鐵次郎の感じた「淋しさ」の正体を探る。自分の野球に対する考えが過去のものだと知ったときの気持ちに適切なのはエ。鐵次郎に対する内村や江島の態度は「反抗的」なものではないので，ウは適切ではない。アの「明日の試合の指揮を執ることへの不安」やイの「今後のチームの行く末を憂う気持ち」は読み取れない。「――終わったのか，わしの野球は……。」という言葉に，オの「誰も自分の気持ちに寄り添わないことに対する悲しみ」はそぐわない。

重要　問5　(1)　前の「――終わったのか，わしの野球は……。」という言葉に込められた心情を，傍線部e「歯車のようなものが……どこかへ落ちてしまった」や「背中が雨に濡れたように重く感じられた」という直喩を用いて表現している。これらの直喩表現からは，鐵次郎が野球の指導に対する自信を喪失していく様子が感じられる。　(2)　同じ文の「胸の中でいつも音を立てて動いていた歯車のようなもの」が表しているものは何か。本文前の注釈に，鐵次郎は社会人野球チームの監督として鉄拳制裁も辞さない厳しいやり方で長年指導してきたとある。ここから「胸の中でいつも音を立てて動いていた歯車のようなもの」は，鐵次郎の胸の中で規則正しくゆるがない自分の指導方法を喩えているとわかる。

やや難　問6　オの「月」が描写されている部分に着目する。「外に出ると」で始まる段落「児島湾の方に月が夜雲を切ってあらわれた。月光がグラウンドを紫色に浮び上らせた。冷たい風景だった……背中が冷たく鳴るような夜のグラウンドを眺めるのは初めてのことだった」や，「月は冴え冴えと」で始まる段落「月は冴え冴えとかがやいて，鐵次郎の寂寥など知らぬ顔で空にかかっていた」から感じられるのは鐵次郎の寂寥感で，オの「この後鐵次郎が救われるという展開の伏線」とはなっていない。

五　**(古文―内容吟味，文脈把握，指示語の問題，文と文節，口語訳)**

〈口語訳〉　今ではもう昔のことであるが，陸奥の国に住んでいた男が，長年たかのひなを巣から下ろして，必要とする人に与えて，その代金を受け取って生活をしていた。たかが巣を作っている所を見定めて，長年(たかの子を巣から)下ろしていたので，母親の鷹が，このことを悲しんだのであろう。元の所に巣を作らず，人が来そうにもない所を探して，巣を作って卵を産んだ。岩が屏風を立てたような岬で，下は大海の底も知れない荒磯である。

基本　問1　「陸奥の国」は，いまの青森，岩手，宮城，福島県。アは下野(しもつけ)，イは越後，ウは上野(こうずけ)，エは信濃。

問2　「その値」は，たかの子を必要とする人に与えた代金。「世を渡る」は，生活するという意味であることから判断する。

問3　c「鷹の巣をくひたる所を」見定めていたのは，「男」。　e「もとの所に巣を」作らなかったのは，「母の鷹」。

重要　問4　「母の鷹」が「思ひわび」ていることは何か。男が「年ごろ鷹の子を下ろして，要にする人に与へ」たことを指し示している。

問5　前の「母の鷹……人の通ふべきやうもなき所を求めて，巣をくひて」に着目する。傍線部fは，母の鷹が男に子をとられないように巣を作った場所だったことを説明している。

★ワンポイントアドバイス★

漢字の読み書きから漢文や敬語を含む基本的知識，論理的文章と文学的文章，古文の読解問題といった幅広い内容が問われている。練習問題などを利用して総合的な実力をつけることを意識しよう。

MEMO

大切なことはメモしておこうネ！

解答用紙集

○月×日　△曜日　天気（合格日和）

◆ご利用のみなさまへ

＊解答用紙の公表を行っていない学校につきましては、弊社の責任において、解答用紙を制作いたしました。

＊編集上の理由により一部縮小掲載した解答用紙がございます。

＊編集上の理由により一部実物と異なる形式の解答用紙がございます。

人間の最も偉大な力とは、その一番の弱点を克服したところから生まれてくるものである。　――カール・ヒルティ――

東京学参株式会社

流通経済大学付属柏高等学校(1月17日)　2024年度

◇数学◇

※ 120%に拡大していただくと，解答欄は実物大になります。

設問	問		解					答				
1	(1)	ア	0	1	2	3	4	5	6	7	8	9
		イ	0	1	2	3	4	5	6	7	8	9
		ウ	0	1	2	3	4	5	6	7	8	9
	(2)	エ	0	1	2	3	4	5	6	7	8	9
		オ	0	1	2	3	4	5	6	7	8	9
		カ	0	1	2	3	4	5	6	7	8	9
	(3)	キ	0	1	2	3	4	5	6	7	8	9
		ク	0	1	2	3	4	5	6	7	8	9
	(4)	ケ	0	1	2	3	4	5	6	7	8	9
		コ	0	1	2	3	4	5	6	7	8	9
	(5)	サ	0	1	2	3	4	5	6	7	8	9
		シ	0	1	2	3	4	5	6	7	8	9
		ス	0	1	2	3	4	5	6	7	8	9
	(6)	セ	0	1	2	3	4	5	6	7	8	9
		ソ	0	1	2	3	4	5	6	7	8	9
		タ	0	1	2	3	4	5	6	7	8	9
		チ	0	1	2	3	4	5	6	7	8	9
		ツ	0	1	2	3	4	5	6	7	8	9
	(7)	テ	0	1	2	3	4	5	6	7	8	9
		ト	0	1	2	3	4	5	6	7	8	9
		ナ	0	1	2	3	4	5	6	7	8	9
		ニ	0	1	2	3	4	5	6	7	8	9
	(8)	ヌ	0	1	2	3	4	5	6	7	8	9
		ネ	0	1	2	3	4	5	6	7	8	9

設問	問		解					答				
1	(9)	ノ	0	1	2	3	4	5	6	7	8	9
		ハ	0	1	2	3	4	5	6	7	8	9
		ヒ	0	1	2	3	4	5	6	7	8	9
2	(1)	ア	0	1	2	3	4	5	6	7	8	9
		イ	0	1	2	3	4	5	6	7	8	9
		ウ	0	1	2	3	4	5	6	7	8	9
		エ	0	1	2	3	4	5	6	7	8	9
		オ	0	1	2	3	4	5	6	7	8	9
		カ	0	1	2	3	4	5	6	7	8	9
		キ	0	1	2	3	4	5	6	7	8	9
	(2)	ク	0	1	2	3	4	5	6	7	8	9
		ケ	0	1	2	3	4	5	6	7	8	9
3	(1)	ア	0	1	2	3	4	5	6	7	8	9
		イ	0	1	2	3	4	5	6	7	8	9
	(2)	ウ	0	1	2	3	4	5	6	7	8	9
		エ	0	1	2	3	4	5	6	7	8	9
		オ	0	1	2	3	4	5	6	7	8	9
		カ	0	1	2	3	4	5	6	7	8	9
		キ	0	1	2	3	4	5	6	7	8	9
		ク	0	1	2	3	4	5	6	7	8	9

設問	問		解					答				
4	(1)	ア	0	1	2	3	4	5	6	7	8	9
		イ	0	1	2	3	4	5	6	7	8	9
	(2)	ウ	0	1	2	3	4	5	6	7	8	9
		エ	0	1	2	3	4	5	6	7	8	9
		オ	0	1	2	3	4	5	6	7	8	9
		カ	0	1	2	3	4	5	6	7	8	9
		キ	0	1	2	3	4	5	6	7	8	9
		ク	0	1	2	3	4	5	6	7	8	9
		ケ	0	1	2	3	4	5	6	7	8	9
		コ	0	1	2	3	4	5	6	7	8	9
	(3)	サ	0	1	2	3	4	5	6	7	8	9
		シ	0	1	2	3	4	5	6	7	8	9
		ス	0	1	2	3	4	5	6	7	8	9
5	(1)	ア	0	1	2	3	4	5	6	7	8	9
		イ	0	1	2	3	4	5	6	7	8	9
		ウ	0	1	2	3	4	5	6	7	8	9
	(2)	エ	0	1	2	3	4	5	6	7	8	9
		オ	0	1	2	3	4	5	6	7	8	9
		カ	0	1	2	3	4	5	6	7	8	9
		キ	0	1	2	3	4	5	6	7	8	9

設問	問		解					答				
5	(3)	ク	0	1	2	3	4	5	6	7	8	9
		ケ	0	1	2	3	4	5	6	7	8	9
		コ	0	1	2	3	4	5	6	7	8	9
		サ	0	1	2	3	4	5	6	7	8	9
		シ	0	1	2	3	4	5	6	7	8	9
		ス	0	1	2	3	4	5	6	7	8	9
		セ	0	1	2	3	4	5	6	7	8	9
		ソ	0	1	2	3	4	5	6	7	8	9
6	(1)	ア	0	1	2	3	4	5	6	7	8	9
		イ	0	1	2	3	4	5	6	7	8	9
	(2)	ウ	0	1	2	3	4	5	6	7	8	9
		エ	0	1	2	3	4	5	6	7	8	9
		オ	0	1	2	3	4	5	6	7	8	9
		カ	0	1	2	3	4	5	6	7	8	9
		キ	0	1	2	3	4	5	6	7	8	9
		ク	0	1	2	3	4	5	6	7	8	9
	(3)	ケ	0	1	2	3	4	5	6	7	8	9
		コ	0	1	2	3	4	5	6	7	8	9
		サ	0	1	2	3	4	5	6	7	8	9
		シ	0	1	2	3	4	5	6	7	8	9
		ス	0	1	2	3	4	5	6	7	8	9
		セ	0	1	2	3	4	5	6	7	8	9

記入上の注意

(1) この解答カードは、折ったり汚したりしないこと。
(2) 黒鉛筆を使用し、マークすること。
(3) 氏名とフリガナを記入すること。
(4) 受験番号を算用数字で記入すること。
(5) 受験番号欄に番号を正確にマークすること。
(6) 記入すべきこと以外は、絶対に書かないこと。
(7) マークを訂正するときは、プラスチック消しゴムを使用し、きれいに消すこと。
(8) 消しくずは、きれいに取り除くこと。

マークのしかた	
よい例	わるい例

流通経済大学付属柏高等学校(1月17日)　2024年度　◇英語◇

※ 122%に拡大していただくと，解答欄は実物大になります。

設問	問		解答
1	1		1 2 3 4 5 6 7 8 9 10
	2		1 2 3 4 5 6 7 8 9 10
	3		1 2 3 4 5 6 7 8 9 10
	4		1 2 3 4 5 6 7 8 9 10
	5		1 2 3 4 5 6 7 8 9 10
2	問1	(1)	1 2 3 4 5 6 7 8 9 10
		(2)	1 2 3 4 5 6 7 8 9 10
		(3)	1 2 3 4 5 6 7 8 9 10
		(4)	1 2 3 4 5 6 7 8 9 10
		(5)	1 2 3 4 5 6 7 8 9 10
	問2		1 2 3 4 5 6 7 8 9 10
	問3		1 2 3 4 5 6 7 8 9 10
	問4		1 2 3 4 5 6 7 8 9 10
	問5		1 2 3 4 5 6 7 8 9 10
	問6		1 2 3 4 5 6 7 8 9 10
	問7		1 2 3 4 5 6 7 8 9 10
	問8	1	1 2 3 4 5 6 7 8 9 10
		2	1 2 3 4 5 6 7 8 9 10
		3	1 2 3 4 5 6 7 8 9 10

設問	問	解答
3	1	1 2 3 4 5 6 7 8 9 10
	2	1 2 3 4 5 6 7 8 9 10
	3	1 2 3 4 5 6 7 8 9 10
	4	1 2 3 4 5 6 7 8 9 10
	5	1 2 3 4 5 6 7 8 9 10
	6	1 2 3 4 5 6 7 8 9 10
	7	1 2 3 4 5 6 7 8 9 10
	8	1 2 3 4 5 6 7 8 9 10
4	1	1 2 3 4 5 6 7 8 9 10
	2	1 2 3 4 5 6 7 8 9 10
	3	1 2 3 4 5 6 7 8 9 10
	4	1 2 3 4 5 6 7 8 9 10
	5	1 2 3 4 5 6 7 8 9 10
	6	1 2 3 4 5 6 7 8 9 10

設問	問		解答
5	1	3番目	1 2 3 4 5 6 7 8 9 10
		6番目	1 2 3 4 5 6 7 8 9 10
	2	3番目	1 2 3 4 5 6 7 8 9 10
		6番目	1 2 3 4 5 6 7 8 9 10
	3	3番目	1 2 3 4 5 6 7 8 9 10
		6番目	1 2 3 4 5 6 7 8 9 10
	4	3番目	1 2 3 4 5 6 7 8 9 10
		6番目	1 2 3 4 5 6 7 8 9 10
	5	3番目	1 2 3 4 5 6 7 8 9 10
		6番目	1 2 3 4 5 6 7 8 9 10
	6	3番目	1 2 3 4 5 6 7 8 9 10
		6番目	1 2 3 4 5 6 7 8 9 10
6	1		1 2 3 4 5 6 7 8 9 10
	2		1 2 3 4 5 6 7 8 9 10
	3		1 2 3 4 5 6 7 8 9 10
	4		1 2 3 4 5 6 7 8 9 10
	5		1 2 3 4 5 6 7 8 9 10

記入上の注意

(1) この解答カードは、折ったり汚したりしないこと。
(2) 黒鉛筆を使用し、マークすること。
(3) 氏名とフリガナを記入すること。
(4) 受験番号を算用数字で記入すること。
(5) 受験番号欄に番号を正確にマークすること。
(6) 記入すべきこと以外は、絶対に書かないこと。
(7) マークを訂正するときは、プラスチック消しゴムを使用し、きれいに消すこと。
(8) 消しくずは、きれいに取り除くこと。

マークのしかた	
よい例	わるい例

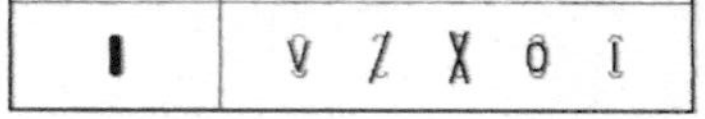

流通経済大学付属柏高等学校（1月17日）　2024年度　◇国語◇

※ 119%に拡大していただくと，解答欄は実物大になります。

設問	解答番号	解答
一	1	ア イ ウ エ オ カ キ ク ケ コ
	2	ア イ ウ エ オ カ キ ク ケ コ
	3	ア イ ウ エ オ カ キ ク ケ コ
	4	ア イ ウ エ オ カ キ ク ケ コ
	5	ア イ ウ エ オ カ キ ク ケ コ
二	1	ア イ ウ エ オ カ キ ク ケ コ
	2	ア イ ウ エ オ カ キ ク ケ コ
	3	ア イ ウ エ オ カ キ ク ケ コ
	4	ア イ ウ エ オ カ キ ク ケ コ
	5	ア イ ウ エ オ カ キ ク ケ コ
	6	ア イ ウ エ オ カ キ ク ケ コ
	7	ア イ ウ エ オ カ キ ク ケ コ

設問	解答番号	解答
三	1	ア イ ウ エ オ カ キ ク ケ コ
	2	ア イ ウ エ オ カ キ ク ケ コ
	3	ア イ ウ エ オ カ キ ク ケ コ
	4	ア イ ウ エ オ カ キ ク ケ コ
	5	ア イ ウ エ オ カ キ ク ケ コ
	6	ア イ ウ エ オ カ キ ク ケ コ
	7	ア イ ウ エ オ カ キ ク ケ コ
	8	ア イ ウ エ オ カ キ ク ケ コ
四	1	ア イ ウ エ オ カ キ ク ケ コ
	2	ア イ ウ エ オ カ キ ク ケ コ
	3	ア イ ウ エ オ カ キ ク ケ コ
	4	ア イ ウ エ オ カ キ ク ケ コ
	5	ア イ ウ エ オ カ キ ク ケ コ
	6	ア イ ウ エ オ カ キ ク ケ コ
	7	ア イ ウ エ オ カ キ ク ケ コ
	8	ア イ ウ エ オ カ キ ク ケ コ

設問	解答番号	解答
五	1	ア イ ウ エ オ カ キ ク ケ コ
	2	ア イ ウ エ オ カ キ ク ケ コ
	3	ア イ ウ エ オ カ キ ク ケ コ
	4	ア イ ウ エ オ カ キ ク ケ コ
	5	ア イ ウ エ オ カ キ ク ケ コ
	6	ア イ ウ エ オ カ キ ク ケ コ

記入上の注意

(1) この解答カードは、折ったり汚したりしないこと。
(2) 黒鉛筆を使用し、マークすること。
(3) 氏名とフリガナを記入すること。
(4) 受験番号を算用数字で記入すること。
(5) 受験番号欄に番号を正確にマークすること。
(6) 記入すべきこと以外は、絶対に書かないこと。
(7) マークを訂正するときは、プラスチック消しゴムを使用し、きれいに消すこと。
(8) 消しくずは、きれいに取り除くこと。

マークのしかた	
よい例	わるい例

流通経済大学付属柏高等学校(1月18日)　2024年度

◇数学◇

※ 120%に拡大していただくと，解答欄は実物大になります。

設問	問		解答
1	(1)	ア	0 1 2 3 4 5 6 7 8 9
	(2)	イ	0 1 2 3 4 5 6 7 8 9
		ウ	0 1 2 3 4 5 6 7 8 9
		エ	0 1 2 3 4 5 6 7 8 9
		オ	0 1 2 3 4 5 6 7 8 9
	(3)	カ	0 1 2 3 4 5 6 7 8 9
		キ	0 1 2 3 4 5 6 7 8 9
		ク	0 1 2 3 4 5 6 7 8 9
	(4)	ケ	0 1 2 3 4 5 6 7 8 9
		コ	0 1 2 3 4 5 6 7 8 9
	(5)	サ	0 1 2 3 4 5 6 7 8 9
		シ	0 1 2 3 4 5 6 7 8 9
		ス	0 1 2 3 4 5 6 7 8 9
	(6)	セ	0 1 2 3 4 5 6 7 8 9
		ソ	0 1 2 3 4 5 6 7 8 9
		タ	0 1 2 3 4 5 6 7 8 9
	(7)	チ	0 1 2 3 4 5 6 7 8 9
		ツ	0 1 2 3 4 5 6 7 8 9
		テ	0 1 2 3 4 5 6 7 8 9
		ト	0 1 2 3 4 5 6 7 8 9

設問	問		解答
2	(1)	ア	0 1 2 3 4 5 6 7 8 9
		イ	0 1 2 3 4 5 6 7 8 9
		ウ	0 1 2 3 4 5 6 7 8 9
		エ	0 1 2 3 4 5 6 7 8 9
		オ	0 1 2 3 4 5 6 7 8 9
		カ	0 1 2 3 4 5 6 7 8 9
		キ	0 1 2 3 4 5 6 7 8 9
		ク	0 1 2 3 4 5 6 7 8 9
	(2)	ケ	0 1 2 3 4 5 6 7 8 9
		コ	0 1 2 3 4 5 6 7 8 9
	(3)	サ	0 1 2 3 4 5 6 7 8 9
		シ	0 1 2 3 4 5 6 7 8 9
		ス	0 1 2 3 4 5 6 7 8 9

記入上の注意

(1) この解答カードは、折ったり汚したりしないこと。
(2) 黒鉛筆を使用し、マークすること。
(3) 氏名とフリガナを記入すること。
(4) 受験番号を算用数字で記入すること。
(5) 受験番号欄に番号を正確にマークすること。
(6) 記入すべきこと以外は、絶対に書かないこと。
(7) マークを訂正するときは、プラスチック消しゴムを使用し、きれいに消すこと。
(8) 消しくずは、きれいに取り除くこと。

マークのしかた	
よい例	わるい例

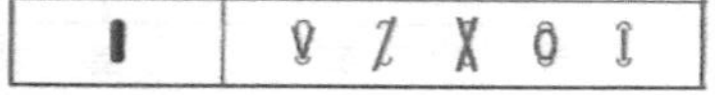

設問	問		解答
3	(1)	ア	0 1 2 3 4 5 6 7 8 9
		イ	0 1 2 3 4 5 6 7 8 9
		ウ	0 1 2 3 4 5 6 7 8 9
		エ	0 1 2 3 4 5 6 7 8 9
		オ	0 1 2 3 4 5 6 7 8 9
	(2)	カ	0 1 2 3 4 5 6 7 8 9
		キ	0 1 2 3 4 5 6 7 8 9
		ク	0 1 2 3 4 5 6 7 8 9
4	(1)	ア	0 1 2 3 4 5 6 7 8 9
		イ	0 1 2 3 4 5 6 7 8 9
		ウ	0 1 2 3 4 5 6 7 8 9
		エ	0 1 2 3 4 5 6 7 8 9
	(2)	オ	0 1 2 3 4 5 6 7 8 9
		カ	0 1 2 3 4 5 6 7 8 9
		キ	0 1 2 3 4 5 6 7 8 9
		ク	0 1 2 3 4 5 6 7 8 9
		ケ	0 1 2 3 4 5 6 7 8 9
		コ	0 1 2 3 4 5 6 7 8 9
		サ	0 1 2 3 4 5 6 7 8 9
		シ	0 1 2 3 4 5 6 7 8 9
		ス	0 1 2 3 4 5 6 7 8 9

設問	問		解答
5	(1)	ア	0 1 2 3 4 5 6 7 8 9
		イ	0 1 2 3 4 5 6 7 8 9
	(2)	ウ	0 1 2 3 4 5 6 7 8 9
		エ	0 1 2 3 4 5 6 7 8 9
	(3)	オ	0 1 2 3 4 5 6 7 8 9
		カ	0 1 2 3 4 5 6 7 8 9
		キ	0 1 2 3 4 5 6 7 8 9
6	(1)	ア	0 1 2 3 4 5 6 7 8 9
		イ	0 1 2 3 4 5 6 7 8 9
		ウ	0 1 2 3 4 5 6 7 8 9
		エ	0 1 2 3 4 5 6 7 8 9
	(2)	オ	0 1 2 3 4 5 6 7 8 9
		カ	0 1 2 3 4 5 6 7 8 9
		キ	0 1 2 3 4 5 6 7 8 9
		ク	0 1 2 3 4 5 6 7 8 9
	(3)	ケ	0 1 2 3 4 5 6 7 8 9
		コ	0 1 2 3 4 5 6 7 8 9
		サ	0 1 2 3 4 5 6 7 8 9
		シ	0 1 2 3 4 5 6 7 8 9
	(4)	ス	0 1 2 3 4 5 6 7 8 9
		セ	0 1 2 3 4 5 6 7 8 9
	(5)	ソ	0 1 2 3 4 5 6 7 8 9

流通経済大学付属柏高等学校（1月18日）　2024年度

◇英語◇

※ 122%に拡大していただくと，解答欄は実物大になります。

設問	問		解答
1	1		1 2 3 4 5 6 7 8 9 10
	2		1 2 3 4 5 6 7 8 9 10
	3		1 2 3 4 5 6 7 8 9 10
	4		1 2 3 4 5 6 7 8 9 10
	5		1 2 3 4 5 6 7 8 9 10
2	問1	(1)	1 2 3 4 5 6 7 8 9 10
		(2)	1 2 3 4 5 6 7 8 9 10
		(3)	1 2 3 4 5 6 7 8 9 10
		(4)	1 2 3 4 5 6 7 8 9 10
		(5)	1 2 3 4 5 6 7 8 9 10
	問2		1 2 3 4 5 6 7 8 9 10
	問3		1 2 3 4 5 6 7 8 9 10
	問4		1 2 3 4 5 6 7 8 9 10
	問5		1 2 3 4 5 6 7 8 9 10
	問6		1 2 3 4 5 6 7 8 9 10
	問7	1	1 2 3 4 5 6 7 8 9 10
		2	1 2 3 4 5 6 7 8 9 10
		3	1 2 3 4 5 6 7 8 9 10

設問	問		解答
3	問1	1	1 2 3 4 5 6 7 8 9 10
		2	1 2 3 4 5 6 7 8 9 10
		3	1 2 3 4 5 6 7 8 9 10
		4	1 2 3 4 5 6 7 8 9 10
		5	1 2 3 4 5 6 7 8 9 10
		6	1 2 3 4 5 6 7 8 9 10
		7	1 2 3 4 5 6 7 8 9 10
	問2	A	1 2 3 4 5 6 7 8 9 10
		B	1 2 3 4 5 6 7 8 9 10
		C	1 2 3 4 5 6 7 8 9 10
4	1		1 2 3 4 5 6 7 8 9 10
	2		1 2 3 4 5 6 7 8 9 10
	3		1 2 3 4 5 6 7 8 9 10
	4		1 2 3 4 5 6 7 8 9 10
	5		1 2 3 4 5 6 7 8 9 10
	6		1 2 3 4 5 6 7 8 9 10

設問	問		解答
5	1	3番目	1 2 3 4 5 6 7 8 9 10
		6番目	1 2 3 4 5 6 7 8 9 10
	2	3番目	1 2 3 4 5 6 7 8 9 10
		6番目	1 2 3 4 5 6 7 8 9 10
	3	3番目	1 2 3 4 5 6 7 8 9 10
		6番目	1 2 3 4 5 6 7 8 9 10
	4	3番目	1 2 3 4 5 6 7 8 9 10
		6番目	1 2 3 4 5 6 7 8 9 10
	5	3番目	1 2 3 4 5 6 7 8 9 10
		6番目	1 2 3 4 5 6 7 8 9 10
	6	3番目	1 2 3 4 5 6 7 8 9 10
		6番目	1 2 3 4 5 6 7 8 9 10
6	1		1 2 3 4 5 6 7 8 9 10
	2		1 2 3 4 5 6 7 8 9 10
	3		1 2 3 4 5 6 7 8 9 10
	4		1 2 3 4 5 6 7 8 9 10
	5		1 2 3 4 5 6 7 8 9 10

記入上の注意

(1) この解答カードは、折ったり汚したりしないこと。
(2) 黒鉛筆を使用し、マークすること。
(3) 氏名とフリガナを記入すること。
(4) 受験番号を算用数字で記入すること。
(5) 受験番号欄に番号を正確にマークすること。
(6) 記入すべきこと以外は、絶対に書かないこと。
(7) マークを訂正するときは、プラスチック消しゴムを使用し、きれいに消すこと。
(8) 消しくずは、きれいに取り除くこと。

マークのしかた	
よい例	わるい例

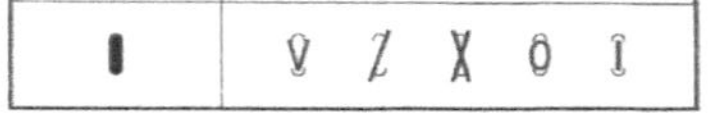

流通経済大学付属柏高等学校(1月18日)　2024年度

◇国語◇

※ 119%に拡大していただくと，解答欄は実物大になります。

設問	解答番号	解答
一	1	ア イ ウ エ オ カ キ ク ケ コ
	2	ア イ ウ エ オ カ キ ク ケ コ
	3	ア イ ウ エ オ カ キ ク ケ コ
	4	ア イ ウ エ オ カ キ ク ケ コ
	5	ア イ ウ エ オ カ キ ク ケ コ
二	1	ア イ ウ エ オ カ キ ク ケ コ
	2	ア イ ウ エ オ カ キ ク ケ コ
	3	ア イ ウ エ オ カ キ ク ケ コ
	4	ア イ ウ エ オ カ キ ク ケ コ
	5	ア イ ウ エ オ カ キ ク ケ コ
	6	ア イ ウ エ オ カ キ ク ケ コ
	7	ア イ ウ エ オ カ キ ク ケ コ
	8	ア イ ウ エ オ カ キ ク ケ コ

設問	解答番号	解答
三	1	ア イ ウ エ オ カ キ ク ケ コ
	2	ア イ ウ エ オ カ キ ク ケ コ
	3	ア イ ウ エ オ カ キ ク ケ コ
	4	ア イ ウ エ オ カ キ ク ケ コ
	5	ア イ ウ エ オ カ キ ク ケ コ
	6	ア イ ウ エ オ カ キ ク ケ コ
	7	ア イ ウ エ オ カ キ ク ケ コ
	8	ア イ ウ エ オ カ キ ク ケ コ
四	1	ア イ ウ エ オ カ キ ク ケ コ
	2	ア イ ウ エ オ カ キ ク ケ コ
	3	ア イ ウ エ オ カ キ ク ケ コ
	4	ア イ ウ エ オ カ キ ク ケ コ
	5	ア イ ウ エ オ カ キ ク ケ コ
	6	ア イ ウ エ オ カ キ ク ケ コ
	7	ア イ ウ エ オ カ キ ク ケ コ
	8	ア イ ウ エ オ カ キ ク ケ コ
	9	ア イ ウ エ オ カ キ ク ケ コ

設問	解答番号	解答
五	1	ア イ ウ エ オ カ キ ク ケ コ
	2	ア イ ウ エ オ カ キ ク ケ コ
	3	ア イ ウ エ オ カ キ ク ケ コ
	4	ア イ ウ エ オ カ キ ク ケ コ
	5	ア イ ウ エ オ カ キ ク ケ コ
	6	ア イ ウ エ オ カ キ ク ケ コ

記入上の注意

(1) この解答カードは、折ったり汚したりしないこと。
(2) 黒鉛筆を使用し、マークすること。
(3) 氏名とフリガナを記入すること。
(4) 受験番号を算用数字で記入すること。
(5) 受験番号欄に番号を正確にマークすること。
(6) 記入すべきこと以外は、絶対に書かないこと。
(7) マークを訂正するときは、プラスチック消しゴムを使用し、きれいに消すこと。
(8) 消しくずは、きれいに取り除くこと。

マークのしかた	
よい例	わるい例

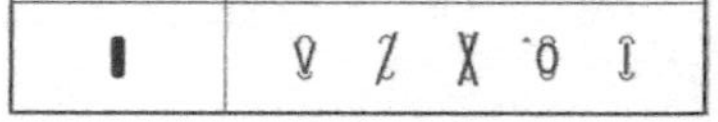

流通経済大学付属柏高等学校（1月17日）　2023年度

◇数学◇

※ 122％に拡大していただくと，解答欄は実物大になります。

設問	問		解答									
1	(1)	ア	0	1	2	3	4	5	6	7	8	9
		イ	0	1	2	3	4	5	6	7	8	9
		ウ	0	1	2	3	4	5	6	7	8	9
	(2)	エ	0	1	2	3	4	5	6	7	8	9
	(3)	オ	0	1	2	3	4	5	6	7	8	9
		カ	0	1	2	3	4	5	6	7	8	9
		キ	0	1	2	3	4	5	6	7	8	9
	(4)	ク	0	1	2	3	4	5	6	7	8	9
	(5)	ケ	0	1	2	3	4	5	6	7	8	9
	(6)	コ	0	1	2	3	4	5	6	7	8	9
		サ	0	1	2	3	4	5	6	7	8	9
		シ	0	1	2	3	4	5	6	7	8	9
	(7)	ス	0	1	2	3	4	5	6	7	8	9
		セ	0	1	2	3	4	5	6	7	8	9
	(8)	ソ	0	1	2	3	4	5	6	7	8	9
		タ	0	1	2	3	4	5	6	7	8	9
2	(1)	ア	0	1	2	3	4	5	6	7	8	9
		イ	0	1	2	3	4	5	6	7	8	9
		ウ	0	1	2	3	4	5	6	7	8	9
		エ	0	1	2	3	4	5	6	7	8	9
		オ	0	1	2	3	4	5	6	7	8	9
		カ	0	1	2	3	4	5	6	7	8	9
		キ	0	1	2	3	4	5	6	7	8	9
	(2)	ク	0	1	2	3	4	5	6	7	8	9
		ケ	0	1	2	3	4	5	6	7	8	9
		コ	0	1	2	3	4	5	6	7	8	9
		サ	0	1	2	3	4	5	6	7	8	9
		シ	0	1	2	3	4	5	6	7	8	9
		ス	0	1	2	3	4	5	6	7	8	9
		セ	0	1	2	3	4	5	6	7	8	9
		ソ	0	1	2	3	4	5	6	7	8	9
		タ	0	1	2	3	4	5	6	7	8	9
		チ	0	1	2	3	4	5	6	7	8	9
		ツ	0	1	2	3	4	5	6	7	8	9
3	(1)	ア	0	1	2	3	4	5	6	7	8	9
		イ	0	1	2	3	4	5	6	7	8	9
	(2)	ウ	0	1	2	3	4	5	6	7	8	9
		エ	0	1	2	3	4	5	6	7	8	9
		オ	0	1	2	3	4	5	6	7	8	9
	(3)	カ	0	1	2	3	4	5	6	7	8	9
		キ	0	1	2	3	4	5	6	7	8	9
4	(1)	ア	0	1	2	3	4	5	6	7	8	9
		イ	0	1	2	3	4	5	6	7	8	9
	(2)	ウ	0	1	2	3	4	5	6	7	8	9
		エ	0	1	2	3	4	5	6	7	8	9
		オ	0	1	2	3	4	5	6	7	8	9
		カ	0	1	2	3	4	5	6	7	8	9
	(3)	キ	0	1	2	3	4	5	6	7	8	9
		ク	0	1	2	3	4	5	6	7	8	9
		ケ	0	1	2	3	4	5	6	7	8	9
5	(1)	ア	0	1	2	3	4	5	6	7	8	9
		イ	0	1	2	3	4	5	6	7	8	9
	(2)	ウ	0	1	2	3	4	5	6	7	8	9
		エ	0	1	2	3	4	5	6	7	8	9
		オ	0	1	2	3	4	5	6	7	8	9
		カ	0	1	2	3	4	5	6	7	8	9
		キ	0	1	2	3	4	5	6	7	8	9
		ク	0	1	2	3	4	5	6	7	8	9
	(3)	ケ	0	1	2	3	4	5	6	7	8	9
		コ	0	1	2	3	4	5	6	7	8	9
6	(1)	ア	0	1	2	3	4	5	6	7	8	9
		イ	0	1	2	3	4	5	6	7	8	9
		ウ	0	1	2	3	4	5	6	7	8	9
	(2)	エ	0	1	2	3	4	5	6	7	8	9
	(3)	オ	0	1	2	3	4	5	6	7	8	9
		カ	0	1	2	3	4	5	6	7	8	9
		キ	0	1	2	3	4	5	6	7	8	9
		ク	0	1	2	3	4	5	6	7	8	9

記入上の注意

(1) この解答カードは、折ったり汚したりしないこと。
(2) 黒鉛筆を使用し、マークすること。
(3) 氏名とフリガナを記入すること。
(4) 受験番号を算用数字で記入すること。
(5) 受験番号欄に番号を正確にマークすること。
(6) 記入すべきこと以外は、絶対に書かないこと。
(7) マークを訂正するときは、プラスチック消しゴムを使用し、きれいに消すこと。
(8) 消しくずは、きれいに取り除くこと。

マークのしかた	
よい例	わるい例

流通経済大学付属柏高等学校(1月17日)　　2023年度　　◇英語◇

※ 123%に拡大していただくと，解答欄は実物大になります。

設問	問		解　　答
1	1		1 2 3 4 5 6 7 8 9 10
	2		1 2 3 4 5 6 7 8 9 10
	3		1 2 3 4 5 6 7 8 9 10
	4		1 2 3 4 5 6 7 8 9 10
	5		1 2 3 4 5 6 7 8 9 10
2	問1	(1)	1 2 3 4 5 6 7 8 9 10
		(2)	1 2 3 4 5 6 7 8 9 10
		(3)	1 2 3 4 5 6 7 8 9 10
		(4)	1 2 3 4 5 6 7 8 9 10
		(5)	1 2 3 4 5 6 7 8 9 10
	問2		1 2 3 4 5 6 7 8 9 10
	問3		1 2 3 4 5 6 7 8 9 10
	問4		1 2 3 4 5 6 7 8 9 10
	問5		1 2 3 4 5 6 7 8 9 10
	問6		1 2 3 4 5 6 7 8 9 10
	問7		1 2 3 4 5 6 7 8 9 10
	問8	1	1 2 3 4 5 6 7 8 9 10
		2	1 2 3 4 5 6 7 8 9 10
		3	1 2 3 4 5 6 7 8 9 10

設問	問	解　　答
3	1	1 2 3 4 5 6 7 8 9 10
	2	1 2 3 4 5 6 7 8 9 10
	3	1 2 3 4 5 6 7 8 9 10
	4	1 2 3 4 5 6 7 8 9 10
	5	1 2 3 4 5 6 7 8 9 10
	6	1 2 3 4 5 6 7 8 9 10
	7	1 2 3 4 5 6 7 8 9 10
	8	1 2 3 4 5 6 7 8 9 10
4	1	1 2 3 4 5 6 7 8 9 10
	2	1 2 3 4 5 6 7 8 9 10
	3	1 2 3 4 5 6 7 8 9 10
	4	1 2 3 4 5 6 7 8 9 10
	5	1 2 3 4 5 6 7 8 9 10
	6	1 2 3 4 5 6 7 8 9 10

設問	問		解　　答
5	1	3番目	1 2 3 4 5 6 7 8 9 10
		6番目	1 2 3 4 5 6 7 8 9 10
	2	3番目	1 2 3 4 5 6 7 8 9 10
		6番目	1 2 3 4 5 6 7 8 9 10
	3	3番目	1 2 3 4 5 6 7 8 9 10
		6番目	1 2 3 4 5 6 7 8 9 10
	4	3番目	1 2 3 4 5 6 7 8 9 10
		6番目	1 2 3 4 5 6 7 8 9 10
	5	3番目	1 2 3 4 5 6 7 8 9 10
		6番目	1 2 3 4 5 6 7 8 9 10
	6	3番目	1 2 3 4 5 6 7 8 9 10
		6番目	1 2 3 4 5 6 7 8 9 10
6	1		1 2 3 4 5 6 7 8 9 10
	2		1 2 3 4 5 6 7 8 9 10
	3		1 2 3 4 5 6 7 8 9 10
	4		1 2 3 4 5 6 7 8 9 10
	5		1 2 3 4 5 6 7 8 9 10

記入上の注意

(1) この解答カードは、折ったり汚したりしないこと。
(2) 黒鉛筆を使用し、マークすること。
(3) 氏名とフリガナを記入すること。
(4) 受験番号を算用数字で記入すること。
(5) 受験番号欄に番号を正確にマークすること。
(6) 記入すべきこと以外は、絶対に書かないこと。
(7) マークを訂正するときは、プラスチック消しゴムを使用し、きれいに消すこと。
(8) 消しくずは、きれいに取り除くこと。

マークのしかた	
よい例	わるい例

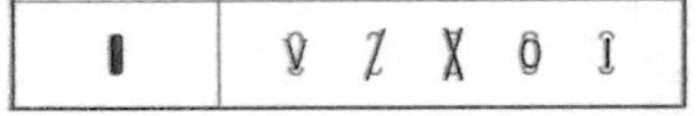

流通経済大学付属柏高等学校（1月17日）　2023年度　◇国語◇

※ 120％に拡大していただくと，解答欄は実物大になります。

設問	解答番号	解答
一	1	ア イ ウ エ オ カ キ ク ケ コ
	2	ア イ ウ エ オ カ キ ク ケ コ
	3	ア イ ウ エ オ カ キ ク ケ コ
	4	ア イ ウ エ オ カ キ ク ケ コ
	5	ア イ ウ エ オ カ キ ク ケ コ
二	1	ア イ ウ エ オ カ キ ク ケ コ
	2	ア イ ウ エ オ カ キ ク ケ コ
	3	ア イ ウ エ オ カ キ ク ケ コ
	4	ア イ ウ エ オ カ キ ク ケ コ
	5	ア イ ウ エ オ カ キ ク ケ コ
	6	ア イ ウ エ オ カ キ ク ケ コ
	7	ア イ ウ エ オ カ キ ク ケ コ
三	1	ア イ ウ エ オ カ キ ク ケ コ
	2	ア イ ウ エ オ カ キ ク ケ コ
	3	ア イ ウ エ オ カ キ ク ケ コ
	4	ア イ ウ エ オ カ キ ク ケ コ
	5	ア イ ウ エ オ カ キ ク ケ コ
	6	ア イ ウ エ オ カ キ ク ケ コ
	7	ア イ ウ エ オ カ キ ク ケ コ
	8	ア イ ウ エ オ カ キ ク ケ コ
	9	ア イ ウ エ オ カ キ ク ケ コ
四	1	ア イ ウ エ オ カ キ ク ケ コ
	2	ア イ ウ エ オ カ キ ク ケ コ
	3	ア イ ウ エ オ カ キ ク ケ コ
	4	ア イ ウ エ オ カ キ ク ケ コ
	5	ア イ ウ エ オ カ キ ク ケ コ
	6	ア イ ウ エ オ カ キ ク ケ コ
	7	ア イ ウ エ オ カ キ ク ケ コ
	8	ア イ ウ エ オ カ キ ク ケ コ
	9	ア イ ウ エ オ カ キ ク ケ コ
五	1	ア イ ウ エ オ カ キ ク ケ コ
	2	ア イ ウ エ オ カ キ ク ケ コ
	3	ア イ ウ エ オ カ キ ク ケ コ
	4	ア イ ウ エ オ カ キ ク ケ コ
	5	ア イ ウ エ オ カ キ ク ケ コ
	6	ア イ ウ エ オ カ キ ク ケ コ

記入上の注意

(1) この解答カードは、折ったり汚したりしないこと。
(2) 黒鉛筆を使用し、マークすること。
(3) 氏名とフリガナを記入すること。
(4) 受験番号を算用数字で記入すること。
(5) 受験番号欄に番号を正確にマークすること。
(6) 記入すべきこと以外は、絶対に書かないこと。
(7) マークを訂正するときは、プラスチック消しゴムを使用し、きれいに消すこと。
(8) 消しくずは、きれいに取り除くこと。

マークのしかた	
よい例	わるい例

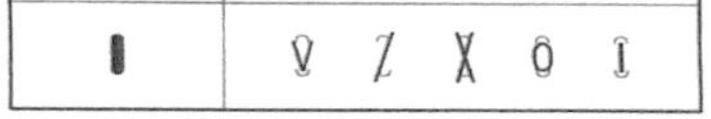

流通経済大学付属柏高等学校(1月18日)　　2023年度

◇数学◇

※ 122%に拡大していただくと，解答欄は実物大になります。

設問	問		解答
1	(1)	ア	0 1 2 3 4 5 6 7 8 9
		イ	0 1 2 3 4 5 6 7 8 9
		ウ	0 1 2 3 4 5 6 7 8 9
		エ	0 1 2 3 4 5 6 7 8 9
	(2)	オ	0 1 2 3 4 5 6 7 8 9
		カ	0 1 2 3 4 5 6 7 8 9
		キ	0 1 2 3 4 5 6 7 8 9
	(3)	ク	0 1 2 3 4 5 6 7 8 9
		ケ	0 1 2 3 4 5 6 7 8 9
	(4)	コ	0 1 2 3 4 5 6 7 8 9
		サ	0 1 2 3 4 5 6 7 8 9
		シ	0 1 2 3 4 5 6 7 8 9
		ス	0 1 2 3 4 5 6 7 8 9
	(5)	セ	0 1 2 3 4 5 6 7 8 9
		ソ	0 1 2 3 4 5 6 7 8 9
	(6)	タ	0 1 2 3 4 5 6 7 8 9
		チ	0 1 2 3 4 5 6 7 8 9
	(7)	ツ	0 1 2 3 4 5 6 7 8 9
		テ	0 1 2 3 4 5 6 7 8 9
		ト	0 1 2 3 4 5 6 7 8 9
	(8)	ナ	0 1 2 3 4 5 6 7 8 9
		ニ	0 1 2 3 4 5 6 7 8 9

設問	問		解答
2	(1)	ア	0 1 2 3 4 5 6 7 8 9
		イ	0 1 2 3 4 5 6 7 8 9
		ウ	0 1 2 3 4 5 6 7 8 9
		エ	0 1 2 3 4 5 6 7 8 9
		オ	0 1 2 3 4 5 6 7 8 9
		カ	0 1 2 3 4 5 6 7 8 9
	(2)	キ	0 1 2 3 4 5 6 7 8 9
		ク	0 1 2 3 4 5 6 7 8 9
		ケ	0 1 2 3 4 5 6 7 8 9
3	(1)	ア	0 1 2 3 4 5 6 7 8 9
		イ	0 1 2 3 4 5 6 7 8 9
	(2)	ウ	0 1 2 3 4 5 6 7 8 9
		エ	0 1 2 3 4 5 6 7 8 9
	(3)	オ	0 1 2 3 4 5 6 7 8 9
		カ	0 1 2 3 4 5 6 7 8 9
		キ	0 1 2 3 4 5 6 7 8 9

記入上の注意

(1) この解答カードは、折ったり汚したりしないこと。
(2) 黒鉛筆を使用し、マークすること。
(3) 氏名とフリガナを記入すること。
(4) 受験番号を算用数字で記入すること。
(5) 受験番号欄に番号を正確にマークすること。
(6) 記入すべきこと以外は、絶対に書かないこと。
(7) マークを訂正するときは、プラスチック消しゴムを使用し、きれいに消すこと。
(8) 消しくずは、きれいに取り除くこと。

マークのしかた	
よい例	わるい例

設問	問		解答
4	(1)	ア	0 1 2 3 4 5 6 7 8 9
		イ	0 1 2 3 4 5 6 7 8 9
	(2)	ウ	0 1 2 3 4 5 6 7 8 9
		エ	0 1 2 3 4 5 6 7 8 9
		オ	0 1 2 3 4 5 6 7 8 9
		カ	0 1 2 3 4 5 6 7 8 9
		キ	0 1 2 3 4 5 6 7 8 9
		ク	0 1 2 3 4 5 6 7 8 9
		ケ	0 1 2 3 4 5 6 7 8 9
5	(1)	ア	0 1 2 3 4 5 6 7 8 9
		イ	0 1 2 3 4 5 6 7 8 9
		ウ	0 1 2 3 4 5 6 7 8 9
		エ	0 1 2 3 4 5 6 7 8 9
		オ	0 1 2 3 4 5 6 7 8 9
	(2)	カ	0 1 2 3 4 5 6 7 8 9
	(3)	キ	0 1 2 3 4 5 6 7 8 9
		ク	0 1 2 3 4 5 6 7 8 9
		ケ	0 1 2 3 4 5 6 7 8 9
		コ	0 1 2 3 4 5 6 7 8 9
		サ	0 1 2 3 4 5 6 7 8 9
		シ	0 1 2 3 4 5 6 7 8 9
		ス	0 1 2 3 4 5 6 7 8 9
		セ	0 1 2 3 4 5 6 7 8 9
		ソ	0 1 2 3 4 5 6 7 8 9
		タ	0 1 2 3 4 5 6 7 8 9

設問	問		解答
5	(3)	チ	0 1 2 3 4 5 6 7 8 9
		ツ	0 1 2 3 4 5 6 7 8 9
		テ	0 1 2 3 4 5 6 7 8 9
		ト	0 1 2 3 4 5 6 7 8 9
	(4)	ナ	0 1 2 3 4 5 6 7 8 9
		ニ	0 1 2 3 4 5 6 7 8 9
		ヌ	0 1 2 3 4 5 6 7 8 9
		ネ	0 1 2 3 4 5 6 7 8 9
		ノ	0 1 2 3 4 5 6 7 8 9
6	(1)	ア	0 1 2 3 4 5 6 7 8 9
		イ	0 1 2 3 4 5 6 7 8 9
		ウ	0 1 2 3 4 5 6 7 8 9
		エ	0 1 2 3 4 5 6 7 8 9
		オ	0 1 2 3 4 5 6 7 8 9
		カ	0 1 2 3 4 5 6 7 8 9
	(2)	キ	0 1 2 3 4 5 6 7 8 9
		ク	0 1 2 3 4 5 6 7 8 9
		ケ	0 1 2 3 4 5 6 7 8 9

流通経済大学付属柏高等学校（1月18日）　2023年度　◇英語◇

※ 123％に拡大していただくと，解答欄は実物大になります。

設問	問		解答
1	1		1 2 3 4 5 6 7 8 9 10
	2		1 2 3 4 5 6 7 8 9 10
	3		1 2 3 4 5 6 7 8 9 10
	4		1 2 3 4 5 6 7 8 9 10
	5		1 2 3 4 5 6 7 8 9 10
2	問1	(1)	1 2 3 4 5 6 7 8 9 10
		(2)	1 2 3 4 5 6 7 8 9 10
		(3)	1 2 3 4 5 6 7 8 9 10
		(4)	1 2 3 4 5 6 7 8 9 10
		(5)	1 2 3 4 5 6 7 8 9 10
	問2	①	1 2 3 4 5 6 7 8 9 10
		③	1 2 3 4 5 6 7 8 9 10
	問3		1 2 3 4 5 6 7 8 9 10
	問4		1 2 3 4 5 6 7 8 9 10
	問5		1 2 3 4 5 6 7 8 9 10
	問6	1	1 2 3 4 5 6 7 8 9 10
		2	1 2 3 4 5 6 7 8 9 10
		3	1 2 3 4 5 6 7 8 9 10

設問	問		解答
3	問1	1	1 2 3 4 5 6 7 8 9 10
		2	1 2 3 4 5 6 7 8 9 10
		3	1 2 3 4 5 6 7 8 9 10
		4	1 2 3 4 5 6 7 8 9 10
		5	1 2 3 4 5 6 7 8 9 10
		6	1 2 3 4 5 6 7 8 9 10
		7	1 2 3 4 5 6 7 8 9 10
	問2	8	1 2 3 4 5 6 7 8 9 10
		9	1 2 3 4 5 6 7 8 9 10
		10	1 2 3 4 5 6 7 8 9 10
4	1		1 2 3 4 5 6 7 8 9 10
	2		1 2 3 4 5 6 7 8 9 10
	3		1 2 3 4 5 6 7 8 9 10
	4		1 2 3 4 5 6 7 8 9 10
	5		1 2 3 4 5 6 7 8 9 10
	6		1 2 3 4 5 6 7 8 9 10

設問	問		解答
5	1	3番目	1 2 3 4 5 6 7 8 9 10
		6番目	1 2 3 4 5 6 7 8 9 10
	2	3番目	1 2 3 4 5 6 7 8 9 10
		6番目	1 2 3 4 5 6 7 8 9 10
	3	3番目	1 2 3 4 5 6 7 8 9 10
		6番目	1 2 3 4 5 6 7 8 9 10
	4	3番目	1 2 3 4 5 6 7 8 9 10
		6番目	1 2 3 4 5 6 7 8 9 10
	5	3番目	1 2 3 4 5 6 7 8 9 10
		6番目	1 2 3 4 5 6 7 8 9 10
	6	3番目	1 2 3 4 5 6 7 8 9 10
		6番目	1 2 3 4 5 6 7 8 9 10
6	1		1 2 3 4 5 6 7 8 9 10
	2		1 2 3 4 5 6 7 8 9 10
	3		1 2 3 4 5 6 7 8 9 10
	4		1 2 3 4 5 6 7 8 9 10
	5		1 2 3 4 5 6 7 8 9 10

記入上の注意

(1) この解答カードは、折ったり汚したりしないこと。
(2) 黒鉛筆を使用し、マークすること。
(3) 氏名とフリガナを記入すること。
(4) 受験番号を算用数字で記入すること。
(5) 受験番号欄に番号を正確にマークすること。
(6) 記入すべきこと以外は、絶対に書かないこと。
(7) マークを訂正するときは、プラスチック消しゴムを使用し、きれいに消すこと。
(8) 消しくずは、きれいに取り除くこと。

マークのしかた	
よい例	わるい例

流通経済大学付属柏高等学校（1月18日）　2023年度

◇国語◇

※ 120％に拡大していただくと，解答欄は実物大になります。

設問	解答番号	解答
一	1	ア イ ウ エ オ カ キ ク ケ コ
	2	ア イ ウ エ オ カ キ ク ケ コ
	3	ア イ ウ エ オ カ キ ク ケ コ
	4	ア イ ウ エ オ カ キ ク ケ コ
	5	ア イ ウ エ オ カ キ ク ケ コ
二	1	ア イ ウ エ オ カ キ ク ケ コ
	2	ア イ ウ エ オ カ キ ク ケ コ
	3	ア イ ウ エ オ カ キ ク ケ コ
	4	ア イ ウ エ オ カ キ ク ケ コ
	5	ア イ ウ エ オ カ キ ク ケ コ
	6	ア イ ウ エ オ カ キ ク ケ コ

設問	解答番号	解答
三	1	ア イ ウ エ オ カ キ ク ケ コ
	2	ア イ ウ エ オ カ キ ク ケ コ
	3	ア イ ウ エ オ カ キ ク ケ コ
	4	ア イ ウ エ オ カ キ ク ケ コ
	5	ア イ ウ エ オ カ キ ク ケ コ
	6	ア イ ウ エ オ カ キ ク ケ コ
	7	ア イ ウ エ オ カ キ ク ケ コ
	8	ア イ ウ エ オ カ キ ク ケ コ
四	1	ア イ ウ エ オ カ キ ク ケ コ
	2	ア イ ウ エ オ カ キ ク ケ コ
	3	ア イ ウ エ オ カ キ ク ケ コ
	4	ア イ ウ エ オ カ キ ク ケ コ
	5	ア イ ウ エ オ カ キ ク ケ コ
	6	ア イ ウ エ オ カ キ ク ケ コ
	7	ア イ ウ エ オ カ キ ク ケ コ
	8	ア イ ウ エ オ カ キ ク ケ コ
五	1	ア イ ウ エ オ カ キ ク ケ コ
	2	ア イ ウ エ オ カ キ ク ケ コ
	3	ア イ ウ エ オ カ キ ク ケ コ
	4	ア イ ウ エ オ カ キ ク ケ コ
	5	ア イ ウ エ オ カ キ ク ケ コ

記入上の注意

(1) この解答カードは、折ったり汚したりしないこと。
(2) 黒鉛筆を使用し、マークすること。
(3) 氏名とフリガナを記入すること。
(4) 受験番号を算用数字で記入すること。
(5) 受験番号欄に番号を正確にマークすること。
(6) 記入すべきこと以外は、絶対に書かないこと。
(7) マークを訂正するときは、プラスチック消しゴムを使用し、きれいに消すこと。
(8) 消しくずは、きれいに取り除くこと。

マークのしかた	
よい例	わるい例

流通経済大学付属柏高等学校(1月17日)　2022年度　◇数学◇

※ 122%に拡大していただくと，解答欄は実物大になります。

設問	問		解答
1	(1)	ア	0 1 2 3 4 5 6 7 8 9
		イ	0 1 2 3 4 5 6 7 8 9
		ウ	0 1 2 3 4 5 6 7 8 9
	(2)	エ	0 1 2 3 4 5 6 7 8 9
		オ	0 1 2 3 4 5 6 7 8 9
	(3)	カ	0 1 2 3 4 5 6 7 8 9
		キ	0 1 2 3 4 5 6 7 8 9
	(4)	ク	0 1 2 3 4 5 6 7 8 9
		ケ	0 1 2 3 4 5 6 7 8 9
		コ	0 1 2 3 4 5 6 7 8 9

設問	問		解答
1	(5)	サ	0 1 2 3 4 5 6 7 8 9
		シ	0 1 2 3 4 5 6 7 8 9
		ス	0 1 2 3 4 5 6 7 8 9
		セ	0 1 2 3 4 5 6 7 8 9
		ソ	0 1 2 3 4 5 6 7 8 9
		タ	0 1 2 3 4 5 6 7 8 9
		チ	0 1 2 3 4 5 6 7 8 9
		ツ	0 1 2 3 4 5 6 7 8 9
		テ	0 1 2 3 4 5 6 7 8 9
	(6)	ト	0 1 2 3 4 5 6 7 8 9
		ナ	0 1 2 3 4 5 6 7 8 9
		ニ	0 1 2 3 4 5 6 7 8 9
	(7)	ヌ	0 1 2 3 4 5 6 7 8 9
		ネ	0 1 2 3 4 5 6 7 8 9
	(8)	ノ	0 1 2 3 4 5 6 7 8 9
		ハ	0 1 2 3 4 5 6 7 8 9
		ヒ	0 1 2 3 4 5 6 7 8 9

設問	問		解答
2	(1)	ア	0 1 2 3 4 5 6 7 8 9
		イ	0 1 2 3 4 5 6 7 8 9
		ウ	0 1 2 3 4 5 6 7 8 9
	(2)	エ	0 1 2 3 4 5 6 7 8 9
		オ	0 1 2 3 4 5 6 7 8 9
		カ	0 1 2 3 4 5 6 7 8 9
		キ	0 1 2 3 4 5 6 7 8 9
		ク	0 1 2 3 4 5 6 7 8 9
	(3)	ケ	0 1 2 3 4 5 6 7 8 9
		コ	0 1 2 3 4 5 6 7 8 9
	(4)	サ	0 1 2 3 4 5 6 7 8 9
		シ	0 1 2 3 4 5 6 7 8 9
		ス	0 1 2 3 4 5 6 7 8 9
		セ	0 1 2 3 4 5 6 7 8 9
		ソ	0 1 2 3 4 5 6 7 8 9
		タ	0 1 2 3 4 5 6 7 8 9
		チ	0 1 2 3 4 5 6 7 8 9
		ツ	0 1 2 3 4 5 6 7 8 9
		テ	0 1 2 3 4 5 6 7 8 9
		ト	0 1 2 3 4 5 6 7 8 9
		ナ	0 1 2 3 4 5 6 7 8 9
		ニ	0 1 2 3 4 5 6 7 8 9
		ヌ	0 1 2 3 4 5 6 7 8 9

設問	問		解答
3	(1)	ア	0 1 2 3 4 5 6 7 8 9
		イ	0 1 2 3 4 5 6 7 8 9
	(2)	ウ	0 1 2 3 4 5 6 7 8 9
		エ	0 1 2 3 4 5 6 7 8 9
		オ	0 1 2 3 4 5 6 7 8 9
		カ	0 1 2 3 4 5 6 7 8 9
4	(1)	ア	0 1 2 3 4 5 6 7 8 9
		イ	0 1 2 3 4 5 6 7 8 9
	(2)	ウ	0 1 2 3 4 5 6 7 8 9
		エ	0 1 2 3 4 5 6 7 8 9
	(3)	オ	0 1 2 3 4 5 6 7 8 9
		カ	0 1 2 3 4 5 6 7 8 9
5	(1)	ア	0 1 2 3 4 5 6 7 8 9
		イ	0 1 2 3 4 5 6 7 8 9
	(2)	ウ	0 1 2 3 4 5 6 7 8 9
		エ	0 1 2 3 4 5 6 7 8 9
		オ	0 1 2 3 4 5 6 7 8 9
	(3)	カ	0 1 2 3 4 5 6 7 8 9
6		ア	0 1 2 3 4 5 6 7 8 9
		イ	0 1 2 3 4 5 6 7 8 9
		ウ	0 1 2 3 4 5 6 7 8 9
		エ	0 1 2 3 4 5 6 7 8 9
		オ	0 1 2 3 4 5 6 7 8 9

記入上の注意

(1) この解答カードは、折ったり汚したりしないこと。
(2) 黒鉛筆を使用し、マークすること。
(3) 氏名とフリガナを記入すること。
(4) 受験番号を算用数字で記入すること。
(5) 受験番号欄に番号を正確にマークすること。
(6) 記入すべきこと以外は、絶対に書かないこと。
(7) マークを訂正するときは、プラスチック消しゴムを使用し、きれいに消すこと。
(8) 消しくずは、きれいに取り除くこと。

マークのしかた	
よい例	わるい例
▮	⊘ ⁄ ✕ ⊙ ⦶

流通経済大学付属柏高等学校(1月17日)　2022年度　◇英語◇

※ 123%に拡大していただくと，解答欄は実物大になります。

設問	問		解答
1	1		1 2 3 4 5 6 7 8 9 10
	2		1 2 3 4 5 6 7 8 9 10
	3		1 2 3 4 5 6 7 8 9 10
	4		1 2 3 4 5 6 7 8 9 10
	5		1 2 3 4 5 6 7 8 9 10
2	問1	(1)	1 2 3 4 5 6 7 8 9 10
		(2)	1 2 3 4 5 6 7 8 9 10
		(3)	1 2 3 4 5 6 7 8 9 10
		(4)	1 2 3 4 5 6 7 8 9 10
		(5)	1 2 3 4 5 6 7 8 9 10
	問2		1 2 3 4 5 6 7 8 9 10
	問3		1 2 3 4 5 6 7 8 9 10
	問4		1 2 3 4 5 6 7 8 9 10
	問5		1 2 3 4 5 6 7 8 9 10
	問6		1 2 3 4 5 6 7 8 9 10
	問7		1 2 3 4 5 6 7 8 9 10
	問8	1	1 2 3 4 5 6 7 8 9 10
		2	1 2 3 4 5 6 7 8 9 10
		3	1 2 3 4 5 6 7 8 9 10

設問	問	解答
3	1	1 2 3 4 5 6 7 8 9 10
	2	1 2 3 4 5 6 7 8 9 10
	3	1 2 3 4 5 6 7 8 9 10
	4	1 2 3 4 5 6 7 8 9 10
	5	1 2 3 4 5 6 7 8 9 10
	6	1 2 3 4 5 6 7 8 9 10
	7	1 2 3 4 5 6 7 8 9 10
	8	1 2 3 4 5 6 7 8 9 10
4	1	1 2 3 4 5 6 7 8 9 10
	2	1 2 3 4 5 6 7 8 9 10
	3	1 2 3 4 5 6 7 8 9 10
	4	1 2 3 4 5 6 7 8 9 10
	5	1 2 3 4 5 6 7 8 9 10
	6	1 2 3 4 5 6 7 8 9 10

設問	問		解答
5	1	3番目	1 2 3 4 5 6 7 8 9 10
		6番目	1 2 3 4 5 6 7 8 9 10
	2	3番目	1 2 3 4 5 6 7 8 9 10
		6番目	1 2 3 4 5 6 7 8 9 10
	3	3番目	1 2 3 4 5 6 7 8 9 10
		6番目	1 2 3 4 5 6 7 8 9 10
	4	3番目	1 2 3 4 5 6 7 8 9 10
		6番目	1 2 3 4 5 6 7 8 9 10
	5	3番目	1 2 3 4 5 6 7 8 9 10
		6番目	1 2 3 4 5 6 7 8 9 10
	6	3番目	1 2 3 4 5 6 7 8 9 10
		6番目	1 2 3 4 5 6 7 8 9 10
6	1		1 2 3 4 5 6 7 8 9 10
	2		1 2 3 4 5 6 7 8 9 10
	3		1 2 3 4 5 6 7 8 9 10
	4		1 2 3 4 5 6 7 8 9 10
	5		1 2 3 4 5 6 7 8 9 10

記入上の注意

(1) この解答カードは、折ったり汚したりしないこと。
(2) 黒鉛筆を使用し、マークすること。
(3) 氏名とフリガナを記入すること。
(4) 受験番号を算用数字で記入すること。
(5) 受験番号欄に番号を正確にマークすること。
(6) 記入すべきこと以外は、絶対に書かないこと。
(7) マークを訂正するときは、プラスチック消しゴムを使用し、きれいに消すこと。
(8) 消しくずは、きれいに取り除くこと。

マークのしかた	
よい例	わるい例

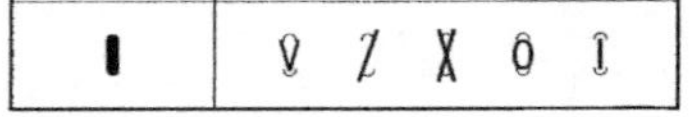

流通経済大学付属柏高等学校（1月17日）　2022年度　◇国語◇

※ 120％に拡大していただくと，解答欄は実物大になります。

設問	解答番号	解答
一	1	ア イ ウ エ オ カ キ ク ケ コ
	2	ア イ ウ エ オ カ キ ク ケ コ
	3	ア イ ウ エ オ カ キ ク ケ コ
	4	ア イ ウ エ オ カ キ ク ケ コ
	5	ア イ ウ エ オ カ キ ク ケ コ
二	1	ア イ ウ エ オ カ キ ク ケ コ
	2	ア イ ウ エ オ カ キ ク ケ コ
	3	ア イ ウ エ オ カ キ ク ケ コ
	4	ア イ ウ エ オ カ キ ク ケ コ
	5	ア イ ウ エ オ カ キ ク ケ コ
	6	ア イ ウ エ オ カ キ ク ケ コ
	7	ア イ ウ エ オ カ キ ク ケ コ
	8	ア イ ウ エ オ カ キ ク ケ コ
	9	ア イ ウ エ オ カ キ ク ケ コ
	10	ア イ ウ エ オ カ キ ク ケ コ

設問	解答番号	解答
三	1	ア イ ウ エ オ カ キ ク ケ コ
	2	ア イ ウ エ オ カ キ ク ケ コ
	3	ア イ ウ エ オ カ キ ク ケ コ
	4	ア イ ウ エ オ カ キ ク ケ コ
	5	ア イ ウ エ オ カ キ ク ケ コ
	6	ア イ ウ エ オ カ キ ク ケ コ
	7	ア イ ウ エ オ カ キ ク ケ コ
	8	ア イ ウ エ オ カ キ ク ケ コ
四	1	ア イ ウ エ オ カ キ ク ケ コ
	2	ア イ ウ エ オ カ キ ク ケ コ
	3	ア イ ウ エ オ カ キ ク ケ コ
	4	ア イ ウ エ オ カ キ ク ケ コ
	5	ア イ ウ エ オ カ キ ク ケ コ
	6	ア イ ウ エ オ カ キ ク ケ コ
	7	ア イ ウ エ オ カ キ ク ケ コ
	8	ア イ ウ エ オ カ キ ク ケ コ
五	1	ア イ ウ エ オ カ キ ク ケ コ
	2	ア イ ウ エ オ カ キ ク ケ コ
	3	ア イ ウ エ オ カ キ ク ケ コ
	4	ア イ ウ エ オ カ キ ク ケ コ
	5	ア イ ウ エ オ カ キ ク ケ コ

記入上の注意

(1) この解答カードは、折ったり汚したりしないこと。
(2) 黒鉛筆を使用し、マークすること。
(3) 氏名とフリガナを記入すること。
(4) 受験番号を算用数字で記入すること。
(5) 受験番号欄に番号を正確にマークすること。
(6) 記入すべきこと以外は、絶対に書かないこと。
(7) マークを訂正するときは、プラスチック消しゴムを使用し、きれいに消すこと。
(8) 消しくずは、きれいに取り除くこと。

マークのしかた	
よい例	わるい例

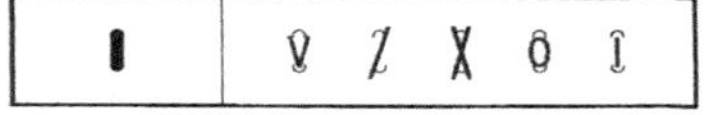

流通経済大学付属柏高等学校（1月18日）　2022年度　◇数学◇

※ 122%に拡大していただくと，解答欄は実物大になります。

設問	問		解答									
1	(1)	ア	0	1	2	3	4	5	6	7	8	9
		イ	0	1	2	3	4	5	6	7	8	9
		ウ	0	1	2	3	4	5	6	7	8	9
	(2)	エ	0	1	2	3	4	5	6	7	8	9
	(3)	オ	0	1	2	3	4	5	6	7	8	9
		カ	0	1	2	3	4	5	6	7	8	9
	(4)	キ	0	1	2	3	4	5	6	7	8	9
		ク	0	1	2	3	4	5	6	7	8	9
		ケ	0	1	2	3	4	5	6	7	8	9
	(5)	コ	0	1	2	3	4	5	6	7	8	9
		サ	0	1	2	3	4	5	6	7	8	9
		シ	0	1	2	3	4	5	6	7	8	9
		ス	0	1	2	3	4	5	6	7	8	9
	(6)	セ	0	1	2	3	4	5	6	7	8	9
		ソ	0	1	2	3	4	5	6	7	8	9
		タ	0	1	2	3	4	5	6	7	8	9
	(7)	チ	0	1	2	3	4	5	6	7	8	9
		ツ	0	1	2	3	4	5	6	7	8	9
	(8)	テ	0	1	2	3	4	5	6	7	8	9
		ト	0	1	2	3	4	5	6	7	8	9
2	(1)	ア	0	1	2	3	4	5	6	7	8	9
		イ	0	1	2	3	4	5	6	7	8	9
		ウ	0	1	2	3	4	5	6	7	8	9
		エ	0	1	2	3	4	5	6	7	8	9
	(2)	オ	0	1	2	3	4	5	6	7	8	9
	(3)	カ	0	1	2	3	4	5	6	7	8	9
		キ	0	1	2	3	4	5	6	7	8	9
		ク	0	1	2	3	4	5	6	7	8	9
3	(1)	ア	0	1	2	3	4	5	6	7	8	9
		イ	0	1	2	3	4	5	6	7	8	9
	(2)	ウ	0	1	2	3	4	5	6	7	8	9
		エ	0	1	2	3	4	5	6	7	8	9
		オ	0	1	2	3	4	5	6	7	8	9
	(3)	カ	0	1	2	3	4	5	6	7	8	9
		キ	0	1	2	3	4	5	6	7	8	9
		ク	0	1	2	3	4	5	6	7	8	9
		ケ	0	1	2	3	4	5	6	7	8	9
4	(1)	ア	0	1	2	3	4	5	6	7	8	9
		イ	0	1	2	3	4	5	6	7	8	9
	(2)	ウ	0	1	2	3	4	5	6	7	8	9
		エ	0	1	2	3	4	5	6	7	8	9
	(3)	オ	0	1	2	3	4	5	6	7	8	9
		カ	0	1	2	3	4	5	6	7	8	9
		キ	0	1	2	3	4	5	6	7	8	9
		ク	0	1	2	3	4	5	6	7	8	9
		ケ	0	1	2	3	4	5	6	7	8	9
5	(1)	ア	0	1	2	3	4	5	6	7	8	9
		イ	0	1	2	3	4	5	6	7	8	9
		ウ	0	1	2	3	4	5	6	7	8	9
	(2)	エ	0	1	2	3	4	5	6	7	8	9
		オ	0	1	2	3	4	5	6	7	8	9
		カ	0	1	2	3	4	5	6	7	8	9
	(3)	キ	0	1	2	3	4	5	6	7	8	9
		ク	0	1	2	3	4	5	6	7	8	9
		ケ	0	1	2	3	4	5	6	7	8	9
		コ	0	1	2	3	4	5	6	7	8	9
		サ	0	1	2	3	4	5	6	7	8	9
		シ	0	1	2	3	4	5	6	7	8	9
		ス	0	1	2	3	4	5	6	7	8	9
		セ	0	1	2	3	4	5	6	7	8	9
		ソ	0	1	2	3	4	5	6	7	8	9
		タ	0	1	2	3	4	5	6	7	8	9
6	(1)	ア	0	1	2	3	4	5	6	7	8	9
		イ	0	1	2	3	4	5	6	7	8	9
	(2)	ウ	0	1	2	3	4	5	6	7	8	9
		エ	0	1	2	3	4	5	6	7	8	9
		オ	0	1	2	3	4	5	6	7	8	9
		カ	0	1	2	3	4	5	6	7	8	9
	(3)	キ	0	1	2	3	4	5	6	7	8	9
		ク	0	1	2	3	4	5	6	7	8	9

記入上の注意

(1) この解答カードは、折ったり汚したりしないこと。
(2) 黒鉛筆を使用し、マークすること。
(3) 氏名とフリガナを記入すること。
(4) 受験番号を算用数字で記入すること。
(5) 受験番号欄に番号を正確にマークすること。
(6) 記入すべきこと以外は、絶対に書かないこと。
(7) マークを訂正するときは、プラスチック消しゴムを使用し、きれいに消すこと。
(8) 消しくずは、きれいに取り除くこと。

マークのしかた	
よい例	わるい例

流通経済大学付属柏高等学校(1月18日)　2022年度　◇英語◇

※ 123%に拡大していただくと，解答欄は実物大になります。

設問	問		解答
1	1		1 2 3 4 5 6 7 8 9 10
	2		1 2 3 4 5 6 7 8 9 10
	3		1 2 3 4 5 6 7 8 9 10
	4		1 2 3 4 5 6 7 8 9 10
	5		1 2 3 4 5 6 7 8 9 10
2	問1	(1)	1 2 3 4 5 6 7 8 9 10
		(2)	1 2 3 4 5 6 7 8 9 10
		(3)	1 2 3 4 5 6 7 8 9 10
		(4)	1 2 3 4 5 6 7 8 9 10
		(5)	1 2 3 4 5 6 7 8 9 10
	問2		1 2 3 4 5 6 7 8 9 10
	問3		1 2 3 4 5 6 7 8 9 10
	問4		1 2 3 4 5 6 7 8 9 10
	問5		1 2 3 4 5 6 7 8 9 10
	問6		1 2 3 4 5 6 7 8 9 10
	問7	1	1 2 3 4 5 6 7 8 9 10
		2	1 2 3 4 5 6 7 8 9 10
		3	1 2 3 4 5 6 7 8 9 10

設問	問	解答
3	1	1 2 3 4 5 6 7 8 9 10
	2	1 2 3 4 5 6 7 8 9 10
	3	1 2 3 4 5 6 7 8 9 10
	4	1 2 3 4 5 6 7 8 9 10
	5	1 2 3 4 5 6 7 8 9 10
	6	1 2 3 4 5 6 7 8 9 10
	7	1 2 3 4 5 6 7 8 9 10
	8	1 2 3 4 5 6 7 8 9 10
4	1	1 2 3 4 5 6 7 8 9 10
	2	1 2 3 4 5 6 7 8 9 10
	3	1 2 3 4 5 6 7 8 9 10
	4	1 2 3 4 5 6 7 8 9 10
	5	1 2 3 4 5 6 7 8 9 10
	6	1 2 3 4 5 6 7 8 9 10

設問	問		解答
5	1	3番目	1 2 3 4 5 6 7 8 9 10
		6番目	1 2 3 4 5 6 7 8 9 10
	2	3番目	1 2 3 4 5 6 7 8 9 10
		6番目	1 2 3 4 5 6 7 8 9 10
	3	3番目	1 2 3 4 5 6 7 8 9 10
		6番目	1 2 3 4 5 6 7 8 9 10
	4	3番目	1 2 3 4 5 6 7 8 9 10
		6番目	1 2 3 4 5 6 7 8 9 10
	5	3番目	1 2 3 4 5 6 7 8 9 10
		6番目	1 2 3 4 5 6 7 8 9 10
	6	3番目	1 2 3 4 5 6 7 8 9 10
		6番目	1 2 3 4 5 6 7 8 9 10
6	1		1 2 3 4 5 6 7 8 9 10
	2		1 2 3 4 5 6 7 8 9 10
	3		1 2 3 4 5 6 7 8 9 10
	4		1 2 3 4 5 6 7 8 9 10
	5		1 2 3 4 5 6 7 8 9 10

記入上の注意

(1) この解答カードは、折ったり汚したりしないこと。
(2) 黒鉛筆を使用し、マークすること。
(3) 氏名とフリガナを記入すること。
(4) 受験番号を算用数字で記入すること。
(5) 受験番号欄に番号を正確にマークすること。
(6) 記入すべきこと以外は、絶対に書かないこと。
(7) マークを訂正するときは、プラスチック消しゴムを使用し、きれいに消すこと。
(8) 消しくずは、きれいに取り除くこと。

マークのしかた	
よい例	わるい例

流通経済大学付属柏高等学校（1月18日）　2022年度　◇国語◇

※ 120％に拡大していただくと，解答欄は実物大になります。

設問	解答番号	解　答
一	1	ア イ ウ エ オ カ キ ク ケ コ
	2	ア イ ウ エ オ カ キ ク ケ コ
	3	ア イ ウ エ オ カ キ ク ケ コ
	4	ア イ ウ エ オ カ キ ク ケ コ
	5	ア イ ウ エ オ カ キ ク ケ コ
二	1	ア イ ウ エ オ カ キ ク ケ コ
	2	ア イ ウ エ オ カ キ ク ケ コ
	3	ア イ ウ エ オ カ キ ク ケ コ
	4	ア イ ウ エ オ カ キ ク ケ コ
	5	ア イ ウ エ オ カ キ ク ケ コ
	6	ア イ ウ エ オ カ キ ク ケ コ
	7	ア イ ウ エ オ カ キ ク ケ コ
	8	ア イ ウ エ オ カ キ ク ケ コ
	9	ア イ ウ エ オ カ キ ク ケ コ

設問	解答番号	解　答
三	1	ア イ ウ エ オ カ キ ク ケ コ
	2	ア イ ウ エ オ カ キ ク ケ コ
	3	ア イ ウ エ オ カ キ ク ケ コ
	4	ア イ ウ エ オ カ キ ク ケ コ
	5	ア イ ウ エ オ カ キ ク ケ コ
	6	ア イ ウ エ オ カ キ ク ケ コ
	7	ア イ ウ エ オ カ キ ク ケ コ
	8	ア イ ウ エ オ カ キ ク ケ コ
四	1	ア イ ウ エ オ カ キ ク ケ コ
	2	ア イ ウ エ オ カ キ ク ケ コ
	3	ア イ ウ エ オ カ キ ク ケ コ
	4	ア イ ウ エ オ カ キ ク ケ コ
	5	ア イ ウ エ オ カ キ ク ケ コ
	6	ア イ ウ エ オ カ キ ク ケ コ
	7	ア イ ウ エ オ カ キ ク ケ コ
	8	ア イ ウ エ オ カ キ ク ケ コ
	9	ア イ ウ エ オ カ キ ク ケ コ
五	1	ア イ ウ エ オ カ キ ク ケ コ
	2	ア イ ウ エ オ カ キ ク ケ コ
	3	ア イ ウ エ オ カ キ ク ケ コ
	4	ア イ ウ エ オ カ キ ク ケ コ
	5	ア イ ウ エ オ カ キ ク ケ コ

記入上の注意

(1) この解答カードは、折ったり汚したりしないこと。
(2) 黒鉛筆を使用し、マークすること。
(3) 氏名とフリガナを記入すること。
(4) 受験番号を算用数字で記入すること。
(5) 受験番号欄に番号を正確にマークすること。
(6) 記入すべきこと以外は、絶対に書かないこと。
(7) マークを訂正するときは、プラスチック消しゴムを使用し、きれいに消すこと。
(8) 消しくずは、きれいに取り除くこと。

マークのしかた	
よい例	わるい例

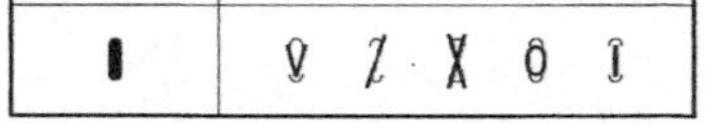

流通経済大学付属柏高等学校(1月17日)　2021年度　◇数学◇

※ 123%に拡大していただくと，解答欄は実物大になります。

設問	問		解答
1	(1)	ア	0 1 2 3 4 5 6 7 8 9
		イ	0 1 2 3 4 5 6 7 8 9
	(2)	ウ	0 1 2 3 4 5 6 7 8 9
		エ	0 1 2 3 4 5 6 7 8 9
	(3)	オ	0 1 2 3 4 5 6 7 8 9
		カ	0 1 2 3 4 5 6 7 8 9
		キ	0 1 2 3 4 5 6 7 8 9
	(4)	ク	0 1 2 3 4 5 6 7 8 9
		ケ	0 1 2 3 4 5 6 7 8 9
	(5)	コ	0 1 2 3 4 5 6 7 8 9
		サ	0 1 2 3 4 5 6 7 8 9
		シ	0 1 2 3 4 5 6 7 8 9
	(6)	ス	0 1 2 3 4 5 6 7 8 9
		セ	0 1 2 3 4 5 6 7 8 9
		ソ	0 1 2 3 4 5 6 7 8 9
	(7)	タ	0 1 2 3 4 5 6 7 8 9
		チ	0 1 2 3 4 5 6 7 8 9
		ツ	0 1 2 3 4 5 6 7 8 9
	(8)	テ	0 1 2 3 4 5 6 7 8 9
		ト	0 1 2 3 4 5 6 7 8 9

設問	問		解答
2	(1)	ア	0 1 2 3 4 5 6 7 8 9
		イ	0 1 2 3 4 5 6 7 8 9
	(2)	ウ	0 1 2 3 4 5 6 7 8 9
		エ	0 1 2 3 4 5 6 7 8 9
		オ	0 1 2 3 4 5 6 7 8 9
		カ	0 1 2 3 4 5 6 7 8 9
		キ	0 1 2 3 4 5 6 7 8 9
		ク	0 1 2 3 4 5 6 7 8 9
	(3)	ケ	0 1 2 3 4 5 6 7 8 9
3	(1)	ア	0 1 2 3 4 5 6 7 8 9
	(2)	イ	0 1 2 3 4 5 6 7 8 9
		ウ	0 1 2 3 4 5 6 7 8 9
		エ	0 1 2 3 4 5 6 7 8 9
		オ	0 1 2 3 4 5 6 7 8 9
	(3)	カ	0 1 2 3 4 5 6 7 8 9
		キ	0 1 2 3 4 5 6 7 8 9

設問	問		解答
4	(1)	ア	0 1 2 3 4 5 6 7 8 9
		イ	0 1 2 3 4 5 6 7 8 9
	(2)	ウ	0 1 2 3 4 5 6 7 8 9
		エ	0 1 2 3 4 5 6 7 8 9
		オ	0 1 2 3 4 5 6 7 8 9
		カ	0 1 2 3 4 5 6 7 8 9
		キ	0 1 2 3 4 5 6 7 8 9
		ク	0 1 2 3 4 5 6 7 8 9
		ケ	0 1 2 3 4 5 6 7 8 9
		コ	0 1 2 3 4 5 6 7 8 9
		サ	0 1 2 3 4 5 6 7 8 9
		シ	0 1 2 3 4 5 6 7 8 9
		ス	0 1 2 3 4 5 6 7 8 9
	(3)	セ	0 1 2 3 4 5 6 7 8 9
		ソ	0 1 2 3 4 5 6 7 8 9
		タ	0 1 2 3 4 5 6 7 8 9

設問	問		解答
5	(1)	ア	0 1 2 3 4 5 6 7 8 9
		イ	0 1 2 3 4 5 6 7 8 9
		ウ	0 1 2 3 4 5 6 7 8 9
		エ	0 1 2 3 4 5 6 7 8 9
		オ	0 1 2 3 4 5 6 7 8 9
	(2)	カ	0 1 2 3 4 5 6 7 8 9
		キ	0 1 2 3 4 5 6 7 8 9
		ク	0 1 2 3 4 5 6 7 8 9
	(3)	ケ	0 1 2 3 4 5 6 7 8 9
		コ	0 1 2 3 4 5 6 7 8 9
		サ	0 1 2 3 4 5 6 7 8 9
		シ	0 1 2 3 4 5 6 7 8 9
6	(1)	ア	0 1 2 3 4 5 6 7 8 9
		イ	0 1 2 3 4 5 6 7 8 9
		ウ	0 1 2 3 4 5 6 7 8 9
		エ	0 1 2 3 4 5 6 7 8 9
		オ	0 1 2 3 4 5 6 7 8 9
		カ	0 1 2 3 4 5 6 7 8 9
		キ	0 1 2 3 4 5 6 7 8 9
		ク	0 1 2 3 4 5 6 7 8 9
		ケ	0 1 2 3 4 5 6 7 8 9
	(2)	コ	0 1 2 3 4 5 6 7 8 9
		サ	0 1 2 3 4 5 6 7 8 9
		シ	0 1 2 3 4 5 6 7 8 9

記入上の注意

(1) この解答カードは、折ったり汚したりしないこと。
(2) 黒鉛筆を使用し、マークすること。
(3) 氏名とフリガナを記入すること。
(4) 受験番号を算用数字で記入すること。
(5) 受験番号欄に番号を正確にマークすること。
(6) 記入すべきこと以外は、絶対に書かないこと。
(7) マークを訂正するときは、プラスチック消しゴムを使用し、きれいに消すこと。
(8) 消しくずは、きれいに取り除くこと。

マークのしかた	
よい例	わるい例

流通経済大学付属柏高等学校(1月17日)　2021年度

◇英語◇

※ 123%に拡大していただくと，解答欄は実物大になります。

設問	問		解答
1	1		1 2 3 4 5 6 7 8 9 10
	2		1 2 3 4 5 6 7 8 9 10
	3		1 2 3 4 5 6 7 8 9 10
	4		1 2 3 4 5 6 7 8 9 10
	5		1 2 3 4 5 6 7 8 9 10
2	問1	(1)	1 2 3 4 5 6 7 8 9 10
		(2)	1 2 3 4 5 6 7 8 9 10
		(3)	1 2 3 4 5 6 7 8 9 10
		(4)	1 2 3 4 5 6 7 8 9 10
		(5)	1 2 3 4 5 6 7 8 9 10
	問2		1 2 3 4 5 6 7 8 9 10
	問3	②	1 2 3 4 5 6 7 8 9 10
		③	1 2 3 4 5 6 7 8 9 10
	問4		1 2 3 4 5 6 7 8 9 10
	問5	A	1 2 3 4 5 6 7 8 9 10
		B	1 2 3 4 5 6 7 8 9 10
	問6		1 2 3 4 5 6 7 8 9 10
	問7	1	1 2 3 4 5 6 7 8 9 10
		2	1 2 3 4 5 6 7 8 9 10
		3	1 2 3 4 5 6 7 8 9 10

設問	問	解答
3	1	1 2 3 4 5 6 7 8 9 10
	2	1 2 3 4 5 6 7 8 9 10
	3	1 2 3 4 5 6 7 8 9 10
	4	1 2 3 4 5 6 7 8 9 10
	5	1 2 3 4 5 6 7 8 9 10
	6	1 2 3 4 5 6 7 8 9 10
	7	1 2 3 4 5 6 7 8 9 10
	8	1 2 3 4 5 6 7 8 9 10
4	1	1 2 3 4 5 6 7 8 9 10
	2	1 2 3 4 5 6 7 8 9 10
	3	1 2 3 4 5 6 7 8 9 10
	4	1 2 3 4 5 6 7 8 9 10
	5	1 2 3 4 5 6 7 8 9 10
	6	1 2 3 4 5 6 7 8 9 10
	7	1 2 3 4 5 6 7 8 9 10
	8	1 2 3 4 5 6 7 8 9 10
	9	1 2 3 4 5 6 7 8 9 10
	10	1 2 3 4 5 6 7 8 9 10

設問	問		解答
5	1	3番目	1 2 3 4 5 6 7 8 9 10
		6番目	1 2 3 4 5 6 7 8 9 10
	2	3番目	1 2 3 4 5 6 7 8 9 10
		6番目	1 2 3 4 5 6 7 8 9 10
	3	3番目	1 2 3 4 5 6 7 8 9 10
		6番目	1 2 3 4 5 6 7 8 9 10
	4	3番目	1 2 3 4 5 6 7 8 9 10
		6番目	1 2 3 4 5 6 7 8 9 10
	5	3番目	1 2 3 4 5 6 7 8 9 10
		6番目	1 2 3 4 5 6 7 8 9 10
6	1		1 2 3 4 5 6 7 8 9 10
	2		1 2 3 4 5 6 7 8 9 10
	3		1 2 3 4 5 6 7 8 9 10
	4		1 2 3 4 5 6 7 8 9 10
	5		1 2 3 4 5 6 7 8 9 10

記入上の注意

(1) この解答カードは、折ったり汚したりしないこと。
(2) 黒鉛筆を使用し、マークすること。
(3) 氏名とフリガナを記入すること。
(4) 受験番号を算用数字で記入すること。
(5) 受験番号欄に番号を正確にマークすること。
(6) 記入すべきこと以外は、絶対に書かないこと。
(7) マークを訂正するときは、プラスチック消しゴムを使用し、きれいに消すこと。
(8) 消しくずは、きれいに取り除くこと。

マークのしかた	
よい例	わるい例

流通経済大学付属柏高等学校（1月17日）　2021年度

◇国語◇

※ 122％に拡大していただくと，解答欄は実物大になります。

設問	解答番号	解答
一	1	ア イ ウ エ オ カ キ ク ケ コ
	2	ア イ ウ エ オ カ キ ク ケ コ
	3	ア イ ウ エ オ カ キ ク ケ コ
	4	ア イ ウ エ オ カ キ ク ケ コ
	5	ア イ ウ エ オ カ キ ク ケ コ
二	1	ア イ ウ エ オ カ キ ク ケ コ
	2	ア イ ウ エ オ カ キ ク ケ コ
	3	ア イ ウ エ オ カ キ ク ケ コ
	4	ア イ ウ エ オ カ キ ク ケ コ
	5	ア イ ウ エ オ カ キ ク ケ コ
	6	ア イ ウ エ オ カ キ ク ケ コ
	7	ア イ ウ エ オ カ キ ク ケ コ
	8	ア イ ウ エ オ カ キ ク ケ コ

設問	解答番号	解答
三	1	ア イ ウ エ オ カ キ ク ケ コ
	2	ア イ ウ エ オ カ キ ク ケ コ
	3	ア イ ウ エ オ カ キ ク ケ コ
	4	ア イ ウ エ オ カ キ ク ケ コ
	5	ア イ ウ エ オ カ キ ク ケ コ
	6	ア イ ウ エ オ カ キ ク ケ コ
	7	ア イ ウ エ オ カ キ ク ケ コ
四	1	ア イ ウ エ オ カ キ ク ケ コ
	2	ア イ ウ エ オ カ キ ク ケ コ
	3	ア イ ウ エ オ カ キ ク ケ コ
	4	ア イ ウ エ オ カ キ ク ケ コ
	5	ア イ ウ エ オ カ キ ク ケ コ
	6	ア イ ウ エ オ カ キ ク ケ コ
	7	ア イ ウ エ オ カ キ ク ケ コ
五	1	ア イ ウ エ オ カ キ ク ケ コ
	2	ア イ ウ エ オ カ キ ク ケ コ
	3	ア イ ウ エ オ カ キ ク ケ コ
	4	ア イ ウ エ オ カ キ ク ケ コ
	5	ア イ ウ エ オ カ キ ク ケ コ
	6	ア イ ウ エ オ カ キ ク ケ コ

記入上の注意

(1) この解答カードは、折ったり汚したりしないこと。
(2) 黒鉛筆を使用し、マークすること。
(3) 氏名とフリガナを記入すること。
(4) 受験番号を算用数字で記入すること。
(5) 受験番号欄に番号を正確にマークすること。
(6) 記入すべきこと以外は、絶対に書かないこと。
(7) マークを訂正するときは、プラスチック消しゴムを使用し、きれいに消すこと。
(8) 消しくずは、きれいに取り除くこと。

マークのしかた	
よい例	わるい例

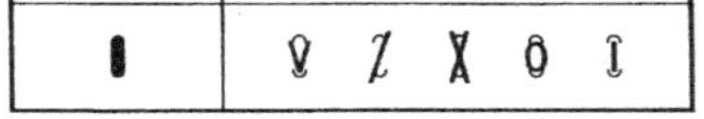

流通経済大学付属柏高等学校（1月18日）　2021年度

◇数学◇

※ 123％に拡大していただくと，解答欄は実物大になります。

設問	問		解答
1	(1)	ア	0 1 2 3 4 5 6 7 8 9
		イ	0 1 2 3 4 5 6 7 8 9
	(2)	ウ	0 1 2 3 4 5 6 7 8 9
		エ	0 1 2 3 4 5 6 7 8 9
		オ	0 1 2 3 4 5 6 7 8 9
	(3)	カ	0 1 2 3 4 5 6 7 8 9
		キ	0 1 2 3 4 5 6 7 8 9
		ク	0 1 2 3 4 5 6 7 8 9
		ケ	0 1 2 3 4 5 6 7 8 9
		コ	0 1 2 3 4 5 6 7 8 9
	(4)	サ	0 1 2 3 4 5 6 7 8 9
		シ	0 1 2 3 4 5 6 7 8 9
	(5)	ス	0 1 2 3 4 5 6 7 8 9
		セ	0 1 2 3 4 5 6 7 8 9
	(6)	ソ	0 1 2 3 4 5 6 7 8 9
		タ	0 1 2 3 4 5 6 7 8 9
		チ	0 1 2 3 4 5 6 7 8 9
	(7)	ツ	0 1 2 3 4 5 6 7 8 9
		テ	0 1 2 3 4 5 6 7 8 9
		ト	0 1 2 3 4 5 6 7 8 9

設問	問		解答
2	(1)	ア	0 1 2 3 4 5 6 7 8 9
		イ	0 1 2 3 4 5 6 7 8 9
		ウ	0 1 2 3 4 5 6 7 8 9
		エ	0 1 2 3 4 5 6 7 8 9
		オ	0 1 2 3 4 5 6 7 8 9
	(2)	カ	0 1 2 3 4 5 6 7 8 9
		キ	0 1 2 3 4 5 6 7 8 9
		ク	0 1 2 3 4 5 6 7 8 9
		ケ	0 1 2 3 4 5 6 7 8 9
		コ	0 1 2 3 4 5 6 7 8 9
	(3)	サ	0 1 2 3 4 5 6 7 8 9
3	(1)	ア	0 1 2 3 4 5 6 7 8 9
		イ	0 1 2 3 4 5 6 7 8 9
	(2)	ウ	0 1 2 3 4 5 6 7 8 9
		エ	0 1 2 3 4 5 6 7 8 9
	(3)	オ	0 1 2 3 4 5 6 7 8 9
		カ	0 1 2 3 4 5 6 7 8 9
		キ	0 1 2 3 4 5 6 7 8 9

設問	問		解答
4	(1)	ア	0 1 2 3 4 5 6 7 8 9
		イ	0 1 2 3 4 5 6 7 8 9
		ウ	0 1 2 3 4 5 6 7 8 9
		エ	0 1 2 3 4 5 6 7 8 9
		オ	0 1 2 3 4 5 6 7 8 9
		カ	0 1 2 3 4 5 6 7 8 9
		キ	0 1 2 3 4 5 6 7 8 9
		ク	0 1 2 3 4 5 6 7 8 9
	(2)	ケ	0 1 2 3 4 5 6 7 8 9
		コ	0 1 2 3 4 5 6 7 8 9
		サ	0 1 2 3 4 5 6 7 8 9
	(3)	シ	0 1 2 3 4 5 6 7 8 9
		ス	0 1 2 3 4 5 6 7 8 9
		セ	0 1 2 3 4 5 6 7 8 9
		ソ	0 1 2 3 4 5 6 7 8 9
		タ	0 1 2 3 4 5 6 7 8 9
		チ	0 1 2 3 4 5 6 7 8 9
		ツ	0 1 2 3 4 5 6 7 8 9
		テ	0 1 2 3 4 5 6 7 8 9
		ト	0 1 2 3 4 5 6 7 8 9

設問	問		解答
5	(1)	ア	0 1 2 3 4 5 6 7 8 9
		イ	0 1 2 3 4 5 6 7 8 9
		ウ	0 1 2 3 4 5 6 7 8 9
		エ	0 1 2 3 4 5 6 7 8 9
		オ	0 1 2 3 4 5 6 7 8 9
		カ	0 1 2 3 4 5 6 7 8 9
		キ	0 1 2 3 4 5 6 7 8 9
		ク	0 1 2 3 4 5 6 7 8 9
	(2)	ケ	0 1 2 3 4 5 6 7 8 9
		コ	0 1 2 3 4 5 6 7 8 9
	(3)	サ	0 1 2 3 4 5 6 7 8 9
		シ	0 1 2 3 4 5 6 7 8 9
6	(1)	ア	0 1 2 3 4 5 6 7 8 9
		イ	0 1 2 3 4 5 6 7 8 9
	(2)	ウ	0 1 2 3 4 5 6 7 8 9
	(3)	エ	0 1 2 3 4 5 6 7 8 9
		オ	0 1 2 3 4 5 6 7 8 9

記入上の注意

(1) この解答カードは，折ったり汚したりしないこと。
(2) 黒鉛筆を使用し，マークすること。
(3) 氏名とフリガナを記入すること。
(4) 受験番号を算用数字で記入すること。
(5) 受験番号欄に番号を正確にマークすること。
(6) 記入すべきこと以外は，絶対に書かないこと。
(7) マークを訂正するときは，プラスチック消しゴムを使用し，きれいに消すこと。
(8) 消しくずは，きれいに取り除くこと。

マークのしかた	
よい例	わるい例

流通経済大学付属柏高等学校（1月18日）　2021年度

◇英語◇

※ 123％に拡大していただくと，解答欄は実物大になります。

設問	問		解答
1	1		1 2 3 4 5 6 7 8 9 10
	2		1 2 3 4 5 6 7 8 9 10
	3		1 2 3 4 5 6 7 8 9 10
	4		1 2 3 4 5 6 7 8 9 10
	5		1 2 3 4 5 6 7 8 9 10
2	問1	(1)	1 2 3 4 5 6 7 8 9 10
		(2)	1 2 3 4 5 6 7 8 9 10
		(3)	1 2 3 4 5 6 7 8 9 10
		(4)	1 2 3 4 5 6 7 8 9 10
		(5)	1 2 3 4 5 6 7 8 9 10
	問2		1 2 3 4 5 6 7 8 9 10
	問3		1 2 3 4 5 6 7 8 9 10
	問4		1 2 3 4 5 6 7 8 9 10
	問5		1 2 3 4 5 6 7 8 9 10
	問6		1 2 3 4 5 6 7 8 9 10
	問7	(1)	1 2 3 4 5 6 7 8 9 10
		(2)	1 2 3 4 5 6 7 8 9 10
		(3)	1 2 3 4 5 6 7 8 9 10

設問	問	解答
3	1	1 2 3 4 5 6 7 8 9 10
	2	1 2 3 4 5 6 7 8 9 10
	3	1 2 3 4 5 6 7 8 9 10
	4	1 2 3 4 5 6 7 8 9 10
	5	1 2 3 4 5 6 7 8 9 10
	6	1 2 3 4 5 6 7 8 9 10
	7	1 2 3 4 5 6 7 8 9 10
	8	1 2 3 4 5 6 7 8 9 10
4	1	1 2 3 4 5 6 7 8 9 10
	2	1 2 3 4 5 6 7 8 9 10
	3	1 2 3 4 5 6 7 8 9 10
	4	1 2 3 4 5 6 7 8 9 10
	5	1 2 3 4 5 6 7 8 9 10
	6	1 2 3 4 5 6 7 8 9 10
	7	1 2 3 4 5 6 7 8 9 10
	8	1 2 3 4 5 6 7 8 9 10
	9	1 2 3 4 5 6 7 8 9 10
	10	1 2 3 4 5 6 7 8 9 10

設問	問		解答
5	1	3番目	1 2 3 4 5 6 7 8 9 10
		6番目	1 2 3 4 5 6 7 8 9 10
	2	3番目	1 2 3 4 5 6 7 8 9 10
		6番目	1 2 3 4 5 6 7 8 9 10
	3	3番目	1 2 3 4 5 6 7 8 9 10
		6番目	1 2 3 4 5 6 7 8 9 10
	4	3番目	1 2 3 4 5 6 7 8 9 10
		6番目	1 2 3 4 5 6 7 8 9 10
	5	3番目	1 2 3 4 5 6 7 8 9 10
		6番目	1 2 3 4 5 6 7 8 9 10
6	1		1 2 3 4 5 6 7 8 9 10
	2		1 2 3 4 5 6 7 8 9 10
	3		1 2 3 4 5 6 7 8 9 10
	4		1 2 3 4 5 6 7 8 9 10
	5		1 2 3 4 5 6 7 8 9 10

記入上の注意

(1) この解答カードは、折ったり汚したりしないこと。
(2) 黒鉛筆を使用し、マークすること。
(3) 氏名とフリガナを記入すること。
(4) 受験番号を算用数字で記入すること。
(5) 受験番号欄に番号を正確にマークすること。
(6) 記入すべきこと以外は、絶対に書かないこと。
(7) マークを訂正するときは、プラスチック消しゴムを使用し、きれいに消すこと。
(8) 消しくずは、きれいに取り除くこと。

マークのしかた	
よい例	わるい例

流通経済大学付属柏高等学校（1月18日）　2021年度　◇国語◇

※ 120％に拡大していただくと，解答欄は実物大になります。

設問	解答番号	解答
一	1	ア イ ウ エ オ カ キ ク ケ コ
	2	ア イ ウ エ オ カ キ ク ケ コ
	3	ア イ ウ エ オ カ キ ク ケ コ
	4	ア イ ウ エ オ カ キ ク ケ コ
	5	ア イ ウ エ オ カ キ ク ケ コ
二	1	ア イ ウ エ オ カ キ ク ケ コ
	2	ア イ ウ エ オ カ キ ク ケ コ
	3	ア イ ウ エ オ カ キ ク ケ コ
	4	ア イ ウ エ オ カ キ ク ケ コ
	5	ア イ ウ エ オ カ キ ク ケ コ
	6	ア イ ウ エ オ カ キ ク ケ コ
	7	ア イ ウ エ オ カ キ ク ケ コ
	8	ア イ ウ エ オ カ キ ク ケ コ
	9	ア イ ウ エ オ カ キ ク ケ コ

設問	解答番号	解答
三	1	ア イ ウ エ オ カ キ ク ケ コ
	2	ア イ ウ エ オ カ キ ク ケ コ
	3	ア イ ウ エ オ カ キ ク ケ コ
	4	ア イ ウ エ オ カ キ ク ケ コ
	5	ア イ ウ エ オ カ キ ク ケ コ
	6	ア イ ウ エ オ カ キ ク ケ コ
	7	ア イ ウ エ オ カ キ ク ケ コ
	8	ア イ ウ エ オ カ キ ク ケ コ
四	1	ア イ ウ エ オ カ キ ク ケ コ
	2	ア イ ウ エ オ カ キ ク ケ コ
	3	ア イ ウ エ オ カ キ ク ケ コ
	4	ア イ ウ エ オ カ キ ク ケ コ
	5	ア イ ウ エ オ カ キ ク ケ コ
	6	ア イ ウ エ オ カ キ ク ケ コ
	7	ア イ ウ エ オ カ キ ク ケ コ
五	1	ア イ ウ エ オ カ キ ク ケ コ
	2	ア イ ウ エ オ カ キ ク ケ コ
	3	ア イ ウ エ オ カ キ ク ケ コ
	4	ア イ ウ エ オ カ キ ク ケ コ
	5	ア イ ウ エ オ カ キ ク ケ コ
	6	ア イ ウ エ オ カ キ ク ケ コ

記入上の注意

(1) この解答カードは、折ったり汚したりしないこと。
(2) 黒鉛筆を使用し、マークすること。
(3) 氏名とフリガナを記入すること。
(4) 受験番号を算用数字で記入すること。
(5) 受験番号欄に番号を正確にマークすること。
(6) 記入すべきこと以外は、絶対に書かないこと。
(7) マークを訂正するときは、プラスチック消しゴムを使用し、きれいに消すこと。
(8) 消しくずは、きれいに取り除くこと。

マークのしかた

よい例	わるい例

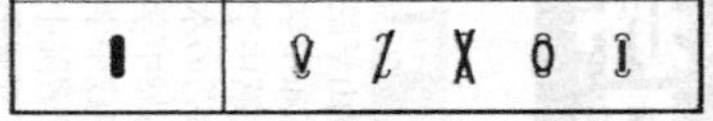

東京学参の

高校別入試過去問題シリーズ

＊出版校は一部変更することがあります。一覧にない学校はお問い合わせください。

東京ラインナップ

- あ 愛国高校(A59)
- 青山学院高等部(A16)★
- 桜美林高校(A37)
- お茶の水女子大附属高校(A04)
- か 開成高校(A05)★
- 共立女子第二高校(A40)★
- 慶應義塾女子高校(A13)
- 啓明学園高校(A68)★
- 国学院高校(A30)
- 国学院大久我山高校(A31)
- 国際基督教大高校(A06)
- 小平錦城高校(A61)★
- 駒澤大高校(A32)
- さ 芝浦工業大附属高校(A35)
- 修徳高校(A52)
- 城北高校(A21)
- 専修大附属高校(A28)
- 創価高校(A66)★
- た 拓殖大第一高校(A53)
- 立川女子高校(A41)
- 玉川学園高等部(A56)
- 中央大高校(A19)
- 中央大杉並高校(A18)★
- 中央大附属高校(A17)
- 筑波大附属高校(A01)
- 筑波大附属駒場高校(A02)
- 帝京大高校(A60)
- 東海大菅生高校(A42)
- 東京学芸大附属高校(A03)
- 東京農業大第一高校(A39)
- 桐朋高校(A15)
- 都立青山高校(A73)★
- 都立国立高校(A76)★
- 都立国際高校(A80)★
- 都立国分寺高校(A78)★
- 都立新宿高校(A77)★
- 都立墨田川高校(A81)★
- 都立立川高校(A75)★
- 都立戸山高校(A72)★
- 都立西高校(A71)★
- 都立八王子東高校(A74)★
- 都立日比谷高校(A70)★
- な 日本大櫻丘高校(A25)
- 日本大第一高校(A50)
- 日本大第三高校(A48)
- 日本大第二高校(A27)
- 日本大鶴ヶ丘高校(A26)
- 日本大豊山高校(A23)
- は 八王子学園八王子高校(A64)
- 法政大高校(A29)
- ま 明治学院高校(A38)
- 明治学院東村山高校(A49)
- 明治大付属中野高校(A33)
- 明治大付属八王子高校(A67)
- 明治大付属明治高校(A34)★
- 明法高校(A63)
- わ 早稲田実業学校高等部(A09)
- 早稲田大高等学院(A07)

神奈川ラインナップ

- あ 麻布大附属高校(B04)
- アレセイア湘南高校(B24)
- か 慶應義塾高校(A11)
- 神奈川県公立高校特色検査(B00)
- さ 相洋高校(B18)
- た 立花学園高校(B23)
- 桐蔭学園高校(B01)
- 東海大付属相模高校(B03)★
- 桐光学園高校(B11)
- な 日本大高校(B06)
- 日本大藤沢高校(B07)
- は 平塚学園高校(B22)
- 藤沢翔陵高校(B08)
- 法政大国際高校(B17)
- 法政大第二高校(B02)★
- や 山手学院高校(B09)
- 横須賀学院高校(B20)
- 横浜商科大高校(B05)
- 横浜市立横浜サイエンスフロンティア高校(B70)
- 横浜翠陵高校(B14)
- 横浜清風高校(B10)
- 横浜創英高校(B21)
- 横浜隼人高校(B16)
- 横浜富士見丘学園高校(B25)

千葉ラインナップ

- あ 愛国学園大附属四街道高校(C26)
- 我孫子二階堂高校(C17)
- 市川高校(C01)★
- か 敬愛学園高校(C15)
- さ 芝浦工業大柏高校(C09)
- 渋谷教育学園幕張高校(C16)★
- 翔凜高校(C34)
- 昭和学院秀英高校(C23)
- 専修大松戸高校(C02)
- た 千葉英和高校(C18)
- 千葉敬愛高校(C05)
- 千葉経済大附属高校(C27)
- 千葉日本大第一高校(C06)★
- 千葉明徳高校(C20)
- 千葉黎明高校(C24)
- 東海大付属浦安高校(C03)
- 東京学館高校(C14)
- 東京学館浦安高校(C31)
- な 日本体育大柏高校(C30)
- 日本大習志野高校(C07)
- は 日出学園高校(C08)
- や 八千代松陰高校(C12)
- ら 流通経済大付属柏高校(C19)★

埼玉ラインナップ

- あ 浦和学院高校(D21)
- 大妻嵐山高校(D04)★
- か 開智高校(D08)
- 開智未来高校(D13)★
- 春日部共栄高校(D07)
- 川越東高校(D12)
- 慶應義塾志木高校(A12)
- さ 埼玉栄高校(D09)
- 栄東高校(D14)
- 狭山ヶ丘高校(D24)
- 昌平高校(D23)
- 西武学園文理高校(D10)
- 西武台高校(D06)
- た 東京農業大第三高校(D18)
- は 武南高校(D05)
- 本庄東高校(D20)
- や 山村国際高校(D19)
- ら 立教新座高校(A14)
- わ 早稲田大本庄高等学院(A10)

北関東・甲信越ラインナップ

- あ 愛国学園大附属龍ヶ崎高校(E07)
- 宇都宮短大附属高校(E24)
- か 鹿島学園高校(E08)
- 霞ヶ浦高校(E03)
- 共愛学園高校(E31)
- 甲陵高校(E43)
- 国立高等専門学校(A00)
- さ 作新学院高校
  - (トップ英進・英進部)(E21)
  - (情報科学・総合進学部)(E22)
- 常総学院高校(E04)
- た 中越高校(R03)＊
- 土浦日本大高校(E01)
- 東洋大附属牛久高校(E02)
- な 新潟青陵高校(R02)
- 新潟明訓高校(R04)
- 日本文理高校(R01)
- は 白鷗大足利高校(E25)
- ま 前橋育英高校(E32)
- や 山梨学院高校(E41)

中京圏ラインナップ

- あ 愛知高校(F02)
- 愛知啓成高校(F09)
- 愛知工業大名電高校(F06)
- 愛知みずほ大瑞穂高校(F25)
- 暁高校(3年制) (F50)
- 鶯谷高校(F60)
- 栄徳高校(F29)
- 桜花学園高校(F14)
- 岡崎城西高校(F34)
- か 岐阜聖徳学園高校(F62)
- 岐阜東高校(F61)
- 享栄高校(F18)
- さ 桜丘高校(F36)
- 至学館高校(F19)
- 椙山女学園高校(F10)
- 鈴鹿高校(F53)
- 星城高校(F27)★
- 誠信高校(F33)
- 清林館高校(F16)★
- た 大成高校(F28)
- 大同大大同高校(F30)
- 高田高校(F51)
- 滝高校(F03)★
- 中京高校(F63)
- 中京大附属中京高校(F11)★
- 中部大春日丘高校(F26)★
- 中部大第一高校(F32)
- 津田学園高校(F54)
- 東海高校(F04)★
- 東海学園高校(F20)
- 東邦高校(F12)
- 同朋高校(F22)
- 豊田大谷高校(F35)
- な 名古屋高校(F13)
- 名古屋大谷高校(F23)
- 名古屋経済大市邨高校(F08)
- 名古屋経済大高蔵高校(F05)
- 名古屋女子大高校(F24)
- 名古屋たちばな高校(F21)
- 日本福祉大付属高校(F17)
- 人間環境大附属岡崎高校(F37)
- は 光ヶ丘女子高校(F38)
- 誉高校(F31)
- ま 三重高校(F52)
- 名城大附属高校(F15)

宮城ラインナップ

- さ 尚絅学院高校(G02)
- 聖ウルスラ学院英智高校(G01)★
- 聖和学園高校(G05)
- 仙台育英学園高校(G04)
- 仙台城南高校(G06)
- 仙台白百合学園高校(G12)
- た 東北学院高校(G03)★
- 東北学院榴ヶ岡高校(G08)
- 東北高校(G11)
- 東北生活文化大高校(G10)
- 常盤木学園高校(G07)
- は 古川学園高校(G13)
- ま 宮城学院高校(G09)★

北海道ラインナップ

- さ 札幌光星高校(H06)
- 札幌静修高校(H09)
- 札幌第一高校(H01)
- 札幌北斗高校(H04)
- 札幌龍谷学園高校(H08)
- は 北海高校(H03)
- 北海学園札幌高校(H07)
- 北海道科学大高校(H05)
- ら 立命館慶祥高校(H02)

★はリスニング音声データのダウンロード付き。

都道府県別 公立高校入試過去問 シリーズ

- ●全国47都道府県別に出版
- ●最近数年間の検査問題収録
- ●リスニングテスト音声対応

公立高校入試対策 問題集シリーズ

- ●目標得点別・公立入試の数学(基礎編)
- ●実戦問題演習・公立入試の数学(実力錬成編)
- ●実戦問題演習・公立入試の英語(基礎編・実力錬成編)
- ●形式別演習・公立入試の国語
- ●実戦問題演習・公立入試の理科
- ●実戦問題演習・公立入試の社会

高校入試特訓問題集 シリーズ

- ●英語長文難関攻略33選(改訂版)
- ●英語長文テーマ別難関攻略30選
- ●英文法難関攻略20選
- ●英語難関徹底攻略33選
- ●古文完全攻略63選(改訂版)
- ●国語融合問題完全攻略30選
- ●国語長文難関徹底攻略30選
- ●国語知識問題完全攻略13選
- ●数学の図形と関数・グラフの融合問題完全攻略272選
- ●数学難関徹底攻略700選
- ●数学の難問80選
- ●数学 思考力―規則性とデータの分析と活用―

2404A

〈ダウンロードコンテンツについて〉

本問題集のダウンロードコンテンツ、弊社ホームページで配信しております。現在ご利用いただけるのは「2025年度受験用」に対応したもので、**2025年3月末日**までダウンロード可能です。弊社ホームページにアクセスの上、ご利用ください。

※配信期間が終了いたしますと、ご利用いただけませんのでご了承ください。

高校別入試過去問題シリーズ

流通経済大学付属柏高等学校　2025年度

ISBN978-4-8141-2997-3

[発行所] 東京学参株式会社

〒153-0043　東京都目黒区東山2-6-4

書籍の内容についてのお問い合わせは右のQRコードから　⇒

※書籍の内容についてのお電話でのお問い合わせ、本書の内容を超えたご質問には対応できませんのでご了承ください。

2024年7月11日　初版